リチャード・ローティ

偶然性・アイロニー・連帯

――リベラル・ユートピアの可能性

リチャード・ローティ
Richard Rorty

偶然性・アイロニー・連帯

リベラル・ユートピアの可能性

齋藤純一・山岡龍一・大川正彦 訳

岩波書店

CONTINGENCY, IRONY, AND SOLIDARITY

by Richard Rorty

First published 1989
by Cambridge University Press, Cambridge.

This Japanese edition published 2000
by Iwanami Shoten, Publishers, Tokyo
by arrangement with
the Press Syndicate of the University of Cambridge, Cambridge.

六人のリベラルたち、両親と祖父母たちの記憶に

アジュラスト〔笑わない者たちを指すフランソワ・ラブレーの造語〕たち、世の観念を鵜呑みにする無思想、キッチュ、これらのものは、神の笑いのこだまとして生まれた芸術の、三つの頭をもった同じ一つの敵です。この芸術は、そこでは誰も真実の所有者ではなく、しかも誰もが理解される権利をもっている、あの魅惑的な想像的空間を創出することができました。この想像力に富む寛容の空間は、近代ヨーロッパとともに生まれました。それはヨーロッパのイメージであり、というか、少なくともヨーロッパにいだく私たちの夢です。この夢は幾度も裏切られましたが、しかしそれでも、私たちの小さな大陸をはるかに凌駕する友愛に私たちすべての者を結びつけるに足りるほど強固なものです。しかし、個人が尊敬される世界(小説の想像的世界とヨーロッパの現実的世界)がもろく、はかないものであることを私たちは知っています。……今日、ヨーロッパの文化が私にとって脅かされているように見えるとしても、ヨーロッパ文化の最も貴重なものが外部からも内部からも脅かされているとしても、個人の尊重、個人の独創的な思想と侵すことのできない私的な生に対する権利の尊重、このヨーロッパ精神の貴重な本質は、私には宝庫ともいうべき小説の歴史のなかに、小説の知恵のなかにあずけられているように思われるからです。

ミラン・クンデラ『小説の技法』(Milan Kundera, *L'art du roman*, 1986〔金井裕・浅野敏夫訳『小説の精神』(法政大学出版局、一九九〇年)、一九一―一九二頁〕)

序文

本書はつぎの二組の講義にもとづいている。一つは、一九八六年二月、ロンドンのユニバーシティ・カレッジでおこなった三回にわたるノースクリフ講義であり、もう一つは、一九八七年二月、ケンブリッジのトリニティ・カレッジでおこなった四回にわたるクラーク講義である。ノースクリフ講義については、若干手を加えたものを一九八六年春、『ロンドン・レヴュー・オブ・ブックス』に掲載した。本書の最初の三章はそれにさらに手を加えたものである。ナボコフに関する第七章については、ベニングトン・カレッジのベリット講義でおこなったその短縮版のものが、この大学から『ベニングトン・チャップブック・オン・リタラチャー』として公刊されている。それ以外の章は、本書で新たに書き下ろしたものである。

本書のある部分には薄氷を踏むような感じがある。手短にしか論じられなかった著作家たちについて論争的な解釈を提起した、いくつかの節である。このことは、とりわけプルーストとヘーゲルの採りあげ方に当てはまる。この二人についてはいつかもっと立ち入って論じてみたいと思っている。本書のほかの部分は薄氷を踏むというほどではない。そうした部分に書きとめた注は、さまざまな人たち(たとえば、デイヴィドソン、デネット、ロールズ、フロイト、ハイデガー、デリダ、フーコー、ハーバーマス)について以前に書いたもの——私は本書で彼らについて語っているいくつかの論争的なポイントがそれらの著書によって支持されることを願っている——から引いたものである。私が本書で引用した文章のほとんどは、ケンブリッジ大学出版から刊行予定の二巻の論集(仮のタイトルは『客観性・真理・相対主義』〔*Objectivity, Truth, and Relativism* 一九九一年刊行〕と『ハイデガー他についてのエッセイ』〔*Essays on Heidegger and Others* 一九九一年刊行〕)に再録されることになっている。

私はユニバーシティ・カレッジの英文学教授(ノースクリフ卿教授)で『ロンドン・レヴュー・オブ・ブックス』の編集者でもあるカール・ミラーに心から感謝したい。彼は、私をユニバーシティ・カレッジの講義に招いてくれただけでなく、励ましと助言も与えてくれた。同じようにトリニティ・カレッジの学長、研究員にも感謝したい。私は、これらの講義の準備をする時間の余裕を与えてくれたつぎの三つの組織にも多くを負っている。D・ジョンおよびT・キャサリン・マッカーサー基金、ヴァージニア大学高等研究センター、そしてベルリンの高等学術研究院である。一九八一年から八六年にかけて受けたマッカーサー・フェローシップのおかげて、私は、新しい領域でものを読み、書くことに乗りだすことができた。高等研究センターの所長であるデクスター・ホワイトヘッドは、マッカーサー・フェローシップが与えてくれた機会を最大限に活用する仕方で教育をおこなうことを私に許してくれた。高等学術研究院《ヴィッセンシャフツコレーク》——研究者にこれほど大きな支援を与えてくれる環境を私はほかに知らない——の忍耐強く、有能なスタッフは、一九八六年から翌年にかけての私の滞在を生産的かつ快適なものにしてくれた。

私が二組の講義を補正して本書の形に近づけていく際、しだいに分厚くなる草稿のすべてであるいは一部に親切にも眼をとおす時間をとってくれた友人たちからは、鋭く有益なコメントをもらった。ジェフリィ・スタウト、デイヴィド・ブロムウィッチ、そしてバリー・アンのおかげで不注意な誤りを避けることができたし、彼らはたくさんの有益な示唆も与えてくれた。コンスタンティン・コレンダからは、話題の順序を並べ替える決定的な示唆をもらった。チャールズ・ギグノン、デイヴィド・ハイリー、マイケル・レヴンソンからは最後の段階で適切な助言をいただいた。私はまた、ユーゼビア・エスタス、ライル・アッシャー、メレディス・ガーモンが秘書・編集の仕事において私に与えてくれた助力に、ナンシー・ランドウが担当してくれた本書の注意深い編集作業にも感謝している。ケンブリッジ大学出版のジェレミー・ミノットとテレンス・ムーアからは終始支援と励ましをいただいた。

目次

装丁＝桂川　潤

序論

「公正であることが、なぜ利益にかなうことになるのか」という問いに答えようとするプラトンの企てと、完全な自己実現は他者への奉仕を通じて達成しうるとするキリスト教の主張の、双方の背後にあるのは、公共的なものと私的なものとを融合しようとする試みである。完成《パーフェクション》に向けての努力と共同体の意識とを統合しようとする、この形而上学的もしくは神学的な試みが要求するのは、人間には共通の本性があるという認識である。この試みは、他者と共有しているものこそが私たち一人ひとりにとって一番重要なのであり、私的な生の成就と人間の連帯の根源は同一なのだ、と信じることを要求する。ニーチェのような懐疑主義者は、形而上学や神学は利他主義を実際以上に道理にかなったものにみせようとする見え透いた企てなのだ、と主張してきた。しかしながら、こうした懐疑主義者にしても、たいていは自分自身の人間本性論をもっている。懐疑主義者もまた、すべての人間存在に共通の何か――たとえば権力への意志、リビドー衝動――がある、と主張している。彼らの論点は、自己の「最も深層の」レヴェルには人間の連帯感などというものは存在しないのであり、こうした連帯感とは人間が社会化されることで生じる「たんなる」人工物にすぎないのだ、というものである。したがって、このような懐疑主義者は社会に敵対するようになる。彼らは、何か特異なことを共有している小集団よりも大きな共同体があるといった考えに対して、きっぱりと背を向けるのである。

とはいえ、ヘーゲル以来このかた、歴史主義の思想家《ヒストリシスト》はこのお馴染みの行き詰まりを乗り越えようとしてきた。彼らは、「人間本性」とか「自己の最も深層のレヴェル」というものが存在することを否定してきた。社会化が、したがって歴史環境が、すべてにわたって影響を及ぼしている——社会化の「下層に」あったり歴史に先行したりして、人間性を規定しているものなどない——と主張することが、歴史主義の思想家の戦略であった。このような著述家は、「一個の人間存在であるとはどういうことなのか」という問いを、「富裕な二〇世紀の社会に住むとはどういうことなのか」とか「そういう社会に住む者は、どうすればもうすでに書かれた筋書き上の役を演じる以上の者になることができるのか」といった問いに置き換えるべきだ、というのである。この歴史主義的な転換によって、私たちは徐々にではあるが確実に、神学と形而上学から——つまり時間と偶然から逃れる手段を探し求めようとする誘惑から——自由になることが容易になってきた。この歴史主義的な転換のおかげで、私たちは《真理》ではなく《自由》を、思考や社会進歩の目標とすることができるようになったのである。しかしながら、《自由》が《真理》に取って代わるというこの転換が起こった後も、私的なものと公共的なものとのあいだにある、旧来の緊張関係がなおも残っている。自己の創造と私的な自律に向けられた欲求にとらわれている歴史主義者(たとえばハイデガーやフーコー)は、依然として社会化をニーチェと同様の仕方で——つまり、私たちの内部にある何か深遠なものに対立するものとして——みる傾向がある。より公正で自由な人間共同体への欲求にとらわれている歴史主義者(たとえばデューイやハーバーマス)は、私的な完成に対する欲求は「非合理主義」や「審美主義」によって感化されていると、なおもみなしがちだ。本書は、歴史主義の著述家からなる両グループの真価を、正しく認めようと努める。私が奨励するのは、私たちはこの両グループのあいだで選択を試みるべきでなく、むしろ彼らに同等の重要性を認め、それぞれを異なった目的のために用いるべきだ、ということである。キルケゴール、ニーチェ、ボードレール、プルースト、ハイデガー、そしてナボコフのような著述家は、範例として、つまり私的な完成――自己創造的で自律的な人間の生――がどのようなものでありうるかについての実例として、有益である。マルクス、ミル、デューイ、ハーバーマス、そしてロールズのような著述家は、範例というより、むしろ私たちと肩を並べる市民仲間である。彼らは、ある共有された社会的な取り組み――私たちの制度や慣行をもっと公正なものとし、より残酷でないものとする取り組み――に従事している。もっと包括的な哲学観があれば、自己創造と正義、私的な完成と人間の連帯を、単一のヴィジョンのうちに包含すると考える場合にのみ、いま述べた二種類の著作家は互いに対立しているのだ、とみなされることになるだろう。

こうした単一のヴィジョンへの包含を可能にする哲学、あるいは他の理論的な学問など、まったく存在しない。この二つの探求に加わろうとする私たちに可能なことは、せいぜい、公正で自由な社会の目的が、つぎのようなものであると考えることである。つまり、その社会の市民を、彼らの私的な時間にかぎり――つまり他者に対して害を加えず、より恵まれていない人びとが必要とする資源を利用しないかぎり――好きなだけ私事本位主義的で、「非合理主義的」で、審美主義的にすること、である。こうした実践的な目標を達成するにあたってとられる、実践的な規準というものがいくつかある。しかしながら理論のレヴェルでは、自己創造と正義とを統合する方策は存在しない。自己創造の語彙は私的であり、共有されず、論議には馴染まないというのが必然である。一方、正義の語彙は公共的であり、共有され、論争を交わす際の媒体となるというのが必然なのだ。

ニーチェとマルクス、あるいはハイデガーとハーバーマスを統合するような、《人間》《社会》《合理性》、あるいは他の何であれそうしたものの本性に関する理論など存在しない、という事実を認める境地にまでもしも到達することができれば、自律を語る著述家と正義を語る著述家との関係は二種類の道具のあいだにある関係――つまりペンキ塗り用の刷毛と鉄梃《かなてこ》のように、合成する必要がほとんどない関係――だと、みなすことができるようになる。前者にあたる種類の著述家によって、私たちは社会的な徳性が唯一の徳性ではないということ、そして自分自身を実際に再創造することに成功した人が幾人かはいたという事実を理解できるようになる。そのことによって私たちは、新しい人格、つまり私たちがまだそれを記述する言葉をもたない人格になるという、自分自身にさえもまだはっきりとしていなかった要求を、自らのうちに見いだすことになるのである。また、後者にあたる種類の著述家によって、私たちの制度や慣行が、日常生活で用いられている公共的で共有された語彙を通じて私たちがすでに引き受けている信条を、実は実現していないことに気づくようになる。前者の教えるところによれば、私たちは自分の仲間内の言語のみを話す必要などなく、自分独自の言葉をみつけてもよいのであり、そのような言葉を見いだす責任を負っているともいえる。他方、後者の教えるところによれば、こうした責任は私たちにとって唯一の責任ではない。両者共に正しい。ただし、両者に単一の言語を語らせるすべはないのである。

公共的なものと私的なものとを統一する理論への要求を棄て去り、自己創造の要求と人間の連帯の要求とを、互いに同等ではあるが永遠に共約不可能なものとみなすことに満足すれば、いったいどういうことになるのかを明らかにすることが、本書の試みである。本書は、私が「リベラル・アイロニスト」と呼ぶ人物像のあらましを描く。私は「リベラル」という言葉の定義をジュディス・シュクラーから借りている。シュクラーの謂いによれば、残酷さこそ私たちがなしうる最悪のことだと考える人びとが、リベラルである。私は、自分にとって最も重要な信念や欲求の偶然性に直面する類の人物——つまりそうした重要な信念や欲求は、時間と偶然の範囲を超えた何ものかに関連しているのだ、という考えを棄て去るほどに歴史主義的《ヒストリシスト》で唯名論的《ノミナリスト》な人——を、「アイロニスト」と名づけている。リベラル・アイロニストとは、このような基礎づけえない欲求の一つとして、人が受ける苦しみは減少してゆくであろうという、そして人間存在が他の人間存在を辱めることをやめるかもしれないという、自らの希望を挙げる者のことである。

リベラル・アイロニストにとって、「なぜ残酷であってはならないのか」という問いに対する答えなどない。つまり、残酷さはぞっとするものだという信念を、循環論に陥らずに支持する理論などないのだ。「いつ不正に対して立ち向かうべきで、いつ自己創造の私的な営みに没頭すべきかを、いかにして決定するのか」という問いに対する答えもない。リベラル・アイロニストにとってこのような問いは、「$m \times n$人の他の罪なき人びとの命を救うためには、n人の罪なき人びとを拷問にかけるのは正しいか。もしも正しいとすれば、nとmについての正確な値とは何か」といった問いや、「人間はどのようなとき、自分の家族や共同体の成員を、無作為に選ばれた他の任意の人間存在と比べて、優先してよいのか」といった問いと同様に、如何ともしがたい問いであるように思える。この種の問いに対する、十分に基礎づけられた理論的な解答——この種の道徳的なディレンマを解決する演算式——があると考える者は誰であれ、依然として心のなかでは神学者か形而上学者であるのだ。このような人は、人間の実存の意味を規定しつつ、さまざまな責任の階層関係を確立するような、時間と偶然を超えた何らかの秩序が存在する、と信じているのである。

そうした秩序が存在しないと信じるアイロニストたる知識人の数は、そのような秩序が存在するに違いないと信じる人びとよりも(幸運で、富裕で、教養のある民主的な社会においてでさえ)はるかに少ない。知識人以外の人びとのほとんどは、いまだに宗教的な信仰の、あるいは啓蒙の合理主義の一形態に、自らを委ねている。したがって、アイロニズムは本質的にデモクラシーのみならず人間の連帯に対して——つまりこうした秩序が存在するに違いないと確信している人びとである、多数の人間との連帯に対して——敵対している、と思われることが多かった。しかし事実は違う。歴史的にいって特定の条件づけをされた、そしてたぶん長くはつづかない形態をとっている連帯に対する敵意は、連帯そのものに対する敵意ではない。本書における私の目論見の一つは、〈リベラル・ユートピアの可能性〉を提唱することである。つまり、アイロニズムがその適切な意味で普遍的であるようなユートピアの可能性を、である。ポスト形而上学の文化は、ポスト宗教の文化と同様に不可能ではないのであり、また同様に望ましいものである、と私には思える。

　私のいうユートピアにおいては、人間の連帯は「偏見」を拭い去ったり、これまで隠されていた深みにまで潜り込んだりして認識されるべき事実ではなく、むしろ、達成されるべき一つの目標だ、とみなされることになる。この目標は探究によってではなく想像力によって、つまり見知らぬ人びとを苦しみに悩む仲間だとみなすことを可能にする想像力によって、達成されるべきなのである。連帯は反省によって発見されるのではなく、創造されるのだ。私たちが、僻遠の他者の苦痛や屈辱に対して、その詳細な細部にまで自らの感性を拡張することによって、連帯は創造される。感性をこうして拡げることにより、自分と異なった人びとに対して「彼らはわれわれのようには感じていない」とか、「苦しみなんてつねにあるものなのだから、彼らに苦しみを与えたらいいではないか」と考えて、私たちがそのような人びとを疎外することが、いっそう困難になるのだ。

　他の人間存在を「彼ら」というよりむしろ「われわれの一員」とみなすようになるというこの過程は、見知らぬ人びとがどのような人びとなのかについて詳細に描写し、私たち自身がどのような人びとなのかについて描き直す、という問題なのである。以上のことは理論によってではなく、エスノグラフィ、ジャーナリストによるレポート、漫画、ドキュメンタリー・ドラマ、そしてとくに小説といったジャンルによって担われる任務なのだ。ディケンズ、オリーヴ・シュライナー、あるいはリチャード・ライトらの小説は、私たちの注意がこれまで向けられていなかった人びとが耐え忍んでいる類の苦しみについて、詳細を教えてくれる。ショデルロ・ド・ラクロ、ヘンリー・ジェイムズ、あるいはナボコフらの小説は、私たち自身がなしうる種類の残酷さについて詳細を教えてくれるのであり、そのことによって私たちが私たち自身を描き直すようにしてくれるのである。以上のようなことが原因となって、道徳上の変化と進歩を伝達する手段における主役の座が、説教や論文から小説、映画、テレビ番組へと、徐々にではあれ確実に移ってきているのだ。

私のいうリベラル・ユートピアにおいては、こうした交代劇に、現在はまだ認められていないある種の承認が与えられることになる。その承認は、理論に対抗し物語を支持するという、より一般的な方向転換の一部をなすことになる。この転換がやがて象徴することになるのは、私たちの生のあらゆる側面を単一のヴィジョンの下に包括しようとする、つまり単一の語彙によって記述しようとする試みを放棄してしまう、ということであろう。それは第一章で私が「言語の偶然性」と呼ぶもの――私たちが用いているさまざまな語彙の外側に出てゆき、ありうべきすべての語彙や、ありうべきすべての判断の仕方と感じ方を、何らかの形で説明するメタ語彙を発見することはできないという事実――を、承認するということである。その代わりに、私が思い描いている種類の歴史主義的で唯名論的な文化では、現在を一方では過去と、他方ではユートピア的な未来と結びつけるような物語を手に入れることで、よしとされる。さらに重要なことには、この文化はユートピアの実現を、そしてさらなるユートピアの構想を、終わりのない過程であると考えるのである。つまり、現に在る《真理》に向かって収斂してゆくというよりも、むしろ《自由》を永遠に際限なく実現してゆくことだと、考えるのである。

第I部　偶然性

第一章　言語の偶然性

いまからおよそ二〇〇年前、真理は発見されるのではなくつくられるのだという考えが、ヨーロッパ人の想像力をとらえ始めた。社会関係に関する語彙や社会制度の見方がまるごとそのまま、ほとんど一夜にしてひっくり返されうることが、フランス革命によって明らかにされた。この先例によってユートピアの政治が知識人のあいだで、例外というよりむしろ規則になったのである。ユートピアの政治は神の意志と人間本性の問題を脇に追いやり、これまで知られていなかった社会形態の創造を夢見る。

それとほぼ時期を同じくして、芸術がもはや模倣ではなく、むしろ芸術家による自己創造だと考えられた場合、どのようなことになるのかということが、ロマン主義の詩人によって表現されていた。この詩人たちは芸術に対して、文化のなかで伝統的に宗教と哲学が占めてきた地位を要求したのであり、それは啓蒙が科学に対して要求していた地位であった。ロマン主義者によって提起された先例が、彼らの要求に初めから妥当性を付与していた。ここ一世紀半にわたる社会運動において、小説、詩、演劇、絵画、彫像、建築物が現実に果たしてきた役割を考えるなら、この妥当性はさらに高いものとなる。

いまでは〔ユートピアの政治とロマン主義的な自己創造という〕この二つの趨勢は、その力を合体させており、文化的なヘゲモニーを獲得している。現代の知識人のほとんどにとって、手段とはっきり区別された目的についての問題――つまり自分自身の生、あるいは自らの共同体の生に、いかにして意味を付与するかという問題――は、宗教、哲学、または科学の問題というより、むしろ芸術や政治、もしくはその両者の問題なのである。このような展開は、哲学の内部に亀裂を生むこととなった。ある種の哲学者たちは依然として啓蒙に忠実であり、自分を科学の大義と同一化しつづけている。彼らによれば科学と宗教、理性と非理性のあいだにある旧来の闘争はいまだにつづいているのであり、それは現在では、一方における理性、他方における真理は発見されるのではなくつくられると考える文化内部の勢力すべて、という二者のあいだでの闘争という形態をとっているとされる。この種の哲学者は科学を人間活動の範型だとみなしており、真理は自然科学によってつくられるのではなく発見されるのだと主張している。彼らは「真理をつくる」という表現を、たんなるメタファーにすぎない、非常に誤解を生みやすいものの言い方であるとみなす。政治と芸術は、「真理」という考え方があてはまらない領域なのだ、と考えるわけである。一方、これと異なった種類の哲学者たちは、物理学によって記述される世界からは何の道徳的な教えも精神的な慰めも得られないということを理解して、科学はテクノロジーの侍女にすぎないのだ、と結論づけている。この種の哲学者は、政治的ユートピア主義者や革新的芸術家と、自ら肩を並べるのである。

第一の種類の哲学者が「堅い科学的事実」に対して、「主観的なもの」あるいは「メタファー」を対峙させるのに対し、第二の種類の哲学者は科学を人間活動のたんなる一つだとみなし、もはや科学を人間存在と「堅い」人間以外の実在とが出会う場であると、みなしたりはしない。後者の見方によれば、偉大なる科学者というものは、この世界で生じることについて予測し制御するという目的にとって有用な、世界に関する記述を創出しているのであり、それはちょうど詩人や政治思想家が他の目的のために世界の記述を創出しているのと同じなのだ。しかしながら、以上のような記述のなかのどれ一つとして、世界それ自体が在る様を精確に再現していると考えることはできない。この哲学者たちにとって、そのような再現《リプレゼンテイション》という考えそのものが、まったく的外れなのだ。

もしかりに、哲学者には第一の種類の哲学者、つまり自然科学者をヒーローとする類の哲学者しかいなかったとすれば、「哲学」と呼ばれる独立した学問を私たちがもつことは、たぶんなかったであろう。つまり神学や芸術と区別されているのと同じように、科学と区別される学問としての哲学を、である。哲学には、このような学問としての歴史が、たった二〇〇年ほどしかない。科学にその領分を割り当てておき、人間存在は真理を発見するというより創造するのだ、という不明瞭な考えに明晰な意味づけをしたドイツ観念論者の試みに、このような哲学はその存在を負っている。カントは科学に——現象界についての真理という——二流の真理の領域を委ねることを欲していた。ヘーゲルは、自然科学が自らの精神的本性をまだ十全には意識していない精神についての記述の一つであると考え、それによって詩人や政治革命家が提供する類の真理を、一流の地位にまで引き上げることを欲したのであった。

しかしながら、ドイツ観念論は短命で不十分な妥協だった。なぜなら、真理が「そこに」在るという考えを拒否するうえで、カントとヘーゲルはまったく中途半端だったからである。経験科学の世界を創造された世界としてみること、つまり、事物は心によって構成されている、あるいは自らの心的特性を不十分にしか意識していない心に存するとみなすことを、彼らはいとわなかった。しかしながら彼らは、心、精神、人間の自己の深みは本有的特性を——つまり哲学と呼ばれる、一種の非経験的な超科学《スーパー・サイエンス》によって知ることが可能な本性を——もっている、とみなすことに固執していた。このことが意味しているのは、真理のうちの半分だけが、つまり科学という下半分だけが、つくられたということである。高次の真理、哲学の領域である心に関する真理は、いまだに創造というより発見の問題であった。

本当は必要であったこと、つまり観念論者たちが思い描けなかったことは、あらゆるものに、それが心や物体であれ、また自己や世界であれ、表現《エクスプレス》されたり再現《リプレゼント》されたりする本有的特性があるという考えそのものを拒否することだった。なぜなら観念論者たちは、このような本性をもつものなどないという考えと、空間と時間とは非実在的であり、時空間の世界を実在させているのは人間存在であるという考えとを、混同してしまったからである。

世界がそこに在るという主張と、真理がそこに在るという主張とは区別される必要がある。世界がそこに在る、つまり世界は私たちの創造物ではないと述べることは、常識的にいって、時空間内にある事物のほとんどが、人間の心の状態を含まない諸原因の結果だと述べることである。真理がそこに在るのではないと述べることは、文のないところに真理はないということ、文は人間の言語の要素であるということ、そして人間の言語は人間が創造したものであるということを、述べるにすぎない。

真理がそこに在る——真理が人間の心から独立して存在する——ということはありえない。なぜなら、文がそのような形で存在し、そこに在るということはありえないからである。世界はそこに在る、しかし世界の記述はそこにはない。世界の記述だけが、真か偽になることができる。世界そのものだけでは——つまり人間存在が記述行為によって補助しなければ——真や偽になりえないのである。

世界と同様、真理もそこに在るという思いつきは、世界をそれ自身の言語をもった存在者の創造物だとみなしていた時代の遺産である。こういう人間以外のものの言語という考えに意味を見いださなくなれば、世界が原因となって、私たちがある文を真だと思うことが正当化されるかもしれない、というごくふつうの考えと、世界が自らの意志で「事実」と呼ばれる文の形になった個々のかたまりに分かれている、という主張を、混同することはないだろう。しかし、もし事実が自ら実在するという考え方に執着するならば、容易に「真理」という言葉を大文字化し、真理を、神とか神の計画としての世界といったものと同一視できるものとして、扱い始めることになる。そのような場合、たとえば、《真理》は偉大であり、勝利する、と語りたくなるだろう。

このような混同は、語彙にではなく、個々の文に注意を集中することによって、促進されてしまう。というのも、(たとえば、「赤が勝つ」と「黒が勝つ」、あるいは「執事がそれをした」と「医師がそれをした」といった)競合する文のあいだでの決着に、世界に訴えることで終止符を打つということが、よくあるからである。この場合、ある信念を私たちがいだくことを正当化する原因が、世界に存在するという事実を、つぎのような主張と容易に混同してしまう。すなわち、世界の或る何らかの言語外の状態が、それ自体で真理の一例であるとか、そのような言語外の状態が「ある信念を」世界に「対応させる」ことで「真理とする」、といった主張と。しかしながら、個々の文から語彙の全体に関心が移るとき、こうした混同はそんなに容易ではなくなる。競合する言語ゲームの事例——古代アテナイの政治の語彙とジェファーソンのそれ、聖パウロの道徳の語彙とフロイトのそれ、ニュートンのジャーゴンとアリストテレスのそれ、ブレイクのイディオムとドライデンのそれ——を考えてみるとき、世界が或るものを他のものよりよきものにしているとか、世界がこうした競合に決着をつけると考えることは難しい。「世界の記述」といった考え方が、言語ゲーム内での尺度によって決定されていた文のレヴェルから、言語ゲーム全体のレヴェル、つまり尺度に訴えて選択することができないゲームそのもののレヴェルに移されたとき、どの記述が真であるかを世界が決めるという考えに、明確な意味を与えることはもはやできないのだ。語彙が世界のなかのどこかに、ともかくすでに存在していて、私たちに発見されるのを待っているとは考えにくくなる。個々の文よりも、むしろその中で文が明確に表現される当の語彙そのものに(トマス・クーンやクェンティン・スキナーといった知の歴史家が促しているような)注意を向けることによって、私たちは、たとえば、アリストテレスの語彙よりもニュートンの語彙によって容易にこの世界のことを予測できるとしても、それはこの世界がニュートン語を話しているわけではないということを、理解するのである。

世界は話さない。ただ私たちのみが話す。私たちがいったんある言語を自分自身にプログラムしてしまえば、世界が原因となって私たちが何らかの信念をいだくことが可能になる。しかしながら、世界が私たちに特定の言語を話すことを提案することなどありえない。自分以外の人間存在のみが、そうしたことをできる。だが、私たちがどの言語ゲームをすべきかについて世界が教えることはないと理解したとしても、それゆえに言語ゲームの決定が恣意的であるとか、言語ゲームが私たちの内面深くにある何かの表現だ、と述べるべきではない。ここから引きだせる教訓は、語彙を選択する上での客観的な尺度を主観的な尺度に、つまり理性を意志や感情に取り換えるべきだ、ということではない。むしろ、尺度とか(「恣意的な」選択も含んだ)選択といった考えは、ある言語ゲームから他の言語ゲームへの変換が問題となる場合、もはや適切な考えではないというのが教訓なのである。ロマン主義の詩のイディオムや、社会主義の政治や、ガリレオの力学を受け容れることをヨーロッパが決めたのではなかった。この種の変換は、議論の結果でもなければ意志の行使でもなかった。むしろ、ヨーロッパでは次第に或る言葉を使用する習慣が失われ、そして次第に他の言葉を使用する習慣が獲得されたのである。

『コペルニクス革命』のなかでクーンが論じているように、望遠鏡の観察や、その他の何かにもとづいて、地球が宇宙の中心ではないとか、巨視的な行動も微構造的運動を基にして説明できるとか、予測と制御が科学的な理論の主要な目的であるべきだ、と決定されたわけではなかった。むしろ、一〇〇年におよぶ決着をみない混乱の果て、ヨーロッパ人は気づいてみるとこうした互いに関連したテーゼを当然としてしまう仕方で、話をしていたのだ。このように巨大な文化上の変化が尺度の適用(あるいは「恣意的な決定」)から生じるのではないことは、個人が有神論者や無神論者になったり、配偶者や友人を代えたりすることが、尺度の適用や理由なき行為(actes gratuits)の結果ではないのと同じである。このような事柄に関し、私たちは決定の尺度を自分自身の内側や、世界に対して求めるべきではない。

尺度を探し求めようとする誘惑は、世界あるいは人間の自己が、本有的特性、つまり本質をもっていると考えようとする、もっと一般的な誘惑の一種である。つまりそれは、私たちが世界や自分自身を記述する際に通常使用している多くの言語のなかで、ある一つの言語を特権化しようとする誘惑の所産なのだ。「世界とぴったり合っている」とか、「自己の本当の本性を表現している」と呼ばれるような関係を表わす機能が、全体としての語彙にそなわっていたり欠けたりすることがありうる、という具合に考えているかぎり、どの語彙がこの望まれる特徴を有しているのかを教えてくれる尺度を求めようとする、伝統的な哲学探究を私たちは継続してゆくことになろう。しかしながら、実在のほとんどは私たちがそれをどう記述するかには関係なく、人間の自己は語彙のなかで適切あるいは不適切に表現されるのではなく、むしろ語彙の使用によって創造されるのだ、という考えに違和感がなくなるようになれば、私たちは真理が発見されるのではなくつくられるのだというロマン主義思想のなかに含まれている、真なるものをついに理解したことになる。つまりこの主張のなかで真である点とは、言語は発見されるのではなくつくられるのであり、真理は言語的な実体、つまり文の属性なのである、という主張にほかならない[1]。

二世紀前の革命家と詩人たちが取りかかっていたと私が考えるものを再記述することで、問題を概説することができよう。一八世紀の終わりごろ、どんなものでも再記述されることで、善くも悪くも、重要にも無用にも、有益にも無益にも、みせることができるということが気づかれていた。ヘーゲルによって、精神がその本有的特性を次第に自己意識化してゆく過程として記述されている事柄は、ヨーロッパの言語慣習がますますはずみをつけて変化してゆく過程として記述された方がよい。ヘーゲルの記述する現象は、以前よりもさらに多くの人びとがより多くの事柄を、さらにラディカルな再記述で提供してゆく現象、つまり若者が大人になるまでに半ダースもの精神上のゲシュタルト転換を経験する現象なのである。理性ではなく、想像力が人間の中心的な能力だという主張でロマン主義者が表現したのは、うまく議論することより、むしろ違った話し方ができる才能が文化を変容させる主要な手段なのだ、という理解であった。フランス革命以来、政治的ユートピア主義者が感じてきたことは、永続的で本質的な人間本性が、「非自然的」あるいは「非合理的」社会制度によって抑圧または制圧されてきたということではなく、むしろ変化する言語やその他の社会慣行が、いままで存在していなかった種類の人間存在をつくりだすかもしれない、ということなのである。ドイツの観念論者、フランスの革命家、ロマン主義の詩人らが、おぼろげながらも共有していたことは、人間以外の諸力に応答するものとして自らを語ることをやめるという言語使用上の変化をこうむった人間存在は、そのことによって新しい種類の人間存在になるだろう、という考えであった。

以上の提案に対して、私のように共感する哲学者――つまり自らを物理学者ではなく詩人の援軍とみなす哲学者――が直面する難問がある。すなわち、この提案は何かを正しているのだという暗示、つまり私の与する哲学は事柄の本当の在り方に対応している、といった内容の暗示を、回避するという難問である。なぜなら、このように対応について語ってしまうことこそ、私の与する哲学者が取り除きたいと願っている考え、つまり世界や自己には本有的特性があるという考えだからだ。私たちの観点からみてみれば、「世界とぴったり合っている」とか「人間の本性を表わしている」と語ることによって、科学の成功や政治的リベラリズムの望ましさを説明することは、なぜ阿片によって眠くなるかをその睡眠作用について語ることで説明することに似ている。フロイトの語彙が人間本性に関する真理に達しているとか、ニュートンの語彙が天体に関する真理に達していると述べることは、何の説明にもなっていないのである。それはたんなる虚しい賛辞――私たちが便利であると思う新しいジャーゴンをつくった著述家に対して、伝統的に払われてきた賛辞――にすぎない。本有的特性といったものは存在しないと述べることは、実在がもつ本有的特性が、驚くべきことに、非本質的になったのだということではない。それは、「本有的特性」という用語は私たちの役に立たないのであり、それがもっていた価値と比べてもっと多くの問題を生みだしてしまう表現なのだ、と述べることなのである。そこに在って発見されるのを待っている真理、という考えを棄てるべきだと述べることは、そこには真理などない、と私たちが発見したのだ、ということではない。(2) これは、真理を深遠なもの、哲学的な興味を惹くトピックとして眺めることをやめたなら、あるいは「真なる」を「分析」に値する用語として眺めることをやめたなら、私たちの目的は最もうまくかなえられるようになるだろう、と述べることなのである。「真理の本性」というのは実り少ないトピックであり、この点において「人間の本性」や「神の本性」と類似し、「陽電子の本性」や「エディプス・コンプレックスにおける病的愛着の本性」とは異なる。ただし前者と比べた後者の実り多さという主張は、ひるがえってみれば、こうしたトピックに関して私たちは、ともかく何かを述べているのであって、あとは成り行きを眺めるしかない、という推奨にすぎないのだ。

私が提示している哲学の見方によると、哲学者は、たとえば、真理の対応説や「実在がもつ本有的特性」という考えに対抗する議論を、求められるべきではない。馴染みのある、長いあいだ推奨されてきた語彙の使用を拒絶する議論につきまとう問題は、まさにその自ら拒絶する語彙によって議論を表現するように期待されるということである。その語彙のなかの中心的な要素が、「それ自身の用語によって矛盾をきたしている」とか、「自らを脱構築する」ことを示すことが、期待されるのだ。しかしながら、こういうことを示すことは、絶対にできない。馴染みある用語の馴染みある使用が非整合的だ、空虚だ、混乱している、曖昧だ、「たんなるメタファーにすぎない」などと申し立てる議論は、どんなものでも要領を得ない、論点を回避したものとならざるをえない。なぜなら、そのような使用こそが結局のところ、整合的で意味のある、字義どおりの発話の範型だからである。以上のような議論はつねに、もっとよい語彙が手に入るという主張に寄生しており、それはこの主張を短く言い換えたものにすぎない。私たちの興味を惹く哲学が、あるテーゼに関する是か非かの検討であることはほとんどない。ふつうそれは暗示的であれ明示的であれ、困りものとなりながらも変更を拒んでいる語彙と、曖昧にではあるが偉大なる事柄を約束する、半ばできかかった新しい語彙とのあいだでの争いなのである。

後者の哲学の「方法」は、(議会政治や通常科学と対比される)ユートピアの政治や革命的科学の「方法」と同じなのだ。この方法とは、来るべき世代に受け容れられることで、その結果(たとえば新しい科学器機や新しい社会制度の採用といった)適切で新たな言語外行動の形式を求める探究を促すような言語の行動パターンを創造するまで、新しいやり方で事物を片っ端から再記述してゆく、というものである。この種の哲学は、概念をつぎからつぎへと分析したり、テーゼをつぎからつぎへと検証したりというように、一つひとつ進んでゆくものではない。むしろ、全体論的《ホーリスティック》に、プラグマティックになされるのである。「このような仕方で考えてみてごらん」、あるいはもっと詳しく、「つぎのような新しくて多分興味深い問いに取り換えることで、明らかに不毛な伝統的問いを無視してごらん」といった示唆が語られる。この哲学は、旧来の仕方で話していたときにやっていた旧いことと同じことを、それよりもうまくやる候補者をもっているのだ、と装ったりはしない。むしろ、その旧いことをするのをやめて、何か違うことをやりたいのではないですか、と誘うのである。しかしながら、この推奨をするにあたって、新旧の言語ゲームに共通する、以前から在る尺度にもとづいて論じたりはしない。なぜなら、新しい言語ゲームが本当に新しいものであるかぎり、そのような尺度など存在しないからである。

私自身の指針に従うので、自ら取り換えてしまいたいと願う語彙に対抗して、議論を提示する用意はない。その代わり、私の支持する語彙を、さまざまなトピックを記述する上で、どのように使用したらよいのかを示すことによって、その語彙が魅力的に映るようにするつもりである。さらにしぼっていうならば、この章ではドナルド・デイヴィドソンによる言語哲学の仕事を、「本有的特性」という考えを棄て去ることをいとわない、つまり私たちが使用する言語の偶然性に直面することをいとわないことの表明として描きたい。つづく章において、いかにしてこの言語の偶然性の認識が良心の偶然性の認識へといたるのかを明らかにし、そしていかにしてこの両者の認識が、事物が実際にどのように在るのかを徐々に理解してゆくのではなく、メタファーがどんどん便利になってゆく歴史として知識と道徳の進歩を描く、という考えにいたるのかを明らかにするつもりである。

本章では言語哲学によって議論を始めるが、それは文だけが真になりうるのであり、人間存在は(そのなかで文がつくり上げられる)言語によって真理をつくるのだ、という私の主張が生みだす帰結を、詳しく説明したいからである。私はデイヴィドソンの仕事に関心の焦点をあてるが、それは彼こそがこうした帰結を最も徹底的に探究してきた哲学者だからだ。(3) デイヴィドソンによる真理の議論は、言語習得とメタファーをめぐる彼の議論と結びついており、それが、世界や自己に対して適合/不適合的でありうる何かとして言語を考える議論とは、完全に断絶している最初の体系的な言語論を形成するのである。というのも、デイヴィドソンは言語が媒体――再現または表現する媒体――であるという考えと、はっきりと袂を分かっているからだ。

媒体によって何を意味しているのかということを、人間の置かれている状況に関する伝統的な描写においては、人間存在がたんなる信念や欲求の網の目ではなく、むしろそのような信念や欲求をもつ存在として描かれていたことに注目することで、説明できる。伝統的な見方によれば、このような信念や欲求をみつめ、そのなかで選択をし、使用し、それを手段として自己表現をする、といったことができる自己が中心にすえられている。さらには、こういう信念や欲求は、それが相互に整合的になれるかどうかという規準によってだけでなく、それがその中で縒《よ》り合わせられている網の目の外にある何ものかを規準にして批判することができる、とされている。この見方によると、信念は実在と対応しそこなっているがゆえに批判されうる。欲求は、人間の自己がもつ真の本性と対応しそこなっている――つまり「非合理的」で「非自然的」である――がゆえに批判されうる。かくして私たちがもっているのは、この信念と欲求がなす網の目の、一方の側に自己の本質的な核心があり、もう一方の側に実在がある、という描写なのである。この描写においては、この両者のあいだで前者の表現と後者の再現を交互におこなうという、相互関係の所産として網の目は存在している。以上が伝統的な主体‐客体の描写であり、これに観念論が取って代わろうとして失敗し、そしてニーチェ、ハイデガー、デリダ、ジェイムズ、デューイ、グッドマン、セラーズ、パトナム、デイヴィドソン、その他の人びとが、観念論のパラドクスに陥らずに取って代わろうとしてきたのである。

伝統的な見方に取って代わろうとする努力のなかに現われた一つの段階は、信念と欲求を構成する媒体として、つまり自己と世界のあいだを媒介する第三の要素として、「心」や「意識」の代わりに

「言語」を使う、という試みであった。この言語への転換は、進歩的で、自然にかなった変動だと考えられた。そう思われたのは、言語‐使用をする有機的組織体が進化的に立ち現われるさまの因果的説明をする方が、非意識的なものから意識的なものが形而上学的に立ち現われるさまの因果的説明よりも容易だ、と思えたからであった。しかしながらこの転換は、それ自体では効果のないものである。なぜなら自己と、自己が触れようと願う人間以外の実在とのあいだに在る何ものか、つまり媒体として言語を描くことに固執しているかぎり、私たちは少しも先へ進んでいないからである。私たちはいまだに主体‐客体の描写を使用しているのであって、懐疑論、観念論、実在論をめぐる問題から逃れられないままだということになる。というのも、意識について尋ねたのと同じ種類の問いを、言語について尋ねることがなおも可能であるからだ。

そのような問いとはつぎのようなものである。「自己と実在のあいだにある媒体は、両者を結んでいるのか、それとも離したままにしているのか」「この媒体は、主として表現の――つまり自己の内奥にある何かを分節化する――媒体とみなされるべきなのか。それとも再現の――つまり自己にその外にある何かを示す――媒体とみなされるべきなのか」。観念論的な知識の理論や、想像力をめぐるロマン主義的な考え方を記述する際、残念なことに、「意識」のジャーゴンから「言語」のジャーゴンへの転移が簡単に生じることが可能なのである。こうした理論に対する実在論的で道徳主義的な反動を記述する際でも、同じく容易にこの転移が可能なのだ。したがって、ロマン主義対道徳主義、観念論対実在論といったせめぎ合い《シーソー・バトル》は、ある特定の言語がある役割――人間という種の本性を適切に表現するという役割か、人間以外の実在の構造を適切に再現するという役割——を果たすのに「適切」であるかどうかという問いが有意義なのだ、という希望が存在すると考えているかぎり、ずっとつづいてゆくのである。

私たちはこのせめぎ合いから降りる必要がある。その手助けをしてくれるのがデイヴィドソンなのだ。なぜなら彼は、言語を表現や再現のための媒体とはみていないからである。したがって、自己と実在の両者が本有的特性、つまりそこにあって発見されるのを待っている本性をもっているという考えを、無視することができるのだ。デイヴィドソンの言語観は、還元主義的でも拡張主義的でもない。それは、「真理」や「志向性」や「指示」といった意味論的概念の還元主義的な定義を提供することを目指す、という分析哲学者がよくするようなことをおこなわない。それはまた言語を一種の神的なもの、つまり人間存在はたんなるそこからの流出にすぎないとされるような何かにしようとする、ハイデガーの企てとも似ていない。デリダが警告しているように、こうした言語の神聖化は、観念論者による意識の神聖化が転移したものの一形態にすぎないのだ。

還元主義と拡張主義の両方を避けている点で、デイヴィドソンはヴィトゲンシュタインに似ている。両哲学者とも代置する語彙を、ジグソーパズルの小片というより、代わりに取りだした道具のようなものとして、論じているのである。そのように語彙をパズルのピースとして論じる場合、どんな語彙でも他の語彙に取り換えたり還元したりすることが可能だとか、あるいは、統合された一つの巨大な超語彙《スーパー・ボキャブラリー》のなかに他の語彙すべてと一緒に統合することが可能だ、と想定していることになる。

この想定を避けるならば、「分子の世界における意識の位置づけは何か」「色は重さと比べて、心により多く依存しているのか」「事実の世界における価値の位置づけは何か」「因果律の世界における志向性の位置づけは何か」「常識による確実な演算表と、微視物理学による不確実な演算表との関係は何か」、または「言語と思想との関係は何か」といったような問いを、尋ねる気がしなくなるだろう。こうした問いに答えようとするべきでない。なぜなら、そのようにすれば、還元主義が明白な失敗に陥るか、あるいは拡張主義が短命な成功を収めるかの、いずれかに行き着くからである。私たちは、「この言葉を使用することは、あの言葉を使用することを妨げているのではないか」といった問いに、自らを限定すべきである。これは、私たちのいだく信念が矛盾しているかどうかについての問いではなく、私たちの使用する道具が役に立つかどうかについての問いなのだ。

二つの演算表に関するエディントンの問いのような、「たんなる哲学的な」問いというものは、平和に共存することが可能だと証明された語彙のあいだに、つくりものの理論的論争をかき立てようとする試みである。私が先に引用した問いはすべて、誰も見ていない困難を哲学者がわざわざ見ることによって、哲学という自分たちの主題に悪名を付した例なのだ。しかしながらこのことは、各々の語彙は絶対に互いの妨げとならないのだ、といっているのではない。それどころか、芸術、科学、そして道徳・政治思想における革命的偉業というものは、誰かが、私たちの使用する二つないしはそれ以上の語彙が互いに対立し合っていると理解し、その両方に取って代わる新しい語彙を発明するところまでいたったときに、達成されるというのが典型なのである。たとえば、伝統的なアリストテレス主義の語彙は、一六世紀において力学を研究していた人びとが展開しつつあった数学的語彙の妨げになっていた。もう一つの例として、一八世紀後半のドイツにおける――ヘーゲルやヘルダーリンのような――神学生は、イエスを崇拝する際の語彙が、ギリシア人を崇拝する際の語彙の妨げになりつつあることに気づいていた。さらに例をあげるなら、ロセッティのような文彩は、初期イェイツによるブレイク的文彩の使用の妨げになっていたのである。

漸進的に試行錯誤を重ねて、新しい第三の語彙――ガリレオ、ヘーゲル、あるいは後期イェイツのような人びとによって開発された類の語彙――を創出するということは、古い二つの語彙がどのようにすれば互いにうまく適合するのかに関する、発見ではないのだ。それゆえ、推理の過程を経ることで――つまり旧来の語彙のなかで定式化された前提から始めることによって――新しい語彙に到達することはできない。このような創出は、パズルのピースをうまく組み合わせた結果ではないのだ。それは現われの背後にある実在の、つまり近視眼的にみられていた諸部分に取って代わる歪みのない全体像の発見ではない。このことを表わす適切なアナロジーは、古い道具に取って代わる新しい道具の発明である。こうした語彙に出会うことは、滑車を思いついたから梃子《てこ》と止め木を棄て去ること、あるいはカンバスの寸法を自由にできる仕方を考えついたからゲッソやテンペラを棄て去ることに、似ている。

語彙と道具をアナロジーで結びつける、こうしたヴィトゲンシュタイン的なやり方には、一つの明白な欠点がある。職人は仕事に使う道具を取りだしたりつくりだしたりする前に、自分がする必要がある仕事が何であるかを知っているのがふつうである。それとは対照的に、ガリレオ、イェイツまたはヘーゲルといった人(私が用いる広い意味――つまり「事柄を一新する人」という意味――での「詩人」)は、自分がうまくやろうとすることを表わす言語を開発する前に、そもそも自分のやりたいと思っていることが正確には何なのか、はっきりさせることができないのがふつうなのだ。彼の新しい語彙によって初めて、そのこと自体の目的が定式化されうるのである。新しい語彙は、ある特定の一揃いの記述が開発される以前には、思い描くことのできないような何かをするための道具なのだが、とはいえ、その記述の開発をそれ自身が助けている道具でもあるのだ。しかしながら当分のあいだ、私はこのアナロジー上の欠点を無視するつもりである。代置する語彙に関して、ジグソーパズルと「道具」のモデルを対照させることは――ニーチェのやや誤解を生みやすい用語を使うならば――真理への意志と自己克服への意志との対照を反映しているのだ、と述べておくにとどめたい。両者とも、すでにそこに在る何かを再現あるいは表現しようとする試みと、以前には夢にも思わなかった何かを創造しようとする試みのあいだにある対照を、表わしているのだ。

　ヴィトゲンシュタインが言語を道具として論じたことから生まれてくる含意を、デイヴィドソンは、ヴィトゲンシュタイン以前の伝統的な言語理解の基底にある考えに明白な懐疑を唱えることによって、詳細に論じている。伝統的な理解では、「私たちが現在使用している言語は「正しい」言語なのか――それは表現や再現の媒体という役割に適したものなのか」「私たちの言語は透明な、あるいは不透明な媒体なのか」といった問いには意味があることが当然視されていた。こうした問いは、言語が言語以外のものに立ち向かうような関係、たとえば「世界にぴったりと合う」とか「自己の真の本性に忠実な」といった関係が存在すると、想定している。この想定と一緒になっているのが、「私たちの言語」――私たちが現在話している言語、二〇世紀に住む教養ある人びとに使用可能な語彙――は何らかの方法によって、一つの個体、つまり他の二つの個体――自己と実在――に対して確固たる関係を結ぶ第三者になっているのだ、という想定なのである。以上二つの想定とも、「意味」と呼ばれる言語以外のものが存在し、言語の役割はそれを表現することだという考えと、「事実」と呼ばれる言語以外のものが存在し、言語の役割はそれを再現することだという考えを、いったん私たちが受け容れたなら、まったくもって自然な想定なのだ。この二つの考えとも、媒体としての言語という考え方を奉っているのである。

伝統的な哲学による「事実」や「意味」といった用語の使用に対する、そして思考と探究についての「図式‐内容モデル」とデイヴィドソンが呼ぶものに対する、彼による論争の提起は、言語には確定された役割があり、「言語」や「真の言語」、あるいは「私たちの言語」と呼ばれる実体はその役割を適切に果たしたり果たさなかったりするのだ、という考えに挑む、さらに大きな論議の部分をなしている。そのような実体の存在に関するデイヴィドソンの懐疑は、「心」や「意識」と呼ばれるものの存在に関する、ギルバート・ライルやダニエル・デネットの懐疑に類似している。(4) こうした懐疑は両者とも、自己と実在のあいだにある媒体――実在論者が透明だと、そして懐疑主義者が不透明だとみなす類の媒体――という考え方がもつ有効性に向けられた懐疑なのである。

「碑文の巧みなる攪乱」[5]という、巧みな題をつけられた最近の論文のなかでデイヴィドソンは、仲間がさしあたり発している音声《ノイズ》や書き記しているものに関する「つかのまの理論《パッシング・セオリー》」と彼が呼ぶものの考え方を発展させることにより、実体としての言語という考え方の土台を掘り崩そうとしている。この理論が、この人の行動全体についてのより大きな「つかのまの理論」――いかなる条件の下で彼女がどのように行動するかに関する一組の推量――の一部をなしていると考えてみよう。この理論は「つかのまの」ものである。なぜならそれは、つぶやき、つまずき、言葉の誤用、メタファー、顔面の痙攣、発作、精神病の兆候、とてつもなく愚かな行為や言葉、天才的手腕、等々といったものを考慮して、継続的に修正されていかなければならないからである。簡便化のために、たまたまパラシュートで降り立った場所の、見知らぬ文化に属する人の行動に関して、私がこのような理論をつくっていると想像してみよう。同時にこの奇妙な人物は、たぶん私を同様に奇妙だと思い、私の行動に関し、一生懸命に理論をつくるであろう。もし私たちが、容易かつ首尾よく意志疎通することに成功するとすれば、それは私がつぎに発しようとしている音声を含んだ、私がつぎにしようとしていることに関する彼女の推量と、ある条件下において私が何をし、何を述べるかに関する私自身の期待とが、おおよそ一致するからであろうし、またその逆の場合もそうだからであろう。彼女と私は互いに、私たちがマンゴーや大蛇に対処するのと同じように――つまり意外なことが起こって驚かされることがないようにしながら――対処し合っているのである。私たちが同じ言語を話すようになると述べることは、デイヴィドソンによれば、「私たちは〔互いの〕つかのまの理論を収束しつつある」のだということになる。デイヴィドソンの要点は、「互いの話を理解したいのならば、二人にとって必要なものは、発話と発話のあいだでつかのまの理論を収束させる能力がある」だけでいい、ということなのである。

言語的コミュニケーションに関するデイヴィドソンの説明は、自己と実在のあいだに介在する第三者である言語、あるいは複数の人物や文化のあいだにあって障害となる異なった言語、という描写を不必要なものとする。何らかの世界の断片(たとえば、頭上に輝く星辰や荒れ狂う内なる情念)を論じるのに、自分が以前から使用していた言語が適切に働かないと述べることは、いまや新しい言語を習得したので、その断片をもっと容易に論じることができるようになったのだ、といっているにすぎないのだ。互いに使用している言葉を翻訳するのが非常に困難なため、二つの共同体が共にうまくやってゆくのに問題があると述べることは、ある共同体に住む人びとの言語的行動が、その他の行動と同様に、もう一つの共同体に住む人びとにとっては予測困難なのだ、といっているにすぎない。デイヴィドソンが述べているように、

私たちは、言語についての通常の考え方を棄て去っただけでなく、ある言語を知るということと、一般的な事情に通じているということのあいだにあった境界線を消し去ってしまったのだということを、理解すべきである。なぜなら、機能しているつかのまの理論に到達するために、規則など存在しないからである。……この過程を制御したり、この過程について教えたりする見込みがないことは、新しいデータを処理するために新しい理論を創造する過程を制御したり、その

過程について教えたりすることが不可能なのと同じである。なぜならこうしたことこそ、この過程に必然的に伴うことだからである。……

一個の言語などというものは存在しない。少なくとも、哲学者たちが想定してきたような、一個の言語は。したがって習得、あるいは精通すべきものなど存在しない。言語使用者が精通し、そのうえで具体的に適用するという、明確に定義され、共有された構造という考えを、私たちは棄て去らなければならない。……取り決め《コンヴェンション》に訴えかけることによって、私たちがどのように意志疎通をしているのかを解明しようとする企ては、放棄されるべきなのである。(6)

言語をめぐるこの線にそった考えは、ライルとデネットの考え、つまり心に関する専門用語を使っているとき、さまざまな状況下においてある有機体が、どのようなことをしたり述べたりする傾向があるのかを予測するうえで、私たちにとって有効な語彙――「志向姿勢」とデネットが呼んだものに特徴的な語彙――をたんに使用しているにすぎないのだという考えに類似している。ライルが心についての非還元論的な行動主義者であったのと同様、デイヴィドソンは言語についての非還元論的な行動主義者なのである。両者とも、信念や指示について語る際に、その行動上の対応物を提示しようという欲求をもっていない。その代わりに両者とも、つぎのように述べている。「心」や「言語」という用語を、自己と実在のあいだにある媒体の名称としてでなく、単純に、ある種の有機体に対処しようとするときに、ある語彙を用いることが望ましいという合図を表わしている旗として、考えてみよう、と。ある有機体に――この点に関しては、ある機械にでもいいのだが――心があると述べることは、ある目的にとって、それが信念や欲求をもっていると考えた方がうまくゆくと、いっているにすぎない。ある有機体が言語使用者であると述べることは、それがつくりだすマークや音声と、私たちがつくるマークや音声とを組にすると、それが将来においてどう行動するかを予測し制御するにあたって有効な戦術になることがわかった、と述べているにすぎないのだ。

心に関してライルとデネットが、そして言語に関してデイヴィドソンが発展させている、このようなヴィトゲンシュタイン的な態度は、心と言語が宇宙のその他の部分と結んでいる関係についての問いを、すべて再現や表現の適切さについての問いとは異なる因果的な問いにすることによって、心と言語を自然化しているのである。猿における相対的な心の欠如から人間における十全な心の存在にまでどのようにして到達したのか、あるいはネアンデルタール人の話し方からポスト・モダンの話し方にまでどのようにして到達したのか、といった問いは、もしも率直な因果的問いとして解釈されたならば、完全に意味のはっきりとしたものになる。前者の問いに答える場合、私たちは神経学、そして進化論的生物学にまで踏み込んでゆくことになる。しかしながら後者の問いの場合、私たちはメタファーの歴史として考えられた、知の歴史に踏み込んでゆくことになる。本書における私の目的にとって、後者の問いこそが重要である。したがって本章の残りの部分を使って、私はデイヴィドソンの言語論に一致するやり方で、思想と道徳の進歩をめぐる説明のあらましを描くことにしよう。

言語の歴史を、そして以上のようなわけで芸術、科学、そして道徳感覚の歴史をメタファーの歴史とみなすということは、人間の心や言語が、《神》や《自然》によって計画された目的にますますうまく適合してゆくという(たとえば、意味をさらにもっと表現してゆくとか、事実をさらにもっと再現してゆくという)、描き方をやめることである。媒体としての言語という考えがいったん成立すると、言語には一つの目的があるという考えが成立する。この二つの考えを放棄する文化というのは、二〇〇年前に始まった現代思想における流れ、すなわちドイツ観念論、ロマン主義の詩作、そしてユートピアの政治に共通した流れが、勝ち取ったものであろう。

科学史を含んだ、知の歴史についての非目的論的な見方というのは、ちょうど進化論に対して、自然淘汰に関するメンデルの機械論的な説明がなしたのと同じことを、文化の理論に対してなしているのである。メンデルによって私たちは、心というものを、全体の過程における要点であるような何かとしてではなく、ただたんに生じているだけの何かとして、みることができるようになった。デイヴィドソンによって私たちは、言語の歴史、そしてさらに文化の歴史を、サンゴ礁の歴史に関するダーウィンの考え方と同じ仕方で、考えることができるようになった。旧来のメタファーはつぎつぎと死に絶えてゆき、字義どおりのものになり、そして新しいメタファーのための踏み台と引き立て役になってゆくのである。このアナロジーによって私たちは、「われわれの言語」を――つまり、二〇世紀ヨーロッパの科学と文化を――数知れないたんなる偶然性の所産として形成された何ものかとして、考えることができるようになる。われわれの言語と文化がたんなる偶然のものにすぎないのは、蘭の花や類人猿が、ニッチを発見した幾千もの(そしてニッチを発見できなかったその他何百万もの)小さな突然変異の結果であるのと、同じなのだ。

以上のアナロジーを受け容れるならば、私たちはメアリー・ヘッセに倣って、科学革命を自然のうちにある本有的特性についての洞察としてではなく、自然に関する「メタファーを駆使した再記述」として考察しなければならない[7]。さらには、現代の物理・生物科学が提供する実在の再記述は、現代の文化批評が提供する歴史の再記述と比べて、何らかの形で「事物そのもの」により接近しているのであり、「心に依存する」ことがより少ないのだ、と考えたくなる誘惑に対して、抵抗しなければならないのだ。DNAやビッグ・バンについての話をつくりだした一連の因果的な諸力を、「世俗化」や「後期資本主義」についての話をつくりだした因果的な諸力と同種のものとして、みる必要がある[8]。こうしたさまざまな一連の因果的な諸力はランダムな要素なのであり、この諸力のせいで、他の事柄ではなく或る事柄が、私たちの会話の主題となったりするのであり、また他の計画ではなく或る計画が、可能で重要なものとなったりするのである。

文化史には目的《テロス》――たとえば真理の発見や人間性の解放――があるという考えと、私がここであらましを描こうとしているニーチェ‐デイヴィドソン主義的な描写との対照を、人間存在と宇宙における残りの部分との関係についての厳然たる機械論的な記述が後者の描写と両立可能だ、ということに注意を促すことによって、さらに発展させることができる。なぜなら、本当の革新性というものは、結局のところやみくもで、偶然的で、機械的な諸力の世界において、生じることが可能だからである。

革新性とは、たとえば宇宙線がDNA分子内の原子をかき混ぜて、事物を蘭の花や類人猿の方向へと進ませるときに起こるような類のものなのだ、と考えてみよう。時が経って蘭の花は、それが存在するための必然的な条件がまったくの偶然だったとしても、革新的で素晴らしいものとなったのだ。同様にして、アリストテレスが実体《ウーシア》を、聖パウロが愛《アガペー》を、そしてニュートンが重力《グラウィタス》を、メタファーとして使ったということは、彼らのそれぞれの脳内における、なんらかの重要な神経系の精妙な構造が、宇宙線によってかき混ぜられたことの結果だったかもしれないし、またそうであってもかまわないはずである。あるいは、もっとありえそうな話にするならば、幼時におけるある異常なエピソード――特異なトラウマにより彼らの脳のなかに残された、強迫観念《オブセッション》となった妙な考え――の所産だったとしてもよいのだ。いかなる仕掛けがあってこうしたことが生じたのかは、ほとんど問題ではない。こうした結果が素晴らしいことなのだ。そうした事柄がそれ以前まではなかった、ということなのである。

知の歴史を以上のように説明することは、ニーチェが「真理」を「メタファーの動的な一群」と定義したことと調和する。それはまた、私が以前にガリレオ、ヘーゲル、イェイツといった人びと、つまり彼らの心のなかで新しい語彙が発達し、それによってその道具がないときには思い描くこともできなかったことをなしうる道具を手に入れた人びとに対して与えた記述とも、調和する。しかしながら、この記述を受け容れるためには、私たちはデイヴィドソンのような仕方で、字義どおりなものとメタファー的なものとの区別を理解する必要がある。つまり音声やマークについての、二種類の意味のあいだの区別だとか、二種類の解釈のあいだの区別としてでなく、馴染みのある使用と馴染みのない使用のあいだにある区別として、理解する必要があるのだ。音声とマークの字義どおりの使用とは、人びとがさまざまな条件下で何を述べるかに関する旧来の理論で対処しうる使用のことである。他方で、音声とマークのメタファーとしての使用とは、新しい理論を展開することに私たちを従事させるような使用のことなのだ。

以上の要点をデイヴィドソンは、メタファーによる表現は字義どおりの表現と異なった意味をもっているのだと考えるべきではない、と述べることで示している。意味をもつということは、言語ゲーム内においてある一定の位置を占めるということである。メタファーは、その定義からして、そんなことをしないのだ。デイヴィドソン自身の言葉を使えば、「メタファーと結びついているものは、メタファーの作者が伝えたいと願っている特定の認知内容なのであり、また解釈者がそのメッセージを受けとろうとするなら、把握しておかなくてはならない認知内容なのだというテーゼ」を、彼は否定しているのである。(9) 彼の考えによれば、会話のなかにメタファーを混ぜるということは、突然会話をやめて顔をしかめることや、ポケットから写真を取りだしてみせること、話し相手の顔を平手打ちすることや、相手にキスをすることに似ている。テキストのなかにメタファーを混ぜることは、イタリックや、イラストや、変わった句読点や体裁《フォーマット》を使用することに似ているのだ。

こうしたことすべては、話し相手や読者に影響を与える方法であって、あるメッセージを伝える方法ではない。こういうことに対して、「いったいあなたは何をいいたいのですか」と応じたなら、それは適切ではないのだ。もし何かをいいたかったのなら——もし意味のある文を発話したかったのなら——人はたぶん、そうしていただろう。しかしながらそうしないで、その人は別の手段による方が、彼の目的をもっとうまく達成できると考えたのである。人が——平手打ち、キス、写真、身ぶり、あるいはしかめつらを利用せずに——馴染みのある言葉を馴染みのない仕方で使用したとしても、それはその人が述べたことにはある特定の意味があるはずだ、ということを表わしているのではない。そのように意味のあることを述べようとする試みとは、言葉の馴染みある(つまり、字義どおりの)使用例——すでに言語ゲーム内にある一定の位置を占めている文——をみつけようする、そしてそうしたものを手にする方がよいのだと主張する試みになるであろう。しかしながら、メタファーを他の言葉に置き換えることができないというのは、自分の目的にとっては馴染みある文がどれもうまくいかないのだ、ということを意味しているにすぎない。

　言語ゲーム内に固定された位置をまったくもっていない文を発話するということは、実証主義者が正しくも述べてきたように、真でも偽でもない何か——イアン・ハッキングの用語を使えば、「真理値候補」ではない何か——を発話することである。なぜなら、そのような文に対しては、確証や反証も、論証や反論も、できないからだ。せいぜいできることといえば、味わうか吐きだすかである。しかし、だからといってこの文が、時が経って真理値候補になるかもしれないということを、否定しているのではない。もしも吐きだされるのでなく味わわれているなら、この文は繰り返され、定着し、やりとりされるようになるかもしれない。すると次第に慣習的な使用を、つまり言語ゲーム内にある一定の位置を、要求するようになるだろう。その場合、この文はメタファーであることをやめる(もしくは、私たちの言語内にあるほとんどの文がそうであるように、死んだメタファーになるのだといってもよい)。言語内にあって、字義どおり真か偽になる、たんなるもう一つの文となるのだ。言い換えるならば、自分の仲間の言語的行動に関する私たちの理論の果たす役割が、このメタファーであることをやめた文の発話に対処する場合でも、彼らが発する他の発話のほとんどに対処する際と同様に、あまり深く考えずに対処するだけでよいほど軽くなるのである。

メタファーは意味をもたないというデイヴィドソンの主張は、哲学者がこねくり回す理屈の典型であるようにみえるかもしれないが、そうではない[10]。それは言語を媒体とみなすことをやめさせようという試みの一部なのだ。そしてさらにこの試みは、人間であるとはどういうことかに関する伝統的な哲学の描写を消し去るという、もっと大きな試みの一部なのである。デイヴィドソンの主張の重要性を理解するには、たぶん、メタファーに関する彼の論じ方を、一方においてプラトン主義者と実証主義者のそれと、もう一方においてロマン主義者のそれと、対照してみるのが一番である。プラトン主義者と実証主義者は、メタファーについての還元主義的な見方を共有している。彼らによるとメタファーは、他の語に置き換えが可能であるか、さもなくば、言語がもつ唯一重要な目的、つまり実在を再現することにとって役に立たないかの、いずれかである。これとは対照的に、ロマン主義者は拡張主義的な見方をとる。彼はメタファーを奇妙で、神秘的で、驚嘆すべきものだと考える。ロマン主義者によればメタファーは、「想像力」と呼ばれる神秘的な能力、つまり自己のまさしく中心、心の核心部の奥深くにあると彼らが想定する能力から生まれてくる。メタファーによる外観は、プラトン主義者と実証主義者には重要ではないし、その逆で字義どおりの外観は、ロマン主義者には重要ではない。なぜなら、前者は言語の特徴が私たちの外側にある隠れた実在の再現にあると考え、他方、後者は言語の目的が私たちの内側にある隠れた実在の表現であると考えるからである。

したがって、実証主義的な文化史において、言語は物理的な世界が織りなす輪郭の周りに、徐々にその姿を形成してゆくのだ、とみなされる。また、ロマン主義的な文化史において、言語は《精神》を徐々に自己意識にまでいたらせるものとみなされる。他方、ニーチェ的な文化史、そしてデイヴィドソン的な言語哲学において、言語は、私たちが現在進化と考えているようなものと、つまり生命の新しい形態がつぎつぎと旧い形態を——より高次の目的を達成するためではなく、ただ盲目に——絶滅させてゆくのに似たものと、みなされるのである。ガリレオは発見をした——アリストテレスがみつけられなかった、世界にぴったりと合うのに必要な言葉をついにみつけだした——のだと実証主義者がみなすのに対し、デイヴィドソンは、ガリレオは以前からある道具よりも、ある目的に対してもっとうまく機能する道具をたまたま思いついたのだと考える。ガリレオの語彙で何ができるのかがわかってしまえば、アリストテレスの語彙でかつてはなされていたこと(そしてトマス主義者にとっては、いまだになされるべきこと)に、興味をもつ者などほとんどいなくなってしまったのである。

同様に、イェイツはそれまで誰も手に入れたことのない何かを手に入れた、それまで長いあいだ表現されることを待ち望んでいた何かを表現したのだ、とロマン主義者がみなしているのに対し、イェイツはそれまでのどの詩人も書かなかったような詩を書くことを可能にした、ある道具にたまたま出会ったのだ、とデイヴィドソンは考えるのである。後期イェイツの詩を手にしたとたん、私たちはロセッティの詩には食指がのびなくなった。革命的で強い科学者や詩人にあてはまることは、強い哲学者——ヘーゲルやデイヴィドソンのような人びと、受け継いだ問題を解決するよりも、むしろ解消することに興味をもつような種類の哲学者——にもあてはまる。この考え方でゆくと、哲学の方法として論証法の代わりに弁証法を使うこと、あるいは真理の対応説を棄て去ることは、「哲学」や「真理」と呼ばれている、以前から存在している実体の本性に関する発見ではない。それは私たちの語り方を変えることであり、そのことによって私たちがやりたいと望むこと、私たちが自分の在り様だと考えていることを、変えることとなのである。

しかしながら、実在と現われという区別を棄て去ったニーチェ的な見方によれば、私たちの語り方を変えるということは、私たち自身の在り様を、自分自身の目的のために変えるということなのだ。ニーチェのように神は死んだと語ることは、私たちは高次の目的には仕えないと述べることに等しい。発見の代わりに自己創造を置くというニーチェ的な置換は、人類が光に向かってどんどん近づいてゆくという描写を、権力に餓えた人びとが幾世代にもわたって互いを踏みにじりあっているという描写に置き換えたのである。ニーチェ的なメタファーが字義どおりにとられるような文化があるとすれば、それは、哲学の問題は詩の問題と同様に一時的なものであること、「人類」と呼ばれる単一の自然種に何世代もの人びとを団結させてしまうような問題など存在しないことを、当然視するような文化であろう。つぎからつぎへと取って代わられるメタファーの歴史として人間の歴史を考えてみれば、私たちは詩人を、新しい言葉をつくる人、新しい言語を形成する人の総称という意味で、人間という種の前衛だとみなすことができるのである。

最後の論点については、第二章と第三章で、ハロルド・ブルームによる「強い詩人《ストロング・ポエット》」という考えを機軸に、展開してみるつもりである。しかしながら本章を、これまで述べてきたことにとって最も重要な主張に立ち戻ることで閉じたい。つまり、代置するメタファー間の選択に関する尺度を、世界が私たちに提供することなどないのだという主張、私たちはただいろいろな言語やメタファーを相互に比較し合うだけであり、言語やメタファーを「事実」と呼ばれる言語を超えた何かと比較するのではないのだ、という主張である。

この主張を支えるように論じる唯一の方法は、グッドマン、パトナム、そしてデイヴィドソンといった哲学者がすでにしてきたことを、することである。つまり、「世界の在り様」だとか「事実にぴったりと合う」といった語り方に意味を与えようとする試みが不毛なことを明らかにする、という方法である。このような努力を、クーンやヘッセといった科学哲学者の仕事によって補うことができる。自然という書物は数学の言語で書かれていると主張することでは、アリストテレスの語彙よりもガリレオの語彙を使った方が予測がうまくゆく、という事実を説明できないのはどうしてなのかを、こうした科学哲学者たちは説明しているのである。

言語哲学者や科学哲学者によるこの種の議論は、知の歴史家(たとえばハンス・ブルーメンベルクのように、信仰の時代と理性の時代のあいだにある、類似と差異を辿ろうとしてきた歴史家)の仕事を背景として、検討されるべきである。(11) このような歴史家は、私が先に述べた論点を主張してきた。つまり、世界や自己には本有的特性があるという——物理学者や詩人が一瞬垣間見たかもしれない——考えというのは、世界は神の創造物、何かを心のなかにもっていて、自分自身の計画を記述するような言語を話していた方の作品である、という考えの残滓なのだと主張してきた。このような、宇宙がそれ自身人物であるとか、人物による創造である、といった描写を思い描くことによって、ようやく私たちは世界が「本有的特性」をもっているという考えを理解できるのである。なぜなら、このような語り方が表わしている価値とはまさしく、ある語彙は他の語彙と比べて世界をよりよく再現しているということであり、それはある語彙が何らかの目的のため世界に対処する上でよりよい道具だということとは、正反対の価値なのだ。

再現としての言語という考えを棄て去り、言語の論じ方において徹底的にヴィトゲンシュタイン的になれば、世界を脱‐神聖化することになる。こうすることによって初めて、私が前に提示した議論——真理は文の属性であり、文はその存在を語彙に負っており、そして語彙は人間存在によってつくられているのだから、真理もまた人間存在によってつくられているのだという議論——を完全に受け容れることができるのだ。なぜなら「世界」というものを、私たちが対処するだけでなく敬うべき何か、つまり自分自身の記述法に関して自らの好みをもっている人格的な何かの呼び名であると考えているかぎり、真理についての哲学的な説明は、真理は「そこに」在るという「直観」を守るべきだ、と主張することになるからである。この直観はだいたいのところ、「事実に対する敬意」や「客観性」についての伝統的な言語を私たちが棄て去ったら、それは神に対する不遜である——科学者(あるいは哲学者、または詩人、もしくは誰か)を、人間的なものを超えた領域に私たちを接触させるという、聖職者のような役目をもっている人とみなさないことは、危険であり、不敬である——と、述べているに等しい。

私が示唆している見方からすれば、「適切な」哲学の教義は私たちの直観に席を譲らなければならない、という主張は、反動的なスローガンであり、現下の問題を回避するものである。[12]というのも、言語がそれに即している必要があるような、前‐言語的意識など私たちはもっていない、そして哲学者に言語化することを義務づけるような、事物の在り様に関する深層の意味などない、というのが、私の見方にとって不可欠なことだからである。このような意識として記述されているものは、私たちの祖先の言語を用いるという、つまり彼らの死んだメタファーを敬うという、性向にすぎない。デリダが「ハイデガー的ノスタルジア」と呼んでいるものに罹らなければ、私たちの「直観」を、決まり文句や、用語のレパートリーを慣習的に使用することや、代わりがまだみつかっていない旧い道具といったもの以上のものだと、考えることはないのである。

ブルーメンベルクのような歴史家が述べている物語を遠慮なく要約すると、〈むかしむかし私たちは、目にみえる世界を超えて存在する何かを崇拝する必要を感じていました〉となるだろう。一七世紀になると、科学が記述する世界を疑似的な神性とすることによって、私たちは神への愛を真理への愛に取り換えることを試みた。一八世紀の終わりになると、私たちは科学的真理への愛を私たち自身への愛に取り換えることを試みた。つまり、いま一つの疑似的な神性として、私たち自身の深層にある精神的あるいは詩的本性の崇拝に、取り換えようとしたのである。

ブルーメンベルク、ニーチェ、フロイト、そしてデイヴィドソンに共通する一連の思想が示唆するのは、もはや何ものをも崇拝しない、何ものをも疑似的な神性としない、すべてのもの――私たちの言語、良心、共同体――を時間と偶然の産物だとする地点にまで、私たちが到達するよう努力すべきだ、ということである。この地点に達するということは、フロイトの言葉を借りれば、「偶然というものは私たちの運命を左右するのに相応しいとみなす」ことを意味する。次章で私が主張するのは、ヴィトゲンシュタインとデイヴィドソンが私たちの言語に対してなしたことを、フロイト、ニーチェ、そしてブルームが、私たちの良心に対してなしているのだ、つまり、良心もまたまったくの偶然的なものなのだということを顕わにしたのだ、ということである。

注

(1) 個々の言語や語彙を、他のそれと厳然と区別するような尺度を、私は提示できないし、またそのようなものがはたして必要なのかもわからない。いったいどこである一つの自然的言語が終わり、また別の自然的言語が始まるのか、あるいは、いつ「一六世紀における科学の語彙」が終わり、「新科学の語彙」が始まったのか、といった問いにあまり悩まされることなく、哲学者は長いこと「Lという言語において」といったフレーズを使用してきた。おおざっぱにいえば、この種の断絶は、地理上あるいは年代上の差異について語る際、私たちが「説明」ではなく「翻訳」を使いだしたときに生じるのである。つまり、言葉を使用するのではなく、言葉について言及し始めることが――つまり、人間がなす二組の慣行のあいだにある差異を、それらの慣行にある諸要素の周りに引用符を付けることで際立たせることが――便利だと感じるとき、この種の断絶はかならず生じるのだ。

(2) 「真理とは、実在との対応という問題ではない」という言明から「私たちが「真理」と呼ぶものは、有用なる嘘にすぎない」という言明を引きだしてしまったため、ニーチェは数々の混乱を惹き起こしてきた。これと同じ混乱が、「形而上学者が発見したいと願うような、実在なんてものは存在しない」という言明から、「私たちが「実在する」と呼ぶものは、本当は実在しないのだ」という言明を引きだす際のデリダにも、しばしば発見できる。このような混乱によってニーチェとデリダは、自己言及の矛盾――知ることができないと主張しているものを、自分自身は知っていると主張している矛盾――に陥っていると非難できる。

(3) デイヴィドソンの考えに関して私が提示している解釈や、彼の考えから私が引きだし、展開した考えに対して、デイヴィドソン自身は何の責任もないことを、述べておくべきであろう。デイヴィドソンについての私の解釈を、さらに展開しているものとして、私の論文、"Pragmatism, Davidson and Truth," in Ernest Lepore, ed., *Truth and Interpretation: Perspectives on the Philosophy of Donald Davidson* (Oxford: Blackwell, 1984〔*ORT* に再録。「プラグマティズム・デイヴィドソン・真理」、冨田恭彦訳『連帯と自由の哲学』(岩波書店、一九八八年)に所収〕)を参照のこと。私の解釈に対するデイヴィドソンの応答に関しては、彼の論文、"After-thoughts, 1987" to "A Coherence Theory of Truth and Knowledge," in Alan Mala-

chowski, *Reading Rorty* (Oxford : Blackwell, 1990) を参照。

（4） こうした懐疑に関して、さらに詳しく論じたものとして、私の論文、"Contemporary Philosophy of Mind," *Synthesis* 53 (1982) : 332-348 を参照。デネットの考えに関する私の解釈に対する、デネットの疑義については、彼のコメント、"Comments on Rorty," pp. 348-354 を参照。

（5） この論文は、Lepore, ed., *Truth and Interpretation* に収められている。

（6） "A Nice Derangement of Epitaphs," in Lepore, ed., *Truth and Interpretation*, p. 446. 強調点は引用者。

（7） "The Explanatory Function of Metaphor," in Mary Hesse, *Revolutions and Reconstructions in the Philosophy of Science* (Bloomington : Indiana University Press, 1980) を参照。

（8） こうした合体化の試みに対してバーナード・ウィリアムズは、デイヴィドソンと私の考えを論じるなかで抵抗している。Bernard Williams, *Ethics and the Limits of Philosophy* (Cambridge, Mass. : Harvard University Press, 1985〔森際康友・下川潔訳『生き方について哲学は何が言えるか』(産業図書、一九九三年)〕) の第六章を参照。ウィリアムズに対する部分的な応答として、私の論文、"Is Natural Science a Natural Kind ?" in Ernan McMullin, ed., *Construction and Constraint : The Shaping of Scientific Rationality* (Notre Dame, Ind. : University of Notre Dame Press, 1988)〔*ORT* に再録〕を参照。

（9） Davidson, "What Metaphors Mean," in his *Inquiries into Truth and Interpretation* (Oxford University Press, 1984), p. 262.〔野本和幸他訳『真理と解釈』(勁草書房、一九九一年)、二八九頁〕

（10） 哲学者がこねくり回す理屈ではないかというものを含む、その他さまざまの非難に対して、デイヴィドソンを擁護する議論をさらに展開したものとして、私の論文、"Unfamiliar Noises : Hesse and Davidson on Metaphor," *Proceedings of the Aristotelian Society*, supplementary vol. 61(1987) : 283-296〔*ORT* に再録〕を参照。

(11) Hans Blumenberg, *The Legitimacy of the Modern Age*, trans. Robert Wallace(Cambridge, Mass. : MIT Press, 1982〔斎藤義彦訳『近代の正統性 I——近代化と自己主張』(法政大学出版局、一九九八年)〕)を参照。

(12) この格言を特定の事例に適用したものとしては、「主観性」に関するトマス・ネーゲルの考えとジョン・サールによる「本質的指向性」の教義とに含まれている、直観への訴えについて、私が "Contemporary Philosophy of Mind" のなかで論じたものを参照のこと。両者に対する批判をさらに展開したもので、私自身の批判と調和するものとして、ダニエル・デネットの論文、"Setting Off on the Right Foot" and "Evolution, Error, and Intentionality," in Dennet, *The Intentional Stance*(Cambridge, Mass. : MIT Press, 1987〔若島正・河田学訳『志向姿勢の哲学』(白揚社、一九九六年)に、「正しい第一歩を踏み出す」「進化、誤り、指向性」として所収〕)を参照。

第二章　自己の偶然性

本章の主題について書き始めたとき、私が述べたいことを明確にするうえで役に立つ、フィリップ・ラーキンの詩にたまたま出会った。ここにその末尾の部分を引用する。

そして一度あなたが自らの心を余すところなく散策してしまったら
あなたが支配するものは積み荷のリストと同じぐらいに明白だ
あなたにとって、それ以外に存在していると思えるものは何もない
それが何の得だというのか？　ただ、時が経って
私たちのおこないのすべてが生んだ盲目の刻印を、自分で半ば確認することが
その形跡をしっかりと辿るかもしれない。
だけど、
私たちの死が始まるあの青ざめた午後に、
それがいったい何であったかを告白しても、何の慰めにもならない、
なぜならそんなことは一人の人に一度だけ、

しかも死にゆく者にだけ意味のあることだから。

この詩は、ラーキンがインタヴューのなかで告白している、死にゆくことの、つまり消滅することの恐れを語っている。しかし「消滅することの恐れ」というのは、あまり意味をなさないフレーズである。非存在それ自体の恐れといったものはなく、ただ何らかの具体的な喪失の恐れのみがあるからだ。「死」や「無」というのは、同じくらいに大仰で、空虚な用語である。そのどちらかを恐れるということは、どちらも恐れる理由などないと語るエピクロスの試みと同じくらいに、どこかしら変なものいいになる。「私が存在するとき、死は存在しない。そして死が存在するとき、私は存在しない」。こう述べてエピクロスは、一つの空虚をもう一つの空虚に取り換えた。というのも「私」という言葉は、「死」という言葉と同じく空虚だからである。この言葉の意味を解くには、問題となっている当の《私》について詳細を書き込み、いったい存在しなくなるのが何なのか、恐れを具体的なものにしているのは何なのかを、精確に特定しなければならない。

ラーキンの詩は、彼が恐れていたものの意味を解く一つのやり方を暗示している。彼が消滅を恐れているのは、彼にだけ特有の積み荷リスト、何が可能で重要なのかをめぐる彼個人の意味づけである。つまり彼にとっての《私》を、他のすべての人びとの《私》から区別しているものである。この区別を失うことを、私の考えでは、すべての詩人――すべての創造者、何か新しいものをつくりたいと願う者すべて――が恐れているのだ。何が可能で重要なのかをめぐる問いに対し、新たな答えを明晰に表明するという企てにその生を捧げる者は誰でも、その答えが消滅してしまうことを恐れるのである。

しかし、以上のことは単純に、人は自分の作品が失われたり無視されたりすることを恐れるのだ、といっているのではない。というのもこの恐れは、たとえ作品が保存され、認められていたとしても、そこに他と異なるものを誰も見いださないのではないか、という恐れと混じり合っているからである。新機軸を立てるように並べられた言葉（あるいは形態、定理、または物理的本性のモデル）も、お決まりの仕方で整理されてしまうと、たんなる在庫品《ストック・アイテム》にみえるかもしれない。人は自らの印を言語に刻印することはないであろう。むしろ、出来合いの言葉でやり通すことで生を終えるだろう。したがって、《私》を本当にもつことなく終わるだろう。人が創造したもの、そして人の自己は、良かれ悪しかれ馴染みの類型の実例にすぎなくなってしまうだろう。以上のことをハロルド・ブルームは、「影響を受けることについて強い詩人がいだく不安」「自らがたんなるコピーやレプリカにすぎないことに気づくという、強い詩人の恐れ」と呼んでいる[1]。

ラーキンの詩をこのように読んでみると、人のすべての「おこないが生んだ」「盲目の刻印」の形跡をしっかりと辿ることに成功すると、どういうことになるだろうか。それはたぶん自己が他と異なる点——自分自身の積み荷リストと他の人びとのそれとの差異——とは何か、を理解することだろう。もしもこのような了解を紙（あるいはカンヴァスやフィルム）の上に記すことができれば——もしも自分自身が他と異なることを表わすのに相応しい、他と異なる言葉や形式を見いだせたら、人は自分がコピーでもレプリカでもないことを立証したことになる。その場合、人はどの詩人よりも強い者である。つまり、可能なかぎり最も強い人間存在になる。なぜならその人は、死に絶えるものがいったい何なのかを知るからであり、したがって何になることに成功したのかを知るからである。

しかしながら、ラーキンの詩の末尾は、以上のブルーム的な読み方を斥けるようにみえる。そこで述べられているのは、自分が他と異なっていることの形跡をしっかりと辿っても、「何の慰めにもならない」ということである。つまりそれは、(天才が個人であることの範型であるという、強い意味での)個人になっても、何の慰めにもならないといっているように思える。自分の語彙をうまくつくっても、それは「一人の人に一度だけ/しかも死にゆく者にだけ意味のある」何かを書き記す以上のことではないのだという理由で、ラーキンは自分自身の仕事を蔑《さげす》むそぶりをみせている。

「そぶりをみせている」といったが、それは、自分のおこないのすべて――つまり自分のこれまでの全詩作――が生んだ盲目の刻印の形跡を、しっかりと辿ることに成功することが、とるにたらないものだと真剣に思える詩人などいない、と思うからである。ロマン主義者の実例があって以来、私たちがヘーゲルのように自己意識を自己創造とみなすようになり始めたとき以来、特異性は自らの作品にとっての欠陥だ、と真剣に考えた詩人など一人もいない。しかしながら、この詩のなかでラーキンは、盲目の刻印、つまり私たち各々をしてほかの誰かのコピーやレプリカではなく《私》たらしめている特殊な偶然性は、本当は重要でないのだと装っている。一人の人に一度だけではなく、すべての人にすべての時代で共有される何かをみつけなければ、人は死に臨んで慰められることがないのだ、と彼は示唆している。強い詩人になるだけでは十分ではないのだと、つまり、哲学者になること、非連続性を顕示するよりむしろ連続性を見いだすことによってのみ、人は安らぎを得ることができるのだ、と称しているのである。(2)

私の考えでは、ラーキンの詩の面白さと力強さは、詩と哲学の反目を、つまり偶然性を承認することで自己創造を達成しようとする努力と、偶然性を超越することで普遍性を達成しようとする努力のあいだにある緊張関係を、思い起こさせてくれる点にある。これと同じ緊張関係は、ヘーゲルの時代以来、とりわけニーチェ以来、哲学に浸透してきた。(3) 二〇世紀の重要な哲学者は、プラトンと袂を分かち、自由を偶然性の承認とみることによって、ロマン主義の詩人がおこなった事柄を貫徹しようとした人たちである。つまり、ヘーゲルによる歴史性の主張を、彼の汎神論的観念論から切り離そうとする哲学者たちなのだ。人類のヒーローは、伝統的に発見者として描かれてきた科学者ではなく、むしろ強い詩人、つまり創造者であるとするニーチェの主張を、彼らは受け容れている。もっと一般的にいえば、哲学を観想だと、つまり生を固定的に見すえてその全体を観る企てだと思わせるものを、すべて拒絶することによって、個人の存在がまったく偶然のものだということを主張しようとしてきたのが、彼らなのだ。

こうして彼らはラーキンと同様の、厄介だが興味深い立場にいることになる。ニーチェ以前の哲学者がなそうと望んだ事柄と比べるならば、ただ詩人のみがなしうる事柄をなすしかないという満たされない思いについて、ラーキンは詩を書きとめた。ヴィトゲンシュタインやハイデガーのようなニーチェ以後の哲学者は、個体的で偶然的なものこそが普遍的で必然的だということを示すために哲学を書く。両哲学者ともにプラトンに始まる哲学と詩の反目に巻き込まれ、両者とも哲学が詩に降伏するような誇らしい関係を築き上げようとする試みに、到達している。

この対比を、ラーキンの詩に再び立ち返ることで詳細に説明することができるだろう。「一人の人に一度」だけでなく、むしろ、すべての人間存在にとって意味のある「盲目の刻印」を見いだすことによって、人はより大きな満足を得るのだ、というラーキンの提言を考えてみよう。そうした刻印の発見とは、人間存在の普遍的な条件、偉大なる連続性——不変で、非歴史的な人間の生のコンテクスト——の発見だと考えてみよう。これはかつて聖職者が、自らおこなっていると主張していたことである。後にはギリシア哲学者が、さらに後には経験科学者が、そしてさらに後にはドイツ観念論者が、まったく同じ主張をした。彼らは私たちに対して、力の究極的な在り処、実在の本性、経験の可能性の条件を説明しようとしていた。そうすることによって、私たちが本当は何なのか、自分たち以外の諸力によって私たちは何にならざるをえないのかを教えようとした。私たちすべてに対して刻まれた印を顕わにしようとしたのである。この印は盲目なものではなかった。なぜなら、それは偶然の事柄、まったくの偶然性ではなかったからである。それは、人間であるとはどういうことかということを構成する、必然的で、本質的で、目的をそなえたものであった。それは私たちに目標、唯一可能な目標を、つまりそうした必然性についての完全な認知、私たちの本質についての自己意識を与えてくれるものであった。

ニーチェ以前の哲学者が語るところによると、この普遍的な刻印に比べるなら、個人の生の特殊な偶然性は重要ではない。詩人の誤りは、特異なもの、偶然なものに言葉を無駄に費やしている——本質的な実在というより、むしろ偶然的な現われについて私たちに語っている——ことにある。たんなる時空間上の位置や、たんなる偶然の環境が重要だと認めてしまうと、それは私たちを生まれては死んでゆく動物のレヴェルにまで引き下げることになる。それとは対照的に、私たちの生の必然的なコンテクストを理解すれば、宇宙そのものと同じくらい広大な心を、つまり宇宙それ自体のリストのコピーである積み荷リストを、手に入れることになる。存在し、可能で、重要だと私たちがみなしているものは、本当に可能で重要なものであるとされる。このリストをコピーしてしまえば、真理を知るという、つまり「そこに」在るものに触れるという人類に課せられた唯一の任務を果たしたとして、人は慰めをもって死に臨むことができる。それ以上になすべきことは何もないので、何かを失う恐れはありえない。消滅することには何の問題もない。なぜなら、人は真理と一体となっているからであり、真理はこの伝統的な見方によれば不滅だからである。消滅するのは、その人に特異な動物的次元にすぎない。真理に興味をもたない詩人は、この人間に課された人間にのみ固有の範型的な任務から、私たちの注意を逸らすだけであり、そうすることによって私たちを堕落させるのである。

「真理を知る」という考えをまるごと棄ててしまうべきだ、という歯に衣着せぬ提案を最初におこなったのがニーチェであった。彼は真理を「メタファーの動的な一群」と定義したが、それは言語によって「実在を再現する」という考えを、したがってすべての人間の生にとって単一のコンテクストを発見するという考えを、まるごと棄て去るべきだと述べているに等しい。彼のパースペクティヴィズムは結局のところ、宇宙には知られるべき積み荷リストなど、つまり定まった幅などない、という主張に行きついた。彼が望んだことは、プラトンの「実在界」はたんなる寓話にすぎないのだとわかれば、死に臨んで私たちは、動物レヴェルの条件を超越することにではなく、自分自身の用語で自らを記述することによって自分自身を創造したという、死にゆく動物の固有種になっていることに慰めを求めるだろう、ということだった。もっと精確にいえば、そのような人が創造したのは、自分自身の心をつくりあげることで意味をもつにいたった、自分自身の内にある部分だけなのである。自分の心を創造するということは、自分自身の言語を創造するということであり、他の人間存在が残した言語によって自分の心の幅を固定することではない(4)。

しかしながらニーチェは、真理についての伝統的な考え方を棄てながら、私たちをいまある私たちたらしめている原因を発見するという考えを棄て去らなかった。個人は自分のすべてのおこないが生んだ盲目の刻印の形跡をしっかりと辿るかもしれないという考えを、棄て去らなかったのである。彼が拒絶したのは、このように形跡を辿るということが、発見の過程だという考えだけであった。彼の考えでは、この種の自己認識を達成するなかで、私たちはいついかなるときもそこに(またはここに)在る真理を知るようになってゆくわけではない。むしろ、ニーチェは自己認識を自己創造とみなしたのである。自分自身を知る、自らの偶然性を直視する、自らの原因の根拠をしっかりと辿るという過程は、新しい言語を発明する——つまり新しいメタファーを考えだす——という過程と同じである。というのも、たとえ自分の個性を字義どおりに記述しても、つまり、継承されてきた言語ゲームを自分の個性の記述という目的に使用したとしても、うまくゆくわけがないからである。その場合、人はその特異性の形跡をしっかりと辿ることはなく、結局自分はまったく特異ではなく、すでに特定されている何かのタイプ、コピー、またはレプリカを繰り返している見本の一つなのだ、とみなすことに落ち着くだけだろう。詩人としてうまくゆかない――したがってニーチェにとっては、人間存在としてうまくゆかない――ということは、ほかの誰かによる自己の記述を受け容れること、以前から用意されていたプログラムを演じること、せいぜいのところ以前に書かれた詩に優雅な変化をつけることにほかならない。したがって、人が自分という存在の原因の根拠をしっかりと辿る唯一の方法は、自分の原因についての物語を新しい言語で語ることなのだ。

このことはパラドクシカルに思えるかもしれない。なぜなら、私たちは原因というのは発明されるのではなく、発見されるものだと考えているからである。原因－結果の物語を語ることは、言語を字義どおりに使用することのパラダイムだと考えられている。メタファー(すなわち言語的革新性)は、その革新性をたんに楽しむことから、ほかでもないその革新性がなぜ生まれたのかを説明することに興味が移った場合、意味のないものであるかのように思える。しかしながら、第一章の主張を思い起こしてもらいたい。自然科学の場合でも、私たちはまったく新しい原因－結果の物語を、つまりクーンが「革命科学」と呼んだものによってつくられる類の物語を、手に入れることがあるのだ。科学においてすら、メタファーによる再記述というものは天才や、革命的な飛躍の徴なのである。もしも私たちが、デイヴィドソンのように字義どおりということとメタファー的ということとの区別を、世界にぴったりと合致する言葉とそうでない言葉という区別としてではなく、旧来の言語と新しい言語という区別として考えることによって、以上のクーン流の指摘に従うならば、パラドクスは解消する。デイヴィドソンのように、世界に合致するものとしての言語という考え方を棄て去れば、私たちは強い創造者、つまりこれまで一度も使われたことのなかった言葉を用いる者こそが、自らの偶然性を最もよく心得る者であるという、ブルームとニーチェの主張の意味が理解できるようになる。なぜなら彼女は、連続性を求める歴史家、批評家、あるいは哲学者よりもはるかに明瞭に、自らの言語が自らの両親や自らの時代と同じくらい偶然的であることを理解できるからである。「真理とはメタファーの動的な一群である」という主張がもつ力を、彼女はしっかりと理解することができる。なぜなら、ほかでもない自分自身の力によって、彼女は一つのパースペクティヴやメタファーから飛びだし、他のそれへと移っていったからである。

ニーチェは、ただ詩人のみが本当に偶然性を受けとめることができるのではないか、と考えた。私たちのような詩人以外の者は、唯一の真なる積み荷リスト、人間の状況についての唯一真なる記述、自らの生に関する唯一の普遍的なコンテクストが本当に在ると主張して、哲学者になるしかない。強い詩人のように偶然性を承認し我がものとすることをせず、私たちは偶然性から逃れようとする意識的な生を送るように定められている。したがってニーチェにとって、強い詩人とその他の人類とのあいだの境界線には、プラトンとキリスト教が人間と動物のあいだの区別に対して与えていた、あの道徳的な重要性があるのだ。なぜなら、強い詩人といえども他のすべての動物と同様、自然の諸力という原因の所産ではあるが、それにもかかわらず彼らは、これまで使用されたことのない言葉によって自作の物語を語ることができる、自然の所産でもあるからである。したがって、弱さと強さのあいだの境界線は、馴染みのある普遍的な言語を使用することと、最初は馴染みがなく特異だが、そのうち何らかの仕方で人のおこないのすべてが生みだす盲目の刻印を具体化する言語をつくりあげることのあいだにある、境界線なのだ。運命――非凡と異常の違いを生むような運命――によって、その言語はつぎの世代の人びとによって不可避のものとして受けとめられる場合もある。彼らのおこないが、そうした刻印を生みだすのである。

同じ論点を別の仕方で論じてみよう。西洋の哲学的な伝統において、人間の生は時間性、現われ、特異な意見の世界を、もう一つの世界に――つまり不滅の真理の世界に――飛び越えたときにのみ、誇らしいものになると考えられてきた。これとは対照的にニーチェは、乗り越えてゆくべき重要な境界線とは、時間を非時間的な真理から分かつものではなく、むしろ旧きものと新しきものを分かつものだと考える。人間の生は、継承された仕方でその存在の偶然性を記述することから脱却し、新たな記述をみつけるときに誇らしいものになる、とニーチェは考える。これが真理への意志と自己克服への意志との違いである。それは、救済とは自己よりも巨大で永続的なものにつながることだという考えと、ニーチェが描いた救済との、つまり「すべての「あった」を「私はそう欲した」に再創造すること」との、差異なのだ。

人間一個人の生や、人類の歴史全体のドラマというのは、あらかじめ存在している目標が誇らかに達成されたり、悲劇的に達成されなかったりするドラマではない。恒常的な外的実在も、尽きることない霊感の内的源泉も、そのようなドラマの背景を形づくりはしない。むしろ、人間の生や共同体の生をドラマ的な物語とみることは、それをニーチェ的な自己克服の過程だとみることなのである。このような物語の範型になるのは、自分が関与した過去の断片について、「私はそう欲した」と語ることのできる、天才の生である。なぜなら、過去がけっして知らなかったようなその過去を記述する方法を彼女は見いだしたからであり、そうすることによって以前の人びとにはまったく思いもよらなかった自己を、見いだしたからである。

　こうしたニーチェ的な見方によれば、かつてないほど徹底して考え、探究し、自己を再編しようとする衝動は、驚き《タウマゼイン》ではなく恐れからくることになる。これは、もう一度繰り返すことになるが、ブルームがいう「自己がたんなるコピーやレプリカにすぎないと気づく恐れ」である。アリストテレスが哲学の起源《アルケー》だと信じた驚きとは、自己が、自分より巨大で、強力で、高貴な世界のなかにあることに気づいた驚きのことであった。ブルームの詩人の発端となる恐れは、このような世界、つまり自分がつくったのではない世界、継承された世界のなかで死ぬかもしれないという恐れである。詩人が望むことは、過去が彼女になそうとしたことを彼女が過去に対してなすことに成功を収めること、つまり彼女の刻印を、彼女自身のおこないすべてに盲目の刻印を与えてきた、因果的な過程をも含めた過去それ自体に、与えることである。この企て――過去に向かって「私はそう欲した」と語る企て――の成功は、ブルームが「自己を生みだすこと」と呼んだことの成功である。最高度に完成された人間存在になるとはどういうことなのか、ということに関する、このニーチェ－ブルーム的な意味づけを私たちが受け容れ、実行するのを助けるという点に、フロイトの重要性がある。ブルームはかつてフロイトをして「避けて通れない」と評したが、それは「フロイトはプルーストよりはるかに偉大な私たちの時代の神話形成者であるばかりでなく、心理学者、フィクション・メイカーの代表者以上の、神学者にして道徳哲学者だったからである」(5)。私たちの成長過程の偶然にまで良心の源泉の形跡を辿ることによって、自己を脱－神聖化するのを助けるモラリストとしてフロイトをみれば、私たちの文化において彼が果たしてきた役割を理解できるようになる(6)。

このような仕方でフロイトをみるということは、カントを背景においてフロイトをみるということである。良心についてのカントの考え方では、自己が神聖化されている。カントのように、堅い事実についての科学的認識は私たちが自分たち以外の力と接触する場なのだ、という考えを棄て去ってしまえば、カントが自己に関しておこなったことは、しごく当然なことだといえる。つまり、私たちの道徳意識との接触の場を見いだすために――真理の探究ではなく正しさの探究のために、内面へと向かうことは当然のなりゆきなのだ。カントにとって、「私たちの胸奥に宿る」正しさは、「そこに在る」経験的な真理に取って代わるものである。頭上に輝く星辰は、内なる道徳律の象徴にすぎない(これは、私たちの一部でありながら、現象するものではなく、時間と偶然の所産でもなく、自然的・時空間的な原因の結果でもない部分である、道徳的自己の被拘束不可能性、崇高性、絶対的特徴を表わすためのメタファーであり、現象界の言葉を使った選り抜きのメタファーである)とすることに、カントはやぶさかではなかった。

このカント的転回により、神聖なるものを内なるものとして我がものとするロマン主義が登場する準備がなされたのだが、そのカント自身にしても、「共通の道徳意識」と彼が呼んだものではなく、特異な詩的想像力を自己の中心とするロマン主義の試みには、愕然とさせられたのだった。しかしながらカントの時代以来ずっと、ロマン主義と道徳主義は、つまり個人の自発性や私的な完成の主張と、普遍的に共有された社会的責任の主張とは、互いに闘争してきたのである。この闘争を終わらせるのに、フロイトが役に立つ。彼は道徳感覚を脱‐普遍化し、詩人のつくりごとと同じくらい特異なものだとしたのである。フロイトのおかげで私たちは、道徳意識を歴史的に条件づけられたもの、政治的または美的意識と同様に時間と偶然の所産である、とみることができる。

フロイトはダ・ヴィンチに関するエッセイを、私が第一章の末尾で引いた断章で終えている。彼はこう書いている。

もし人が、偶然というものは私たちの運命を左右するに相応しいものではないとするならば、それはたんに、レオナルド自身が「太陽は動かない」と書いてその克服を準備したところの、あの敬虔な世界観へ逆戻りすることを意味する……私たちはとかくつぎのような事実を忘れがちなのである。すなわち私たちの人生ではもともと一切が偶然なのだということを。精虫と卵子との出会いによる私たちの発生からしてすでに、そういう偶然なのである。……私たちはすべて、

(ハムレットのせりふを思わせるようなレオナルドの意味深い言葉を借りるなら)「けっして経験されることのなかったような無数の原因《ラギオニ》に満ちている」《自然》に対して、あまりにも尊敬を払わなさすぎる。

私たち人間存在の一人ひとりは、こうした自然の「原因《ラギオニ》」が経験の中へおし入ってくる、無数にある実験の一つなのである。[7]

現代文化において常識的なものにまでなったフロイト主義によって、私たちの良心をこうした実験の一つであるとみなし、良心の呵責を、抑圧された幼時の性的衝動——これまでけっして経験のなかに浮かぶことのなかった、無数にある偶然の所産である抑圧——に関する罪意識の更新であると、みなすことが容易になる。最初にフロイトが、良心を「幼時のナルシシズム的な完全性なしではすませられない[8]」人びとによって掲げられた自我理想である、と記述し始めたとき、それが大変な驚きを生んだにちがいないということを、いまとなっては想像するのも難しい。もしかりにフロイトのしたことが、良心の声とは両親と社会の声が内面化したものだという内容の、遠大で、抽象的で、疑似哲学的な主張だけだったなら、彼は驚愕を惹き起こしはしなかったであろう。そのような主張なら、プラトンの『国家』におけるトラシュマコスによって提唱されていたし、後にはホッブズのような還元論者によって展開されたことがある。フロイトの斬新さは、良心の形成をめぐる事柄について彼が与えた細部にある。つまり、或る非常に具体的な状況や人物が、耐え難い罪の意識、強度の不安、あるいはくすぶりつづける怒りをなぜ惹き起こすのかということに関する、彼の説明にあるのである。たとえば、潜伏期に関するつぎのような記述について考えてみよう。

エディプス・コンプレックスの破壊に加えて、リビドーの退行的な低下が起こり、超自我はとくに厳格で愛情がなくなり、自我は超自我に対し従順なあまり、高度の反動形成を発展させる。その反動形成は、極度に良心的、同情的、潔癖という性質をもっている。……ただここにおいて強迫神経症は、エディプス・コンプレックスの通常な仕方での排除が、度を越しているにすぎない。(9)

この一節や、「同情のナルシシズム的起源(10)」とフロイトが呼ぶものを論じるほかの箇所を読めば、憐れみの意識を、人間という種に属する他のメンバーすべてと私たちが共有している、共通の人間的な核心との同一化としてではなく、きわめて限られた類の人びとときわめて限られた境遇に対して、きわめて限られた回路をもつものとして考えることができる。かくしてフロイトのおかげで、どうしたら私たちは一人の友人を助けるために絶え間ない骨折りを惜しまないことができるのに、同時に他の友人、しかも非常に熱心に自分はその人を愛していると思っている人のより大きな苦痛についてまったく意に介さないでいることができるのかを、理解できるようになる。ある人がどうして優しい母親でありながら、同時に強制収容所の冷酷な警備員であることができるのか、あるいはまたどうしてある人が公正で温和な保安官でありながら、同時に冷淡で心を開かない父親であることができるのかを説明するのに、フロイトが役に立つのである。誠実さと清潔さを結びつけることによって、そしてこの両者を強迫神経症だけでなく(彼がほかの場所でしたように)宗教的衝動や哲学体系を打ち立てようとする渇望と結びつけることによって、フロイトは高きものと低きもの、本質的なものと偶有的なもの、中心的なものと周辺的なものに関する、伝統的な区別の一切を解体する。彼が私たちに残してくれたのは、少なくとも潜在的にはよく秩序づけられた諸能力の体系ではなく、偶然のかたまりとしての《自己》なのだ。

なぜ私たちが残酷さについて、あるときは嘆き悲しみながら、あるときには楽しんでいるのかを、フロイトは明らかにする。なぜ、あるきわめて特定の形、大きさ、色をもった人びと、事柄、あるいは考えに向けて私たちの愛する能力は限定づけられているのかを、彼は明らかにする。なぜ私たちの罪悪感は、あるきわめて特定の、そして理論的にいえばまったく小さな出来事によって惹起されるのか。なぜそれはよく知られた道徳理論がいうような、もっとずっと大きく迫ってくる他の出来事によってではないのかを、彼は明らかにする。さらにいうならフロイトは、私たち各々が道徳について熟慮するうえで、自分自身の私的な語彙をつくりあげるための備えを提供している。なぜなら、「未発達期の」「サディスティックな」「強迫的な」、あるいは「パラノイア的な」といった用語は、ギリシア人やキリスト教徒から私たちが継承した、悪徳と有徳についての名称とは違って、それを使う個々の人びとにとって非常に特殊で、非常に異なった響きをもつからである。つまり、こうした用語によって、私たち自身ときわめて特定の人びと(たとえば自分の両親)のあいだ、そして現在の状況と過去

における きわめて特定の状況のあいだにある、類似と差異が思い起こされるからだ。こうした用語によって、私たちは自分自身の発達や、自分だけに特異な道徳的葛藤の物語を描写できるのであり、その物語は、哲学の伝統が提供してきた道徳的な語彙と比べて、私たち個々人の事情にとってはるかにうまい具合に織り合わされており、より注文どおりに仕立てられてあるのだ。

以上の論点を、怜悧な計算がつねに詳細で多様であるように、フロイトは道徳についての考慮をきめ細かくおこなった、といってまとめることができる。こうすることで彼は、道徳上の罪意識と実践上の思慮の欠如との区別を突き崩し、さらには思慮《プルーデンス》=怜悧と道徳性の区別を曖昧にすることを、促しているのである。これとは対照的に、プラトンやカントの道徳哲学は――現代の分析哲学者によって理解されている意味での、典型的な「道徳哲学」がそうであるように――この区別をその中心にすえている。カントによって私たちは、二つの部分に引き裂かれる。その片方は「理性」と呼ばれ、それは私たちすべてにとって同一のものであるのだが、もう片方の部分(経験的感覚と欲求)は、盲目的で、偶然で、特異な印象(刻印)に関する事柄なのである。これとはまったく違って、フロイトは合理性を、ある偶然を他の偶然に適合させる機制《メカニズム》として論じている。しかしながら、フロイトによる理性の機械化は、抽象的な哲学的還元主義の一種ではないし、また「逆立ちしたプラトン主義」の一種でもない。ホッブズやヒュームがするように、抽象的で、単純で、そして還元主義的な方法(つまり、プラトンによる二元論の原型を、それ自身をただひっくり返すために保持している方法)で合理性を論じるよりも、むしろフロイトは、私たちの無意識な戦略に存する並外れた洗練、精密さ、そして機知を顕わにすることに、時間を費やしているのである。こうすることでフロイトは、科学と詩、天才と精神異常――そして最も重要なことには、道徳性と思慮＝怜悧――を、互いにはっきりと区別できる能力としてではなく、適応をする際のモードの選択肢としてみることを可能にしてくれるのだ。

こうしてフロイトによって、「理性」と呼ばれる中心的な能力、つまり中心的な自己などないのだ、という可能性を真剣に受けとめることが、したがって、ニーチェ的なプラグマティズムとパースペクティヴァリズムを真剣に受けとめることが、促されるのである。フロイト的な道徳心理学は、私たちが自己を描くうえで用いる語彙を与えてくれるのであり、それはプラトンの自己記述と根本的に異なっているだけでなく、ハイデガーが正しくも逆立ちしたプラトン主義の一例だと非難したニーチェのある側面――つまり、肉体を精神の上位に、心臓を頭脳の上位に、「意志」と呼ばれる神秘的な能力を「理性」と呼ばれる同様に神秘的な能力の上位に掲げようとするロマン主義的な企て――とも、根本的に異なっている。

プラトン的およびカント的な合理性の観念は、もしも道徳的でありたいなら、私たちは特定の行為を一般的原理のもとにおく必要があるのだ、という考えをその中心にすえている[11]。フロイトが提唱しているのは、私たちは特定の事柄に回帰する――現在の特定の状況や選択を、過去の特定の行為や出来事と比べて類似しているか、あるいは異なっているかというように眺める――必要がある、ということである。彼の考えでは、私たちが自分の過去における或る決定的で特異な偶然をつかまえさえすれば、自分自身を材料にして意義のある何かをつくりだすこと、つまり自分が尊重できる現在の自己を創造することが可能になる。自分が何をしているのか、あるいは何をしていると考えているのかを、たとえば特定の権威ある人物に向けられた過去の反動という観点から、あるいは未発達期に押しつけられた一群の行動という観点から解釈するようにと、フロイトは教えてくれたのである。私たちは自己創造の成功について、つまり特異な過去から自らを解放できたことについて、特異な物語――いわゆる個人歴《ケース・ヒストリー》というもの――をつくりあげることで自らをほめるべきだ、とフロイトは示唆した。彼の示唆によれば、私たちは普遍的な規準に従って生きられないというより、むしろ過去から自分を解放できないという理由で、自らをとがめるべきなのだ。

以上の論点を別の仕方で表現すれば、フロイトは、公共的なものと私的なもの、国家の部分と魂の部分、社会正義の探究と個人的な完成の探究を統一しようとするプラトンの企てを放棄したのである。道徳主義とロマン主義の主張の双方を、フロイトは等しく尊重していたが、そのいずれかを優先したり、両者を綜合しようとしたりすることは拒絶した。自己創造という私的な倫理と、相互調停という公共的な倫理を峻別したのである。この両者を、普遍的に共有された信念や欲求――人間であることにおいて私たちに属するような、また私たちをして人間の同胞に、たんに人間であるという資格で結合させるような信念や欲求――によって橋渡しするものなどない、とフロイトは勧告するのである。

フロイトの考えによれば、私たちが意識的にいだく私的な目標というものは、それが分岐してきたところの無意識的な強迫観念や恐怖症と同じくらい特異なものである。フロムやマルクーゼといった著述家の努力はあったけれども、フロイト主義的な道徳心理学を用いて社会的目標を、つまり個人のための目標と対置される人類のための目標を定めることはできない。善や正義や真の幸福の普遍的な尺度を提供してくれる道徳哲学者としてフロイトを論じることによって、彼をプラトン的な鋳型に押し込めることは絶対にできない。フロイトがもつ唯一の効用は、普遍的なものから具体的なものへ、必然的な真理や消し去ることができない信念を見いだそうとする企てから、個人の過去の特異な偶然、つまり私たちのおこないすべてが生みだす盲目の刻印を見いだそうとする企てへと、私たちの目を転じさせる力にある。彼が私たちに提供してくれた道徳心理学は、強い詩人を人間存在の祖型とみなそうとするニーチェやブルームの企てと両立するのである。

しかしながら、フロイトの道徳心理学がこの企てと両立するからといって、それを必然的に伴うわけではない。詩人を範型的だとするこの感覚を共有する人びとにとって、フロイトは解放と勇気を与えてくれるように思えるであろう。しかしながら、このような感覚をもたない人が、自己中心的でなく、自意識的でもなく、想像力豊かでもないが、礼儀正しく、正直で、律儀な人物を、カントと同様に、範型的な人間だとみなしていると考えてみよう。このような人びと――つまり、プラトンの哲学者とは違って、別に何ら特殊な精神の鋭敏さや知的好奇心もなく、そしてキリスト教の聖者とは違って、十字架に付けられたキリストへの愛のために殉教するほどの熱意もない人びと――を、カントは賞賛をもって描いていたのである。

ほかならぬこのような人びとのために、カントは実践理性を純粋理性から、そして理性的宗教を熱狂主義から区別した。道徳性を包摂する単一の命法という考えをカントが生みだしたのは、彼らのためだったのである。なぜなら彼の考えによると、このような人びとの栄光は、自分たちは条件を問わない絶対的な義務――怜悧な計算や想像力豊かな計画、あるいはメタファーによる再記述に頼ることなく遂行できる義務――のもとにあるのだ、と認めているということにあるからであった。したがってカントは、まさしく叡智界をこのような人びとに確保するという目的のために、革新的で想像力豊かな道徳心理学の開発だけでなく、生と文化のありとあらゆる局面に関する、メタファーを駆使した全面的な再記述を展開したのである。カントの言葉を使えば、彼は信仰に余地を与えるために、〔物自体についての〕認識を否定した。つまり、自らの義務を果たしているとき自分たちは必要なことすべてをしている（すなわち自分たちは範型的な人間存在なのだ）、と信じる人びとの信仰に余地を与えるために、認識を否定したのである。

カントとニーチェのあいだで選択をすること、つまり少なくともそのかぎりで、人間であることの義務について決断をすることが必要だ、としばしば考えられてきた。しかしながら、この選択の回避を促すような人間存在の見方をフロイトが与えてくれる。フロイトを読めば、ブルームのいう強い詩人と、カントのいう普遍的義務の律儀な遂行者の、いずれも範型的ではないのだ、とみなすことができるようになる。なぜなら、範型的な人間存在という考えそのものを、フロイト自身が回避したからである。人類を本有的特性、つまり開発されるべきかまたは開発されずに放置されるべき、本有的諸力の一揃いをもった自然種だとみなさなかったのだ。フロイトは、カントにあるプラトン主義の残滓と、ニーチェにある逆立ちしたプラトン主義の両者と訣別したのだが、そのことによって、ニーチェの超人とカントにおける普通の道徳意識の両者が、数ある適応形式のなかの二形式を(言い換えるなら、人間が成長してゆく際の偶然に、つまり人間が盲目の刻印に折り合いをつけてゆく際の偶然に対処するうえでの、数ある戦略のなかの二つを)例示しているのだ、という見方が可能になったのである。この両者に関して語るべきことは多い。どちらにも長所と短所がある。まともな人びとは、どちらかというと愚鈍なことが多い。優れた機知というのはほとんど狂気と紙一重であることはたしかである。詩人を前にしてフロイトは畏敬の念を示すが、彼はまた詩人は未発達期的であると記述する。彼はたんに道徳的なだけの人間には退屈するが、それにもかかわらずそのような人は成熟していると記述するのである。フロイトはどちらに対しても感激したりしないし、私たちに選択を望んだりもしない。私たちにそのような選択ができる能力があるとは、フロイトは考えていないのである。

フロイトは、この二つのうちいずれかのタイプの人の利益を保証するような、人間本性についての理論を組み立てる必要を感じていない。彼の考えでは、両種の人物とも、自らの手元にある素材を用いて最善を尽くしているのであり、どちらかが他と比べて「より真に人間的だ」ということにはならない。「真に人間的である」という考え方を放棄することは、神聖化された世界の喪失を穴埋めするために自己を神聖化するという、第一章の終わりで描いたカント的な企てを放棄することなのである。それは必然性の最後の砦を壊すこと、言い換えれば、私たちすべては同一の命法を、つまり同一の絶対的な主張を突きつけられている、と考える最後の企てを廃することなのだ。ニーチェとフロイトを一つに結ぶのが、以上のような企て——盲目の刻印は、私たちの生や詩の構想を立てるうえで無価値ではないとみる企て——なのである。

しかしながら、道徳的な人はまともだが愚鈍だ、とフロイトが考えているとした私の記述ではとらえきれない、ニーチェとフロイトの差異が存在している。フロイトが示すところによれば、もし心正しき遵奉者の内面をのぞくならば、つまり、もしその人を精神分析にかけたなら、彼が愚鈍なのは上辺にすぎないことがわかる。フロイトによれば、完全に愚鈍な人などどこにもいない。なぜなら、愚鈍な意識などというものは存在しないからである。ニーチェ以上にフロイトが有益で妥当なのは、彼が人類の大多数を、生まれては死にゆく動物の地位にまでおとしめたりしないからだ。なぜなら、無意識のファンタジーに関するフロイトの説明は、人間の生は詩である——あるいはもっと精確にいえば、すべての人間の生は言語を習得できなくなるほど苦痛に歪められているのでもなく、また自己記述を生みだすための余裕もないほど労苦に沈められているのでもない[12]——という見方を、私たちに教えてくれるからである。フロイトはすべての人の生を、自分自身のメタファーによって自らを飾る企てだと考える。フィリップ・リーフがいうように、「フロイトは、万人に創造的無意識を付与することによって、天才を民主化した[13]」のである。同一の論点がライオネル・トリリングによって提示されているが、彼によればフロイトは「詩が心の構造に生得的にそなわっていることを示した。心はその性向の大部分において詩を創作する能力なのだ、と彼はみなしたのである[14]」。レオ・ベルサーニは、リーフとトリリングの論点を拡大してつぎのように述べている。「精神分析の理論はファンタジーについての考え方を、あまりにも多くの問題を含むものに仕立てあげてしまった。そのため私たちは、もはや芸術と人生のあいだの区別を当然のこととして受け容れることができないはずなのである」[15]。

トリリングのように、心は詩を創作する能力であると述べてしまうと、私たちは哲学へ、そして人間の本有的特性という考えへ立ち戻ったかにみえるかもしれない。とくに、ギリシア人が「理性」に託した役割を「想像力」に託していた、人間本性をめぐるあのロマン主義の理論に立ち戻ったかのようにみえるかもしれない。しかし、そうではない。ロマン主義者にとって「想像力」は、私たち以外の何かとの絆だったのであり、それは、私たちはもう一つの世界からきてここにいるのだ、ということの証明であった。それは表現の能力だった。しかしながら、幾分かは余裕をもった言語使用者である――つまりファンタジーをもつ能力と時間をもっている――私たちすべてが共有しているとフロイトが考えたものは、メタファーをつくりだす能力なのである。

第一章で要約した、メタファーに関するデイヴィドソンの説明によれば、メタファーはそれがつくりだされるとき、たしかに以前から存在していたものがその創出の原因となっているのだが、けっしてそのようなものをメタファーが表現するのではなかった。フロイトにとってこのような原因は、もう一つの世界の想起ではなく、人生の初期にあった或る特定の人物や対象、言葉に注がれる、或る特定の強迫観念を生みだすような精神の集中なのである。ある種の特異なファンタジーをすべての人間存在が、意識的または無意識的に演じているのだとみなすことで、つぎのことが可能になる。すなわち、各々の人間の生における(動物的な部分と対比される)特殊人間的な部分とは、後の人生において出会う、ありとあらゆる特定の人物、対象、状況、出来事、そして言葉を、象徴的な目的のために利用する能力なのだ、とみなすことが可能になる。この過程は結局のところ、以上のさまざまな事柄を再記述し、そうすることにより、そのすべてについて「私はそう欲した」と語ることと、同じなのである。

この視点からみるならば、知識人(言葉や映像的あるいは音楽的な表現形式を、右に述べたような目的に使用する人)というのは、特殊な事例にすぎない。つまり、ほかの人びとだったら配偶者や子供、職場の仲間、商売道具、取引上の現金勘定、家庭にためこんだ蓄財、耳を傾ける音楽、参加や観戦をするスポーツ、あるいは仕事にゆく途中で目にする木々を〔象徴的に〕利用しておこなっていることを、知識人はマークや音声でおこなっているにすぎないのである。ある言葉の響きから、一枚の葉の色や皮膚の一部の感覚にいたるまで、あらゆるものが一人の人間存在の自己アイデンティティ感覚を劇化し、結晶化させるのに役立つかもしれないことを、フロイトは示したのだ。なぜなら、このような事柄のどれであっても、普遍的で私たちすべてに共通なことだけができる、あるいはすべきだ、と哲学者が考えてきた役割を、個人の生のなかで果たすことが可能だからである。こうした事柄は、私たちのすべてのおこないが生みだす盲目の刻印を象徴化することができる。こうした事柄が、どのような形であれ表面上はランダムなひとまとまりになると、ある一つの生の調子をすえることが可能になる。そのようなひとまとまりであれば何であれ、ある一つの生がそれに奉仕することになるような絶対的命法——しかもせいぜいのところ、ただ一人にとってのみ意義あるものなのだが、それにもかかわらず絶対的である命法――をすえることが、可能なのである。

以上の論点を提起するもう一つの方法は、メタファーを字義どおりのものにするという社会過程が、ファンタジーをいだく個人の生のなかで二重の意味をもつ、と述べることである。ある事柄が他の人びとに理解されないメタファー――つまり、私たち残りの者にとって役立ちようのない仕方での話し方や行為の方法――をその表現の中心としているとき、私たちはそれを「詩」や「哲学」というより、むしろ「ファンタジー」と呼ぶ。しかしながらフロイトが示しているのは、社会にとって意味がない、馬鹿らしい、取るに足らないと思えるようなものが、いかにすれば自分が何者であるかについての個人の感覚にとって、つまり、自分のすべてのおこないが生みだす盲目の刻印の形跡を自分流の仕方でしっかりと辿るうえで非常に重要な要素になりうるのか、ということなのである。このことを逆方向から説明するならば、ある私的な強迫観念が、私たちにとって役に立つ可能性があると思えるメタファーを生みだすとき、その場合私たちは奇行や倒錯についてというより、むしろ天才について語るのである。天才とファンタジーの違いは、普遍的なものに打ちつけられた刻印(つまり世界のなかに、または自己の内奥に前から存在している実在)と、そうでない刻印との差異なのではない。むしろそれは(歴史的な状況の偶然、つまりある時代においてある共同体がたまたまもつにいたった特定の必要性によって)、たまたま他の人びとに理解されることになった、いくつかの特異な出来事のあいだにある差異なのである。

要するに、詩、芸術、哲学、科学、そして政治の進歩は、私的な強迫観念と公共的な必要とが、偶然に一致することから生じるのである。力強い詩、常識的な道徳、革命的な道徳、通常科学、革命的な科学、そしてただ一人の人にのみ意味がわかるような類のファンタジー、こうしたすべてはフロイト的な観点からすれば、盲目の刻印に対する異なった対処の仕方――あるいはもっと正確にいえば、異なった盲目の刻印（つまりある個人にとって特異であったり、ある歴史的に条件づけられた共同体のメンバーにとって共通であったりする刻印）に対する、いくつかの対処法――にすぎない。この戦略のどれか一つが、人間本性をよりよく表現しているという意味で、他よりも特権的であることはけっしてない。どの戦略も、他と比べて人間的であるという点で優劣がつけられないのは、肉屋の包丁よりペンの方が真の道具として優れているとか、野生のバラよりも雑種交配した蘭の方が花として劣っているということがないのと、同じである。

フロイトの論点を把握すれば、「人間存在におけるある種の盲目性」とウィリアム・ジェイムズが呼んだものを克服できるだろう。この盲目性に関するジェイムズの実例は、彼がアパラチア山脈を旅していたときにみつけた、泥んこの庭、丸太小屋、そして豚小屋のいくつかが在る森が切り倒されてできた開墾地に対して、彼自身が感じた反感であった。ジェイムズは、「森は無残に荒らされていました。そして「改善を加えて」森の存在を抹殺してしまった跡は、見るも恐ろしい光景で、まるで潰瘍みたいな在り様でした。自然美の損失を償うべき人工の快適さが、いささかでもあるというわけではありません」と書いている。しかしながら、一人の農夫が小屋から出てきて、「わしらはね、ここらの山かげ《コーヴス》のどれかを開墾していないと、面白くないんだよ」と告げたとき、ジェイムズは以下のことを理解したのであった。

私はいままで、この場の状況がもっている内面的な意義を、すっかり見落としていたのだ、と感じました。その開墾地は私にとって、殺風景というほか何の意味ももたないものであったために、私は、たくましき腕に斧をふるってこの土地を開墾した人たちにとってもやはり、それはただ殺風景というだけの意味しかもたぬものと考えていたのでした。しかしこうした人たちがあの忌まわしき切り株を眺めやるときに、その心に浮かぶのは自分の力の勝利という思いだったのです。……つづめて言ってみれば、この開墾地は、私にとっては網膜上に映る醜悪なる一情景たるにすぎなかったのですが、開墾者たちにとっては、数々の精神的努力の記憶を甦らせる象徴であり、義務と奮闘と成功を誉め称える讃歌をうたっているものなのでした。

私は開墾者たちの生活状態を導いている、独特な理想に対して盲目であったのです。それはちょうどこの開墾者たちが、私のケンブリッジにおける奇妙な、室内に閉じ籠った学究生活を覗き見るとした場合、私の生活状態を導いている理想に対して、きっとやはり盲目であるのと同じことでありましょう。(16)

私の考えでは、ジェイムズの論点をフロイトがより詳細に説明している。というのも、たとえば性的倒錯、極端な残酷さ、馬鹿げた強迫観念、そして躁的な妄想といったことに例示される出来事に存する「独特な理想」の理解を可能にすることで、彼はとくに扱いづらい盲目性の事例の克服を促しているからである。フロイトのおかげで、私たちは以上の出来事のそれぞれを、倒錯者、サディスト、または狂人の私的な詩である、とみることができる。つまり、私たち自身の生と同じように、豊かに織り込まれたもの、「精神的努力の記憶を甦らせる」ものだと、みることができるのだ。道徳哲学が極端で非人間的・非自然的だと記述したものでさえ、私たち自身の行為との連続性をもっているということを、フロイトを通じて理解できる。しかし、そしてこれは非常に重要な点なのだが、フロイトは、以上のことを伝統的で哲学的な、還元主義的方法によって遂行しているわけではない。芸術とは本当は昇華であるとか、哲学体系の構築はたんなるパラノイアであるとか、宗教とはおっかない父親に関するたんなる錯乱した記憶であるなどと、彼は述べたりしない。人間の生とは、たんなるリビドー・エネルギーの継続的な再伝達なのだ、と彼は述べてない。実在と現われの区別を発動することに、或るものは「たんに」あるいは「本当に」、他のものとまったく異なっていると語ることに、彼は興味がない。フロイトが望んでいるのは、他のすべての事柄の横に並べて残しておくための、事柄に関するもう一つの再記述、もう一つの語彙、そして、たまたま利用され、その結果字義どおりにとられるようになるメタファーをもう一組提供することだけなのだ。

フロイトに哲学的な観点があるといえるならば、彼はプラグマティストである点でジェイムズに、そしてパースペクティヴィストである点でニーチェに——そしてさらにいうならモダニストである点でプルーストに——引けを取らないといえよう。(17) このようにいえるのは、一九世紀の終わりごろになって、再記述の行為を以前よりも軽やかに考えることが、どういうわけか可能になったからである。同じ出来事に関するいくつかの記述を、どれが正しいのかを問うことなしにやりくりすること——再記述を、本質を発見したという主張ではなく、一つの道具であるとみなすこと——が可能になったのである。こうすることによって新しい語彙を、他のすべての語彙に取って代わるはずの何か、つまり実在を再現していると称する何かとしてではなく、たんにもう一つの語彙、人間の計画のもう一つ、ある人が選択したメタファーとして、みることが可能となった。それ以前の時代では、フロイトのメタファーが選ばれ、利用され、そして字義どおりにとられうることなどまずありえなかった。しかしながら、このことを逆方向から説明するなら、フロイトのメタファーがなかったら、ニーチェ、ジェイムズ、ヴィトゲンシュタイン、またはハイデガーのメタファーを、いまほど容易に了解することなど、あるいはプルーストをいまほど面白く読むことなどまずありそうにもない。この時代の思想家はすべて、互いに良い影響を与え合っている。彼らは互いの文章に養分を与え合っているのである。それぞれのメタファーが互いに出会うという恵みが与えられている。この種の現象を目の前にすると、そより明瞭な自己意識に向かって進む《世界精神》の行程という観点から、もしくは人間の精神の幅が宇宙の広大さに次第に近づいてゆくさまとして、それを記述したいという誘惑に駆られる。しかしながら、このような記述をしてしまったら、私が記述してきた思想家をつないでいる、遊び心とアイロニーのある精神を台無しにするに決まっているのだ。

この遊び心は、再記述の力を、つまり革新的で異なっているものを可能で重要なものにする言語の力をしっかりと把握できる能力——その目的が《唯一の正しい記述》ではなく、取り換え可能な記述のレパートリーの拡大であるときに、初めて可能となるような理解能力——という、彼らが共有する能力によってもたらされている。記述の目的がこのように変換されるということは、世界と自己の両者がともに脱‐神聖化されるときに初めて可能になる。この両者が脱‐神聖化されているということは、それが私たちに話しかけてくるとか、まるでライバルの詩人のごとく自分自身の言語をもっている、などと考えられることがもはやないと述べるに等しい。そのどちらとも疑似人格ではないし、何らかの仕方で表現や再現をされることを欲したりもしない。

しかしながら、世界と自己の両者とも、私たちの上に力——たとえば、私たちを死にいたらせる力——を及ぼしている。世界は、盲目で不明瞭な仕方で私たちを打ち砕くことができる。無言の絶望や激しい精神的な苦痛は、私たちが自分自身を消し去ってしまう原因ともなる。だが、この種の力は、私たちがその言語を採用し、つぎにその言語を変容し、その結果私たちがその恐るべき力と一体化し、私たち自身のより強力な自己の下にそれを包摂することによって、私たちのものとすることができる種類の力ではない。後者の戦略は、ほかの人格——たとえば、両親、神々、あるいは詩の先人——に対処する場合にのみ有効である。なぜなら世界、盲目の力、そしてむきだしの苦痛に対する私たちの関係は、私たちが人格を相手にして結ぶ種類の関係とは違うからだ。人間ではないものや言表不可能なものに直面したとき、私たちには専有や変換という手段によって偶然性や苦痛を克服する能力などなく、ただ偶然性と苦痛を承認する能力のみがあるにすぎない。古来から在る哲学との反目において、見いだされるべきだ、という考え方を最終的に放棄することだからだ。

詩が——つまり発見のメタファーに対して自己創造のメタファーが——最終的な勝利を収めたのは、世界に対してもちうると望むことができる唯一の力とは詩であるという考えを、私たちが受け容れるようになったからである。なぜならこのことが意味するのは、力や苦痛だけでなく真理が「そこに」見いだされるべきだ、という考え方を最終的に放棄することだからだ。

哲学に対して詩が公然と勝利を収めた文化において、つまり必然性ではなく、偶然性の承認が自由に関する広く受容された定義であるような文化において、ラーキンの詩はつまらないものになるといいたくなる。そこでは、有限性にいだかれる悲哀感などないだろう。しかしながら、そのような文化が可能になることなど、ほとんどありそうもない。このような悲哀感は、たぶん消し去ることが不可能なものなのだ。生き生きとしたニーチェ的な遊び心が統べる文化を想像することが難しいのは、哲人王による支配や、国家の完全な消滅を想像するのが難しいのと同じである。自らの完成を感じるような人間の生、つまり自分が望んだことすべてが手に入ったという理由で、幸せに死に臨む人間存在を想像することも、同様に難しい。

このことはブルームのいう強い詩人にもあてはまる。「字義どおり」で、不変の事実を恒久的な背景にし、自分自身を固定して、しかも全体的に観るという哲学的な理想を棄て去り、自分自身を自らの用語で理解するという理想、つまり過去に対して「私はそう欲した」と語ることで救済を得るという理想を代わりにすえたとしても、このような意志は結果というよりむしろ企図、つまり完成させるには生があまりにも短すぎるような企図にとどまることに変わりはないだろう。

未完成に終わることへの恐れという、強い詩人がいだく死への恐れは、世界と過去を再記述するという計画、つまり自分自身の特異なメタファーを刻印することで達成される自己創造の計画が、つねに周辺的で寄生的なものにならざるをえないという事実からくる、相関的な要素なのである。メタファーとは旧来の言葉の馴染みない使用のことなのだが、そのようなことは、他の旧来の言葉が旧来の馴染みある仕方で使用されているという背景があって初めて可能になる。「すべてがメタファー」であるような言語があるとしても、それは利用価値のない言語であり、したがって言語ではなく意味のない戯言にすぎない。なぜなら、たとえ言語が再現や表現の媒体ではないと認めたとしても、それがコミュニケーションの媒体、社会的相互行為の道具、他の人間存在と自分をつなぐ手段であることには変わりがないだろうからである。

詩人を神聖化しようとするニーチェの企てを修正するうえで必要な、この矯正物を、つまり、強い詩人でさえ他の人に依存しているというこの事実を、ブルームはつぎのようにまとめている。

> 悲しいことに思えるだろうが、真実を述べるならば、詩は現前性も統一性も形式ももっていないのである。……それでは、詩が所有ないし創出するものとは、一体何なのだろうか。悲しいかな、詩は何ものも所有していないし、何物をも創出しないのだ。詩の現前性とは将来の見込み《プロミス》〔契約〕であって、嘱望されている物事の実質の一部、知られざるものの証しの一部をなすものにすぎな

い。詩に統一性があるとすれば、それはその詩の読者の好意のなかにあるのだ。……詩の意味とは、それとは別の詩が存在している、あるいはむしろ、存在していたということだけのことだ。[18]

この一節においてブルームは詩を脱‐神聖化しており、それによってニーチェが真理を、フロイトが良心を脱‐神聖化したのと同じ仕方で、詩人を脱‐神聖化しているのである。フロイトが道徳主義に対してしたことを、ブルームはロマン主義にしているのだ。その戦略はどの場合も同じである。つまり、形式化され、統一され、現前し、自己完結している実体、言い換えれば、固定的および全体的に観られることが可能なものの代わりに、偶然的な諸関係のかたまり、過去と未来をめぐって前方と後方に張り巡らされた網状のものを使用することである。ブルームによって思い起こされるのは、最も強い詩人でさえ自分の先人に寄生しているのと同様に、そして彼女でさえ自分自身のうちのほんのわずかな部分しか生みだすことができないのと同様に、彼女は未来に存在する見知らぬ人びとの好意にも依存しているということなのだ。

以上のことによって、私的言語は存在しないというヴィトゲンシュタインの論点——言葉や詩に対して、それを言語を使って表わされた意味あるもの(つまり使用済みの言葉のかたまりや、すでに書かれた詩の一群)以外のものと対照させることで、意味を与えることは不可能であるという主張——を思い起こすことになる。[19]ヴィトゲンシュタインの主張を言い換えるならば、すべての詩は文化内に多くの舞台装置を前提としているのであり、それは、すべての切れの良いメタファーには、その引き立て役として多くのつまらない字義どおりのお喋りを必要とするのと、同様の理由によるのである。詩を書くことから詩としての生に話を移すならば、完全にニーチェ的な生き方、つまり反動ではなく純粋な活動であるような生き方などはありえないのだ。再記述されていない過去に大きく寄生することも、まだ生まれていない世代の好意に大きく依存することもない、完全にニーチェ的な生き方などありえない。たとえ強い詩人であっても、キーツによるつぎの主張以上に強力な主張はできない。すなわち、自分は「イングランド詩人の一人になるだろう」とキーツは語るのだが、この「一人になる」という表現の意味をブルーム流の仕方で解釈するならば、先人たちに寄生しながらキーツが生きているのと同じように、彼に寄生しながら生きてゆく未来の詩人である「イングランド詩人に囲まれたなかにいる」ということなのだ。同様にして、超人が、自ら訣別した過去とのあいだに生じさせた差異は、それが小さくて周辺的なものであることは仕方ないとして、それにもかかわらず未来にまで影響を及ぼすであろう、という主張——つまり、過去の小さな部分について彼が創出する、メタファーを駆使した再記述が、将来において、字義どおりの真理の在庫品《ストック》の一つになるのだという主張——以上に強力な主張は、超人であってもすることができないのである。

要するに、ラーキンが呼び覚ます有限性にいだかれる悲哀感を理解する最良の方法は、それを哲学者が達成しようと望んだこと——特異ではなく、非時間的で、そして普遍的な何かを達成すること——の失敗としてではなく、ある時点において人は、ほかの生を生き、ほかの詩を書くであろう人びととの好意に信頼をおかなければならないということの把握として解釈することだ、というのが私の提案である。ナボコフは彼の最高傑作『青白い炎』を、「人間の生は未完成の深遠な詩の注釈である」というフレーズを中心にしてつくりあげた。このフレーズは、人間の生はすべて洗練された特異なファンタジーを仕上げることだ、というフロイトの主張を要約するものであり、そして、死の介入以前にこのような仕事の完成はないということを気づかせるものである。このような仕事に完成がありえないのは、完成するものなど存在せず、ただ再び織りなされるべき網状のもの、つまり時とともに日々拡張する網状のものだけが存在するからである。

しかしながら、もしもニーチェの逆立ちしたプラトン主義——自己創造の生は、プラトンによって観想的な生がそうだろうと考えられたように、完成し完結したものとなりうるというニーチェの提案——を拒絶するなら、私たちは、あらゆる人間の生を、右に述べたようなつねに未完成なものだが、ときとしてヒロイックでもある網状のものを、繰り返し織りなしているのだと考えることで、満足すべきなのである。強い詩人がもつ、自分はコピーでもレプリカでもないことを証明し*たい*という意識上の要求は、誰もがもっている意識下の要求のたんなる特殊な一形態にすぎない、と私たちはみなすであろう。そのような要求は、偶然が自分にもたらした盲目の刻印に対処してゆくという要求、周辺的ではあるが自分自身のものである用語によって、その刻印を再記述するという手段で、自分自身のために自己をつくりだすという要求である。

注

(1) Harold Bloom, *The Anxiety of Influence* (Oxford University Press, 1973), p. 80.「(それがいかに「無意識のもの」であろうと)すべての詩人は、他の人びと以上に、死への恐れに強く抵抗することから始めるのである」という、ブルームの主張(p. 10)も参照のこと。私の考えでは、「詩人」の意味を詩を書く者以外の人びとにまで適用すること、つまり、私のように(プルースト、ナボコフ、ニュートン、ダーウィン、ヘーゲル、ハイデガーらも詩人だとするほどまで)拡大した、包括的な意味で用いることを、ブルームはいとわないであろう。こうした人びともまた、たいていの人びと以上に強く「死」に対して——つまり、創造することの失敗に対して——抵抗していると考えられる。

(2)「批評家は、その心の奥底では、連続性を愛している。ただし、連続性だけをもって生きる人は、詩人になることができない」(Bloom, *The Anxiety of Influence*, p. 78)。この点では、批評家は哲学者(あるいは、もっと正確にいえば、ハイデガーやデリダが「形而上学者」と呼ぶもの)の一種である。デリダの言葉によれば、形而上学とは「中心のある構造……基礎としての一種の不動性と、それ自身ゲームから逃れているがために安定した一種の確信とによって構成された、基礎づけられたゲームという概念」を探究することである(Derrida, *Writing and Difference* [Chicago : University of Chicago Press, 1978], p. 279〔若桑毅他訳『エクリチュールと差異』(下)(法政大学出版局、一九八三年)、二一二—二一三頁〕)。そのなかで非連続性が生じるような空間を提供している(アーチ状にそびえるような、可能性の条件である)連続性を、形而上学者は探し求めている。批評家の秘めたる夢は、未来の詩人すべてがきちんとそのなかに収まってしまうような整理棚を手に入れることである。クーン以前の科学哲学者のあからさまな夢は、未来のどんな科学革命も覆すことができないような「科学の本性」に関する説明を手に入れることである。

ブルームとポール・ド・マンの違いで最も重要なものとは(ブルームが「脱構築の道仲間」と呼んでいるものはいうまでもなく)、(過去、現在、未来にわたる)ありとあらゆる詩の必要条件に関する感覚を、哲学が与えてくれたとド・マンが考えている点である。「あらゆる真正な詩的・批評的行為は死というランダムで無意味な行為の予行演習にほかならない。そして、この死‐行為の別語が言語という問題性なのだ」というド・マンの主張を斥けている点で、ブルームは正しいと私は考える(Bloom, *Agon* [Oxford University Press, 1982], p. 29〔高市順一郎訳『アゴーン』(晶文社、一九八六年)、五〇頁〕)。「言語という問題性」といった哲学的な考えや、「死というランダムで無意味な行為」といった抽象に、ブルームはかかずらう気がまったくない。こうした事柄は、「詩から詩へとつづいてゆく隠された途を知るという行為」(*Anxiety of Influence*, p. 96)と彼が定義した、批評の妨げになると考えている点でブルームは正しい。子どもから大人へと、あるいは両親から子どもへとつづいてゆく隠れた途を探究するというフロイトの行為と同様、ブルームがいうこの批評という行為は、(フロイト自身のメタ心理学によって仮定された連続性も含めた)連続性の探究に負うところがきわめて少ないのである。

(3) 「もし本書の議論が正しいとすれば、ここ三世紀間の詩のほとんどがもつ隠された主題とは、影響を受けることの恐れ、うまい作品を書く余地などもう残されていないのではないかという、個々の詩人が感じている恐れなのである」とブルームは述べている(*The Anxiety of Influence*, p. 148)。私が思うに、このような恐れは、独創的な画家、独創的な物理学者、そして独創的な哲学者に共通のものだという意見に、ブルームは同意するはずである。第五章において、私はつぎのことを示唆している。つまり、ヘーゲルの『精神現象学』は、哲学にとっての遅参と不安の時代を、つまり、ニーチェ、ハイデガー、そしてデリダに任務——

旧くて変わらぬ弁証法のシーソーに乗るもの以上の何かになるという任務——を負わせる時代の始まりを告げた著作だったということである。哲学の型（パターン）に関するヘーゲルの意識は、ニーチェが「〔独創的哲学者の〕生がこうむる歴史上の不利」と呼んだものである。なぜならそれは、いまや、ヘーゲル的自己意識を前提とすると、哲学上の独創性などというものはもはやありえないということを、ニーチェだけでなくキルケゴールに対しても、示唆しているからである。

（4）　ニーチェに関する私の理解は、アレクサンダー・ネハーマスの独創的で洞察力に溢れた著作、Alexander Nehamas, *Nietzsche : Life as Literature* (Cambridge, Mass. : Harvard University Press, 1985) に多くを負っている。

（5）　Bloom, *Agon*, pp. 43-44.〔前掲、六七頁〕なお、つぎの箇所も参照のこと。Harold Bloom, *Kabbalah and Criticism* (New York : Seabury Press, 1975), p. 112〔島弘之訳『カバラーと批評』（国書刊行会、一九八六年）、一五七頁〕「人間性と理念の両方を取り扱う一九世紀と二〇世紀の言述《ディスコース》の多くに関して不思議でならないのは、「人間」を「詩」に、あるいは「理念」を「詩」に代置すると、そうした言述《ディスコース》の説くところが眼にみえて明瞭化されることである。……この驚くべき転置《ディスプレイスメント》の主要な例を提供してくれるのは、ニーチェとフロイトだと私には思われる」。

（6）　この主張を私は、つぎの論文のなかで拡張している。"Freud and Moral Reflection," *Pragmatism's Freud*, ed. Joseph Smith and William Kerrigan (Baltimore : Johns Hopkins University Press, 1986).〔*EHO* に再録〕

（7）　Standard Edition (S. E.), XI, 137.〔「レオナルド・ダ・ヴィンチの幼年期のある思い出」、池田紘一・高橋義孝他訳『フロイト著作集』第三巻（人文書院、一九六九年）、一四六—一四七頁〕この箇所の指摘を、私はウィリアム・ケリガンに負っている。

(8) "On Narcissism," S. E. XIV, 94.〔「ナルシシズム入門」、懸田克躬・高橋義孝他訳『フロイト著作集』第五巻(人文書院、一九六九年)、一二六頁〕

(9) S. E. XX, 115.〔「制止、症状、不安」、井村恒郎・小此木啓吾他訳『フロイト著作集』第六巻(人文書院、一九七〇年)、三三九頁〕

(10) E. g., S. E. XVII, 88.

(11) 近年の分析哲学のなかで提示された、この想定に対する疑義に関しては、J・B・シュニーウィンド(Schneewind)とアネット・ベイアー(Annette Baier)の著作を参照。さらに、Jeffrey Stout, *Ethics After Babel* (Boston : Beacon Press, 1988)も参照のこと。

(12) この文の理解のために、このような修飾づけをする必要については、エレイン・スキァリー(Elaine Scarry)のすぐれた著作、*The Body in Pain : The Making and Unmaking of the World* (Oxford University Press, 1985)を参照。この著作のなかでスキァリーは、無言の苦痛、つまり拷問をする者が、犠牲者から言語を奪い、そうすることで人間の制度との接触を断つことでつくりだそうと期待するような苦痛と、言語と余裕をもつことによって与えられるような制度を分かち合う能力とを、対比させている。拷問をする者が本当に楽しみたいのは、その犠牲者による苦悶の叫びというより、むしろその犠牲者に屈辱を与えることなのだというのが、彼女の主張である。苦悶の叫びは、ただたんにもう一つの屈辱であるにすぎない。この後半の議論を、残酷さに関するナボコフとオーウェルの扱いとの関連から、私は第七章と第八章で展開している。

(13) Philip Rieff, *Freud : The Mind of the Moralist* (New York : Harper & Row, 1961), p. 36.〔宮武昭・薗

田美和子訳『フロイト　モラリストの精神』(誠信書房、一九九九年)、三九頁〕

(14) Lionel Trilling, *Beyond Culture* (New York : Harcourt Brace, 1965), p. 79.

(15) Leo Bersani, *Baudelaire and Freud* (Berkeley : University of California Press, 1977), p. 138.〔山縣直子訳『ボードレールとフロイト』(法政大学出版局、一九八四年)、一七二頁〕

(16) "On a Certain Blindness in Human Beings," in James, *Talks to Teachers on Psychology*, eds. Frederick Burkhardt and Fredson Bowers (Cambridge, Mass. : Harvard University Press, 1983), p, 134.〔大坪重明訳「心理学について」、『ウィリアム・ジェイムズ著作集 1』(日本教文社、一九六〇年)、二二八—二三〇頁〕

(17) Bloom, *Agon*, p. 23〔邦訳は対応箇所なし〕を参照。「「文学的な文化」という言葉で私が意味しているのは現在の西洋社会のことである。なぜなら、この社会には真正の宗教も、真正の哲学もないし、またこの社会がそれらを再び獲得することもないからだ。そしてそれは、この社会では、そのプラグマティックな宗教であり哲学であるところの精神分析が文学的な文化の一断片にすぎないので、遅かれ早かれ私たちがフロイト主義かプルースト主義を二者択一的に語るようになるだろうからである」。道徳の模範としてのプルーストの役割については、第五章で論じられる。

(18) Bloom, *Kabbalah and Criticism*, p. 122.〔前掲『カバラーと批評』一七一—一七二頁〕

(19) 「私たちがある人物を単一の人物として(性的にもその他の意味でも)受け容れるのではなく、その人の家族のロマンス全体を受け容れるように、私たちはある一人の詩人をその家族のロマンス全体が詩人であると読むことなしに、その詩人を受け容れることができない。問題なのは還元であり、それをいかにして回避するのが最良なのかである。修辞学的、アリストテレス的、現象学的、そして構造主義的批評はすべて、イメージ、観念、所与の物、または音素のどれかに還元されてしまう。道徳的、そしてその他の騒々しい哲学的もしくは心理学的批評はすべて、ライバルの概念化に還元されてしまう。私たちは(もしあるとすれば)もう一つの詩に還元されてしまう。ある詩の意味とは、もう一つの詩であることにすぎないのだ」(Bloom, *The Anxiety of Influence*, p. 94. 強調点は引用者)。さらにはp. 70を参照し、p. 43にある以下の文章と比較せよ。「単一の詩をそれ自体で一つの実体として「理解する」ことを求めるという、失敗に終わった企図を破棄してしまおう。その代わり、詩人が一人の詩人として、先人の詩や詩作一般を意図的に誤解したものとして、詩を読むようになるということを、追求してみよう」。

ブルームの反‐還元主義と、ヴィトゲンシュタイン、デイヴィドソン、そしてデリダが、テキストの意味がテキスト外部の何かとの関係にではなく、他のテキストとの関係に存するとしようとしたことのあいだには、ある種の類比関係がある。私的言語という考えは、セラーズによる〈所与のものの神話〉と同様、言葉には他の言葉に依存することなく意味があるかもしれないという期待に由来している。翻って、この期待は、自足した即自存在になるという、サルトルによって分析されたもっと大きな期待に由来している。反ユダヤ主義者は「無慈悲な石に、怒りたける激流に、破壊的な雷に、その他すべてのものになりたがるけれども、人間だけにはなりたがらない人間」だとしたサルトルの記述("Portrait of the Anti-Semite," in *Existentialism from Dostoevsky to Sartre*, ed. Walter Kaufmann [New York: New American Library, 1975], p. 345〔安堂信也訳『ユダヤ人』(岩波新書、一九五六年)、六二頁〕は、ツァラトゥストラ、ブルームが呼ぶところの「還元主義」批評、そしてハイデガーとデリダが呼ぶところの「形而上学」に対する批判なのである。

第三章　リベラルな共同体の偶然性

第一章での私のように、真理は「そこに」在るのではないと語る者は誰でも、相対主義と非合理主義の疑いをかけられる。第二章での私のように、道徳性と思慮＝怜悧《プルーデンス》の区別を疑う者は誰でも、非道徳性の疑いをかけられる。このような疑義をかわすため、私には絶対主義と相対主義の、合理主義と非合理主義の、そして道徳性と効率性のあいだに置かれる区別が、時代遅れで気のきかない道具だということ、つまり私たちがほかのもので置き換える努力をすべき語彙の残滓なのだということを、論証する必要がある。しかしながら、「論証」というのは適切な言葉ではない。なぜなら、知識の進歩とは選び抜かれたメタファーが字義どおりの意味になってゆく〔馴染みのある言葉として受け容れられ、定着してゆく〕ことだ、という私の考えによれば、ある事柄についての再記述に向けられた反論に論駁するということは、主として、ほかのものごとを再記述するという問題であり、それは、自分好みのメタファーがもつ適用範囲を拡張することで、その反論をだし抜こうとすることだからである。したがって私の戦略は以下のようになる。つまり、こうした反論の表現を形づくっている語彙を見栄えの悪いものとし、そのことによって主題そのものを変えてしまうこと、反論者の批判に正面から立ち向かってしまうことで、彼に戦いの武器を選ばせ、有利な陣地をとらせたりしないこと、である。

本章における私の主張は、右に述べた〔絶対主義対相対主義といった〕区別のリストをそのまま使用する語彙よりも、それを回避するような道徳的・政治的思考に使われる語彙の方が、リベラルな社会の制度と文化にうまいこと役に立つのだ、というものである。啓蒙の合理主義の語彙は、リベラル・デモクラシーの始まりにとって不可欠なものであったが、いまや民主的な社会を維持し発展させる上での障害になってしまったということを、私は明白にするよう努めるだろう。私がこれまでの二つの章でその輪郭を描写してきた語彙、つまり真理、合理性、そして道徳的な義務といった考えではなく、むしろメタファーや自己創造といった考えをその中心にすえているような語彙の方が、この目的にもっとうまくかなうのだ、ということを主張してゆきたい。

しかしながら私は、前章までに描いてきた言語に関するデイヴィドソン－ヴィトゲンシュタイン的説明や、良心と自己に関するニーチェ－フロイト的説明が、「デモクラシーにとっての哲学的な基礎」を提供するのだ、といっているのではない。なぜなら、「哲学的な基礎」という考えが有効であるのは、啓蒙の合理主義が有効なときだからである。こうした説明はデモクラシーを基礎づけるのではない。それは、デモクラシーの実践と目標の再記述を可能にするのである。以下において私は、リベラルな社会の希望を、合理主義的でも普遍主義的でもない仕方で――つまり、リベラルな社会の希望の実現を、それに関する旧来の記述がなしたやり方よりも、もっとうまく促す仕方で――再定式化することに努めたい。しかし、私たちの現行の制度と実践の再記述を提供するということは、その敵に対抗して弁証をするということではない。つまりそれは、家を支柱で支えたり、その周りに防御壁を張り巡らしたりするというよりは、その家の内装を新しくするということに似ているのである。

基礎を探し求めることと再記述を企てることの違いは、リベラリズムの文化と旧い形式の文化的な生活との違いを、象徴的に表わしている。というのも、その理想的な形式においては、リベラリズムの文化とは徹底的に啓蒙され、世俗化された文化であるはずだからだ。それは、神聖化された世界という形式であれ、あるいは神聖化された自己という形式であれ、そういった神性の欠片も残されていないような文化であるはずである。このような文化には、人間存在が責任を負わねばならないような人間以外の諸力がある、という考えが存在する余地などまったくない。神聖さという観念だけでなく、「真理への献身」や「精神の最も深い必要の充足」といった観念も、棄て去られるか、徹底的に再解釈されてしまうであろう。ここまでの二章で私が描いてきた、脱‐神聖化の過程が行き着く先は、理念的にいうならば、私たちがつぎのような考えにまったく効用を見いだすことができなくなる、ということである。すなわち、有限で、死すべき、偶然の存在である人間存在が、その生の意味を、他の有限で、死すべき、偶然の存在である人間存在以外の何かから引きだすかもしれない、という考えに。このような文化においては、「相対主義」であるという警告、社会制度が現在ますます「合理的」になってきているかどうかといった疑問、そしてリベラルな社会の諸目的は「客観的な道徳的価値」であるかどうかといった疑念は、たんなる奇異な考えだと思われてゆくだろう。

私の考えがリベラルな政体にうまく適合するという主張にとりあえずの妥当性を与えるため、私の考えと、人間の完成という目的を示す構想に対抗して提出された、アイザイア・バーリンによる「消極的自由」の擁護とのあいだにある、類似性に注意を促したい。彼の著作『二つの自由概念』のなかで、第一章における私と同様にバーリンは、語彙、慣行、そして価値に対するジグソーパズル的なアプローチを放棄する必要がある、と述べている。バーリンの言葉でいえば、「人びとが信じてきたすべての積極的な価値は、最後には互いに矛盾することはないはずであり、おそらく相互に必要とし合うものだろうという確信[(1)]」を放棄する必要があるのだ。私たちは自分自身を、《自然》の計画が到達する終極点としてではなく、《自然》の実験の一つに過ぎないとみなすべきだ、というフロイトの主張を私は強調したが、このことは「生における実験」というJ・S・ミルの言葉をバーリンが使用していることに対応している(そしてこのことは同時に、アメリカのデモクラシーを記述するためにジェファーソンやデューイが「実験」という用語を使ったことに対応している)。第二章において私が痛烈に非難したプラトン‐カント的な試みを、バーリンは「[私たちの]人格を、超越的・支配的な統制者と、訓練され服従させられるべき欲求や情念の経験の束とに二分化すること」と称している[(2)]。

バーリンはそのエッセイを、「自己の確信の妥当性が相対的なものであることを自覚し、しかもひるむことなくその信念を表明すること、これこそが文明人を野蛮人から区別する点である」という、ヨーゼフ・シュンペーターの引用で締めくくっている[(3)]。バーリンはこの言葉に、「これ以上のものを要求することは、おそらく人間のもつ癒しがたい深い形而上学的な要求というものであろう。しかしながら、この形而上学的な要求に実践の指導を委ねることは、同様に深い、そしてはるかに危険な、道徳的・政治的未成熟の一兆候なのである」というコメントを付している。私が開発してきたジャーゴンを使えば、以上のことが文明人の印であるというシュンペーターの主張はつぎのような主張に言い換えられる。つまり、二〇世紀のリベラルな社会は、自分にとって最も高次の希望を語る語彙が偶然的なものであることを、すなわち、自分自身の良心の偶然性を認めながら、なおもその良心に対して忠実でありつづけるような人びとを、ますます大量に生みだしてきている、という主張にである。ニーチェ、ウィリアム・ジェイムズ、フロイト、プルースト、そしてヴィトゲンシュタインといった人びとは、「偶然性を承認することとしての自由」と私が呼んだものを例証している。本章において私は、このような承認がリベラルな社会のメンバーのもつ主要な徳性であり、そしてそのような社会が目指すべきことは、「深い形而上学的な要求」という私たちの病を治癒することである、と主張したい。

私の観点からすると、相対主義であるとの糾弾がどのようなものに映るのかを明らかにするため、リベラリズムの伝統に対して現在鋭い批判を投げかけている論者、マイケル・サンデルの手による、バーリンのエッセイに関するコメントをここで取り上げることにしよう。サンデルがいうには、バーリンは「危険なほどに相対主義の窮地に陥りそうになっている」。サンデルは以下のような問いを提起している。

もしも自己の確信というものが相対的にしか妥当でないとすれば、なぜひるむことなくその確信を擁護すべきなのか。たとえば、バーリンが想定しているような悲劇的な様相をなす道徳世界において、競合する理想と比べて自由という理想の方が、価値の究極的な共約不可能性に屈してしまうことが、より少ないというのだろうか。もしそうであるならば、自由の理想がそのような特権的な身分を占める理由は何なのか。そしてもしも自由が道徳上の特権的な身分を占めていないとすれば、つまり多々ある価値のなかの一つにすぎないとすれば、リベラリズムを擁護するうえでいったい何が語れるというのか。(4)

こうした問いを投げかけるとき、サンデルは啓蒙の合理主義の語彙を当然のこととして語っている。さらには、シュンペーターとバーリンの両者とも、この語彙を使用しているという事実を楯にして、彼らの考えには矛盾があることを示そうとしている。サンデルが提起した問いを詳細に検討することで、「相対主義」や「道徳上の特権」といった用語が役に立つ、とみなしている人びとが思いいだいているはずの考えはどのようなものか、を明らかにすることが容易になるかもしれない。そうすることによって、シュンペーターやバーリン、そして私が賞賛したいと願うような人びとの精神の在り様を特徴づけるのに、「相対的にのみ妥当」という用語の使用を避けた方がよりうまくゆくのはなぜか、を示すことが容易になるかもしれない。

ある確信が「相対的にのみ妥当である」ということは、その確信がありとあらゆる人に対してではなく、他の或る特定の信念をもつ人びとに対してだけ正当化できる、ということを意味しているように思えるかもしれない。しかしながら、もしかりにそのような意味だとすれば、この用語には何の対比的な効果もないということになる。なぜなら、いやしくも私たちの興味を惹く言明で、絶対的に妥当な言明など存在しないからである。絶対的な妥当性というものは、日常的な決まり文句や基礎的な数学的真理といったものにかぎられる。つまり、論争的でもないし、自分が何者であるのか、あるいは自分は何のために生きているのかという認識にとって重要でないがゆえに、わざわざ論じることなど誰も望まないような信念にかぎられる。すべての信念は、その存否が善き人と悪しき人、つまり自分がなりたいと望むような人とそうでない人を区別する尺度に現になっているからこそ、ある人の自己イメージにとって重要なものとなっている。あらゆる人に対して正当化できる確信など、まったく誰の興味も惹かない。そのような確信を支えるために、「ひるむことなき勇気」など必要ないであろう。

したがって「相対的にのみ妥当な信念」という用語は、立派な人びと(つまり、その人に生まれつきそなわった真理探究の能力だと考えられている理性が、あるいは生まれつきそなわった正しさの探知器だと考えられている良心が非常に強力なので、悪しき情念や、ありふれた迷信、そして卑しき偏見に打ち克つことができる人びと)なら誰もが妥当だとして受け容れることのできる言明と、対比をなすものとして解釈されねばならない。「絶対的な妥当性」という考えは、神聖なものと共通する部分と獣的なものと共通する部分とに自己がかなりきっちりと分割される、という想定がなければ意味をなさない。しかしながら理性と情念、あるいは理性と意志というこの対比を受け容れてしまうと、私たちリベラルは自分自身に反して論点を回避することになってしまうだろう。人格というものを理性と情念に分断すべきでないという点でフロイトとバーリンに同意している私たちにとって、「合理的な確信」と「理由づけによってでなく、原因によってもたらされた確信」とのあいだに伝統的に置かれてきた区別の使用を、やめてしまうか、または控えるようにするのが義務なのである。

この区別の使用を控えるうえで最良の策は、説得の合理的な形式と非合理的な形式という対比を一つの言語ゲーム内部に限定し、言語行為そのものの変更という興味ある重要な変化にまで適用しようとしない、ということである。合理性に関するこのように限定された考え方こそ、第一章で提示した中心的な主張(つまり、結局のところ問題なのは信念ではなく語彙が変更されること、真理値が指示されることではなく真理値候補が変更されることなのだ、という主張)を受け容れるならば、私たちが唯一認めうる考え方なのだ。言語ゲームの内部で、つまり何が可能で重要であるのかに関する一連の合意の内部で、〈信念を支える理由づけ〉と〈信念を支える、理由づけではない原因〉とを、私たちは有効に区別することができる。こうした区別をするうえで、ソクラテス的な対話と催眠的な暗示との明白な差異を糸口とすることができる。その後、洗脳、メディア中毒、マルクス主義者のいう「虚偽意識」といった、もっと微妙な事例を扱うことによって、区別をさらに固めていこう。たしかに、説得と強要のあいだに線を引くきちんとした方法はないし、したがって、〈それもまた一つの理由づけであるような、信念の変更の原因〉と〈「たんなる」原因以上のものではない原因〉とのあいだに線を引く、きちんとした方法もない。だがこの区別が、たいていの区別と比べてよりファジーだというわけではない。

しかしながら、いかにしてある語彙から他の語彙へ、ある支配的なメタファーから他のメタファーへ移るのかという問いがひとたび提起されるなら、その途端に理由づけと原因の区別はその有用性を失い始める。旧来の言語を話し、それを変える気のない人、ほかならぬその言語だけを話すことが合理性や道徳性の証明だと考える人は、新しいメタファーに訴えること――ラディカル、若者、またはアヴァンギャルドがおこなっている新しい言語ゲーム――を、まったくの非合理だとさえ、考えるだろう。新しい話し方が人気を集めると、「流行りもの」や「奇をてらった反抗」、または「デカダンス」の問題だとみなされるだろう。なぜ人びとがこのような仕方で話すのかという問いは、会話のレヴェル以前のこと――心理学者や、必要とあらば警察にまかせるべき問題――として扱われるだろう。これとは逆に、新しい言語を使用しようと、そして新しいメタファーを字義どおりのものにしようと努めている人びとの目からみれば、旧来の言語にしがみついている人びとは非合理的だ――情念、偏見、迷信、過去の支配等々の犠牲である――とされるであろう。いずれの立場に立つにせよ哲学者は、こうした理由づけと原因をめぐる相互に対立する区別を、道徳心理学、認識論、言語哲学を展開して、相手の見栄えを悪くするという目的に利用するうえでの援助をしているのだ、と思われている。

私たちが現在用いている特定の、歴史的に条件づけられた当座の語彙の外側に、その語彙自身を裁定する観点はない、という主張を受け容れるということは、ある陳述を信じるための理由づけが言語の内部にあるのと同様に、ある言語を使用するための理由づけも存在しうるのだ、という考えを棄て去ることなのである。このことは、「合理的」という語の意味が語彙に対して中立であるとするかぎりにおいて、知的または政治的な進歩は合理的だという考えを棄て去ることに等しい。しかしながら、ヨーロッパの歴史における偉大な道徳的・知的進歩——キリスト教、ガリレオの科学、啓蒙運動、ロマン主義等々——というのはすべて、その時々の非合理性の〔やがては合理性によって凌駕される〕幸運な転倒にすぎないなどと語ることには、何の意味もないように思える。したがって、以上のことから引きだされるべき教訓とは、合理的‐非合理的という区別が、かつて考えられていたよりもずっと役に立たないということなのだ。個人にとってと同じく共同体にとって、進歩とは、旧来の言葉で表わされた前提からの論証という問題にかぎられず、新しい言葉の使用という問題でもあるのだ、ということをいったん理解しさえすれば、「合理的」「尺度」「論拠」「基礎づけ」そして「絶対」といった考えを中心にすえた批判的な語彙が、旧来のものと新しいものの関係を記述するうえで、まったく不適切だということがわかってくる。

デイヴィドソンは、非合理性に関するフロイトの説明を論じるエッセイの締めくくりで、つぎのことに注意を促している。つまり、「合理性の絶対的尺度」という考えを棄て去り、「合理性」という用語を「内的整合性」といったような意味で使用することにしたら、そしてもしこのような意味での「合理性」という用語の適用範囲に制限をつけないとしたら、私たちは自らが賞賛したいと願うことの多くを、「非合理的」だと呼ばざるをえなくなるであろう、ということである。なかでも、「私たちが高く評価し、しかも合理性のほかならぬ本質であり、自由の源泉だとみなしてきた、自己批判と自己改良の一形式」とデイヴィドソンが呼ぶものを、「非合理的」だと記述せねばならなくなる。この点をデイヴィドソンはつぎのように説明している。

> 私が考えているのは、特殊な種類の二階の欲求または価値であり、そしてそれが惹き起こすことができる行為である。このようなことは、人が自分自身の欲求のいくつかについて肯定的、あるいは否定的な判断を形成し、こうした欲求を変えようと行為するとき生じてくる。変化をこうむった欲求の観点からみれば、変化の理由などどこにもない(そのような理由は、それとは独立した源泉から生じており、さらなる、そして部分的にはそれとは矛盾した思慮にもとづいている)。その本人は自分自身の習慣や性格を変える理由をもっているのだが、そのような理由は、変化をこうむる考えや価値の内容に対して、必然的に外在的な価値の領域に由来しているのである。したがって変化の原因がかりにあるとして、それはその原因が惹き起こす変化にとっての理由であることはありえない。非合理性を説明できないような理論では、私たちが自己批判や自己改良をするうえでの有益な努力や偶然の成功も、説明できないであろう。(5)

もちろん自己批判や自己改良が、いつでも、重要で可能なかぎり高階の欲求の枠組み、すなわち真の自己の、私たち人間の本性にとって必須である欲求の枠組みの内部で遂行されるのだとすれば、デイヴィドソンは間違っていることになる。なぜならその場合、一階の欲求と二階の欲求のあいだの争いを、最高のレヴェルにある欲求が調停し、合理化するだろうからである。しかしながら、そのように最高のレヴェルにある欲求になりうるものは、あまりにも抽象的で空虚なので調停の力などまったくもたない、とデイヴィドソンは(私の考えでは正しくも)推定しているのだ。「私はよくなりたい」「私は合理的になりたい」、そして「私は真理を知りたい」といったものが、そのような高階の欲求の典型である。「よい」や「合理的」あるいは「真の」とみなされるものは、一階の願望と二階の欲求のあいだでの抗争によって規定されるのであるから、善意によるトップ・レヴェルでの苦悩の裁定というのは、その争いに介入するには無能なのだ。

　もしもデイヴィドソンが正しいとすれば、通常バーリンやシュンペーターに抗して訴えられている想定が間違っていることになる。たとえば、「もしも自由が道徳上の特権的な身分を占めていないとすれば、つまり多々ある価値のなかの一つにすぎないとすれば、リベラリズムを擁護するうえでいったい何が語れるというのか」といった問いを可能にするような、最大限の広がりをもつ枠組みが存在すると想定することなどできなくなる。リベラルは歴史の偶然を乗り越えることができるべきだと想定することや、近代のリベラルな国家がその市民に提供する個人的自由といったものは、数ある価値のなかの一つにすぎないとみなすことなど、私たちにはまったく不可能なことなのである。また、このような自由を他の価値候補(たとえば、ドイツ人に対してナチスが一時的に提供していた民族の目的という感覚や、神の意志と一体になるという宗教戦争を鼓舞していた感覚)と並置し、そのうえで「理性」を用いてさまざまな候補を検討し、とにかく、どれが「道徳上特権的」であるかを発見するというのが合理的なことなのだ、と想定することもできない。ただ、「もし自己の確信の妥当性が相対的であるとすれば、なぜひるむことなくその信念を表明するのか」という問いに意味を与えてくれるような、何らかの見地に私たちが達するかもしれない、という想定のみが可能なのである。

このことを逆にいえば、「相対的な妥当性」というシュンペーターの表現にしても、また「相対主義者が陥る窮地」という考えにしても、新しいメタファーは信念を変更する原因ではあるが、理由づけにはならないというデイヴィドソンの主張や、知的進歩を可能とするのは新しいメタファーであるというヘッセの主張を認めてしまえば、意味のないものに思えてしまう。もしこうした主張を認めるのなら、ちょうど神はいないと考える人にとって、不敬というものが存在しないのと同じように、「相対主義が陥る窮地」といったものなど存在しない。なぜなら、私たちが責任を負うような、そして私たちがその指針に背いてしまうような、より高度の見地など存在しないからである。競合する価値を、そのうちのどれが道徳的に特権的であるかを知るために検討する、という行為など存在しない。なぜなら、自分が採用した言語、文化、組織、そして慣習を乗り越えて、こうしたすべてを、他のすべてと同じ水準において眺める方法などないからである。デイヴィドソンが述べているように、「言語を話すということは、それを失ってもなお思考能力を保てるような特性ではない。それゆえ、一時的に自分自身の概念枠組みを放棄することで、誰かが、競合する概念枠を比較するうえでの有利な地点に立てる、という見込みはない」のだ。[(6)] あるいはこれをハイデガー的にいえば、「言語が人を通して語る」のであり、言語は歴史の経過のなかで変化するのであり、したがって人間存在は自らの歴史性から逃れることができないのだ。人間存在にできることといったらせいぜい、つぎの時代の端緒をつくりだすために、自分たちの時代の内部にある緊張状態を操作することだけなのである。

しかしながら、もしもサンデルの問いに含まれた前提が正しいとすれば、もちろんその場合はデイヴィドソンとハイデガーが間違っていることになる。デイヴィドソン＝ヴィトゲンシュタイン流の言語哲学――言語は、真の世界や真の自己の本当の姿を次第に獲得してゆく媒介物ではなく、歴史的な偶然性なのだという説明――は、問題を回避していることになる。もしサンデルの問いを引き受けるならば、このような言語哲学とは違って、理性の利益を擁護し、道徳と思慮＝怜悧の区別を維持し、したがってサンデルの問いに意味があることを保証するような、言語哲学、認識論、そして道徳心理学を求めることになるだろう。私たちは言語に関する違った見方、世界のなかのそこに(あるいは、少なくとも自己の深層の奥に、つまり、低次の対立を裁定する不変で、非歴史的で、高次の欲求が発見される場所に)存在する真理を発見する媒体として言語を扱うという見方を、欲することになる。主体と客体、枠組みと内容という探究のモデル――デイヴィドソンやハイデガーが時代遅れだと記述したモデル――の磨き直しを、欲することになるのである。

「いかにしてあなたは知るのか」という問いがつねに当を得たものとなる伝統的な考えと、「なぜあなたはそのような仕方で語るのか」と問うことが、だいたいにおいて可能なことのすべてなのだ、とする考えとのあいだにある、こうした行き詰まりを打開する方法はあるのだろうか。学問としての哲学が、この重大時に進み出てきて、自分は問題を裁定する中立的な立場を発見するだろうなどと語るとすれば、それは自らを物笑いの種にすることになる。この哲学者が拠り所とする中立的な立場を首尾よく発見することなど、およそありそうにもない。この行き詰まりを打開するたった一つの方法など、そこに退くのが適切な単一の場所など、存在しないことを哲学者が認めた方が、うまくゆくのである。むしろ、会話のトピックがある数だけ、この行き詰まりを打開する方法がある。たとえば、人間《ヒューマニティー》の様々な範型――(詩人と対比させられる)観想家、または(自らの運命を決定するのに相応しいものとして、偶然《チャンス》を受け容れる人と対比させられる)敬虔な人――を利用することで。あるいは、優しさの倫理という観点を利用して打開することが可能であり、それは「絶対的な妥当性」について悩むことをやめたら残酷さと不正義は減少するのかどうか、またはそれとは反対に、そのような悩みを維持してゆくことで初めて私たちの性格がしっかりとしたものとなって、ひるむことなく弱者を強者から守れるのかどうか、を問うことである。あるいは、(私には無駄のように思えるのだが)人類学によって、つまり「文化的な普遍」はあるのか否かという問いを発することで、または心理学によって、つまり心理学的な普遍はあるのか否かという問いを発することで、打開することができる。このように数かぎりなく多元的な立場が、つまりこの問題に側面から接近したり、自分の敵対者をだし抜こうとしたりする厖大な数の方法があるのだから、実践の場面では行き詰まりなどけっしてないのだ。

ある種のトピックや言語ゲームがタブーとされる――ある社会に、〈特定の問いにつねに意味がある〉〈特定の問いが他の問いに優先する〉〈議論には固定された秩序がある〉〈話をわざとずらすような話法は許されない〉といった一般的な合意がある――場合にのみ、人為的で理論的な行き詰まりと対比される、現実的で実際的な行き詰まりがあることになる。そのような社会こそまさに、リベラルが避けようとしている社会――「論理」が支配し、「レトリック」が禁止される社会――なのである。リベラルな社会という考えの中心にあるのは、行為ではなく言葉、強制ではなく説得が維持されるかぎり、何でもありだ《エニシング・ゴーズ》ということなのだ。このような度量が育てられるべきだとしても、それは聖書の教えにあるように、《真理》は偉大で勝利するからでもなければ、ミルトンが提唱するように、《真理》は自由で開かれた闘いにおいてつねに勝つからでもない。度量は、ただそれ自身のためにのみ育てられるべきなのだ。この闘いの結果がどんなものになろうとも、それを喜んで「真である」と呼ぶ社会が、リベラルな社会なのである。だからこそ、リベラルな社会に「哲学的な基礎」を提供するという企ては、リベラルな社会には相応しくないのだ。なぜなら、そのような基礎を提供する企ては、トピックと論拠には自然の秩序があるという前提をもち、この秩序は旧来の語彙と新しい語彙との闘いが生じる前から存在し、その闘いの結果には左右されない、としているからである。

この最後の論点によって私が先に提示した、もっと大きな主張に戻ることができる。つまり、リベラルな文化は一連の基礎よりは、むしろ改良された自己記述を必要としているという主張である。基礎をもつべきだという考えは啓蒙の科学主義の所産であり、その科学主義にしても、人間以外の権威によって保証された人間の企図を得ようとする、宗教的な要求の残滓であるのだ。一八世紀にリベラルな政治思想が、その時代において最も有望な文化的な進展をみせていた自然科学と結びつくことは、自然なことであった。しかしながら科学者は一種の聖職者、つまり「論理的」「方法論的」そして

「客観的」であることによって、人間のものではない真理との接触を達成した人だ、という描写を中心にして、啓蒙がその政治的レトリックをつくりあげたのは、不幸なことだった。(7)これはその時代においては有効な戦術だったかもしれないが、今日ではあまり役に立たない。なぜなら、まず第一に、科学はもはや最も興味を惹く、有望な、あるいは興奮を覚える文化領域ではないからである。第二に、このような科学者についての描写が、いかに実際に科学が達成したものとは無関係なものであるか、そして「科学的方法」と呼ばれるものを、それだけを別にして取り上げることがいかに無意味であるかが、科学史家によって明らかにされてきたからである。一八世紀の終わり以降、科学は驚くほど急激に発展してきたし、そうすることによって科学なしでは達成されることのなかった政治的目的の実現を可能にしてきた。にもかかわらず、科学は文化生活の背景に退いてしまったのである。科学がこのように後退した理由は、主として、多種多様な科学が遂行される際に用いられる、多種多様な言語を習得することがますます難しくなってきたことに求められる。このことは嘆き悲しむべきことではなく、むしろうまく対処すべきことである。そしてそのような対処は、文化の最前線に現在ある領域、若者の想像力《イマジネーション》を刺戟する領域、つまり、芸術とユートピアの政治に注意を向けることで可能になる。

第一章の冒頭で私は、フランス革命とロマン主義運動は、言語の革新の果たす歴史的な役割が、徐々に理解されてきた時代に起こったのだ、と述べた。このような理解は、真理は発見されるというよりつくられるのだという、曖昧で誤解を招きやすいが含蓄に富み、想像力を鼓舞する思想に要約される。同時にまた私は、現代の知識人が手段についてではなく目的について悩むときに向かう領域は文学と政治である、とも述べた。私はいまこれに、リベラルな社会の憲章を求めて私たちが向かうべきなのは、この文学と政治という領域なのだ、という推論を付け加えることができる。文化を「合理化」または「科学化」できるという啓蒙の希望としてでなく、文化をまるごと「詩化」できるという希望として、リベラリズムを描き直す必要がある。つまり、誰もが「情念」やファンタジーを「理性」に置き換えることになるだろうという希望が、特異なファンタジーを実現するチャンスが誰にでも平等に与えられることになるだろうという希望によって、取って代わられる必要があるのである。

私の考えでは、戦士、聖職者、賢人、または真理を探究する「論理的」で「客観的」な科学者ではなく、ブルームのいう「強い詩人」がその文化的なヒーローであるような政体が、リベラルな政体の理想なのだ。このような文化では、バーリンに対するサンデルの問いかけにあった前提を奉っている啓蒙の語彙は脱ぎ棄てられるであろう。それが「相対主義」と「非合理主義」と呼ばれる幽霊に取り憑かれることは、もはやないのだ。このような文化に、文化的な生の一形式はその哲学的な基礎よりも強力にならない、という想定が生じたりはしない。むしろ、そのような基礎という考えが棄て去られるだろう。この文化においては、リベラルな社会を正当化するということは、社会を組織しようとする他の企て――過去の企てやユートピア主義者が夢見る企て――との、歴史的な比較をするという問題にすぎない、と考えられるようになる。

そのような正当化で十分だと考えることは、語彙――すべての語彙、しかも私たちが最も真剣にとる言葉、つまり私たちの自己記述にとって必須の言葉をも含んだ語彙――とは人間がつくったものでああり、それは、詩、ユートピア社会、科学理論、そして未来の世代といった、人間の手になるその他の作品をつくるための道具なのだ、というヴィトゲンシュタインの主張から引きだされた結論なのである。実際、それはこうした思想を中心として、リベラリズムのレトリックを築き上げることなのだ。このことは、リベラリズムは正当化できるという考えや、ナチスやマルクス主義者といったリベラルの敵は、論拠という壁に相手を追い詰めることで――つまり、その敵に対して、リベラルな自由には彼らが自ら掲げる価値には欠けている「道徳上の特権」がある、と認めるように強いることで――論駁できる、という考えの放棄を意味しているのである。私が推奨してきた考え方からすれば、このような仕方で自らの論敵を壁に追い詰めようとする企ては、その壁がもう一つの語彙に、つまり事物を記述する方法の一つにすぎない、とみなされるようになると、ことごとく失敗してしまう。つまりそのとき、壁は絵の描かれた書き割り、人間の手になるもう一つの作品、文化的な舞台装置の一部になってしまうのである。詩化された文化というのは、書き割りの背後に本当の壁が、つまりたんなる文化的な人工物の試金石とは区別される、真理の試金石が発見できる、などと主張したりはしない文化だろう。それは、まさにあらゆる試金石がそのような人工物であると把握することで、さらにもっと多様で多彩な人工物をつくることが自らの目標なのだ、とするような文化なのである。

要するに、バーリンの立場が「相対主義」だという主張について論じることから私が引きだしたい教訓は、こうした非難に対してまともに応じるべきではなく、むしろはぐらかすべきだ、ということである。「ジョーンズが友達に相応しいと、いったいどうやって知るのか」とか、「イェイツが重要な詩人であり、ヘーゲルが重要な哲学者であり、ガリレオが重要な科学者であることを、いったいどうやって知るのか」といった問いを無視するのと同じ仕方で、私たちは「自由が社会組織の主要な目的であることを、いったいどうやって知るのか」といった問いを無視すべきなのだ。社会制度への忠誠は、馴染みのある、共通に受け容れられた前提によって正当化されるべきものではないのだが、だからといってそれが恣意的なものだというのでもない。友人やヒーローの選択と同じなのだ、と考えるべきなのである。[8] そのような選択は、尺度に従ってなされるのではない。こうした選択が、無前提の批判的な反省の結果であったり、特定の言語を用いずに、しかも特定の歴史的なコンテキストの外部でなされたりすることは、まったくありえないのである。

　私たちが何かを「すべきだ」とか「できない」と述べているとき、もちろん私は中立の立場から語っているのではない。私はバーリンの議論の側に立って語っているのであり、哲学的な下生えのいくつかを刈り取ることにより、バーリンの下働きとして仕えようとしているのだ。この重大な政治的問題に関して、私は中立ではないし、哲学が中立になりえないのは、この「下働き」というメタファーを『人間知性論』の「読者への手紙」のなかでつくりだしたロックが、質料形相論と微粒子論のあいだで中立になることがありえなかったのと同じである。しかしながら、中立性が望ましきものではないと述べるとき、繰り返すが私は中立的な哲学のパースペクティヴから語っているのではない。近年のデイヴィドソン的な言語哲学やクーン的な科学哲学は、過去の哲学が中立性を要求するという過ちを犯していることを論証したのだ、と主張することで、私はリベラリズムに基礎を与えているわけではない。私の論点は、クーン、デイヴィドソン、ヴィトゲンシュタイン、そしてデューイが、馴染みのある現象について、諸々の再記述を与えてくれるのであり、それを一緒にすると、選択すべき政治制度と政治理論を記述するバーリンのやり方を支援することになる、ということなのである。政治的リベラリズムをめぐる再記述の準備を以上の哲学者は促すのだが、他方で政治的リベラリズムもまた彼らの行為——哲学探究に自然的な秩序など存在しないことを、私たちにわからせてくれる行為——に関する再記述の準備を促すのだ。まず最初に言語、つぎに信念と知識、つぎに人格性、最後に社会へと、まっすぐに到達すべきだと私たちに要求するものなど、どこにもない。「第一哲学」などというものは存在しない。「第一哲学」としての形而上学、言語哲学、科学哲学などというものも存在しない。しかしながら、最後にいま一度繰り返すが、哲学そのものをめぐるこの見方は、同一の主張(つまり、現代のリベラルな文化にそれ自身独特の語彙を提供し、かつてはその文化の必要に見合っていた語彙の残滓を一掃するという主張)のためになされた、哲学という語がどのように用いられるべきかについてのもう一つの示唆にすぎない。

語彙を道具に喩えるヴィトゲンシュタインのアナロジーに再び言及することで、政治的リベラリズムの利益のために哲学的中立性を放棄するというこの行為を、もっと受け容れやすいものにすることができるだろう。語彙と道具の比喩につきまとう問題は、新しい道具をデザインする人はたいてい前もってそれが何にとって有用なのか——なぜその人がそれを欲しているのか——を説明できるが、それとは対照的に、文化的な生の新形式や新しい語彙の創出は、その有用性をその創出の後になって初めて説明できるという問題なのだ、と第一章で述べた。キリスト教やニュートン主義、ロマン主義運動や政治的リベラリズムを、私たちがそれをどうやって使ったらいいものかとまだ思案している最中に、一つの道具だとみなすことはできない。なぜなら、それが手段となるような、明確に表明されうる目的がまだ存在していないからである。しかしながら、いったんこうした運動の語彙をどのように用いたらいいのかがわかってしまえば、ある種のメタファーが字義どおりのものとなることが、最近起こったよきことを可能にするという目的に貢献していたのだ、ということを示すことによって、進歩の物語を語ることができる。さらにいうと、こうなってくるとこうしたよきことはすべて、或るもっと一般的な善、つまりその運動が仕えた総体的な目的の、特定の事例だとみなすことが可能になる。この後者の過程こそ、ヘーゲルによる哲学の定義、「自らの時代を思想の内に把握すること」にほかならない。私はこの定義をつぎのような意味に解釈している。つまりそれは、「あなたの時代にとって特徴的で、あなたが心の底から是認し、ひるむことなく我がものとみなすような事柄すべての記述を見いだすこと、つまり、あなたの時代にいたるまでの歴史事実の展開が、その手段となることで実現されているような目的を描きだすのに役立つ記述を、見いだすこと」だと。

「哲学」についてこのような意味が与えられると、ヘーゲルが『法哲学』の「序文」で〕述べたように、「哲学がその年老いた灰色の理論を描きだすとき、生の形式はすでに年老いてしまっているのであって、その生の形式はその暗澹たる灰色の理論によって若返るのではなく、ただ認識されるのみなのだ」ということになる。キリスト教は、自らの目的が残酷さを軽減することにあったことを知らなかった。ニュートンは、彼の目的が近代のテクノロジーにあったことを知らなかった。ロマン主義の詩人は、彼らの目的が政治的リベラリズムの文化に相応しい倫理意識の発達に貢献することにあったことを知らなかったのである。しかしながら、こうしたことを現在私たちは知っているのだ。なぜなら、後から来た者である私たちは、進歩を実際に進めている人びとには語ることのできないような、その進歩についての物語を語ることができるからである。こうした人びとを、発見をする者としてではなく、道具を製作する者としてみることができる。なぜなら、そういった道具を使用してつくりだされた作品について、私たちは明確な意味を見いだせるからである。作品とは私たちにほかならない。つまり、私たちの良心、私たちの文化、私たちの生の形式なのだ。私たちの存在を可能にした人びとには、自分たちが何を可能にしようとしているのかを予測することができなかったのであり、したがって自分たちの作品がその手段となる目的を記述することなどできなかったのである。だが、私たちにはそれができる。

さて、以上の要点を、政治的リベラリズムと啓蒙の合理主義の関係をめぐる、特定の事例に適用してみよう。この関係は、ホルクハイマーとアドルノによる『啓蒙の弁証法』のトピックであった。彼らが(私が思うに正確に)指摘したことは、啓蒙が解放した諸力によって、啓蒙自身の信念がその土台から掘り崩されてしまった、ということである。啓蒙の「腐蝕する理性」と彼らが呼んだものにより、過去二世紀にわたって啓蒙思想が勝利する過程のなかで、一八世紀には当然視されていた「合理性」や「人間本性」の観念が、その基盤を抉り取られてしまった。リベラリズムは哲学的な基礎を失っていまや知的破産に陥っており、リベラルな社会は社会的な紐帯を失って道徳的破産に陥っている、というのが彼らが引きだした結論であった。

以上のような推論は誤りであった。ホルクハイマーとアドルノが前提にしていたことは、ある歴史的な発展を開始した人びとが自らの企図を記述した用語は、その発展を精確に記述する用語でありつづけるという考えであり、またそこから彼らが推論したことは、その用語法が解体してしまうと、その発展の帰結がさらに存続してゆく権利あるいは可能性が失われる、ということである。これはまったく事実に反しているといえよう。それどころかむしろ、文化的な生の新形式を始めた人びとが使用する用語というのは、だいたいにおいて彼らが取って代わろうと望む文化の語彙からの借り物なのである。その新しい形式が老いてしまって、つまりそれ自身がアヴァン・ギャルドの攻撃目標となって初めて、その文化を表わす用語法が形成され始める。成熟した文化が、自らを他の文化に対して自分が有利になる仕方で比較する際に、つまり自らを擁護する際に用いる用語法が、その文化を生誕させるために用いられた用語だということは、まずありえないのだ。

ホルクハイマーとアドルノは、支配者が統治に利用する言語装置だと彼らがみなしている社会の哲学的な基礎が、啓蒙の懐疑主義によってその基盤を失ってゆくさまを見事に説明している。彼らの述べるところによれば、

啓蒙はついに、たんなる［社会的な統一の］さまざまなシンボルだけでなく、その子孫である一般

概念を喰い尽くしてしまい、形而上学の欠片も残さなかった。……諸概念は啓蒙の前では、産業トラストの前での利子生活者同然である。誰一人自らの安全を感じることは許されない(9)。

このような解体に耐えることができなかったもののなかに、「絶対的な妥当性と相対的な妥当性」「道徳性と思慮＝怜悧」の区別がある。ホルクハイマーとアドルノが述べているように、啓蒙の精神が命じるところによって、「個々の理論的見解は、いずれも避けがたい必然性をもって、たんなる信仰にすぎないではないかという否定的な批判に服し、ついには精神や真理の概念、それどころか啓蒙の概念さえ、アニミズム的な呪術になってしまった(10)」。この点を私のジャーゴンでつぎのように言い換えることができる。個々の理論的見解は、もう一つの語彙、もう一つの記述、もう一つの語り方として、みられるようになったのだ。

この過程を文明が免れることは不可能であり、リクールが「懐疑の解釈学」と的確に称したもの(つまり、新しい理論的な提唱はどんなものであれ、現状維持《スタータス・クオ》のためのもう一つの言い訳であることが多いという点に、いつも注意すること)以外、何も助けになる示唆はないことになりそうだ、とホルクハイマーとアドルノは考えた。彼らが述べたところによれば、「進歩のもつ破壊的側面への省察が進歩の敵方の手に委ねられているかぎり、盲目的にプラグマティックになった思想は、その超越的本性を喪失し、ひいては真理への関わりをも失うにいたるだろう(11)」。しかしながら彼らは、進歩の味方に対して何も示唆しなかった。腐蝕する理性の特徴について、つまり啓蒙の自己破壊的な特徴についての理解を、自らの内に取り入れて利用することができる文化、というユートピア的な展望を彼らはもたなかったのである。「プラグマティックになった思想」がどうすれば、盲目的であることをやめて明敏になってゆくのかを、彼らは示そうとはしなかったのだ。

しかしながらほかならぬこのことを、他のさまざまな著作家——啓蒙の合理主義を棄て去りながら、啓蒙のリベラリズムを保持したいと願う人びと——がしてきたのである。ジョン・デューイ、マイケル・オークショット、そしてジョン・ロールズらはすべて、リベラリズムに「哲学的な基礎」として仕えるものとされる一連の超歴史的で「絶対的に妥当な」概念という考えについて、その土台を掘り崩すことを進めてきた。しかしながら彼らはすべて、こうすることがリベラルな制度を強化することだ、と考えていたのである。このように基礎という観点によって自らを擁護する必要から解放されたなら、リベラルな制度はさらにもっとうまくゆく、と彼らは主張している。つまり、「自由が占める特権的な身分は、いったい何に根拠づけられるのか」という問いに答える必要がなくなれば、さらにうまくゆく、と。三人は皆、つぎのことを喜んで認めるだろう。すなわち、私たちの実践についての循環論的な正当化が、つまり、私たちの文化がもつ特徴の一つを、その文化のもう一つの特徴を引き合いにだすことにより、あるいは他の文化との比較で自分自身の規準を参照するという、自らが有利になる仕方で説明することによって、より素晴らしいものにみせるという正当化こそ、私たちが手に入れようとする唯一の種類の正当化だ、ということを。私が提唱しているのは、彼らのような著作家たちを、自己を廃棄しつつ自己を実現させてゆく啓蒙の勝利であるとみなすべきだ、ということである。彼らのプラグマティズムは啓蒙の合理主義と反目しているが、このプラグマティズム自体はこの合理主義によってのみ(弁証法がうまくはたらくことで)可能になったのだ。このプラグマティズムは、成熟した(脱-科学化し、脱-哲学化した)啓蒙のリベラリズムに貢献することができるのである。

この三人の著述家からそれぞれ引用することで、彼らの立場を思い起こしてみよう。つぎのように語るとき、デューイは哲学についてのヘーゲルの定義を倣《まね》ているのである。

究極的実在を論ずるというのはみせかけで、哲学の関心事は社会的な伝統のうちに潜む貴重な価値にあったと認められ、社会的な目的間の衝突から、また、伝統的な制度と、これと相容れぬ時代的傾向との闘争から哲学が生まれたと認められれば、将来の哲学の仕事は、その時代の社会的および道徳的な闘争について、人びとの考えを明晰にすることにあるという点も理解されるであろう。(12)

デューイ講義においてロールズがつぎのようにいうとき、彼はバーリンやデューイと同じことを述べていた。

正義の構想が正当化されるのは、以前から存在していて私たちに与えられている秩序に対して、それが忠実であるからではない。正義の構想が正当化されるのは、それが私たち自身と私たちの目標に関する、より深い理解と一致するからであり、そして私たちの歴史と私たちの公共的な生活に埋め込まれている伝統という条件の下で、それが最も理にかなった教養だと理解されるからである。(13)

最後に、デューイであっても同様に書いたであろう文章を、オークショットがつぎのように書いている。

道徳というのは、一般原理のシステムでもなければ、ルールの法典でもなく、土着の言語の一つなのだ。一般原理やルールが道徳から引きだされるかもしれないが、(ほかの言語と同様に)道徳は文法家がつくりあげたものではない。それは話し手によってつくられる。道徳教育において習得されるべきことは、よきおこないとは公正に行為すること、あるいは慈悲深くあることだというような、一般命題でもなければ、「つねに真理を述べよ」といったルールでもなく、その言語をわかりやすく話す仕方である。……道徳は、行為についての判断を定式化したり、いわゆる道徳的諸問題を解決したりするための道具ではなく、思考、選択、行為そして発言の拠り所である慣行《プラクティス》なのだ。(14)

このオークショットからの引用によって、道徳性と思慮＝怜悧の区別が、そして「道徳的」という用語自体が、もはやまったく役に立たないのだ、と私が考える理由を説明するうえでの手がかりが得られる。私の議論は、ここでオークショットが当然視している、よく知られた反カント主義的な主張に向かうことになる。つまり、「道徳原理」(定言命令、効用原理等)は、制度、慣行、そして道徳・政治的な考慮の語彙といった領域全体に対する暗黙の指示と一体となっているかぎりでのみ、有意義になるのだという主張に、である。道徳原理とはこのような慣行を思い起こさせるもの、短く言い換えたものであり、それを正当化するものではない。それはせいぜい、このような慣行に習熟するための教育的な補助にすぎない。この論点はヘーゲルや、アネット・ベイアー、スタンリー・フィッシュ、ジェフリー・スタウト、チャールズ・テイラー、そしてバーナード・ウィリアムズといった、従来の道徳・法哲学に対する近年の批判者のあいだで共有されている。(15) もしこの論点が受け容れられれば、つぎのような問いが当然提起されるだろう。すなわち、「道徳性と思慮=怜悧という、カントによる古典的な対比は、原理への訴えと便宜への訴えの対比という観点に精確にそって定式化されたのだから、もし私たちが「道徳原理」という考えを棄て去るとしたら、「道徳性」という用語を維持してゆくことに何の意味があるのか」という問いである。

この問いに対しオークショットは、ヘーゲルに倣って以下のような解答を提唱している。つまり、道徳性を私たちのなかにある神的な部分の声だと考えることをやめ、その代わりに共同体のメンバー、共通の言語の話し手としての私たち自身の声であると考えることができる場合にのみ、私たちは「道徳性」という考えを維持することができる。道徳性と思慮=怜悧という区別は、絶対的なものへの訴えと条件づけられたものへの訴えとの差異としてではなく、私たちの共同体の利害への訴えと、私たち自身の、相互に対立する可能性がある私的な利害への訴えとの差異として考えられるなら、維持してゆくことができるのである。以上のような考え方の転換がもつ重要性は、「私たちの社会は、道徳的な社会なのか」という問いを不可能にする、という点にある。つまり、私に対して私の共同体が存在するのと同じ仕方で、私の共同体に対して存在するもの、すなわちある本有的特性をもつ「人類《ヒューマニティー》」と呼ばれるもっと大きな共同体があると考えることを、不可能にするのである。このような転換が相応しい社会が、オークショットが統一体《ウニウエルシタス》に対置して社交体《ソキエタス》と呼んだもの、つまり、共通の目標によって統一された仲間意識をもった一団ではなく、互いを保護し合うという目的のために協力している、同調を避ける人びとの一団として理解されている社会なのだ。

　オークショットの解答はウィルフリッド・セラーズのテーゼ、道徳性は「われわれ―《ウィー》意図《インテンションズ》」と呼ばれる問題である、つまり「非道徳的な行為」の核心的意味は「われわれならやらない類のこと」である、というテーゼと一致する(16)。この考えによると非道徳的な行為とは、もしもその行為が万一なされるとしたら動物によってのみ、あるいは他の家族、部族、文化、または他の時代の人びとによってのみなされるような類の事柄を指す。もしも私たちのうちの誰かによってなされたとしたら、しかも繰り返しなされたとしたら、その人はわれわれの仲間であることをやめているのである。その人は除け者《アウトカースト》に、つまり、かつてはわれわれの言語を話していたかのようにみえていたが、もはやそれを話しはしない人になってしまったのだ。ヘーゲルと同様、セラーズの考えによれば、道徳哲学は、

「私の行為について命ずべきルールとは何か」という問いにではなく、「「われわれ」とは何者か、われわれはいかにして現在の自分たちになったのか、そしてわれわれは何になれるのだろうか」といった問いに対する解答という形態をとる。言い換えるなら道徳哲学は、一般原理を探究するのではなく、歴史を物語り、ユートピアを思考するという形態をとるのである。

道徳性を一連の慣行、つまりわれわれの慣行だとする、このオークショット=セラーズ流の見方は、つぎのような二つの構想のあいだにある相違を、はっきりとしたものにしている。つまり、道徳性とは私たちの魂の神的な部分からの声だとする構想と、道徳性とは人間によって偶然的につくられたもの、時と場所の移り変わりに、つまり《自然》の「実験」に曝されてきた共同体の声なのだ、とする構想である。道徳性と思慮=怜悧の区別がつぎのような問い、すなわち私たちの社会をまとめあげている紐帯は、その本性上「道徳にもとづく」のか、それとも「思慮=怜悧にもとづく」のか、という問いに変換されるとき、意味をなさなくなる理由がここで明らかにされている。この区別は、「社会ではなく」ただ個人にとってのみ、意味を有する。道徳性と思慮=怜悧の区別は、これまでの歴史のなかで放棄されてきた、さまざまな生の形式のはるか上に在る本性を「人類」がもっているとしたら、社会にとって意味あるものであろう。しかしながら、道徳性の要求が言語の要求であるとすれば、そして世界や自己の真の姿をとらえようとする企てではなく、歴史的な偶然の産物というのが言語なのだとすれば、「自らの道徳的な確信をひるむことなく擁護する」ことは、自己をそのような偶然性と同一視する問題だ、ということになる。

ここで以上の論点を、私が以前に提起した主張、つまり、リベラルな社会のヒーローは強い詩人とユートピア的な革命家である、という主張と重ね合わせてみよう。このような綜合は、もし詩人や革命家が「疎外」されていると考えるならば、パラドクシカルで、失敗に終わるもののようにみえる。しかしながら、「疎外」という用語をめぐる最近の用法の多くが、その背後に潜ませている前提を棄て去ってしまえば、そのパラドクスは消散し始める。つまりその前提とは、疎外されている人びととは、恣意的で非人間的な社会の拘束に対して、人間性という名の下に反抗する人びとである、という考えなのである。このような考えに代わって、詩人や革命家というものは、ある社会における、その社会自身がいだく自己イメージに悖る側面に対して、その社会自身の名の下に抵抗する人びとなのだ、と考えることができる。

　このような仕方で考えを転換すると、革命家と改良家の区別を無にしてしまうかのように思えよう。しかしながら、理想的にリベラルな社会は、この区別が帳消しにされた社会だと定義することができる。リベラルな社会とは、その理想が、強制によってではなく説得によって、革命によってではなく改良によって達成可能になる、そして現行の言語慣行やその他の慣行と新たな慣行への示唆との自由で開かれた出会いによって達成可能になる、そういう社会のことなのだ。しかしながら、このように述べることは、理想的にリベラルな社会とは、自由以外には何の目的ももたない社会、そのような出会いがいかになされるのかを見届け、その結果に従うことをいとわないという目標以外の目標をいだかない社会だと、述べるのに等しい。理想的にリベラルな社会は、詩人や革命家がもっと容易に生きていけるようにする、という目的だけをいだく(ただしその際、詩人や革命家が他の人の生き方を妨げているとしたら、それは行為によってではなくただ言葉によってのみそうなっているのだ、という点が留意されている)。それは、その社会がいまある姿、自らがいまもつ道徳性、自らがいま話す言語を承認しているがゆえに、強い詩人や革命家がそのヒーローであるような社会なのだが、それはその社会が神の意志や人間の本性に近づいているからではなく、過去に或る詩人や革命家が、彼らが語ったように語っていたから、というのが理由なのである。

自分の言語、自分の良心、自分の道徳性、そして自分にとって最高次の希望を偶然の産物であるとみなすこと、つまりかつては偶然につくられたメタファーだったものが字義どおりのものになったものとみなすことは、以上のような理想的にリベラルな国家において市民であることに適した自己アイデンティティを選び取る、ということなのだ。このようなわけで、この理想国家の理想的な市民とは、自らの社会の創設者と守護者が、世界や人間性に関する真理を発見もしくは明確に構想した人ではなく、右に示したような詩人なのだ、と考える人を指すのである。その人自身が詩人であるかもしれないし、そうではないかもしれない。自分自身の特異なファンタジーのため、自分自身のメタファーを見いだすかもしれないし、そうしないかもしれない。そのようなファンタジーを意識的なものにするかもしれないし、そうしないかもしれない。しかし、その人は常識的な意味で十分なほどフロイト的なので、社会の創設者と改革者は、そして自らの言語の、すなわち道徳性の立法者だと認められている人は、自分のファンタジーにとって適切な言葉を、その社会における他の人が何となく感じている必要《ニーズ》にたまたま応えるメタファーを、たまたまみつけた人びとなのだ、と考えるであろう。その人は常識的な意味で十分にブルーム的なので、自らの社会に具体化されて欲しいとその人の願う徳性を最も明確に例示しているのは、アカデミックな芸術家や通常科学に携わる者ではなく、革命的な芸術家や革命的な科学者であるのがあたりまえなのだ、とするであろう。

要するに、私のいうリベラルなユートピアの市民とは、道徳上の熟考をする際の自分の言語が、したがって自分の良心が、さらには自分の共同体が、偶然性を帯びているという感覚をもつ人びとなのである。そのような人びととはリベラル・アイロニスト、つまり、文明についてのシュンペーターの尺度を満たしている人びと、自らが傾倒する価値を、その価値が帯びている偶然性の感覚に結びつける人びとなのだ。この章を結論づけるにあたって、私と広範な領域において意見を共にしながら、二つの正反対な方向において考えを異にする二人の哲学者の考えを私自身の考えと比較することによって、このリベラル・アイロニストという人物像に、よりはっきりとした焦点をあてるつもりである。その違いを荒削りにいえばこうなる。ミシェル・フーコーはリベラルになるのをいやがるアイロニストであるのに対し、ユルゲン・ハーバーマスはアイロニストになるのをいやがるリベラルである、と。

バーリンと同様にフーコーとハーバーマスの両者は、自己のなかからその中核を構成する要素を切り離してとりだそうとする伝統的なプラトン－カント主義的な企てに対する批判者である。両者ともニーチェがきわめて重要だとみている。歴史を超えたパースペクティヴへの企てを、つまり無時間的な起源をみつけようという企てを避けること――偶然について系譜学的に物語ることで満足すること――について、ニーチェが教えてくれたとフーコーは考えている。[17] ニーチェはまたフーコーに、リベラリズムに関する二重の見方も教えていた。つまり、政治的デモクラシーがもたらした新しい自由の背後に目をやり、民主的な社会が押しつけてきた新しい抑圧の形態を見抜くことを。

しかしながら、フーコーがニーチェを発想の源だとするのに対し、ハーバーマスは、伝統的な合理主義の「主観中心的理性」に関するニーチェ的な批判に同意しつつも、ニーチェは私たちを袋小路へと導く者だ、とみなしている。人間の「解放」という目標を遂行するうえで、ハーバーマスが「主観性の哲学」と呼ぶもの(おおざっぱにいえば、私たち自身の内部から道徳的な義務を紡ぎだそうとする、つまり、歴史的な偶然と社会化の偶発事を超えて、私たちの内なる深層に、他者に対する自己の責任の起源をみつけようとする企て)の破綻をニーチェが明らかにしているのだ、とハーバーマスは考えている。ニーチェによる「モデルネに対する批判[18][つまり、前近代社会にあった社会的な結合力のようなものの喪失に、折り合いをつけようとする企て]は、モデルネが宿していた解放的な内実を最初から放棄してしまっている」と、ハーバーマスは述べている。[19]絶をハーバーマスは、ニーチェからハイデガー、アドルノ、デリダ、そしてフーコーに相続された遺産――哲学的な反省をリベラルな希望にとって、よくて無意味なもの、そして最悪の場合相反するものとする危険な遺産――だとしている。こうした思想家たち――自分自身のアイロニーに呑み込まれてしまっている理論家たち――は、主観性の哲学によって一種の帰謬法[つまり、モデルネの否定を真とすることから矛盾を導きだすことで、モデルネが真であるとする証明」をつくりだしていると、ハーバーマスは考えているのである。

ニーチェに対するハーバーマス自身の応答は、「主観性の哲学」を「間主観性の哲学」に置き換えること――つまり、カントとニーチェが共有している「主観中心的な「理性」概念」を「コミュニケーション的理性」とハーバーマスが呼ぶものに置き換えること――によって、私たちの宗教と形而上学の伝統に対するニーチェの攻撃を、下から切り崩そうとすることである。こうすることにより、ハーバーマスはセラーズがしたのと同じ転換をしているのだ。つまり、両哲学者とも理性を、人間の自己に内蔵された構成要素ではなく、社会的な規範が内面化されたものと解釈しようとしているのである。カントが望んでいたのと同じ仕方で、民主的な制度を「基礎づけ」たいと――しかも、社会がもっとコスモポリタン的で民主的になることを支持するものとして、「人間の尊厳への敬意」に代わって「支配から自由なコミュニケーション」という考え方を援用することで、カントよりもっとうまくやりたいと――ハーバーマスは考えているのだ。

ハーバーマス、デューイ、そしてバーリンといった人びとの企て――民主的な社会の必要《ニーズ》を中心として哲学を築こうという企て――に対するフーコーの対応は、この社会の欠点を、つまり、自己創造や私的な企図の余地を民主的な社会が許さないやり方を、指摘するということである。ハーバーマスやセラーズと同様に、フーコーは自己が社会の創造物であるというミードの考えを受け容れている。ハーバーマスやセラーズとは違って、フーコーは近代のリベラルな社会によって形成された自己が、それ以前の社会によって形成された自己よりもましであると、認める気がまったくない。フーコーの著作の大部分――私の考えでは、最も価値ある部分――は、つぎのことを示すことに費やされている。すなわち、リベラルな社会に特徴的な文化変容のパターンが、いかにしてそのメンバーに対して、旧い、前近代の社会が夢想だにしなかった類の抑圧を押しつけてきたか、ということをである。しかしながらフーコーには、こうした抑圧が苦痛の減少によって償われているとみなす気がないのだが、それはニーチェに、「奴隷道徳」のルサンチマンが苦痛の減少によって償われているとみなす気がなかったのと、同じなのだ。

　フーコーと私との違いは、このような苦痛の減少こそが、実際に、以上のような抑圧を償っているのだ、という主張に尽きる。現在の私たちの主観性がいかにして権力によって形成されてきたのかということに関するフーコーの説明は、「主観的自然のエロス化と内面化が、視点のとり方によっては、自由と表現可能性への道をも切り拓くのにもかかわらず、そうした視点すべてを拒否」してしまう、というハーバーマスに私は同意する。[20] さらに重要なことには、現代のリベラルな社会は、自分自身で改良する――つまり、フーコーが看取する危険性を和らげるという改良をする――制度をすでに内包しているように思える。実際、西洋の社会・政治思想には、それに必要な最後の概念的な革命が起こったのではないかという気が、私にはするのである。[21] 人びとの私的な生を守ることと、その苦しみを防ぐこととのあいだにあるバランスを最適化することに政府は努めるべきだ、というJ・S・ミルの提唱は、私にはほとんど最後の言葉であるように思われる。誰が苦しめられているのかということについての発見は、自由な報道、自由な大学、そして啓蒙された――たとえばエミール・ゾラの『ジェルミナール』、リチャード・ライトの『ブラックボーイ』、オーウェルの『ウィガン波止場への道』や『一九八四年』といった著作や、フーコーの『狂気の歴史』や『監視と処罰』のような著作によって啓蒙された――世論の働きに任せることができる。

しかしながらフーコーは、私たちは改良をするにはあまりにも遠くに来てしまったという――つまり、私たちがこうむってきた社会化により、想像力と意志があまりにも制限されてしまったため、いまある社会に代わる社会を提示することなどできないのだから、何らかの激変が必要なのだという――確信を、マルクスやニーチェと共有しているのである。[22] いかなる意味での「われわれ」の、ましてや私がいうような「われわれリベラル」の一員に、自分自身を数える気がフーコーにはまったくない。彼は以下のように述べていた。

私は、あらゆる意味での「われわれ」に――その人びとのコンセンサス、価値、伝統が、思考の枠組を構成しており、さらにはその思考が正当化される条件を定義づけているような人びとである、「われわれ」に――訴えることはありません。しかしながら、問題なのはまさに、自分が認める原理と自分が受け容れる価値を主張するためには、人は自らを「われわれ」のなかに位置づけることが本当に適切なことであるかどうかを、あるいはむしろ、この問いを練り直すことで、未来的な「われわれ」の形成を可能にするという必要がないのかどうかを、決定するということなのです。[23]

まさしく、このことこそが問題なのだ。しかしながら、新しい「われわれ」を形成する必要が実際にあるのかどうかに関して、私はフーコーとは意見を異にする。彼と私との主要な違いは、「われわれリベラル」は相当によいものなのか否かということに、まさしくかかわっているのである。[24]

フーコーの著作をリベラルで改良主義的な政治文化に同化させることができる、という私の提案を彼は評価しないだろう。このようなフーコーの反応を部分的に説明すると、こうなる。すなわちフーコーは、自己つまり人間主体が、それを形成しているものすべての蓄積にすぎないとする点で、ミード、セラーズ、そしてハーバーマスに同意しているのに、それにもかかわらず、人間存在内部の深層にある何か——それは文化変容によって歪められてしまった——という観点から彼がいまだに思考している、ということである。こうした主張が彼にあるという証拠として、(私がこれから第四章で論じるように)「被抑圧者の言語」などというものが存在しないという事実をフーコーは明らかに認めたがらない、ということが挙げられる。彼は正気でないもの「のために」語っているとか、彼の著作が明らかにするのは「服従させられている知識……つまり、かつては現前していたが、機能主義的で体系化を目論む理論のかたまりの内部に隠されてしまっている、歴史的な知識の諸断片」であると、フーコーが提唱することがときおりあるのだ。[25]

「われわれ」について語る右の引用を含む、フーコーの文章の多くは、バーナード・ヤックが「全体革命への希求」ならびに「われわれの自律がわれわれの制度のなかに具体化されるべきだという要求」と呼んでいるものを例示している。[26] ほかならぬこの種の希求こそが、リベラル・デモクラシーの市民のあいだで、私的な生のためだけに確保されるべきだと、私は考えている。ニーチェ、デリダ、あるいはフーコーのような自己創造のアイロニストが求める類の自律とは、社会制度のなかにそもそも具体化できる種類のものではない。自律とは、すべての人間存在がその内部にもっていて、社会が人間存在を抑圧することをやめれば解放することができるような何か、ではないのだ。それは、ある特定の人間存在が自己創造によって手に入れたいと希求するものであり、実際に手に入れる者はわずかなのだ。自律的になりたいという欲求は、残酷さと苦痛を避けたいというリベラルの欲求――つまり、このような用語で表わすことをよしとはしなかっただろうが、フーコーも共有していた欲求――とは関係がない。

ほとんどのアイロニストはこの自律への希求を私的領域に限定する。(私が第五章で論じるように)プルーストはまさしくそうしたのであり、ニーチェやハイデガーはそうすべきだったのである。フーコーは私的領域に甘んじなかった。ハーバーマスは彼の目的に関係がないとして、この領域を無視した。本書で提示される妥協は、結局のところ以下のように言い表わせる。つまり、本物《オウセンティシティ》であることと純粋であることを求めるニーチェ、サルトル、フーコー的な企てを、残酷さを避けること以上に重要な社会的目標があるなどと考えさせてしまう政治的態度に転化することがないよう、私事化せよ、という示唆に。

ここまでが、リベラルにならずにアイロニストたろうとするフーコーの企てに対する、私の異議である。アイロニストにならずにリベラルたろうとするハーバーマスの企てに対する私の異議は、リベラルな文化は詩化された文化となるだろうという私の主張を、ハーバーマスがきわめて深刻に嫌っているさまを理解すれば、明白になる。ハーバーマスは、私がメタファー、概念の革新、そして自己創出についての語りを審美化していることを、「言語の世界開示的機能」(それは「世界内的実践」内部における言語の「問題解決的機能」と対置される)と彼が呼ぶものへの不幸な没頭である、とみなしている。この世界開示的機能を、彼はハイデガーやフーコーのようなネオ・ニーチェ主義者のなかに見いだしているのだが、そのような機能の賞揚に対して彼は不信の目を向けているのである。この機能を援用しようという、『想念が社会を創る』におけるカストリアディスの企ても、ハーバーマスは同様に疑わしいものだと考えている(27)。

ハーバーマスは、「科学や技術、法や道徳、経済、政治などといったような専門化した言語は……メタファー的な言い回しのもつ照明力によって生命を保っている」という、クーン的な主張を認めるのにやぶさかではない(28)。しかし、「科学も道徳も、経済も政治も、芸術や哲学とまったく同じ仕方で言語創造をおこなうような隆起のプロセスに委ねられている」と提唱したとき、私は——危険なほどに——行き過ぎているのだ、と彼は考えている(29)。世界開示が、つねに世界内的実践に対しての「妥当性」という点から照合されることを、彼は望んでいる。「専門家の文化」内部で遂行され、新しい世界のぞくぞくさせるようなロマン主義的な開示によって転覆されることがありえない、論議の実践が存在することを望んでいるのだ。「慣習《コンヴェンション》の外皮」とデューイが呼んだものの息苦しい効果(たとえば、「文化の諸領域」のあいだに設けられた伝統的な区別が生む、息苦しくさせるような効果)よりも、ヒトラーや毛沢東に典型的な、確立された制度の「ロマン主義的な」転覆といったものを、ハーバーマスは恐れているのである。フーコーが恐れたもの(「専門家の文化」がもつ「生-権力」をふるう能力)よりも、自分自身の自律が組織のなかに反映されているのをみたいと望むフーコーのような人びとを、彼は恐れているのだ。(30)

しかしながら、二組の恐れに対するハーバーマスの対応は同じものである。この両者から生じる危険は、公共の制度と政策の変更に関する決定が「支配から自由なコミュニケーション」のプロセスを通じて形成されれば避けることができる、と彼は考えている。これは、社会制度内での残酷さの永続化を避ける唯一の方法は、教育の質、出版の自由、教育を受ける機会、政治的な影響力を行使する機会等々を極大化することであるという、伝統的なリベラルの主張をうまく言い換えたものだ、と私には思える。したがって、合理主義の一形式を再構築しようというハーバーマスの企てと、文化は詩化されるべきだという私の推奨のあいだにある相違は、けっして政治的な不一致を映しだしているわけではない。伝統的な民主的制度の価値について、あるいはそのような制度が必要とするような改良について、または「支配からの自由」とみなされるものについて、私たちに意見の不一致はない。私たちの相違は、民主的な社会がもつべき自己イメージ、つまり民主社会が自らの希望を表明するのに用いるべきレトリックのみに関わっている。フーコーと私のあいだにあった政治的な相違とは異なって、ハーバーマスと私のあいだにある相違は、しばしば「たんなる哲学上の」相違と呼ばれるものなのである。

民主的な社会にとって、その自己イメージが普遍主義を、そして何らかの形態の合理主義と啓蒙を具体化していることが不可欠である、とハーバーマスは考えている。彼の考えによれば、「コミュニケーション的理性」について彼が与える説明は、合理主義を最新のものにする方法なのだ。私は、普遍主義であろうと合理主義であろうと、最新のものにしたいとは思わない。むしろ両者を解体し、何かほかのものをその代わりにしてしまいたいのだ。したがって「主観中心的理性」から「コミュニケーション的理性」へというハーバーマスの転換は、私が強調してきた論点――つまり、リベラルな社会とは、歪みなきコミュニケーションの帰結に偶然なったものであれば何であれ、すなわち、自由で開かれた闘争に勝利した考えであれば何であれ、それを喜んで「真である」(あるいは「正しい」または「正当である」)と呼ぶ社会である、という論点――と同じ論点をつくりだすうえでの、誤解をうむ方法の一つにすぎないと思える。この転換が意味するところは結局、人間という主体と知識という客体のあいだにあらかじめ確立されている調和というイメージを棄て去ることであり、したがって伝統的な認識論的‐形而上学的問題を棄て去るということなのである。

そのような問題のほとんどを棄て去ることについて、ハーバーマスはやぶさかではない。しかしながら、そうしたことをしておきながら、彼はいまだに歪みなきコミュニケーションのプロセスが収斂するものであると、そしてそのような収斂はこのコミュニケーションがもつ「合理性」を保証するものであるとみなすことに、固執しているのである。私とハーバーマスのあいだに残っている相違は、ハーバーマスは自らの普遍主義に従ってこのような収斂を非歴史的な基礎づけの代わりとしているのに対し、言語の偶然性に関する私自身の主張によって、この収斂が引き受けるとされている「普遍的な妥当性」という考えそのものを私は疑っている、ということなのである。虚焦点《ホキ・イマジナリイ》への漸進的な接近という(ヘーゲルとパースによって共有されていた)伝統的な物語を、ハーバーマスは維持したいのだ。この物語の代わりに、多元性を引き受けることと、普遍的な妥当性への希求をやめることを、次第に受け容れてゆくという物語を、私はすえたいのである。私だって、自由な同意として成就される同意が、共通の目標(たとえば、原子や人びとの振舞いを予測したり制御したりすること、ライフ・チャンスを平等化すること、残酷さを減少させること)をいかにして達成するのかということに関する同意であると、みなしたいと思っている。ただし、私的な目標がラディカルに多様であるということや、個々人の生がラディカルなほどに詩的な性質をもつことや、私たちの社会制度の背後にある「われわれ-意識」の基礎はたんに詩的なものにすぎない、ということに関する意識が徐々に高まってくるという背景の前で、私はこのような共通の目標をみていたいと願うのである。

普遍主義を廃棄するということは、ハーバーマスが不信の目でみているアイロニスト(ニーチェ、ハイデガー、デリダ)の主張を、私なりの方法でその真価を認めるということなのである。こうした人びとをハーバーマスは、公共的な必要《ニーズ》という観点から眺めている。公共的な哲学者としては、彼らはせいぜい役立たずであるか、最悪の場合危険であるという点で、私はハーバーマスに同意する。しかしながら、アイロニストがその私的なアイデンティティ感覚を自らのリベラルな希望と調停するにあたって、彼らや彼らのような人びとに果たすことができる役割を、私は強調したいのである。だが、問題となっているのは調停だけであって、綜合ではない。私のいう「詩化された」文化とは、人が自らの有限性をどう用いるかという私的なやり方と、他の人間存在に対してその人が感じる義務とを結合しようとする試みを、放棄してしまった文化なのである。

しかしながらハーバーマスにとって、自己をこのように区画化すること、つまり自らの終極の語彙を二つの相互に独立した部分に区別することは、それ自体で異議のある事柄なのである。彼にはこのような区画化が、非合理主義の容認、「理性の他者」への権利付与という試みである、と映るのだ。しかしながら私の考えでは、理性とその他者(たとえば、情念、ニーチェのいう権力への意志、ハイデガーのいう存在)のあいだにあると称される対立は、「理性」が、癒し、和解、そして統一をもたらす力――つまり人間の連帯の源泉――の名称だとする考え方を棄て去ってしまえば、棄て去ることのできる対立なのである。もしもそのような源泉が存在しないとすれば、もしも人間の連帯という考えが、近代においてつくりだされた幸運なる偶然の出来事にすぎないとすれば、その場合「主観中心的理性」という考えの転換物として「コミュニケーション的理性」という考えが必要になることもないのだ。宗教の代用品としての、かつては神によってなされていた仕事をする、和解と統一を与える力に関する哲学的な説明など、必要ではない。

超歴史的な基礎や歴史の終わりという収斂についての宗教的および哲学的な説明をする代わりに、

リベラルな制度と慣習――残酷さを減じ、被統治者の同意による統治を可能にし、支配から自由なコミュニケーションが成り立つことを可能なかぎり許すように企図された制度と慣習――の興隆について歴史的に物語りたい、と私は思っている。そのような物語は、実在への対応という真理に関する考えが、真理とは自由で開かれた闘いの行程で信じられるようになったものであるという考えに、次第に取って代わられてゆく際の条件を明確化するだろう。認識論から政治学への転換、「理性」と実在の関係についての説明から、人間の探究は何のためにあるのかということに関する意識を政治的自由がどのように変化させたのかについての説明への転換は、デューイなら喜んでしたけれど、ハーバーマスはしりごみをした転換なのである。「普遍的な妥当性がもつ超越的契機によって、すべての偏狭性は粉々にされる……要求として掲げられる妥当性は、事実上《デ・ファクト》確立されているにすぎない慣行＝規範が社会的に通用していることから区別される。にもかかわらず、この妥当性は既存の合意の基盤となっている」と、ハーバーマスはいまだに主張したがっている。まさしくこのような普遍的な妥当性の主張こそ、私が「言語の偶然性」と呼ぶものによって受け容れがたいものとされてしまった当のものであり、私のいうリベラルなユートピアの詩化された文化が、もはやつくりださないものなのである。そのような文化はその代わりに、つぎのようなデューイの言葉に同意するのだ。「想像力がよきものにとっての主要な道具なのであり……芸術は道徳性以上に道徳的なのである。なぜなら、道徳性というのは現状維持《スタータス・クオ》を神聖化するもの、あるいは神聖化しがちなものだからだ……人間性をめぐる道徳の予言はつねに、詩人によって語られてきた。詩人はただ自由詩や寓話という形で語っていたとしても[31]」。

注

(1) Isaiah Berlin, *Four Essays on Liberty* (Oxford University Press, 1969), p. 167.〔生松敬三他訳『自由論』みすず書房、一九七一年、三八二頁〕
(2) Ibid., p. 134.〔同右、三二四頁〕
(3) Ibid., p. 172.〔同右、三九〇頁〕
(4) "Introduction" to Michael Sandel, ed., *Liberalism and its Critics* (New York: New York University Press, 1984), p. 8. こうしたコメントは、サンデル自身の姿勢というよりも、バーリンに対する標準的な反論に関する彼の理解を反映している。別の箇所で私は、サンデル自身の考えについてもう少し詳しく論じ、サンデルが彼の著作、*Liberalism and the Limits of Justice* (Cambridge University Press, 1982〔菊地理夫訳『自由主義と正義の限界』(三嶺書房、一九九二年)〕)で定式化した、ロールズに対する反論のいくつかを論駁することを試みている。私の論文、"The Priority of Democracy to Philosophy," in *The Virginia Statute for Religious Freedom*, ed. Merrill D. Peterson and Robert C. Vaughan (Cambridge University Press, 1988〔*ORT* に再録。「哲学に対する民主主義の優先」、冨田恭彦訳『連帯と自由の哲学』(岩波書店、一九八八年)所収〕)を参照。
(5) Donald Davidson, "Paradoxes of Irrationality," in *Philosophical Essays on Freud*, ed. Richard Wollheim and James Hopkins (Cambridge University Press, 1982), p. 305.
(6) Davidson, *Inquiries into Truth and Interpretation*, p. 185.〔野本和幸他訳『真理と解釈』(勁草書房、一

九九一年)、一九五頁〕

(7) この論点をもっと論じたものとして、私の論文、"Science as Solidarity" in *The Rhetoric of the Human Sciences*, ed. John S. Nelson et al. (Madison: University of Wisconsin Press, 1987), pp. 38-52, and "Pragmatism Without Method," in *Sidney Hook: Philosopher of Democracy and Humanism*, ed. Paul Kurtz (Buffalo: Prometheus Books, 1983), pp. 259-273〔共に *ORT* に再録。「連帯としての科学」「方法を持たないプラグマティズム」(共に前掲『連帯と自由の哲学』所収)〕を参照。

(8) 認知的なものと非認知的なものという区別を復活させたり、ましてや、社会制度への忠誠を非認知的なものというカテゴリーに帰したりすることを提唱する気が私にあるわけではない。デイヴィドソンのように、私はつぎのように考えている。すなわち、真と偽の区別(「認知的身分」という実証主義者の標識)は、「地球は太陽の周りを回っている」という言明と同様に、「イェイツは偉大な詩人だ」とか「デモクラシーは専制よりもよい」といった言明にも適用可能なのである。私がここで「……であることをいったいどうやって知るのか」という問いの形式をリストにした理由は、端的にいって、ここにあげられたような問題についての懐疑を停止させる実践的な方法など存在しないことをはっきりさせるためである。このような問いを押し付ける人びとは、道徳的に重要な事柄に関する、誰ももつことのないであろう認識上の見地を求めているのだ。

(9) Max Horkheimer and Theodor W. Adorno, *Dialectic of Enlightenment*, trans. John Cumming (New York: Seabury Press, 1972), p. 23.〔徳永恂訳『啓蒙の弁証法』(岩波書店、一九九〇年)、二九頁〕

(10) Ibid., p. 11.〔同右、一三頁〕

(11) Ibid., p. xiii.〔同右、xii頁〕

(12) John Dewey, *Reconstruction in Philosophy* (Boston: Beacon Press, 1948), p. 26.〔清水幾太郎・清水礼

子訳『哲学の改造』(岩波文庫、一九六八年)、二九頁〕

(13) John Rawls, "Kantian Constructivism in Moral Theory," *Journal of Philosophy* 77 (1980): 519.

(14) Michael Oakeshott, *On Human Conduct* (Oxford: Oxford University Press, 1975), pp. 78-79.

(15) これはまた、マルクスやマルクス主義者にとっても馴染み深い論点である。しかしながらこうした著述家は、「イデオロギー」と「イデオロギー」であることを逃れている思想の一形式(つまりマルクス自身の思想)とのあいだにファジーな区別を設けることで、この論点を歪めてしまっている。「イデオロギー」という考え方が役に立たないということに関しては、レイモンド・ガウス(Raymond Geuss) *The Idea of a Critical Theory* (Cambridge: Cambridge University Press, 1981)を参照。

(16) Wilfrid Sellars, *Science and Metaphysics* (London: Routledge & Kegan Paul, 1968), chaps. 6 and 7. この論点に関しては第九章で立ち返る。

(17) フーコーの論文、"Nietzche, Genealogy, History" in his *Language, Counter-Memory, Practice: Selected Essays and Interviews*, ed. Donald F. Bouchard (Ithaca, N.Y.: Cornell University Press, 1977)〔伊藤晃訳「ニーチェ、系譜学、歴史」、『ミシェル・フーコー思考集成Ⅳ規範/社会』(筑摩書房、一九九九年)に所収〕), esp. pp. 146, 152-153を参照。

(18) つぎの箇所を参照のこと。Jürgen Habermas, *The Philosophical Discourse of Modernity*, trans. Frederick Lawrence (Cambridge, Mass.: MIT Press, 1987), p. 139〔三島憲一他訳『近代の哲学的ディスクルスI』(岩波書店、一九九〇年)、二四五頁〕:「近代に関するディスクルスは一八世紀末以来、つねに新たな標題のもとに登場してきたが、しかしそこで扱われたのはただ一つのテーマであった。すなわち社会的拘束力の衰退、私有化、および分裂というテーマである。端的にいえばそれは、一面的に合理化されたために、宗教に匹敵するような社会統合の力を必要としている日常実践のさまざまな歪みの問題である」。

(19) Ibid., p. 94.〔同右、一六二頁〕

(20) Ibid., p. 292.〔三島憲一他訳『近代の哲学的ディスクルスII』(岩波書店、一九九〇年)、五一二頁〕ハーバーマスのいう不満は、マイケル・ウォルツァーやチャールズ・テイラーにもある。*Foucault: A Critical Reader*, ed. David Couzens Hoy (Oxford: Blackwell, 1986) に所収された彼らの論文を参照のこと。同様の不満を私が述べたものとして、"Moral Identity and Private Autonomy: The Case of Foucault," (in French translation) *Michel Foucault Philosphe: Rencontre Internationale* (Paris: Éditions du Seuil, 1989)〔*EHO* に再録〕を参照。

(21) もちろんこのことは、政治的な革命が、この世界にはもうこれ以上必要ないと述べているのではない。南アフリカ、パラグアイ、そしてアルバニアのような国における残酷さを減少させるのに、暴力革命なしですむとは考えにくい〔この本は一九八九年に出版されたことに注意〕。しかしながらこのような国では、(たとえば、COSATUのリーダーや、Charta 77 に署名した人がもっている) 粗野な勇気が、その場に適切な徳性であり、社会理論に貢献するような反省的な洞察力は、そうではないのだ。こうした国では、フーコーが得意とする「仮面を剝ぐこと」みたいなことは、場違いなものにすぎない。なぜならそこでは力が剝きだしのまま闊歩しているのであり、幻影《イリュージョン》のもとにいる者などいないからである。

(22) かつてフーコーはインタヴューのなかでこう語っていた。「もう一つの制度を思い描くということは、私たちがいま参加している制度を拡張することなのだと私は思います」(*Language, Counter-Memory, Practice*, p. 230)。

(23) *The Foucault Reader*, ed. Paul Rabinow (New York: Pantheon, 1984), p. 385. 引用はラビノウとの

対話から。

(24) 新たな「われわれ」を構成するということは、実際、正しい問いを立てるということによって可能になるとする点で、私はフーコーに同意する。知識人の共同体というものは、一七世紀では「いったい「自然的な」運動以外の運動などあるのだろうか」というガリレオの問いによって構成されていた。それは、「国家とはブルジョア階級の執行委員会にほかならないのではないか」というマルクスの問いによって構成されていたこともあった。しかしながら新たな共同体を形成することは、政治的な革命がそうであるように、それ自身が目的なのではない。その一方で、現在のわれわれを指している「われわれ」の範囲を拡張するということは、自己創造と並んで、リベラル・アイロニストがそれ自体で目的だとする二つある企図のうちの一つなのである(だが、もちろん、「それ自体で目的」ということでリベラル・アイロニストが意味しているのは、「循環論に陥ることなく擁護することが思いつけない企図」だけなのはいうまでもない)。

(25) Michel Foucault, *Power/Knowledge: Selected Interviews and Other Writings 1972-77*, ed. Colin Gordon (Brighton: Harvester Press, 1980), p. 82. この箇所に関してハーバーマスがコメントしている(*The Philosophical Discourse of Modernity*, pp. 279-280〔前掲『近代の哲学的ディスクルスII』四九三―四九六頁〕)。「自らの理論の根本前提と不可分の方法によって、系譜学を他のあらゆる人間諸科学から区別しようとする」ことで、自己言及性の問題を回避するのがフーコーに典型的な企てだとする点で、私はハーバーマスに同意する。この企てが失敗しているという点でも、私は同意見である。

(26) Bernard Yack, *The Longing for Total Revolution: Philosophic Sources of Social Discontent from Rousseau to Marx and Nietzsche* (Princeton, N.J.: Princeton University Press, 1986), p. 385. 人間の深層に在るものを社会が歪めてしまったという考えは、自己の一部を自然の外部にあるものとするカントの試みを

経由して、ルソーにまで遡れるのだという主張を、ヤックは大変うまく論証している。義務と仁愛の区別をありのままに見ようとするセラーズの試みは、自己に関するミードの見方と同様に、「社会」は本質的に人間性を奪うものだとみなしたくなるという(現代のラディカリズムに典型的な)性向の根っこを、私たちが引き抜くことを容易にしてくれる。

(27) たとえば、「自分の想像の根源を、社会外から投影されるものの影に隠蔽したりせず、自分が自己制度化をおこなう社会であることを知っている社会の自己透視性」という、カストリアディスの考えに関するハーバーマスの扱いを参照(*The Philosophical Discourse of Modernity*, p. 318〔前掲『近代の哲学的ディスクルスII』五五四頁〕)。私とカストリアディスの両者は、生の哲学に耽っているという廉で、ハーバーマスによって批判されている。この批判が意味していることは、おおざっぱにいえば、私たちは合理化ではなく詩化することを欲しているということである。私自身によるカストリアディスに関する(いうまでもなくもっと好意的な)見解については、私の論文、"Unger, Castoriadis and the Romance of a National Future," *Northwestern University Law Review* 82(1988) : 335-351.〔*EHO* に再録〕を参照。

(28) Habermas, *The Philosophical Discourse of Modernity*, p. 209.〔前掲『近代の哲学的ディスクルスI』三六二頁〕

(29) Ibid., p. 206.〔同右、三五七頁〕この引用は、私の論文"Deconstruction and Circumvention," *Critical Inquiry* 11(1984) : 1-23〔*EHO* に再録〕の要旨に関するハーバーマスの見解である。この見解によれば、私は「プラグマティズムの冷静沈着な視点」を「言語論的転換を遂げた生の哲学のニーチェ的なパトス」によって曇らせているとのことだ。

(30) しかしながらハーバーマスが、彼自身「生活世界の植民地化」として分析している(彼の *Theory of Com-*

municative Action, vol. 2, pp. 391-396〔丸山高司他訳『コミュニケイション的行為の理論』(下)(未来社、一九八七年)、四一一—四一八頁〕を参照)、この前者の危険を念頭においていないわけではない。

(31) John Dewey, *Art as Experience* (New York : Capricorn Books, 1958), p. 348.

第Ⅱ部　アイロニズムと理論

第四章　私的なアイロニーとリベラルな希望

人間は誰しも、自らの行為、信念、生活を正当化するために使用する一連の言葉をたずさえている。私たちはこうした言葉を用いて、友人への賞賛や敵への軽蔑、長期的な計画、とても根深い自己疑念、とても崇高な希望を明確に述べる。こうした言葉を用いて、時に先を見越しつつ、時に振り返りつつ、人生の物語を語る。このような言葉を、その人の「終極の語彙《ファイナル・ヴォキャブラリー》」と呼んでおくことにしよう。

それが「終極」であるのは、こうした言葉の価値が疑われたときに、この言葉を使う者は循環論法に陥らざるをえない、という意味においてである。この言葉は、私たちが言語を手放さないかぎりどこまでもついてくる。逆にいえば、こうした言葉を手放したとしたら、その先にあるのは、無力な受動性か、暴力への訴えだけである。終極の語彙のうち、薄く、柔軟性に富み、遍在する用語、たとえば「真である」「よい」「正しい」「美しい」といった用語が占めているのはごくわずかの部分である。一方、その多くの部分は、もっと分厚く、柔軟性に欠ける、地域特有《パロキアル》の用語、たとえば「キリスト」「イングランド」「専門的な規準」「慎ましさ《ディーセンシィ》」「優しさ《カインドネス》」「革命」「教会」「進歩的」「厳格な」「創造的」といった用語からできている。終極の語彙の大半を占めるのは、こうした地域特有の性格が強い用語である。

アイロニストとは以下の三つの条件を満たす者であると定義してみよう。第一に、自分がいま現在使っている終極の語彙を徹底的に疑い、たえず疑問に思っている。なぜなら、他の語彙に、つまり自分が出会った人びとや書物から受けとった終極の語彙に感銘を受けているからである。第二に、自分がいま現在使っている語彙で表わされた論議は、こうした疑念を裏打ちしたり解消したりすることができないとわかっている。第三に、自らの状況について哲学的に思考するかぎり、自分の語彙の方が他の語彙よりも実在に近いと考えてはいない。つまり、自分の語彙の方が他の語彙よりも実在に近いところにあり、自分以外の力〔たとえば、合理性、神、真理、歴史〕に触れている、とは考えていないのだ。哲学的な思考をはたらかせがちのアイロニストは、語彙のあいだの選択を、中立的で普遍的なメタ語彙のあいだでの選択としておこなうのでもなく、また現われを通じて実在へといたる道を勝ち取ろうとする試みとしておこなうのでもない。ただたんに新しい語彙を旧い語彙と競わせることによって語彙のあいだの選択をおこなう。

この種の人びとを「アイロニスト」と呼んだのは、彼らが何ごとも記述し直すことによって善くも悪くも見せることができると理解し、したがって、終極の語彙のあいだの選択の尺度《クライテリア》を定式化しようとする試みを放棄しているために、サルトルが「メタ安定的」と呼んだ位置に置かれるからである。すなわち、自らを記述する用語が変化に曝されるのをつねに意識し、自らの終極の語彙、したがって自己の偶然性と毀れやすさ《フラジリティ》をつねに意識するがゆえに、自分自身を生真面目に受けとめることがまったくできない位置に置かれるのだ。このような人びとが、本書の最初の二章で展開された考えの流れをとるようになるのは、ごく自然である。もし彼らがリベラル――(ジュディス・シュクラーの定義を使えば)「残酷《クルエルティ》さこそ最悪のおこないである」とする人びと――でもあるとしたら、ごく自然に、第三章で述べられた見解を習慣として身につけるだろう。

アイロニーの対極にあるのは常識《コモン・センス》である。というのも、これこそ、自分や身の回りの者が馴れ親しむ終極の語彙を用いて、重要なことの一切を自意識を介在させずに記述する者の合い言葉だからである。常識をもっているとは、こうした終極の語彙で明確に述べられた言明があれば、別様の終極の語彙を使う者の信念、行為、生活を記述し判断・裁決するのに十分である、という点を当然視することにほかならない。常識に自信をもつ人びとは、第一部で展開された考えの流れを不快だとみなすだろう。

常識に異議が差しはさまれると、常識に依拠してものをいう人は、まず最初に、自分が習慣的に演じている言語ゲームの規則を一般化し、それを明確化することで応じようとする(ギリシアのソフィストたちがそうであり、アリストテレスが倫理学の著作でそうであったように)。しかし、旧い語彙で明確に述べられる決まり文句《プラティテュード》がどれも論拠をめぐる挑戦に応えるには十分ではないとすると、是が非でも返答しなければならないという切迫した必要が感じられて、決まり文句を超えて進もうとする意欲が生まれる。この時点で、会話はソクラテス的な会話になるかもしれない。すると、「Xとは何か?」という問いが、たんにX性の範型的な事例をつくることでは答えられないような仕方で問われる。こうして定義や本質を要求するようになるかもしれない。

もちろん、このようにソクラテス的な要求をおこなうことは、私が使う語の意味でのアイロニストになることではまだない。こうした要求を掲げるのは、ハイデガーから借用した語の意味における「形而上学者」になることにほかならない。この意味で、形而上学者とは、「(たとえば、正義、科学、知識、存在、信仰、道徳、哲学の)本有的特性とは何か?」という問いを字義通り真に受ける者のことである。彼は、或る用語が自分自身の終極の語彙のうちに存在すること自体が、この用語が真の本質をもつ何かを指示するのを保証する、と想定している。形而上学者はいまだに常識に引きずられている。というのは、彼は既存の終極の語彙の使い方を簡略化して含み込んでいる決まり文句を疑問視しないからである。とくに、時間とともに移り行く数多《あまた》の現われの背後には発見されるべき単一の永遠なる実在が存在する、と述べる決まり文句を疑わない。彼は旧い記述を他の旧い記述の助けをかりて再記述するのではなく、分析するのである。

これに対しアイロニストは唯名論者《ノミナリスト》であり歴史主義者《ヒストリシスト》でもある。彼女は何ごとも本有的特性、真の本質なるものをもたないと考える。こうして彼女は、現在の終極の語彙に「正しい」「科学的」「合理的」といった用語が登場すること自体は、正義や科学や合理性の本質に関するソクラテス的な探求が時代の言語ゲームをはるかに超えるところまで私たちを運ぶだろうと考える理由にはまったくならない、と考える。アイロニストは、自分は誤った種族に加入させられ、誤った言語ゲームを演ずるように教えられてきたのではないか、そんなことがありうるのではないか、と憂慮して過ごす。自分に或る言語を与えることで自分を一個の人間たらしめた社会化の過程そのものが自分に誤った言語を与え、自分を誤った種類の人間たらしめたのかもしれない、と心配する。しかし、誤っていることの尺度を立てることはできない。こうして、彼女が自分の状況を哲学用語で分節化しようと駆り立てられれば駆り立てられるほど、「世界観」「視点」「弁証法」「概念枠組み」「歴史的時代」「言語ゲーム」「再記述」「語彙」「アイロニー」といった用語をたえず使うことになり、そのことで、自分が根をもたないこと《ルートレスネス》にますます気づかされてゆく。

　形而上学者はこの種の話を「相対主義的」であると呼び、重要なのはどのような言語が使われているかではなく、何が真であるかだと主張することによって、この話に応じる。形而上学者は、人間は本性上知りたいと欲していると考える。形而上学者がこのように考えるのは、彼らが受け継いできた語彙、いだいている常識が、人間と「実在」との関係としての知識という知識像と、私たちにはこうした関係に入り込む必要と義務があるという考えを彼ら自身に提供するからである。彼らの語彙、常識はまた、「実在」はきちんとした仕方で問い尋ねられるならば、私たちの終極の語彙がどのようなものであるべきかを決定するのに資するだろう、と私たちに告げる。こうして、形而上学者は、世界の側に真の本質があり、これを発見することが私たちの義務であり、この本質は私たち自身による発見を促す性質をもっている、と信じている。彼らは、物事が再記述されることで善くも悪くも見えるようになるとは信じていない。あるいは、もしそう信じるにしても、この事実を嘆かわしく思い、実在は私たちがそのような誘惑に抵抗するよう手助けするだろう、という考えに固執する。

　これに対しアイロニストからみれば、終極の語彙を探し求める営みは、(たとえ部分的にではあれ)

この語彙とは区別される別の何かを正しく理解するやり方ではない。彼らは、言説による思考のポイントが、「実在」「真の本質」「客観的な観点」「言語と実在の対応」といった概念によって解明されうる意味での〈知ること〉にあるとは受けとらない。そのポイントが、何かを精確に表象する語彙、透明な媒体を発見することにあるとは考えない。アイロニストにとって、「終極の語彙」は、「一切の疑念を鎮める語彙」や「究極性、適切さ、最適さについての私たちの尺度を満たす語彙」を意味しない。彼らは反省が尺度によって統御されているとは考えない。彼らの見解では、尺度とは、目下のところ使っている終極の語彙に属する用語をコンテクストに応じて定義する決まり文句にほかならない。アイロニストは、私たちは自分たちが使う言語を別のものと比較するために、自分たちの言語の外に出ることはできないという点についてデイヴィドソンと見解を同じくし、そうした言語の偶然性と歴史性についてはハイデガーと見解を共有している。

こうした〔形而上学者とアイロニストの〕違いは、書物に対する態度という点での違いに行き着く。形而上学者のみるところでは、図書館はさまざまな学問分野にしたがって分類され、知識のさまざまな異なった対象に対応する。アイロニストの見方では、図書館はさまざまな伝統にしたがって分類されているのであって、しかもこの伝統はどれもアイロニストが読んだ著作家の語彙を一部採用し、一部修正するものである。アイロニストは詩的な天賦の才に恵まれた人びと、再記述の才能をもった独創的な心の持ち主――ピュタゴラス、プラトン、ミルトン、ニュートン、ゲーテ、カント、キルケゴール、ボードレール、ダーウィン、フロイト――の著作を、同じ〔歴史の〕弁証法の挽き臼にかけられるべき穀物と受けとめている。これに対し形而上学者は、こうした人びとのうちの誰が詩人であり、誰が哲学者であり、誰が科学者であるかをきちんと区別することから始めようとしたがる。彼らはジャンルごとの筋目をきちんと入れるのが不可欠なことだと考える。すでに決まった解読格子《グリッド》――知識としての資格要求と、私たちの注目を求める他の要求とのあいだに、明確な区別を(他に何をするにせよ)少なくとも立てる格子――を引き合いに出して、テクストをきちんと配列することが欠かせないと考えるのだ。これに対しアイロニストは、このような格子・焼き網のどれを用いてであれ、自分が読んだ書物を調理するのは避けたいと思っている(とはいえ、彼女はアイロニカルにあきらめつつ、このような格子を使わないで済ますことはなかなかできないとわきまえているのだが)。

形而上学者にとって、正典たるプラトン－カントの系列を引き合いに出して定義される「哲学」とは、或る事柄について、きわめて一般的で重要な事柄について知る試みである。アイロニストにとって、このように定義された「哲学」は、特定のあらかじめ選択された終極の語彙を適用し展開する試み、現われ／実在の区別を中心にすえる試みである。繰り返すなら、両者のあいだの係争点は、私たちの言語の偶然性にかかわる。つまり、私たち自身の文化の常識がプラトンやカントと共有するのは、世界の在り様についての内々の教えであるのか、それとも或る時間－空間の拡がりのなかに在る人びとの言説を特徴づけている標識にすぎないのか、にかかわっている。形而上学者は、私たちの伝統はそれ自身が解決できない問題を提起することはありえないと想定する。アイロニストならばたんに「ギリシア的」「西洋的」「ブルジョア的」にすぎないのではないかと危ぶむ語彙は、私たちが普遍的な何かを手に入れる際の道具である、と想定する。形而上学者は、キルケゴールによって述べ直された形でのプラトンの想起説に同意する。つまり、私たちは自らの内なる真理を有しており、耳をすませば正しい終極の語彙を認識することが可能となるような生来そなわった尺度をもっている、という見解をとる。この説が約束する値打ちは、私たちが現在もっているさまざまな終極の語彙は正しい終極の語彙にとても近いところにあるので、互いの終極の語彙をこの正しい語彙に向けて収斂させることができるようになる、ということである。つまり、正しい結論が得られるような前提を明確に定式化できるようになるというわけである。形而上学者は、私たちはすべての解答を手にしているわけではないかもしれないけれど、すでに正しい解答のための尺度は手にしている、と考える。こうして彼は、「正しい」とはたんに「私たちのように話す者にとって適している」ということを意味するだけではなく、もっと強い意味を、「真の実在を把握する」という意味をもっている、と考えるのである。

アイロニストにとって、終極の語彙を探し求めるさまざまな営みは収斂する定めにはない。彼女にとって、「人はすべて本性上知りたいと欲している」という文や、「真理は人間の心から独立している」という文は、ローカルな終極の語彙、西洋の常識を教え込むために使われる決まり文句にほかならない。彼女がアイロニストであるのは、彼女自身の終極の語彙が〔右の文で言われる〕そのような概念を含まない、まさにそのかぎりでのことだ。自分が現在使っているものよりもよい終極の語彙を探し求めているときにおこなっていることについての彼女自身の記述は、発見ではなく制作というメタファー、先行して存在するものへの収斂ではなく多様化と革新というメタファーによって支配されている。彼女は終極の語彙を、明確に定式化された先行する尺度に従ってなされた勤勉な探求の成果ではなく、詩人の偉業であると考えている。

形而上学者は、私たちはすでに「正しい」終極の語彙をもっており、その語彙の含意するところを考え抜けばよいだけだという信念をもっているので、哲学の探求とは、こうした終極の語彙に属する用語をコンテクストに応じて定義する多種多様な決まり文句のあいだの関係を突き止めることにほかならないと考えている。こうして、用語の使い方の洗練化や明確化が、こうした決まり文句(彼らは、こうした直観、と言いたいのだろうが)を一つの曖昧でない体系へと編み上げることなのだと考える。以上のことは二つの帰結をもたらす。第一に、彼ら形而上学者は、こうした語彙のなかでも、より薄く、柔軟性に富み、遍在する語彙項目に関心を集中させる傾向にある。すなわち、「真」「よい」「人格」「対象」といった言葉だけに気を留めがちだ。というのも、用語が薄っぺらになればなるほど、もっと多くの決まり文句のなかで使われるようになるだろうから。第二に、彼らは哲学探求のパラダイムを論理的な推論にもとづく論証であると、つまり、さまざまな語彙を比較対照するのではなく、さまざまな命題間の推論関係を突き止めることであると受けとっている。

形而上学者がとる典型的な戦略は、二つの決まり文句、直観的には納得のゆく二つの命題のあいだの明白な矛盾を突き止め、そのうえで、この矛盾を解消してしまう区別を提案することである。形而上学者はさらに進んで、最初の区別にあったかなりの部分の緊張を解きほぐしてしまう、互いに関連する区別からなるネットワーク——哲学理論——の内部へと右の区別を埋め込むのである。この種の理論構築は、裁判官がハード・ケースに裁決を下したり、神学者が難解なテクストを釈義したりする際に用いるのと同じ方法である。こうした活動こそ、形而上学者の合理性のパラダイムである。彼はさまざまな哲学理論は収斂するものだとみている。この収斂過程は、真理や人格といった事柄の本性についての一連の発見にほかならず、この発見は、そうした事柄の本当の在り様にますます近づき、全体としての文化をよりいっそう実在の精確な再現に近づけてゆく、というのである。

しかしながら、アイロニストはこのような理論の連なりを、つまり新たな区別の相互連結するパターンを、旧い語彙を新しい語彙で徐々に、それとはなしに置き換えてゆく営みであるとみなしている。彼女は形而上学者が「直観」と称するものを「決まり文句」と呼ぶ。彼女はこう言いたがる。旧い決まり文句(たとえば、「生物の種の数は固定されている」とか、「人間が動物と異なるのは、神的なものの火花をたずさえているからである」とか、「黒人は、白人が尊重する義務のある権利をまったくもたない」といった)を放棄するとき、私たちはある事実を発見したのではなく、ある変化をしたのだ、と。アイロニストは一群の「偉大な哲学者」や、彼らの思想とその社会的な背景の相互交渉を観察しながら、ヨーロッパ人の言語慣行およびその他の慣行における一連の変化を看て取る。形而上学者からすると、近代ヨーロッパ人はとくに事柄の実相を発見するのに長けているのだが、アイロニストからみれば、彼らはとくに自己イメージを変化させ、自分自身を再創造するのに敏捷だ、というにすぎない。

形而上学者は、異論を惹き起こす自分の見解を擁護するために論拠をあげるという最も重要な知的な義務が存在する、と考えている。だから、論議は相対的には異論の余地の少ない前提から出発することになる。アイロニストの考えでは、このような論議——論証——はその持ち分ではまったく申し分なく、解説の装置としては有用である。しかし、このような議論は、結局のところ、人びとにそれとは気づかせないままに、彼らの慣行を変化させる仕向け方であるにすぎない、そうアイロニストは考える。説得の単位を命題ではなく語彙であると受けとるというかぎりでは、アイロニストが好む議論の形態は弁証法的である。彼女の方法は推論ではなく再記述である。アイロニストの専門は、部分的には新語も含まれるジャーゴンを使って、さまざまな範囲の対象や出来事を再記述することである。人びとがこのようなジャーゴンを採用し幅広く活用する気になるだろうとの希望をもちながら、そのように再記述することである。アイロニストは、(新品の言葉を導入し終えたら、というのはもちろん)自分が旧い言葉に新しい意味を込めることに成功すれば、旧い言葉で述べられた問いはもはや立てられなくなるだろう、という希望をいだいている。こうしてアイロニストは論理(学)を弁証法の付属物であると考えるのだが、形而上学者の方はといえば、彼らは弁証法をレトリック術の一種であり、これはこれで論理(学)の見かけ倒しの代替品にすぎない、と考えているのだ。

私は「弁証法」をつぎのようなものとして定義してきた。すなわち、たんに命題から命題を推論するのではなく、さまざまな語彙を相互に競わせようと試みたうえで、推論を部分的に再記述に置き換える営み、としてである。〔「弁証法」という〕ヘーゲルの言葉を使ったのは、私の考えでは、ヘーゲルの『精神現象学』が、プラトン－カント的な伝統の終わりの始まりであると同時に、大幅な再記述の可能性を使いこなすアイロニストの能力のパラダイムであるからだ。こうしてみると、ヘーゲルのいわゆる弁証法的な方法とは、論証の手続きや主観と客観を統合する方途ではなく、一つの文学的な技量、ある術語から別の術語へと滑らかに、かつ急激に移行することで、驚くべきゲシュタルト転換を産出する技量にほかならない。

ヘーゲルは、さまざまな旧い決まり文句を守り、それにまとまりをもたせるためにさまざまな区別を設けるのではなく、旧い決まり文句を述べ立てる際の語彙をひっきりなしに変えていった。哲学理論を構築し、その理論を擁護する議論を立てるというのではなく、たえず語彙を転換し、そうして主題を変えることで、論証を回避した。理論上はそうではないが、実際上は、彼は物事を新しくつくり変えるという考えに与して、真理を獲得するという考えを棄ててしまった。先行者に対する彼の批判は、先行者の命題が誤っているという点にではなく、彼らの言語が古臭いという点にあった。若きヘーゲルは、この種の批判を発明することによって、プラトン－カントの系列から袂を分かち、ニーチェ、ハイデガー、デリダへとつづくアイロニスト哲学の伝統を創始した。こうしたアイロニスト哲学者は、自らの成果を真理との関係によってではなく、先行者との関係によって定義する。

私が「弁証法」と呼んできたものをもっと今日的に言い換えるなら、それは「文芸批評」という言葉になろう。ヘーゲルの時代には、演劇、詩、小説はすでに知られているものを生き生きとさせるものであり、文学とは認識の付属品であり、美とは真理の付属品である、と考えることがなおも可能だった。ヘーゲルも齢を重ねると、「哲学」は芸術と違って、認識に関わるものであるのだから、芸術よりも優越する学問分野であると考えるようになった。なるほど彼は、この哲学という学問分野は彼ならではの絶対的観念論の形態をとって成熟の極みに到達した以上、実際宗教を時代遅れのものにしたのと同じように、芸術をも時代遅れのものにしてしまうだろう、と考えてはいた。しかし、きわめてアイロニカルかつ弁証法的なことに、ヘーゲルが哲学の内部にアイロニストの伝統を打ち建てることで現におこなったのは、哲学の脱認識論化、脱形而上学化である。彼は哲学を文学の一ジャンルへと変えてしまうのに寄与したのだ。(1) 若きヘーゲルの実践は、老ヘーゲルが理論化作業の対象としたような真理の収斂可能性を掘り崩した。老ヘーゲルの最大の注釈者はハイネとキルケゴールといった著作家である。彼らは、私たちが現在ブレイク、フロイト、D・H・ローレンス、オーウェルを扱うのと同じようにヘーゲルを論じ扱ったのだ。

私たちアイロニストは、右の人びとを真理に向かう匿名の経路としてではなく、或る終極の語彙と、それを使う者がもつ信念や欲求とを短く言い換えたものとして扱い遇する。老ヘーゲルはそのような語彙を表わす一つの名前になったし、キルケゴールやニーチェは別のそうした語彙を表わす名前になった。このような人たちが生きた現実の生は、著された書物や、この書物に対する私たちの関心を惹きつけた用語にはほとんど関係がないのだと言われるとしたら、私たちはこうした物言いを払いのける。私たちはこのような人びとの名を彼ら自身の著作における英雄の名として扱い遇する。スウィフトと〈激しい怒り〉(*saeva indignatio*)、ヘーゲルと〈精神《ガイスト》〉、ニーチェとツァラトゥストラ、マルセル・プルーストと語り手マルセル、トリリングと〈自由な想像力《ザ・リベラル・イマジネーション》〉をそれぞれ区別することなどに思い悩みはしない。こうした著作家が自分自身の自己イメージにあわせて生きることに四苦八苦したかどうかなど、どうでもいいのだ[2]。私たちが知りたいのは、こうしたイメージを採り入れるかどうか、つまりこうした人びとのイメージにあわせて、全体としてであれ、部分としてであれ、自分自身を再創造するかどうか、である。私たちは、こうした人びとが作り上げた語彙を試してみることによって、右の問いに答える作業にとりかかる。このような用語で自分自身、私たちの状況、私たちの過去を再記述し、その結果を、別様の人物・形象《フィギュアズ》の語彙を使う別様の再記述と比較する。私たちアイロニストは、このように頻繁に再記述をおこなうことによって、私たち自身にとって可能なかぎり最善の自己をつくる希望をいだくのだ。

このような比較をおこない、人物・形象を互いに競わせることこそが、現在「文芸批評」という用語で取り扱われているものの主たる活動である。影響力のある批評家、新しい正典《カノン》を提起する批評家――アーノルド、ペイター、リーヴィス、エリオット、エドマンド・ウィルソン、ライオネル・トリリング、フランク・カーモード、ハロルド・ブルームといった人びと――は、書物の真の意味を説明したり、「文学上の貢献」と呼ばれるものを評価吟味したりすることなどに腐心しない。むしろ彼らは、ある書物を別の書物のコンテクストのなかに、ある人物・形象を別の人物・形象のコンテクストのなかに配置するのに時間を費やす。こうした配置は、ちょうど私たちが新しい友人や敵を、旧友や旧敵のコンテクストに置き入れるのとまったく同じような仕方でおこなわれる。このような作業をするなかで、私たちは旧いものと新しいもの双方に関する見解を改訂《リヴァイズ》する。同時に、自らの終極の語彙を改訂することによって、自分の道徳的なアイデンティティを改訂する。アイロニストにとって文芸批評とは、形而上学者にとって普遍的な道徳原理の探求がおこなうと考えられていることにほかならない。

私たちアイロニストにとって、或る終極の語彙の批評としての役目を果たしうるのは、別の終極の語彙をおいてほかにはない。再記述に対しては、再‐再‐再記述する以外に解答するすべはない。そうした記述のあいだの選択の尺度として役に立つものは、語彙を超えては存在しないのだから、批評とはこの絵やあの絵を見るという事柄なのであって、二つの絵を原画と比較照合するという事柄なのではない。ある人の批評として役立ちうるのは別の人以外になく、ある文化の批評として役立ちうるのも別の文化以外にない。というのも、私たちにとっては、人物も文化も具体的な姿をとった語彙《インカーネイテイド・ヴォキャブラリーズ》だからである。こうして、私たちが自らの性格や自分自身の文化についていだく疑念は、交際《つきあい》の範囲を拡大することによってしか、晴らされたり静められたりはしない。これをおこなうのに最も簡便な方法が読書である。だから、アイロニストは現実に生きている人びとよりも書物を配置することに時間を割くのである。アイロニストは、近隣にいる人びとを知っているだけだとしたら、自分が育った語彙のなかでにっちもさっちもいかなくなるのではないか、と訝る。だから、彼らは見ず知らずの人びと(アルキビアデス、ジュリヤン・ソレル)、見ず知らずの家族(カラマーゾフ家、カソーボン家)、見ず知らずのコミュニティ(チュートン騎士団、ヌーア人、宋の官僚団)を知ろうとするのである。

アイロニストは文芸批評家の書物を読み、彼らを道徳に関する助言者として受けとる。なぜなら、このような批評家は例を見ないほど幅広い交際をしているからにほかならない。彼らが道徳に関する助言者であるのは、道徳に関する真理に対して特別に近づくことができるからではなく、つきあいの幅が広いからである。他の人と比べれば、多くの書物を読み、そのため、何か一冊の本の語彙に搦めとられないでいられる好位置にいる。とくに、アイロニストは、批評家の手を借りればヘーゲルが名手の腕をならした弁証法の妙技を遂行することができるだろう、と望んでいる。つまり、批評家の助けを借りれば、ある種のジンテーゼを遂行することで、一見したところアンチテーゼに見える書物を賞賛することができるだろうと望む。私たちは、ブレイクとアーノルド、ニーチェとミル、マルクスとボードレール、トロツキーとエリオット、ナボコフとオーウェルのそれぞれ双方を同時に賞賛したいのだ。こうして私たちは、批評家の誰かがこうした人びとの書物をひとまとめにして美しいモザイクを形成するさまを示してくれるだろうと希望する。このようにして正典を拡大するという課題は、アイロニストにとって、道徳哲学者が特定事例に関して共通に受け容れられた道徳的な直観を、共通に受け容れられた一般的な道徳原理と均衡させようとする試みにとって代わるのである。(3)

二〇世紀を経るなかで「文芸批評」という用語がいっそう拡大解釈されるにいたったのは周知の事実である。この用語はもともと、演劇、詩、小説の比較と評価吟味を意味した。ときおりは視覚芸術の方にも少しは触れたであろうが。そうして、適用範囲を拡大し、過去の批評を含むようになった(たとえば、ドライデン、シェリー、アーノルド、エリオットの韻文だけではなく、散文も)。その後、とたんに、過去の批評家には彼らが使う批評の語彙を与え、現代の批評家には彼らが使う批評の語彙を与えてきた書物にまで、「文芸批評」の対象は拡がっていった。これは「文芸批評」を神学、哲学、社会理論、修正主義的な政治プログラム、革命綱領にまで拡大適用することを意味した。つまり、ある人の終極の語彙の候補になる見込みが高い、ありとあらゆる書物にまで、その適用範囲を拡大することを意味したのだ。

いったん文芸批評の範囲がこれほどまでに拡がってくると、むろん、それを文芸批評と呼んだとしても、そう呼ぶことの意味はだんだんと失われてゆく。しかし、知識人が学問の専門分野に従事するふりをして大学に職を得るようになった事情とかかわる歴史的な偶然の理由によって、「文芸批評」という名称は執拗に残りつづけた。こうして、「文芸批評」という用語を「文化批評」などに変更せずに、私たちは「文芸」という言葉を拡大適用し、この言葉は文芸批評家が批評するものであれば何でもカバーするようになった。T・J・クラークが三〇年代、四〇年代のニューヨークを指していう「トロツキー－エリオット的な」文化における文芸批評家には、T・S・エリオットの『荒地』、A・マルローの『人間の希望』、Th・ドライサーの『アメリカの悲劇』だけではなく、トロツキーの『裏切られた革命』、フロイトの『夢判断』をも読了していることが期待された。現代のオーウェルーブルーム的な文化では、文芸批評家はナボコフの『ロリータ』やクンデラの『笑いと忘却の書』だけではなく、ソルジェニーツィンの『収容所群島』、ヴィトゲンシュタインの『哲学探求』、フーコーの『言葉と物』を読み終えていることが期待されている。いまでは「文芸」という言葉は、ほとんどすべての種類の書物をカバーしており、それはひょっとすると道徳的な関連をもつかもしれないし、ひょっとすると何が可能で重要かについての自分の感覚を変えるかもしれないものだ。この用語の適用の仕方は、ある書物における「文学的な質」の有無にはかかわりがない。批評家に期待されているのは、このような質を見つけて詳細に説明することなのではない。道徳の模範者と助言者の正典の改訂を示唆し、この正典の内部にある緊張がどうすれば宥められ、必要とあれば先鋭化されうるのかを示唆することによって、道徳の省察を促進すること、これが期待されているのだ。

文芸批評が民主的な社会のハイ・カルチャーのなかで隆盛し、ひときわ目立った位置にまで達すると、つまり文芸批評がかつて宗教、科学、哲学に(順繰りに)要求された文化的な役割を、次第に、ただし半ば意識的に引き受けるようになると、それと並行して、知識人のあいだで形而上学者よりもアイロニストの割合が高まるようになった。このため知識人と公衆とのあいだのギャップが拡がった。というのも、形而上学は近代リベラル社会の公共のレトリックのうちに編み込まれているからである。道徳的なものと「たんに」美的なものとの区別――「文芸」を文化内部の従属した位置に格下げし、小説や詩は道徳の省察にとって何ら関わりがないと示唆するためによく使われる区別もまた、そうである。おおづかみにいえば、この社会のレトリックは、(第三章冒頭での)私の主張に従うなら、リベラリズムの文化にとって妨げになっているもろもろの対立の多くを当然視し、そこに疑いを差しはさまない。

こうした状況は、アイロニストの知識人に対して「無責任きわまりない」という告発をもたらした。こうした告発のなかには無知な輩、他人に読むなと警告する本を読んではいない人びとから発せられたものもあるが、それは彼ら自身の伝統的な役割を本能的に擁護しているだけにすぎない。無知な輩のなかには、宗教上の原理主義者、「科学的」であることは高度の知的な徳ではないと示唆されると自分が攻撃されていると考える科学者、合理性にはミルやカントが提起した一般的な道徳原理の展開が要求されるということが信仰箇条となっている哲学者が含まれる。しかし同じ告発は、自分が何について語っているかをわきまえ、傾聴に値する見解を有する著作家によってもなされている。すでに示唆したように、こうした著作家の最も重要な人物がハーバーマスである。彼がリベラルな社会の社会的な希望に背を向けるような啓蒙の批判者(例としては、アドルノ、フーコー)に向かって仕掛けた論戦は、たゆみなく、微に入り細にわたり、念入りな論議でなされた。ハーバーマスの見るところ、ヘーゲル(およびマルクス)は、間主体的なコミュニケーションの哲学を展開しようと試みるのではなく、「主観性」——自己反省——の哲学にしがみつくという誤った方針をとったものであった。

すでに第三章で述べたように、私はハーバーマスが仕掛けた論難にあらがって、アイロニズムと、文芸批評を知的分野の主宰として考える習慣とを擁護してみたい。私の擁護の成否は、私的なものと公共的なもののあいだにはっきりとした区別を設けることにかかっている。ハーバーマスは、ヘーゲルからフーコーやデリダを貫くアイロニストの思考の流れを社会的な希望を破壊するものだとみているが、私のみるところ、こうした思想の流れは公共領域《パブリック・ライフ》における生や政治問題にはおおかた関わりがない。ヘーゲル、ニーチェ、デリダ、フーコーのようなアイロニストの理論家は、私たちが私的な自己イメージを形づくろうと試みるうえでは計り知れないほど貴重なものであるが、こと政治に話が及ぶと、ほとんど無用である、と私には思える。ハーバーマスは、哲学の役目は宗教的な信念にとって代わる、社会をつなぐ何らかの接着剤を供給し、啓蒙による「普遍性」や「合理性」の話をこうした接着剤の最も優れた候補とみることにある、と想定する。こうして彼は、以上のような啓蒙批判や合理性概念の批判をリベラルな社会の成員のあいだの紐帯を切り裂くものだとみなす。私が(前の章で)ニーチェを賞賛したゆえんであるコンテクスト主義とパースペクティヴィズムを、彼は無責任な主観主義だと考えるのである。

ハーバーマスは、マルクス主義者や自らの批判対象とする者の多くと、以下の想定を共有している。すなわち、哲学的な見解の真の意味はその政治的含意にあり、たんなる「文芸の」著作家ではなく哲学の著作家を判断する際の究極の参照枠組みは政治的なものである、との想定をである。ハーバーマスが活動の場にしている伝統にとって、政治哲学が哲学の中心に位置することは、ちょうど分析哲学の伝統にとって言語哲学が中心にあるのと同じである。しかし、第三章で述べたように、哲学を「中核的な問題」や社会的な機能をそなえた「学問分野」であると考えることは避けた方がよい。哲学的な省察は自然な出発点をもっているという考え——哲学の下位領域の一つは、何らかの自然な正当化秩序にしたがって、他の下位領域に優位するという考えも避けた方がよい。というのも、私が提起しているアイロニストの見方からすると、信念や欲求に対する「自然な」正当化秩序などは存在しないからである。論理学と修辞学《レトリック》、哲学と文学、他者の心を変化させる合理的な方法と非合理的な方法といった区別を使う時機も多くはない(4)。自己に中心・中核・中枢《センター》がないとすると、信念や欲求の新たな候補となるものを、先行して存在する信念や欲求の網の目のうちに編み込むさまざまな異なる方法だけがあることになる。こうした領域で唯一重要な政治的区別とは、力を用いることと説得を用いることとの区別だけである。

ハーバーマスや、哲学をたんに「文学」とみなす考えを訝しく思う他の形而上学者は、リベラルな政治的自由には何が普遍的に人間的であるかについて何らかの合意が必要とされる、と考えている。私たちアイロニストは同時にリベラルでもあるが、そんな私たちは、政治的自由そのものは、政治的自由の望ましさに関する合意さえあれば、それより根本的なトピックについての合意は必要ない、と考える。私たちの視角からみると、リベラルの政治にとって重要なことは、第三章で述べたように、以下の広く共有される確信だけである。すなわち、私たちは自由な討議の結果を、それが何であれ、「真である」とか「よい」と呼び、もし私たちが政治的自由を気遣うのであれば、真理とよさが自らを気遣うだろう、という確信である。

ここで「自由な討議」というとき、この「自由」は、「イデオロギーからの自由」を意味しない。これが意味するのは、新聞、司法、選挙、大学が自由であり、社会の流動性が頻繁かつ急速であり、誰もが読み書きができ、高等教育が広く行き渡っており、平和と富があるために、数多くの異なる人びとに耳を傾け、彼らが言っていることについて考えるのに必要な余暇が入手可能になっている場合に、継続的に進行する討議にほかならない。私は、私たちの真理尺度に対して与えられうる唯一の一般的な説明は「歪められざるコミュニケーション」[5]を指し示すものだというパース風の主張を、ハーバーマスと共有する。しかし、何が「歪められていない」とみなされるかについて言われるべきことは、「民主的な政治制度と、この制度を機能させるための条件を手にしている場合に得ているもの」以外に、多くのことがあるとは、私は考えない。[6]

前章で記述された理想的なリベラル社会をまとめあげる社会の接着剤は、つぎのような合意のほかにはほとんどない。すなわち、社会組織の要諦は全員に自己創造の機会をもたせて、彼/彼女の能力を最もよく発揮させることにあり、この目標のためには、平和と富とならんで、標準的な「ブルジョア的自由」が必要とされる、という合意である。この確信は、普遍的に共有される人間の目的、人権、合理性の本性、〈大文字の人間にとっての善そのもの〉、その他に関する見解にもとづくものではなかろう。それは、つぎのような歴史的事実以上に深遠な何かにもとづかないであろう。すなわち、ブルジョア・リベラル社会の制度のようなものによる保護がなければ、人びとは私的な救済をどこまでも追求し、私的な自己イメージを創造し、たまたま新たに出会う人びとや書物に照らして自らの信念と欲求の網の目を編み直すことはできなくなるだろう、という歴史的事実である。そのような理想的な社会では、公共の事柄に関する討議は、つぎの二点をめぐって展開されるだろう。第一に、諸事情を勘案すると、平和、富、自由という目標のうち、どれか一つが他のどれか一つのために犠牲に供されなくてはならない場合に、どのようにして、平和、富、自由に対する三つの必要のバランスをとるか。

第二に、どのようにして自己創造のための機会を平等にし、そして人びとがこの機会を活用したり、あるいは台無しにしたりするにまかせておくか。

これこそがリベラルな社会が必要とする社会の接着剤の一切だという提案は、二つの主要な異論に曝されている。第一は、実際上、この接着剤は十分に濃厚ではまったくなく、自由な諸制度を存続させるには民主的な社会における公共生活の(かつて支配的であった)形而上学的レトリックが必要不可欠である、という異論である。第二は、リベラルなアイロニストであること、つまり「残酷さが私たちのなしうる最悪のことである」とする者でありながら、なおかつ、およそ人間存在が共有しているものに関して何らかの形而上学的な信念をもたないことは、心理学的にいって不可能である、という異論である。

第一の異論は、私たちの公共的なレトリックにおいてアイロニズムが形而上学にとって代わったときに起こるであろうことに関する予言《プレディクション》である。第二の異論は、私が提唱している公私の分断は機能しないだろうとの示唆である。つまり、誰も自分を私的な自己創造者と公共的なリベラルとに分割することはできず、同一の人が別々の瞬間にニーチェとJ・S・ミルであることなどできない、というのである。

二つの異論のうち第二の方に議論を集中させるため、第一のものはごく手短に済ませることにしたい。第一の異論は、公衆全体のあいだにアイロニストの考え方が流布するとしたら、つまり道徳と合理性の本性や人間存在についての反形而上学的・反本質主義的な見解が広く採用されるようになるとしたら、リベラルな社会を弱体化させ、解体させてしまうだろう、という予言に尽きる。なるほどこの予言は正しいかもしれないが、これが誤っていると考える少なくとも一つの十分な理由がある。このような衰退、とくに人びとが死後の報いという観念を真に受ける能力が衰えることはリベラルな社会を弱体化させてこなかったし、それどころか逆に強化させてきた。一八・一九世紀の人びとの多くはこれと反対のことを予言していた。彼らは、道徳的な気質《モラル・ファイバー》と社会の接着剤を供給するためには天国があるという希望が充たされなくてはならない、たとえば、法廷で無神論者に真理を語るよう宣誓をさせてもほとんど意味がない、と考えた。しかしながら、後に明らかになったのだが、未来の報いのために〔現在の〕苦しみに耐える意欲の在り処は、個人の報いから社会の報いに、楽園への希望から子孫への希望に移り変わりえた。(7)

こうした転換によってリベラリズムが強化された理由は、不死の霊魂への信念は科学上の発見や、自然科学と歩調を合わせようとする哲学者の試みによって打撃を受けつづけたが、科学もしくは哲学上の見解の転換が近代リベラル社会を特徴づける社会的な希望を傷つけえたかどうかは不分明だ、ということである。生活は結局のところより自由になり、残酷さを減じ、余暇が増え、財や経験が豊かになる、しかもたんに私たちの子孫にとってだけではなく、万人の子孫にとっても、という希望を挫いたかどうかははっきりしないのだ。もしあなたがこうした希望によって生活に意味を与えられる誰かに向かって、哲学者は真の本質、真理の客観性、無歴史的な人間本性の存在に対してますますアイロニーをもって眺めていると告げたとしても、ダメージを与えることは言うに及ばず、大きな興味関心を惹き起こすことなどおそらくないだろう。リベラルな社会が哲学上の信念によってまとめあげられているといった考えは、私にとって滑稽なものに思える。社会をまとめあげているのは共通の語彙と共通の希望である。そして、その語彙の特徴は、この共通の希望を養分にしている。というのも、社会をまとめあげる共通の語彙の主要な機能は、現在の犠牲を償うような未来の結果について物語ることにあるのだから。

近代の、人が読み書きのできる、世俗的な社会は、あの世での救済についてのシナリオではなく、かなり具体的で、楽観的で、納得のゆく政治のシナリオに依存している。社会的な希望をもちつづけるためには、このような社会の成員は、事態がどのようによくなりうるのかについて自ら物語り、この物語の実現にとって乗り越えられない障害はないと看て取ることができなくてはならない。社会的な希望をいだくことが昨今ますます困難になっているとしたら、これは〔ジュリアン・バンダが告発するように〕聖職者《クラーク》〔たる知識人〕が裏切りをはたらいてきたからではなく、第二次大戦終結以来、さまざまな出来事の経過が、人を納得させるこの種の話を語ることをますます困難にしたからである。シニカルで難攻不落のソヴィエト帝国、現存するデモクラシーのあいも変わらぬ近視眼と貪欲、南半球の爆発する飢餓人口が、一九三〇年代に私たちの親たちが直面した問題――ファシズムと失業――を制御しやすいものにみせている。人間の平等に関する社会民主主義の標準的なシナリオの最新版をつくり書き直そうとする人びとは、たいした成功をおさめていない。形而上学の傾きのある社会思想家によれば、私たちが正しい種類の理論の接着剤――個人主義的で多元主義的な社会において幅広い同意を集めることができる哲学——を発見できていないために惹き起こされると考えられる問題は、私の考えでは、一連の歴史的な偶然性が原因となっている。こうした偶然性は、ここ数百年のヨーロッパやアメリカの歴史——公共の希望と私的なアイロニズムが増大する数世紀——を、悲惨、暴政《テイラニー》、混沌によって囲まれた時間上の孤島とみることを容易にしている。オーウェルが言ったように、「デモクラシーの展望《ヴィスタ》は有刺鉄線で囲まれているようだ」。

社会的な希望の喪失にかかわるこの論点については、第八章でオーウェルを論ずる際に立ち返ることにしよう。ここではさしあたり、「形而上学の欠落は政治的に危険か?」という公共的な問いを、「アイロニズムは人間の連帯意識と両立可能か?」という私的な問いから切り離すことだけにつとめよう。このような作業をすれば、それを手がかりにして、唯名論と歴史主義がリベラルな文化——この文化の公共のレトリック、若者が社会化される際のレトリックは依然形而上学的である——で見せている現在の姿を、公共のレトリックが唯名論者や歴史主義者から借用される将来においてみせるその姿と区別することができるだろう。私たちは、唯名論と歴史主義は知識人の、ハイ・カルチャーの排他的な財産であり、他方、大衆は自分自身の終極の語彙についてそれほど冷静沈着に接することはできない、と想定しがちである。しかし、思い起こそう。昔むかし、無神論も知識人の排他的な財産であった、と。

理想的なリベラルな社会では、知識人はなおもアイロニストであるだろう。非知識人はそうではないであろうが。しかしながら、後者も常識をもつ唯名論者で歴史主義者であるだろう。こうして彼らは、たまたま自分をそのようにした偶然性について特定の疑いの感情をいだくことなく、自分自身を徹頭徹尾偶然のものだとみなすだろう。彼らは本好きではないだろうし、文芸批評家の目からみれば、道徳の助言者でもないだろう。しかし、富裕なデモクラシーにおいては実際ますます多くの人びとが常識的な非信仰者になってきたのと同じように、彼らは常識をもつ非形而上学者であるだろう。彼らは、「なぜあなたはリベラルなのか？ なぜあなたは異邦人がこうむる辱めを気遣うのか？」という問いに答える必要を感じないだろう。それはちょうど、一六世紀の平均的なキリスト者が「なぜあなたはキリスト者であるのか？」という問いに対して答える必要を感じなかったように。あるいは、現在多くの人が「あなたは救われているか？」という問いに答える必要を感じていないように(8)。そのような人は、自分がいだいている人間の連帯意識の正当化を必要としないだろう。というのも、彼女はそのような種類の信念を問い、それに対して弁明する言語ゲームをおこなうようには育てられていないだろうから。彼女の文化では、当該文化の公共のレトリックに関する疑念は定義や原理を求めるソクラテス的な要請によってではなく、具体的な代案やプログラムを求めるデューイ的な要請によって反駁されるのだ。そのような文化は、私がみるかぎり、私たち自身に馴染みの、しかしまだ形而上学的でリベラルな文化と寸分違わず(それ以上というのではないとしても)、自己批判的であり、かつ人間の平等に忠実でありえよう。

　しかし、公共のレトリックが唯名論的で歴史主義的であるリベラルの文化は可能であると同時に望ましいものだ、と考える点で私が正しいとしても、公共のレトリックがアイロニストのものである文化が存在しうるし、そのようなものが存在すべきだとまで主張することは私にはできない。若者に自分自身の社会化の過程についてたえず疑念をいだかせるような仕方で、彼らを社会化する文化などというものは、私には想像できない。アイロニーは、そもそも本来、私的な事柄であるように思える。私の定義では、アイロニストは、自らが引き継いだ終極の語彙と自分で創造しようとしている終極の語彙との対照・相違なしには、うまくやっていくことができない。アイロニーは、そもそも憤激に満ちたものではないが、少なくとも反作用として起こるものである。アイロニストは疑念の対象とすべきもの、そこから自らの気持ちが離れる何かをもっていなくてはならない。

こうして、私は右にあげた二つの異論のうちの第二のものに導かれる。したがってまた、アイロニストであることには、人をリベラルとしては不適格にさせるものがあるという考えや、私的な関心事と公共的な関心事をたんに分けるのではアイロニストとリベラルとの緊張関係を克服するには十分ではないという考えに、私は向きあわざるをえない。

社会組織は人間の平等を目指すという考えと、人間存在は端的に具体的な姿をとった語彙にほかならないという考えとのあいだには、少なくとも一見して明らかな緊張があると述べることによって、右の主張を妥当なものとすることができる。私たちには皆、残酷さを減らさなくてはならず、苦しみを受けやすいという点で人間存在を平等にしなくてはならないという、最も重要な責務があるとの考えは、人間存在の内部には、話される言語とはまったく独立に、尊重と保護に値する何かが存在するという考えを当然視しているように思える。それは或る非言語的能力、つまり苦痛を感じる能力こそが重要なものであり、語彙の違いはそれに比べればほとんど重要でないと示唆する。

真の本質に到達しようとする理論を探し求める営みという意味での形而上学は、人間存在は信念と欲求の中心なき網の目以上のものであるという主張を意味あるものにしようとつとめる。このような主張をリベラリズムにとって本質的であると考える人が多く存在する理由は、もし男たち・女たちが実際に文の態度——ある歴史的に条件づけられた語彙で言い表わされる文の使用に対する性向——にすぎないとしたら、人間本性だけでなく、人間の連帯も、常軌を逸したいかがわしい考えと見えはじめるであろう、ということである。というのも、ありとあらゆる可能な語彙との連帯は不可能にみえるからである。形而上学者が私たちに告げるには、何らかの種類の共通の原‐語彙がなければ、終極の語彙が私たちのものときわめて異なる者に対して残酷であってはならない「理性・理由」を私たちはもたないことになる。普遍主義的な倫理がアイロニズムと両立しえないように思われるのは、人間の本性についての何らかの教義なしに、このような倫理を十分に述べることを想像するのが困難だからにほかならない。真の本質へのこのような訴えはアイロニズムのアンチテーゼである。

こうして、〝もっと多くの開かれた空間を、自己創造にもっと多くの余地を〟がアイロニストの側から社会に対して向ける標準的な要求であるという事実と、この要求は市井の人びとにとっては何ら意味をなさない一種のアイロニーを含む理論的なメタ言語を話す自由のためだけにあるように思えるという事実とが等しい重みをもつ。一方でボードレール派、ナボコフ派にとってのもっと多くの自由、もっと多くのオープン・スペースをしきりに望んでいるが、他方で、オーウェルが欲したような物事——たとえば、炭坑のなかにもっと多くの新鮮な空気を入れることや、党にプロレタリアの邪魔をさせないこと——など一顧だにしない、そうしたアイロニストの姿は容易に想像できる。アイロニズムとリベラリズムのつながりはとても弱く、形而上学とリベラリズムのつながりはかなりしっかりしているという感触が得られるため、人びとは哲学におけるアイロニズムと文学における審美主義《エステティシズム》を「エリート主義的」だとして信用しないのである。

こうしたわけで、「時とともに色褪せる屑《トピカル・トラッシュ》」を軽蔑し、「美的な歓喜」を目指すことを主張するナボコフのような著作家は道徳的にはいかがわしく、おそらく政治的には危険なものと映るのである。ニーチェやハイデガーのようなアイロニストの哲学者も、しばしば同じように映る。たとえ彼らがナチスに利用されたことを忘れるとしても、である。これに対して、マルクス主義が「マルクス主義者の政府」を名乗る盗賊の一味によって、キリスト教が異端尋問によって、功利主義がグラドグラインド〔目先の利益しか考えない俗物。ディケンズの『ハード・タイムズ』に登場する功利主義的商人〕によって利用されたことを忘れない場合であっても、私たちはマルクス主義、キリスト教、功利主義に言及するとき、敬意をはらわずにはいられない。というのも、そのどれもが人間の自由《リバティ》に資した時代があったからである。〔だが〕アイロニズムがかつてそのように役立ったことがあるかどうかは不明である。

アイロニストは典型的な近代知識人であり、アイロニストに自らが社会に対していだく疎外感をはっきりと口にする自由を与える社会は唯一リベラルな社会だけである。こうして、アイロニストは本性からいって反リベラルであると推論したい気にかられる。ジュリアン・バンダからC・P・スノーにいたる多くの人びとがアイロニズムと反リベラリズムとのつながりはほとんど自明なことだと受けとってきた。現在では多くの人が、「脱構築」――現在流通しているアイロニストの標語――への嗜好は道徳的な責任の欠落を表わす印であると当然のように考えている。この想定では、道徳的に信頼に足る知識人の印とは、率直で、気取りがなく、混じりけのないある種の散文である。端的にいえば、自己創造するアイロニストならばけっして書きたがらない散文、である。

〔アイロニストに関する〕こうした推論のなかには誤った推論にもとづくものもあり、こうした想定のなかには根も葉もないものもあるかもしれないけれども、アイロニズムが惹き起こす疑いについては正しいところがある。私が定義したアイロニズムは、再記述の力を自覚するところから生じる。しかし、たいていの人びとは再記述されるのを欲さない。彼らが欲するのは自分の言うがままに受けとってもらえる――現にあるがまま、現に話すがまま、真面目に受けとめられることである。アイロニストは彼らに、あなたの使っている言語は自分や自分の仲間によっても手に入れることができる、と言う。この主張には潜在的にはとても残酷なところがある。というのも、人びとに長引く苦痛を与えるのに最も有効な方法は、彼らにとって最も重要と思えた事柄を無益で、古臭く、無力なものに見せることによって、彼らを辱めることだからである。(9) 一人の子どもの大事な持ち物――この小さきものを覆うようにして彼はファンタジーを紡ぎだし、それが彼を他の子どもたちとは少し違うものにする

――が「屑」であると再記述され、棄てられたとき、どんなことが起こるかを考えてみよう。あるいは、こうした持ち物が、他の裕福な子どもの持ち物の側《そば》に置かれて、ばかげたものに見えるようにされたとき、どんなことが起こるかを考えてみよう。これと似たようなことはおそらく、ある原始的な文化がより進んだ文化によって征服されるときに、その原始的な文化にふりかかるだろう。同じようなことは知識人を眼前にする非知識人に起こることもある。以上のことはすべて、〔『一九八四年』において〕ウィンストン・スミスが逮捕されたときに彼にふりかかったことを穏やかに言い表わしたものである。スミスの場合には、彼の文鎮が壊され、ジューリアは腹を殴られる。そうして、彼自身の用語ではなくオブライエンの用語によって自分を記述するように仕向けられる過程が始まったのであった。再記述するアイロニストは、人びとの終極の語彙を脅かし、したがってアイロニストの用語ではなく彼ら自身の用語で自己理解する能力を脅かすことによって、人びとの自己や人びとの世界は無益で、古臭く、無力なものだ、とほのめかす。再記述はしばしば屈辱を与える。

　しかし、再記述とそれがもたらしうる辱めは、アイロニズムとも形而上学とも緊密なつながりをもっているわけではないことに注意しよう。形而上学者も再記述する。彼は想像力ではなく理性の名においておこなうのだけれども。再記述は知識人という種属の特性であって、アイロニストに特有の徴ではない。だとすれば、なぜアイロニストは特有の憤激を惹き起こすのか。私たちは解答の鍵を、つぎの事実から手に入れよう。すなわち、形而上学者は、たいてい自分の再記述を論証《アーギュメント》で裏打ちするという事実、言い換えると、アイロニストがその過程を再記述するように、形而上学者は自分の再記述を論証の覆いのもとに隠すという事実である。しかし、このこと自体は問題を解決するものではない。というのも、論証は、再記述と同じく、リベラリズムと反リベラリズムのいずれにも与するものではないからである。おそらくここで重要な関連のある違いは、人びとの再記述を支えるために論拠を提供することは、結局のところ、聞き手に対して、あなたはたんに再プログラム化されるのではなく、教育されるのだ――《真理》はすでにあなたのなかにあったのだから、たんに光のもとに引き出されるだけでよいのだ、と告げることになる、ということである。対話者の真の自己、あるいは話者と対話の相手とが分かちもつ共通の公共世界が有する本当の本性を露わにすることとして提示される再記述は、再記述される人は力を付与されるのであって、力が減じられてしまうのではない、と示唆する。こうした示唆は、再記述される者がおこなった以前の誤った自己記述は、世間、肉、悪魔、彼の教師、抑圧的な社会によって強制的に課されたのだという示唆と結びつくと、その力を強める。キリスト教やマルクス主義に転向した者は、再記述されることは、結局、自らの真の自己や真の利害を顕わにすることに行き着くのだ、と感じさせられる。彼は、そのような再記述を受け容れることは、過去に自らを抑圧した者たちよりも強い力との同盟関係を確認するものなのだ、と考えるようになる。

つまり、形而上学者の考えでは、再記述と力とのあいだにはつながりがあり、正しい再記述は私たちを自由にしうる。アイロニストはそれと似たような保証を一切提供しない。彼女は、私たちの自由の機会は、私たちの自己再記述によってはときおりしか影響をうけない歴史上の偶然性に依存している、と言わなくてはならない。アイロニストは形而上学者がよく知っていると主張するのと同じ規模の力といったものをまったく知らない。形而上学者は、自分の再記述が「実在とよりうまく対応している」と説明する際に、「よりうまく」という用語に人を安心させる力を付与している。だが、アイロニストは、自分の再記述の方がよいと主張するとき、こうした安堵させる力を与えることができないというわけである。

こうして私は、なぜアイロニストは非難されるべきかという点について、それは屈辱を与える傾向性ではなく、力を付与できないことにある、と結論する。アイロニストはリベラルたりえないという理由はまったくないが、彼女は、リベラルな形而上学者がときおり自らがそうであると主張する意味での「進歩的で」「ダイナミックな」リベラルではありえない。というのも、彼女は形而上学者が提供するのと同じような社会的な希望を提供しえないからである。彼女は、あなたやあなたの状況についておこなう自分の再記述を採用すれば、あなたに差し向けられた強制力をよりうまく征服することができるだろう、と主張することができない。彼女の説明では、そうした能力は武器と運の問題であって、真理を自分の味方につけるとか、「歴史の運動」を見抜いたという問題ではない。

だとすると、リベラルなアイロニストとリベラルな形而上学者とのあいだには二つの違いがあることになる。第一は、再記述はリベラリズムに対して何をなしうるかについての両者の理解にかかわる。第二は、公共的な希望と私的なアイロニーとのつながりについての両者の理解にかかわる。第一の違いは、アイロニストは、リベラルの目標に役立つ唯一の再記述は「屈辱をもたらすものは何か？」という問いに答える再記述だけだ、と考えるのに対し、形而上学者はさらにそのうえに、「なぜ私は屈辱を与えることを避けるべきなのか？」という問いに答えたいとも望む、ということである。リベラルな形而上学者は、優しい者でありたいという私たちの願いが、ある論拠によって支えられるものであって欲しいと思う。この論拠とは、ある共通の人間的本質を、つまり私たちが共通に屈辱をこうむりうるということ以上の何ものかである本質を明らかにする自己再記述を伴っているものだ。リベラルなアイロニストはただ、私たちが優しい者であるチャンス、他人を辱めるのを避けるチャンスが再記述によって拡大されて欲しいと願うだけである。彼女は、誰もが辱めを受けやすいことの認知が、必要とされる唯一の社会的な紐帯である、と考える。形而上学者は、他の人間存在を特徴づける道徳的に重要な点は、彼らとより大きな共有された力——たとえば、合理性、神、真理、歴史——との関係であると受けとるのだが、アイロニストは、人格、つまり道徳的主体を道徳的にみて重要な定義をすると、それは「辱められうる何ものか」となると受けとめている。彼女がいだく人間の連帯意識は共通の危険についての感覚にもとづくのであって、共有財産や共有された力にもとづくのではない。

では、私が前に提起した論点、すなわち人びとは自分自身の用語で、ありのままに記述して欲しいと思うという論点はどうなったのか。すでに示唆したように、リベラルなアイロニストは、私たちは私的な目標のための再記述と公共的な目標のための再記述とを区別する必要があると言うことによって、この論点に答える。私は私的な目標のために、あなたが現実にこうむっている苦しみ、あるいはひょっとしたらこうむるかもしれない苦しみに対する私の態度とは何の関係もない用語で、あなたやその他全員を再記述するかもしれない。私の私的な目標と、私の終極の語彙のなかでも公共の活動に重要な関わりをもたない部分は、あなたが口出しする筋合いのものではない。しかし、私はリベラルとして、私の終極の語彙のなかでも公共の活動に重要な関わりをもつ部分は、私の行為が影響を及ぼすかもしれない他の人間存在を辱めうるさまざまな事態すべてを自覚することを自らに要求する。こうして、リベラルなアイロニストは、別様の終極の語彙についての可能なかぎり多くの、想像力《イマジナティヴ》を介した交際《アクウェインタンス》・知識を必要とする。しかも、彼女自身の啓発のためだけにではなく、現実にこうした別様の終極の語彙を使う人びとに与える辱めを、そしてひょっとしたら与えるかもしれない辱めを理解するためにも、必要なのである。

これに対し、リベラルな形而上学者は、内的に有機的に結びついた終極の語彙を欲する。公/私の区別によって真っ二つに切り離されているのではない構造をそなえたもの、たんなる継ぎ接ぎではないものを望むのだ。彼の考えでは、全員が各自の用語で、ありのままに受けとられるのを欲していると認知すると、私たちは、そうした用語の最大公約数の発見にコミットせざるをえなくなる。つまり、公共的目標にも私的目標にも、自己定義にも他者との関係にも十分である単一の記述を発見することが課される、というのだ。彼はソクラテスとともに祈る。内なる人と外なる人が一つであるように――アイロニーがもはや必要でなくなるように、と。彼はプラトンとともに思いたがる。魂の諸部分と国家の諸部分は照応し合う、だから、魂における本質的なものを偶然的なものから区別すれば、それによって私たちは国家における正義を不正から区別しうる、と。こうしたメタファーは、リベラリズムの形而上学的な公共のレトリックは依然として個々のリベラルにおける終極の語彙の中心にすえられつづけなければならない、というリベラルな形而上学者の信念を表現する。なぜなら、この信念こそ、個々のリベラルが自分以外の人類と共有するものを表現した部分――連帯を可能とする部分にほかならないからだ。(10)

しかし、人びとの終極の語彙に関する、中心にあり共有される義務の部分と、周辺にあり随意に選択可能で特異な部分との区別こそ、アイロニストが設定するのを拒否するものだ。アイロニストの考えでは、自分を種に属する他の者たちと一つにするのは共通の言語ではなく、苦痛を受けやすいこと、とくに、人間が動物と共有しない特別な種類の苦痛――屈辱を受けやすいということだけである。彼女の構想に従えば、人間の連帯は共通の真理や共通の目標を分かち合うという問題なのではなく、共通の利己的な希望、自分の世界――この小さきものをめぐって、人びとは自分の終極の語彙へと編込まれている――が破壊されないで欲しいとの希望を共有するという問題である。公共的な目標にとって、全員の終極の語彙が異なるかどうかは重要ではない。自分自身のファンタジーだけではなく、他人のファンタジーにも入っていくことの望ましさを表現するためのいくつかの言葉をあらゆる人びとがもつために、十分に重なり合う部分があるかぎりは。しかし、こうした重なり合う言葉――「優しさ」「慎ましさ」「尊厳」などの言葉――は、すべての人間存在が自らの本性を反省して手に入れることができる終極の語彙をなすものではない。そのような反省は、苦しみをこうむる可能性についての深められた認識のほかには何も生み出さないだろう。それは苦しみを気遣う理由・理性を生み出さないだろう。リベラルなアイロニストにとって重要なのは、そのような理由・理性を発見することではなく、苦しみが生ずるときに確実にそれに気づくようにすることである。彼女の希望は、〔自分とは〕まるっきり異なる終極の語彙をもつ誰かが辱められる可能性に直面したときに、自分自身の終極の語彙で自分を身動きもできないようにしたくはない、ということである。

リベラルな形而上学者であれば、はっきりとした道徳の動機づけ――合理性、神への愛、真理への愛によってなしとげられて欲しいと考える仕事を、リベラルなアイロニストの場合には、想像を介して同一化する技量がおこなう。アイロニストは、(性、人種、種族、終極の語彙の違いがあるにもかかわらず)現実に、そして可能性として他者に加えられる辱めを思い描く自らの能力、その辱めを避けたいという欲求が、自分自身の何らかの他の部分よりも、もっとリアルであるとか、中心にあるとか、「本質的に人間的」であるとはみなさない。それどころか、彼女はそれを、微分方程式を公式化する能力と同じように、人類史のなかでも比較的最近になって登場し、まだどちらかといえばローカルな現象にとどまっている能力と欲求であるとみなしている。その能力と欲求には主として、ここ三〇〇年にわたるヨーロッパとアメリカが関係している。それには、具体的な歴史状況のなかで具現された力よりも大きな力は関わっていない。その具現された力とは、たとえば、豊かなヨーロッパやアメリカのデモクラシーがその習慣を世界の他の地域に流布させる力、特定の過去の偶然事によって拡大され、特定のより最近の偶然事によって縮小されてきている力である。

リベラルな形而上学者は、よきリベラルなら特定の決定的に重要な命題が真であることを知っていると考える。リベラルなアイロニストは、よきリベラルならある種のノウハウを手にしていると考える。リベラルな形而上学者は、リベラリズムのハイ・カルチャーは理論を中心にしていると考えるが、リベラルなアイロニストは文芸(その旧く狭い意味での――演劇、詩、とくに小説)を中心にしていると考える。前者は、知識人の役目は大きな主題に関するいくつかの真の命題によってリベラリズムを支え、リベラリズムを保持し擁護することにあると考えるが、後者は、こうした役目は個人や共同体がファンタジーや生活を配置している場の中心にある、相異なる種類の小さきものを承認し記述する私たちの技量を増大させることにある、と考える。アイロニストは形而上学にとって、とくにリベラル・デモクラシーの公共のレトリックにとって根本的である言葉を、もう一つのテクスト、人間にかかわるもう一組の小さきものとだけ受けとる。こうした言葉を中心にすえて自分の生を営むとはどんなことかを理解する彼女の能力は、自らの生を神への愛や〔オーウェル『一九八四年』での〕偉大な兄弟《ビッグ・ブラザー》への愛を中心にすえて営むとはどんなことかを把握する能力とまったく異ならない。彼女のリベラリズムはそのような特定の言葉に対する献身にではなく、数多くの異なる一連の言葉の機能を把握する能力にある。

こうした区別を手がかりにすれば、アイロニストの哲学がこれまで自由や平等のためにたいした貢献はしてこなかったし、これからも貢献しないことの理由の説明ができる。しかし、この区別は同時にまた、エスノグラフィやジャーナリズムだけでなく、「文学」が多くのことをなしとげているのはなぜか、ということを説明する。前に述べたように、苦痛は非言語的である。すなわち、苦痛こそが、人間存在がもっているもののなかで、言語を使用しない動物たちに私たちを結びつけるものなのである。そのようなわけで、残酷な行為の犠牲者、苦しみを受けている人びとには、言語によって語りうるものはほとんどない。だから、「被抑圧者の声」なるものや「犠牲者の言語」なるものは存在しない。犠牲者がかつて使用した言語はもはやはたらいていないし、新たに言葉で語るには、犠牲者はあまりにも大きな苦しみをこうむっている。そうであれば、彼らの状況を言語に表現する作業が誰か他の者によって彼らのためになしとげられなくてはならないだろう。リベラルな小説家、詩人、ジャーナリストはそのような作業に長けている。リベラルな理論家は通例、そうではない。

哲学におけるアイロニズムはリベラリズムを助けてこなかったのではないかという疑念はまったく正しい。しかしそれはアイロニストの哲学がもともと残酷だからではない。リベラルが哲学に特定の仕事――たとえば、「なぜ残酷であってはならないのか?」や「なぜ優しくなければならないか?」といった問いに答えること――をするのを期待するようになり、こうした任務を拒否する哲学はどれも冷酷無比に違いないと感じているからだ。しかし、そのような期待は形而上学による訓育の産物である。もし私たちがこの期待を免れうるとしたら、リベラルは、アイロニストの哲学にはそもそも不可能で、この哲学自身、不可能だと了解している作業をやるように頼んだりはしないだろう。

形而上学者は理論を社会的な希望と、文学を私的な完成と結びつけるが、この結びつきはアイロニストのリベラルな文化では入れ替えられる。リベラルな形而上学の文化の内部では、数多くの私的な現われの背後に浸透し、たった一つの一般的な共通のリアリティに到達することを任じられている学問分野――神学、科学、哲学――は、人間存在を一つにまとめあげ、そうして残酷さの除去に寄与することを期待されたものであった。これに対しアイロニストの文化の内部では、この作業が割り当てられるのは、私的で特異なものの分厚い記述を専門にする学問分野である。とくに、私たちの言語を話さない者たちの苦痛に対する感性を高める小説やエスノグラフィは、共通の人間本性の論証《デモンストレーション》がおこなうとされていた作業をなさねばならない。連帯は、誰が聞いても認めうる原言語の形態をとってすでに待っていることが発見されるものなのではなく、小さき断片を手がかりに構築されなくてはならない。

逆にいうと、アイロニズムの度合いを強める私たちの文化の内部では、哲学は何らかの社会的な役割にとってよりも、私的な完成の追求にとっていっそう重要になってきている。以下の二章で、アイロニストの哲学者は私的な哲学者——唯名論者と歴史主義者のアイロニーを強化することに携わる哲学者である、と私は主張したい。彼らの仕事は公共の目標にとっては不適切であり、リベラルとしてのリベラルにとっては何ら役に立たない。第七章・第八章では、小説家が社会的に有用なことをなしうるという、その事態の実例を提供することにしよう。私たちは、小説家のおかげで、残酷な行為が起きているのはまさにそれが気づかれていない領域でなのだという事実ばかりにではなく、残酷さは私たち自身のうちに源があることにも注意を向けることができるようになる。

注

(1) こうした観点からすると、分析哲学も現象学も、ヘーゲル以前の、多かれ少なかれカント的な思考様式への逆戻りであった。つまり、私が「形而上学」と呼んでいるものを媒体(意識・言語)の「可能性の条件」についての研究に変えることによって、こうした「形而上学」を保存しようとする試み、である。

(2) Alexander Nehamas, *Nietzsche: Life as Literature*, p.234 をみよ。ネハーマスはそこで、自分は「[ニーチェの諸著作を]書いたみすぼらしい小人」に関心はないと言う。むしろ彼の関心は(p. 8)、ニーチェの「自分自身から一個の芸術作品を、つまり一人の哲学者でもある一人の文学上の登場人物を創造する営為、[それは同時にまた]ドグマティズムの伝統に陥らずに積極的な見解を提示する営為[でもある]」にある。私が示唆している見方では、ニーチェはヘーゲルが無意識におこなったことを意識的におこなった最初の哲学者であったということになるだろう。

(3) 私はここでロールズの「反照的均衡」の観念を借用している。文芸批評は命題間ではなく著作家の固有名詞どうしのあいだにそのような均衡を生み出そうとするのだ、と言われるかもしれない。「分析」哲学と「大陸」哲学との違いを最も簡単に表現するなら、前者は命題を商うが、後者は固有名詞を商うということになろう。大陸哲学がアングロ-アメリカの文学部で「文芸理論」の装いのもとに登場したとき、これは新たな方法やアプローチの発見ではなく、たんに均衡が模索されていた名前の拡がりに、さらに別の名前を付け加えたにすぎなかった。

(4) こうした信念と欲求の網の目が数多くの人びとにとってかなりの程度同じである場合、「理性への訴え」や「論理への訴え」を口にすることは有用になる。というのも、これは、人びとに広く共有された共通の土台の一部をなす命題を思い起こさせることによって、この土台に訴えかけることを意味するにすぎないからである。もっと一般的にいうと、伝統的な形而上学による区別はすべて社会学化することで、れっきとしたアイロニストの感覚を与えることができよう。社会学化するとは、こうした区別を自然種のあいだの区別ではなく、偶然に存在する一連の実践のあいだの区別として、あるいはこのような実践の内部で利用される戦略のあいだの区別として取り扱う、ということである。

(5) これは、「真理」は「探求の果てに信じられるようになるもの」として定義されうると述べることにはならない。このパースの教義についての批判として、マイケル・ウィリアムズ(Michael Williams) "Coherence, Justification and Truth," *Review of Metaphysics* 34 (1980): 243-272 と、私の "Pragmatism, Davidson and Truth," in Ernest Lepore, ed. *Truth and Interpretation: Perspectives on the Philosophy of Donald Davidson*, pp. 333-355〔*TaP* に再録〕の第二節をみよ。

(6) これに対し、ハーバーマスや、イデオロギー批判こそ哲学の中心であるという点で彼と見解を同じくする者は、言うべきことがとてもたくさんあると考えている。問題は「イデオロギー」という言葉に興味深い意味・感覚を与えること——「まずい考え《バッド・アイディア》」以上のことを意味させること——ができると考えるかどうかにかかってくる。

(7) ハンス・ブルーメンベルクはこうした転換を近代思想と近代社会の発展にとって中心を占めるものだと受けとめているが、もっともな言い分である。

(8) ニーチェは嘲笑しながら言った。「デモクラシーは自然化されたキリスト教である」(*Will to Power*, no. 215〔原佑訳『権力への意志』㊤(ちくま文庫、一九九三年)、二一五〕)。嘲笑を取り除けば、彼はきわめて正しかった。

(9) *Ordinary Vices* (Cambridge, Mass.: Harvard University Press, 1984), p. 37 での辱めに関するジュディス・シュクラー(Judith Shklar)の議論と、*The Body in Pain* の第一章での、拷問する人による辱めの利用に関するエレイン・スキァリー(Elaine Scarry)の議論を見よ。

(10) たとえば、ハーバーマスは「真理の討議理論」をつうじて、啓蒙の合理主義から何ほどかを救出しようと試みる。この「真理の討議理論」は、「道徳的な観点」は「普遍的な」観点であり、「たんに近代西洋社会における、平均的で、男性の、中産階級の成員の道徳的直観を表現するものではない」ということを示そうとする(Peter Dews, ed., *Autonomy and Solidarity: Interview with Jürgen Habermas* [London: Verso, 1986])。アイロニストにとって、近代西洋の登場以前には誰もそのような直観をもっていなかったという事実は、アイロニストがそうした直観を共有すべきかどうかという問いにはまったく関わりがない。

第五章　自己創造と自己を超えたものへのつながり

——プルースト、ニーチェ、ハイデガー

私たちアイロニストにとって、理論は人間の連帯よりむしろ私的な完成のための手段になったと主張したが、この主張を実例で肉付けするために、以下では、アイロニストの理論のいくつかのパラダイム、すなわち若きヘーゲル、ニーチェ、ハイデガー、デリダを採りあげてみたい。「哲学者《フィロソファー》」ではなく「理論家《セオリスト》」という語を用いるのは、「理論《セオリー》」という語の語源は、私が暗示したい事柄を示すと同時に、暗示したくない事柄を避けてくれるからである。以下で採りあげる人びとは、プラトンが認識していた意味での「知《ウィズダム》」なるものが存在するとは考えていない。したがって、「知を愛する人」という用語が相応しいとは思われない。これに対しテオリアという語は、かなり距離をとったところから広範囲にわたる領域を見渡すことを示唆する。そして、これこそまさに、以下で採りあげる人びとがおこなっていることなのだ。彼らは皆、ハイデガーが「西洋形而上学の伝統」と呼んだもの——私が「プラトン－カント系列の正典《カノン》」と呼んできたものから身を引き離し、それを概観することに長けている。

この正典に属するアイテム、つまり偉大な形而上学者の作品は一切を手堅く、その丸ごと全体を見

抜く古典的な試みである。形而上学者は現われの複数性を超えようと試みる。高みから見れば、予期せざる統一が明瞭になるだろうと期待するのである。この統一とは、リアルな何ものか、現われの背後にあってこの現象を産出する何ものかが垣間見られたということの印なのである。これに対し、私が採りあげたいアイロニストの正典は、こうした高みに到ろうとする形而上学者の試みを省みて、この形而上学者の試み自体の複数性の基底にある統一を見抜こうとする一連の試みである。アイロニストの理論家は、形而上学者が使う、下方を俯瞰する垂直的な視線のメタファーを疑う。その代わりに用いるのは、水平軸にそって過去を振り返るという歴史主義者《ヒストリシスト》のメタファーである。しかし、振り返って省みるといっても、事物一般ではなく、ある特殊な本を書いているきわめて特殊な人物を対象とする。アイロニストの理論は形而上学の理論をトピックとして取り扱う。アイロニストの理論家にとって、没歴史的な知を信じ、かつ愛するという物語は、たんに個々の哲学者が用いるさまざまな終極の語彙であるにとどまらず、いかなる意味においても終極である、そうした語彙を見いだそうという継起的な試みの物語である。ここでいう終極の語彙とは、たんなる特異な歴史的産物ではなく、最後の言葉、探求と歴史が収斂して行き着く言葉、爾後の探求と歴史を余計なものにしてしまう言葉である。

アイロニストの理論の目標は、形而上学的な衝動、つまり理論化の衝動を十分に理解し、その衝動から完全に自由になることである。こうしてアイロニストの理論とは、先行者を理論化の作業へと駆り立てていたものが何であるかを理解したならば、ただちに降ろされるべき梯子である(1)。アイロニストの理論家が最も望まないもの、必要としないものは、アイロニズムの理論である。彼は、自らや仲間のアイロニストに、方法、綱領、根本原理を提供することにかかずらわない。たんにすべてのアイロニストがおこなっていることをしているだけである。つまり、自律を試みているのだ。受け継がれてきた偶然性から抜け出て、自分自身の偶然性をつくろうと、古い終極の語彙を棄て去り、自分だけのものとなる終極の語彙を編み出そうとしている。アイロニストという属の特性をあげるなら、それは、彼らが自らの終極の語彙に関する疑いが自分以上の大いなる何ものかによって解消されるとは期待していないことにある。このことは、疑念を解消するための彼らの規準、私的な完成についての彼らの規準が、自分以上の力とのつながりではなく、自律そのものであるということを意味している。どのアイロニストも、成功の度合いを測る際に照らし合わせるのは過去だけである。ただし、過去に従って生きるのではなく、過去を自分の言葉で描き直し、「私はそう欲した」と言えるようになることによって、である。

　アイロニスト一般に通ずる課題は、コールリッジが偉大で独創的な詩人に勧めたもの、すなわち、詩人自身が裁かれる尺度となる趣味判断《テイスト》を創造することにある。しかし、アイロニストが念頭において裁きを下す者は彼自身である。彼は自分自身の用語で自らの生涯を要約できることを欲する。〈完成した生《パーフェクト・ライフ》〉とは、自らの終極の語彙の一番最後のものが、少なくとも、実際に完全に自分自身のものであるとの確信をもって締め括られる生だろう。アイロニストの理論家を際立たせる特有の違いは、その過去が特定の、かなり狭く限定された文学の伝統、大まかにいえばプラトン－カント的な正典とそれへの注釈にあるということにほかならない。この理論家が求めているのは、そうした正典を描き直し、そのことで正典が自らに及ぼしていた力を失わせること、こうした正典をつくりあげている書物の読解をつうじて、かけられていた呪文を解くことである(形而上学的な、したがって誤解を招く言い方をするならば、アイロニストは哲学の秘密の名、真の名、魔法の名を、つまりそれを口にすると、哲学が自らの主人にではなく下僕になるような名前を見つけたいのだ)。アイロニストの理論家とアイロニストの文化との関係についていえば、それは、形而上学者と形而上学的な文化との関係とは違い、抽象的なものと具体的なものの関係、一般的な問題と特殊事例の関係なのではない。それは、どの具体的な事柄に対してアイロニカルであるかという問題——どのアイテムが重大な意義ある過去をつくりあげるかという問題——にほかならない。アイロニストにとって過去とは、アイロニー化することのできない語彙なるもの、再記述しても取り替えることのできない語彙というものが存在するかもしれない、と示唆してきた書物のことである。アイロニストの理論家とは、そのような書物、そうした特殊な文学のジャンルを専門にする文芸批評家とみなされよう。

徐々にアイロニズムの度合いを高める私たちの文化においては、二人の人物が、コールリッジの描いた完成に到達した者としてしばしば引き合いにだされる。プルーストとニーチェである。アレクサンダー・ネハーマスは、ニーチェを論じた近著で、この二人の人物を結びつけた。彼の指摘によれば、この二人に共通するのは、彼らが伝承された偶然性を自ら創造した偶然性に置き換えることに生涯を費やした、という事実にとどまらない。それればかりか、両者は自分自身をまさにそのようなことをおこなっている者として記述したのである。プルーストとニーチェのどちらも、自己創造の過程そのものは完全には意識的ではありえない偶然性に属する事柄である、と意識していた。しかし、両者とも、自由と決定論の関係をめぐる形而上学者の問いに思い悩まされることはなかった。プルーストとニーチェは典型的な非形而上学者である。なぜなら、彼らはどのように森羅万象《ザ・ユニヴァース》に向き合うかではなく、どのように自分自身に向き合うかだけをきわめてはっきりと気遣っていたからだ。しかし、プルーストが形而上学をたんに生のもう一つの形として受けとめていたのに対し、ニーチェは形而上学に深く取り憑かれていた。彼はたんに非形而上学者であっただけでなく、反形而上学的な理論家でもあったのだ。

ネハーマスはプルーストの語り手がつぎのように語る一節を引用する。

〔私の信ずるところでは〕……芸術作品を仕上げる際に、私たちはけっして自由ではない。どのように作品をつくるかを選ぶことはできず、その作品はあらかじめ存在している。したがって、この作品は必然的でありながら私たちには隠されている以上、もし自然の法が存在するとしたら、私たちは、なすべきことをなすしかない。つまり、それを発見するように強いられている。

そして、ネハーマスは注釈を加える。

プルーストはこの発見を「私たちの真の生活」を発見することとはっきり描いている。しかし、この発見は、「私たちの真の生活」を記述し構成する芸術作品を創造する過程のさなかにおいてしかなされえない。そして発見と創造のあいだの両義的な関係は、ニーチェ自身の見解にぴったりと重なるもので、自分が現にそうである者になりうるという考えそれ自体にはらまれる緊張をあますところなくつかみとってもいる(2)。

ニーチェに従うなら、「自分が現にそうである者」とは「自分が現にこれまでずっとそうであった者」を意味しない。「最終的に自分を裁定・判断するようになった際の趣味判断を創造する過程のなかで、自分を変化させたあり方」を意味している。しかしながら、「最終的に……するようになった」(end up)という言葉は誤解を招く表現である。この語はあらかじめ定められた落ちつき場所を示唆するからである。しかし、自らの原因を再記述することでその原因を自覚するようになる過程は、自らの死にいたるまで延々とつづくことになっている。最後の、臨終の際でのどんな自己再記述も、原因をもってしまっているだろう。もはやそれを再記述するだけの時間は残されてはいないとしても。こうした自己再記述は、発見する時間が残されていないけれども、すでに自然法則によって必然的に規定されてしまっているだろう(しかし、自分のことを崇拝する力強い批評家がいつの日にか、そうした再記述を偶然発見するかもしれない)。

サルトルのような形而上学者ならば、アイロニストによる完成の追求を「無益な情念」と描くかもしれない。しかし、プルーストやニーチェのようなアイロニストは、この「無益な情念」という文句が決定的に重大な問いを提起すると考えるだろう。無益というトピックが浮かびあがるとしても、それは〔これまでの〕時間、機会、自己再記述のどれをも凌ぐ強力なものを発見することによって、そうした時間、機会、自己再記述を乗り越えようとする場合にかぎられるだろう。しかしながら、プルーストとニーチェにとって、自己再記述よりも強力な、もしくは重要なものは何もない。彼らは時間と偶然《チャンス》に打ち克とうとはせず、ただそれを利用しようとする。彼らは明敏に自覚している。解決、完成、自律として重みをもつものはつねに、人がいつ偶然にも死んでしまうか、もしくは発狂してしまうか、ということの関数である、と。しかしこうした相対性は無益さを伴うものではない。なぜなら、アイロニストが発見しようと期待しながらも、発見する前に死に衰えてゆかざるをえない、そうした大いなる秘密など何もないからだ。再記述によって編み直されるべき小さな死すべきものが存在するだけだ。もし彼が正気を保ったまま長く生きたとしたら、編み直されるべき素材が増え、したがって異なった再記述が現われたことだろう。しかし、正しい記述なるものはけっして存在しなかっただろう。なぜなら、徹頭徹尾アイロニストである者は「よりよい記述」という観念を利用することができるけれども、この用語の適用に関する規準をもたず、したがって「正しい記述なるもの」という観念を使うことができないからである。こうしてアイロニストは、自らが「即自存在」(*etre-en-soi*)になれないことに無益さを見たりしないのである。けっして自分でありたいと欲しなかったこと、少なくとも

〔いまの〕自分でありたくないと欲したこと、この事実こそがアイロニストを形而上学者から分かつのである。

プルーストとニーチェには、こうした類似性があるにもかかわらず、決定的な違いがある。その違いは私のねらいにとってきわめて重要なものだ。プルーストのプロジェクトは政治にはほとんど関係がない。彼はナボコフと同様、時代の公共的な係争点を、ローカルな色彩を粉飾するためだけに使っている。これに対しニーチェがしばしばおこなう語り方は、あたかも宣教師として社会的な使命を背負い、公共の活動に関わる重大な見解、きわめて反リベラルな見解をもっているかのように響く。しかし、ハイデガーの場合もまたそうであるように、こうした反リベラリズムは外からとってつけた特異なものにみえる。なぜなら、ニーチェやハイデガー自身がモデルとなるような自己創造は、社会政策の問題にはとりたてて関係がないように思われるからだ。私が思うに、この二人の男をプルーストと対比すれば、こうした事情が明瞭になり、第四章の末尾でおこなった私の主張が補強されもしよう。すなわち、アイロニストの終極の語彙は大きな公共のセクターと小さな私的なセクターとに、互いに何の特別な関係ももたない二つのセクターに分けることができるし、そうすべきであるという主張である。

プルーストとニーチェの違いをまず初めにごく大ざっぱに描いてみるなら、プルーストは人びと――直接出会った現に生きている人びとに反応し、その人たちを描き直すことによって、実際のプルーストになったのに対し、ニーチェは書物のなかで出会った人びとに反応し、彼らを描き直したのだ、と言い表わすことができよう。どちらの男も、自己記述の素材を提供した人びとについての物語を書くことによって、自分自身を創造したいと望んだ。他律的な記述の源泉を再記述することで自律的でありたいと欲したのだ。だが一方、ニーチェの物語――『偶像の黄昏』の「「真の世界」はどのようにして寓話になったか」という節に集約される物語――は、さまざまな人物ではなく、むしろ或る有名な名前が省略語としての役目を果たすさまざまな語彙を記述している。

しかしながら、人びとと観念の違いは表面的なものであるにすぎない。重要なのは、プルーストが出会い、描き、小説のなかで描き直した人びとのコレクション――両親、召使い、家族、友人、周囲の学生、公爵夫人、編集者、恋人――は、たんに寄せ集め、たまたま出会った人びとであるにすぎないのに対し、ニーチェが論じたさまざまな語彙は弁証法的に繋ぎ合わされ、互いに内的に連関しているということだ。こうした語彙はたまたまの寄せ集めではなく、弁証法的な進展、フリードリッヒ・ニーチェではなく、もっと大きい何者かの生を描くのに役立つ進展なのである。ニーチェがしばしばこの大人物に与えている名前こそ「ヨーロッパ」である。ニーチェの生とは違い、ヨーロッパの生のうちでは、偶然事《チャンス》がしゃしゃり出てくることはない。若きヘーゲルの『精神現象学』や、その後のハイデガーの『存在の歴史』のように、この物語には偶然性を容れる余地はまるっきりない。

ヨーロッパ、精神《ガイスト》、存在《ザイン》は、たんにさまざまな偶然性が蓄積したもの、たまたまの出会いの産物なのではない。プルースト自身が、自らそうだと知っていた類のものではない。こうした「ヨーロッパ、精神、存在という」〈自己を超える英雄〉――ヘーゲル、ニーチェ、ハイデガーはこの英雄の経歴を用いることで、自分自身の観点を定義する——の発明こそが、この三人をプルーストから分かち、小説家ではなく理論家にさせる。すなわち、些細なものを構築するのではなく、大いなるものを見る者たらしめるのだ。この三人の著作家は純粋なアイロニストであり、形而上学者ではないけれども、まだ完璧な唯名論者《ノミナリスト》ではない。さまざまな些細なものを編む《アレンジ》ことに甘んじないからだ。彼らはそればかりか大いなるものを記述したいと望んでいる。

この点こそが、この三人の物語を『失われた時を求めて』から区別する。プルーストの小説は、互いを活気づけるさまざまな小さな偶然事からなるネットワークである。語り手は、もう一個のマドレーヌには手を伸ばさなかったかもしれない。貧困に陥ったゲルマント王子はヴェルドリン婦人と結婚する必要はなかった。彼は別の相続人を見つけていたかもしれない。このような偶然事は、回顧してはじめて意味をなす。そして、描き直されるたびに、こうした偶然事は異なる意味をもたらす。しかし、アイロニストの理論における物語では、プラトンは聖パウロに、キリスト教は啓蒙に道を譲らねばならない。カントという名にはヘーゲルという名が、ヘーゲルという名にはマルクスという名がつづかねばならない。だからこそ、アイロニストの理論は、かくも不誠実で、かくも自己欺瞞に陥りやすいのだ。〔アイロニストの〕新しい理論家ならば誰もが、その先行者を偽装した形而上学者であるという廉で非難するのは、そのためでもある。

アイロニストの理論は、物語《ナラティヴ》という形をとらざるをえない。唯名論と歴史主義という立場からいって、アイロニストは自分の作品を真の本質との関係を確立するものだと考えることはできない。過去との関係を確立することができるだけである。しかし、他の形態のアイロニストの著作活動とは違い——とりわけプルーストをパラダイムとするアイロニストの小説とは違い——過去との関係といっても、それは著者の特異な過去との関係ではなく、より大きな過去、人類・人種・文化の過去との関係である。それは、さまざまな偶然の現実性からなる種々雑多なコレクションとの関係ではなく、可能性の領野との関係、すなわち〈個の生を超越した大いなる英雄〉が歩み進むにつれ、しだいに可能性を汲み尽くしながら、その行程を進んでゆく領野との関係である。語り手自身が生まれたちょうどその頃に、文化がこうした可能性の全範囲の終極地点に到達したのは、幸運な偶然にすぎない。

　私がアイロニストの理論化作業のパラダイムとして利用している人物——『精神現象学』のヘーゲル、『偶像の黄昏』のニーチェ、『ヒューマニズム書簡』のハイデガーは、何ものか（歴史、西洋の人間、形而上学、つまり一個の運命をもつに足るほど大いなる何ものか）が、その可能性を汲み尽くしたという考えを共通にもっている。こうしていまや、あらゆる物事が更新されなければならないというわけである。彼らは自分自身を新たにつくりだすことだけに関心があるのではない。それどころか、この壮大な事柄を新たにつくりだしたいと望む。だから、彼ら自身の自律はこうしたより壮大な新しさがもたらす副次的な効果となるだろう。彼らは崇高で言表不可能なものを欲しているのであって、たんに美しく新奇なものを欲しているのではない。たんに編み直し《リアレンジメント》や再記述によって捉え直される過去ではなく、過去と共約不可能《インコメンシュラブル》なものを欲するのだ。編み直すことで言い表わすことのできる相対的な美しさだけではなく、まったき他者の言表不可能で絶対的な崇高さを、総体的な革命を欲している。(3)

過去が自らを記述してきた一切のやり方とは共約不可能な、自らの過去の見方を欲する。これに対して、アイロニストの小説家は共約不可能性には関心がない。たんなる差異で満足する。私的な自律は、過去には生じなかった仕方で自らの過去を記述し直すことで獲得しうる。私的な自律には、アイロニストの理論が要求する類の黙示録的な革新性は必要ではない。理論家ならざるアイロニストは、自らによる過去の再記述が後続する者による再記述の格好の材料になると考えても、思い煩わされることはない。後続する者に対する態度は「彼らに幸あれ」というにすぎない。しかし、アイロニストの理論家には後続する者などおよそ思いもよらない。なぜなら、自分こそが新しい時代の預言者、過去に使われたどんな用語も適用されえない預言者にほかならないのだから。

第四章の末尾近くで、アイロニスト型リベラルの関心は権力にではなく、ただひたすら完成だけにある、と述べた。しかしながら、アイロニストの理論家は依然、きわめて大いなる何ものかとの緊密な関係に由来する権力を欲している。アイロニストの理論家がリベラルであることがめったにないのは、こうした理由にもよる。ニーチェの超人は、ヘーゲルの世界精神やハイデガーの存在と同じく、キリストに帰される二元性をもっている。すなわち、まさに人間なのだが、その言表不可能なアスペクトからすれば、神にほかならないという二元性である。受肉に関するキリスト教の教義は、ヘーゲルによる彼自身の企ての説明にとって本質的なものであった。そして、この教義は、ニーチェが自らを反キリストと思い描き始めたときに再び浮上し、また、イエズス会の新入信者ハイデガーが存在を限りなく懐が広い《ジェントル》と同時にまったき他者として描き始めたときに現われる。

プルーストにも権力への関心があった。しかし、受肉したり祝福したりすべき、自分自身を超えた大いなる何者かを発見することに関心はない。彼が欲したのは、有限な権力の有限性を明らかにすることによって、その権力の軛《くびき》から逃れることだけである。権力の友となりたがったり、他者に権力を付与する立場に身を置きたがったりはしない。自分が出会った人びとによって描かれる自分の姿から身を引き離したかっただけである。彼はこうした他人たちが知ったつもりになっている自分、たんにそんな自分にすぎないことを望まなかった。つまり、他人のパースペクティヴから撮られた写真のフレームのなかに凍結されたくなかったのである。サルトルの言葉でいえば、他者のまなざし(たとえば、サン＝ルーの「厳しい目つき」や、シャルリュスの「謎めいたまなざし」(4))によって一個の事物にされるのを恐れたのだ。こうした人たちから自分を解放する――自律的になる――方法は、自分を描いた人たちを描き直すことであった。数多くの異なるパースペクティヴから――とりわけ数多くの異なる時間的な位置から――彼らのスケッチを描き、そうすることで、プルーストは、こうした人たちは誰一人として特権的な立脚点をもっていないことを明らかにした。なぜこうした他人が権威ではなく、自分と同類の偶然性《フェロウ・コンティンジェンシーズ》であるにすぎないかを自らに説明することで、自律的になったのだ。自分自身が自分に対する彼らの態度の産物であるのとまったく同じように、彼らもまた彼らに対する他者の態度の産物なのだ、と再記述したのである。

プルーストは、人生と小説の終わりに、時間がこうした他人にもたらしたものを示すことで、自分がこれまでの人生のなかでおこなってきたことを明らかにした。一冊の書物を著して、こうした人たちがあらかじめ述べることも、思い描くことさえもできないような、一個の自己——この書物の著者——を創造した。プルーストは、若き日の自分が知人たちは自分にとって権威なのではないかと恐れたのとまったく同じくらいに、自らがそうした知人の権威となりおおせた。この妙技があってはじめて、権威という考えそのものを放棄し、それとともに、自分について、もしくは他の誰についてでも記述できてしまう特権的な視点なるものが存在するという考えを放棄することができた。こうして、自己を優越する力に自らを結びつけるという考えをまるごと振り切ることができた。自己を優越する力とのつながりとは、シャルリュスが最初の出会いで若いマルセルに提供し、形而上学者が伝統的にその読者に提供してきた、あのつながり、エピゴーネンに対し自らを全知全能なる存在の受肉した姿であるかのように感じさせるべく仕立てられたつながりのことである。

プルーストは自らが出会った権威ある人物を偶然の状況の産物であるとみなすことで、彼らを時間のなかに位置づけ、有限なものとした。ニーチェと同様、自分に関して先行する真理があるのではないか、他者であれば見抜いているかもしれない真の本質なるものがあるのではないかという恐れから身を振りほどいた。しかし、プルーストは、若き日の自分にとって権威ある人物であった者には見えなかった真理を、いまの自分は知っているのだと主張することなく、そのような恐れから身を振りほどくことができた。自らを権威として立ち上げずに権威を暴こうと、力ある者と何も共有しないまま彼らの野心を露わにしようと策を練る。プルーストは権威ある人物を有限なものとした。それも彼らが「本当は」何ものであるかを見つけ出すことによってではない。彼らがかつてとは違う姿になってゆくのを眺め、他の別の権威ある人物が差し出す用語で描き直してやると、彼らがどのような姿に見えてくるかを観察し、この権威ある人物を最初の権威ある人物と競い合わせる、という手だてをとったのだ。プルーストは、こうした有限化の作業の結果、自分自身の有限性を何ら恥じなくなる。偶然性を認めることでそれを征服し、自分が出会った偶然性はたんなる偶然性以上のものなのではないかという恐れから自らを解き放つ。他人を自分の裁判官から、自分と同類の苦難する者《フェロウ・サファラーズ》へとつくり変え、そうすることで、自分のことを裁定・判断する趣味判断の創造に成功したのである。

　ニーチェはプルーストや若きヘーゲルと同様、巧みに再記述をおこなう技量を存分に楽しんだ。同じ状況をめぐってアンチテーゼの関係にある記述と記述のあいだを行きつ戻りつする能力を喜んで用いたのだ。この三人は皆、たった一つの同じ問いの両側に現われながら、実際にはパースペクティヴを変えて、次から次に解答を出しながら、問いそのものを変化させることに長けていた。彼らは皆、時間がもたらす変化を存分に味わった。ニーチェは、自ら述べるように、これまで「人間」に関わる仮説として立てられてきたすべてが「根本的には、きわめて限定された時間の幅のなかで出された人間に関する言明にほかならない」(5)ことを明らかにするのを好んだ。もっと一般的にいうと、何ごとの記述もすべて、ある歴史的に条件づけられた状況が強いる必要と相関的であることを示したかったのだ。彼や若きヘーゲルのどちらも、こうした技術を用いて偉大な先人を有限化した。この先人とは、哲学を引き受けるアイロニストが先人のエピゴーネンではなく彼らと同等の者になろうとするのであれば、自ら再記述し、そうすることで乗り越えなければならない偉大な再記述者でもある。

しかしながら、こうした有限化の戦略は、小説家ではなく理論家によって用いられると、一個の明白な問題を提起することになる。ヘーゲルの注釈者が「歴史の終焉」という文言でまとめあげる問題である。もし一連の先行者と対比される自らの独創性にもとづく用語で自らを定義し、先行者たちが互いに再記述してきたよりも、もっと徹底し根底的に彼らを再記述する自らの能力に誇りをいだくのであれば、ついには、「それでは誰が私を再記述することになるのか？」と尋ねだすだろう。理論家は編み直しではなく透見することを、操作ではなく凌駕することを欲しているのだから、いわゆる自己言及の問題に悩まざるをえない。自らによる再記述が先例のないほどの成功をおさめたことを、自分自身の理論の用語で説明するという問題が悩みの種とならざるをえない。可能性の領野はいまや踏破されている以上、自分が他の者すべてを凌駕したのと同じようには誰も自分を凌駕できない、ということを明らかにしたいのだ。いってみれば、上昇するための経路となる弁証法の余地はもはや残されていない、ここまでのところが思考に到達可能な最大限の範囲なのだ、というわけである。「再記述は私でもって終わると、なぜ私は考えるべきなのか、いったいどのようにして私はそう主張できるのか？」という問いは、「どのようにして私は自著を終わらせることができるのか？」という問いとして考えることもできよう。『精神現象学』は両義的な注釈で締めくくられている。すなわち、その最後の一節は無限に長い未来へと切り拓かれてゆくものとしても、あるいは、すでに完結した物語を回顧し振り返るものとしても解釈可能である。しかし、有名なことだが、ヘーゲルの後年の書物の最後には、こんな注がある。「こうしてドイツは冠たる国家になり、歴史は終わった(6)」と。

キルケゴールは、もしヘーゲルが『大論理学』の序文で「ここにあるのは思考実験だけである」と述べていたら、彼はかつてないほど偉大な思想家になっていただろう、と言った。[7] ヘーゲルは、このような注を書きつけていたら、自分以外の人すべてだけではなく自らの有限性をも把握していた点を証明したことになったであろう。そうすれば、自律を目指す試みを私的なものとし、自らが自己を超えた大いなるものとつながっていると考えたがる傾向を否認したことになったであろう。ヘーゲルは自分自身の有限性の自覚を、キルケゴールが「間接的な伝達」と呼ぶものをつうじて――〔直接に〕主張するのではなく、アイロニカルな挙措によって――証明したかったのだから、ドイツを引き継ぐ国家や自らに後続する哲学者についての思弁を意図的に手控えたのだと考える方が、たとえ確たる証拠によって正当化されるわけではないにしても、思いやりのある好意的な見方だろう。ヘーゲルが未来の空白を意図的に残したのは、もはやこれ以上なしうることはないという傲岸な想定をおこなったからなのではなく、自分が先行者たちに対しておこなったことを後続する者たちにおこなって欲しいのだという招請のためにであったと考えた方が素敵だろう。しかし、ヘーゲルに関する事情がどうであれ、有限化の作業をおこないながら、自らの有限性についての知識を呈示する――ヘーゲルへのキルケゴールの要求を満たす――のはどのようにしてかという問いこそ、アイロニストの理論の問いそのものである。つまり、どのようにして権威に対する権利請求を掲げずに権威を克服するかという問題である。そして、この問題がアイロニストにとって占める位置は、現われと実在、時間と永遠、言語と非言語的なものとのあいだのギャップをどのように埋めるかという問題が形而上学者に対して占めるのと同じ位置にある。

このような問題は、プルーストのような非理論家にとっては存在しない。『見いだされた時』(第七篇)の語り手は、「誰が私を再記述することになるだろうか?」という問いを前にしてうろたえることはなかろう。なぜなら、自らの生涯の出来事を、自分が立てた順序に従って並べ、この些細な物事のすべてから一つのパターンをつくりあげたとたんに、その仕事のすべてをなしとげたことになるからである。サンザシの咲きわうなかのジルベール、ゲルマントの教会の窓の色、「ゲルマント」という名の音の響き、二つの散歩道、変化する尖塔、という些細なもの。彼は、もし自分がもっと早く、あるいは遅く死んでいたら、このパターンは別物になっていただろう、とわきまえている。なぜなら、このパターンにうまく嚙み合わせなくてはならない些細なものの数は減っていたか、増えていたことになるだろうから。しかし、そんなことは取るに足らない。プルーストは、どのようにして自らが止揚されるのを回避するかということなど問題にしていないのだ。美、それは実際、多種多様なるものに形を与えることに依存しているがゆえに、周知のように、つかの間のはかないものだ。というのも、新しい要素が多種多様なものに付け加わると、美はすぐに毀されてしまいかねないから。美は一つの枠《フレーム》を必要としている。そして、その枠を提供するのは死である。

これに対して、崇高《サブリミティ》はつかの間のはかないもの、相対的なもの、反作用的なものでもなく、有限でもない。アイロニストの理論家は、アイロニストの小説家とは違い、たんに美だけではなく崇高を追い求めるようたえず誘惑されている。だからこそ、彼は形而上学に逆戻りし、さまざまな現象のあいだにある一つのパターンではなく、一つの大いなる隠された実在を手に入れようと、たえず誘惑に駆られているのだ。自分が体現する「ヨーロッパ」「歴史」「存在」と呼ばれる、大いなる何者かの存在を暗示したがる。崇高なものは多様なものの綜合《ジンテーゼ》ではない。だから、それは一連の時間のなかでの出来事を再記述することでは獲得できない。崇高なものを手に入れようとすることは、たんにいくつかの些細な偶然の現実性からではなく、可能性の領野の全域から一つのパターンをつくりあげようとすることである。カント以来、崇高を目指す形而上学の試みは、「すべての可能なXの必要条件」を定式化する試みという形をとってきた。哲学者は、この超越論的な試みをおこなう際、プルーストが手にした私的な自律や私的な完成よりも大きな賭けに興じはじめている。

　ニーチェは、理論上では、このカント的なゲームをしていない。だが、実際上は、異なった見方ではなく、より深い見方を、つまりたんに反作用的なのではなく自由であることを要求するというかぎりでは、自らのパースペクティヴィズムと唯名論を裏切っている。自らの歴史主義によって、自分はこうした裏切りを免れうるとニーチェは考えているが、実際はそうではない。なぜなら、彼が手に入れたくてたまらないのは、歴史的に崇高なもの、つまり過去との一切の関係を断ち切った未来、したがって否定を介してしか哲学者による過去の再記述とつながることのありえない未来だからである。プラトンとカントは、こうした崇高さを時間そのものの外に用心深く追い払ったが、ニーチェとハイデガーはこの巧みなはぐらかしを利用できない。彼らは時間のただなかに在りつづけなくてはならないのだが、自分たちが或る決定的な出来事によってその他の時間から切り離されるような眺望を獲得しなければならないのである。

こうした歴史的な崇高の探求——主観と客観のあいだの裂け目《ギャップ》を閉じるとか、超人の到来とか、形而上学の終焉といった出来事に接近しようとする探求——ゆえに、ヘーゲル、ニーチェ、ハイデガーは、自分が「最後の哲学者」の役割を担っていると想像するにいたる。このような位置にあろうと試みると、自分自身の用語以外で自分が再記述されるのを困難にさせるようなものを書こうとすることになる。他の人の美のパターンをなす一要素、もう一つの些細なことになってしまうのを困難にさせるものを書こうと試みるのだ。崇高を手に入れようと求めることは、たんに自らを裁定・判断する際の趣味判断を創造しようとするばかりではなく、自分のことについて他の人が別の趣味判断でもって裁定・判断するのを困難にしようとすることでもある。プルーストならば、自分が他人の美のパターンをなす一要素として使われるかもしれない、と喜んで考えたことだろう。プルーストにとって、自らの先駆者——たとえばバルザックとかサン＝シモン——が自分に対して果たしたのと同じ役割を、自らが後続する者に対して果たすことになると考えるのは喜ばしいことであった。しかし、ニーチェのようなアイロニストの理論家にとっては、そのように考えることは、耐えられる限界を超えてしまうことにもなる。

ニーチェによる「パースペクティヴァリズム」の擁護と、「反作用的であるもの」への論難との対比を考えてみよう。ニーチェは、自らの先行者を相対化し歴史化するというかぎりでは、こうした先行者を、歴史上の出来事、社会的な条件、彼ら先行者のそのまた先行者などへの関係の網の目として喜んで再記述する。このようなとき、彼は自らの確信に忠実に従っている。すなわち、自己は実体ではないのだから、私たちは「実体」——真の本質を有し、それ自身に対する特権的なパースペクティヴを有するがゆえに、それ自身はパースペクティヴのもとに置かれえない何か——という概念をまるごと放棄すべきであるとの確信に忠実である。しかし別のときには、つまり過去の刺戟へのたんなる特異な反作用ではなく、純粋な自己創造、純粋な自発性たらんとする超人を想い描いているときには、彼は自らのパースペクティヴァリズムに関する一切を忘れている。どのようにして素晴らしいもの、異なるもの、かつてとは似ていないものになるかを説明し始めると、人間たちについてそれがあたかも「権力への意志」と呼ばれるものの源泉であるかのように語りだすのである。超人はこうした素材をふんだんに蓄えた源泉であり、ニーチェ自身のそれはおそらくかなり大きなものなのだ。パースペクティヴァリストとしてのニーチェは、美のパターンを見るために、自らが継承したパースペクティヴを回顧的に振り返るもう一つのパースペクティヴを見つけだすことに関心がある。このようなニーチェは、ネハーマスにとってのニーチェと同じく、プルーストをモデルとしているということができよう。いくつもの書物の著者として自己創造したのだと見ることができる。しかし、権力への意志の理論家としてのニーチェ——ハイデガーが「最後の形而上学者」として攻撃したニーチェ——は、ハイデガーその人と同様、一切のパースペクティヴを超えることに関心があった。美にとどまらず崇高を欲するのだ。

もしニーチェが偉大な先人の正典を、プルーストがたまたま出会った人たちについて考えたのと同じように考えることができたとしたら、理論家となる誘惑には駆られなかっただろう。崇高を求めもしなかっただろう。ハイデガーの批判を免れ、キルケゴールやネハーマスの期待にそって生きたであろう。ニーチェはキリスト教なきキルケゴールとなり、キルケゴール自身のいう意味で自覚的に「美的」でありつづけたであろう。もし自らのパースペクティヴァリズムと反本質主義に忠実に従っていたなら、ヘーゲルが陥った誘惑を回避したことだろう。その誘惑とは、いったん自らの先行者を一般的な考えに包摂する方法を見つけだしたなら、そのことでもって先行者についての再記述――自己創造という自らの目標に役立つ再記述――以上のことをなしとげたと考えたがる気持ちのことだ。こうした先行者とはまったく異なったものに自分をつくりあげ、彼ら先行者たちがおこなったのとはまるっきり異なったことをおこなう方法を見つけだした、と結論づけるにいたるなら、そのときには、ハイデガーが「形而上学への逆戻り」と呼んだことをおこなっている。なぜなら、そうなると、彼ら先行者に適用される記述はどれも自分には適用されえない、自分は深淵によって彼らから隔てられている、と主張していることになるからだ。まるで自分の先行者たちを再記述することで自分以外の何らかの力――大文字化された何か、存在、真理、歴史、絶対知、権力への意志――に触れているかのように振る舞っている。これこそまさに、ハイデガーがニーチェを「たんに逆立ちしたプラトン主義者にすぎない」と呼んだときに言おうとしたポイントであった。すなわち、プラトンが「存在」を物象化しようとしたときに、自分を超えたより大いなる何者かとつながりたいという衝動があったのと同様、ニーチェもまた同じ衝動をいだいて「生成」や「存在」とつながろうとしたのだ。

プルーストはこのような誘惑には駆られなかった。生涯の終わりに、時間軸にそって回顧し、色、音、物事、人びとといったものが、自分がごく最近これらについておこなった記述のパースペクティヴからみて、しかるべき場所におさまってゆくさまを見守っている、そのような者として自分をとらえていた。自分が時間上の一連の出来事を真上から俯瞰しているとは、つまりパースペクティヴのある記述様式からパースペクティヴのない記述様式へと上昇しているとはみなかった。テオリアは彼の野心のうちには微塵も含まれない。彼はパースペクティヴァリズムが真の理論であるかどうかを思い煩う必要のないパースペクティヴァリストだった。こうして私はプルーストという実例から、権威ある人物の相対性や偶然性についての認識を表現するためには、理論よりも小説の方が安全・確実な媒体である、という教訓を得る。なぜなら、小説は通常、人びと――一般的な観念や終極の語彙とは違い、きわめてはっきりと時間に拘束され、偶然性の網の目のなかに埋め込まれている事柄《もの》――を対象としているからだ。小説のなかの登場人物は齢を重ねて死んでゆくのだから――明らかに自らが登場する書物そのものの有限性を共有しているのだから――私たちは、彼らに対してとっている態度を、可能なありとあらゆる種類の人物に対してとる態度だと考えるような誘惑に駆られることはない。これに対して、観念を対象とする書物は(ヘーゲルやニーチェのような歴史主義者によって書かれている場合でさえ)、どのようにしてさまざまな終極の語彙がたまさかの交配によって、誰かと誰かの偶然の出会いによって生み出されたかを示しながら、こうした語彙の由来を系譜学的に説明するものであるというよりも、むしろ永遠の対象どうしのあいだの永続的な関係を記述するものであるようにみ

える。(8)

私が描いてきたプルーストとニーチェとの対比こそ、ハイデガーが解決しようとした中心的な問題を提起する。すなわち、私たちはどのようにして形而上学者にならずに、形而上学についての——未来において再記述されることのありえないような過去の再記述を見つけだすという継起的な試みについての——歴史物語《ヒストリカル・ナラティヴ》を書くことができるのか、という問題である。ヘーゲルは自分を途方もなく滑稽なものに見せてしまったのだが、どのようにしたら、そのように自分を滑稽なものにみせずに、自分で終わる歴史物語を書くことが可能なのか。理論家になり——人びとについてではなく観念についての物語を書き——ながら、自分自身の物語が認めていないはずの崇高さを自負しないでいられるのは、どのようにしてか。

ニーチェは「新しい日」「新しい方法」「新しい魂」「新しい人間」といったことを口にすることが多い。けれども、過去が設定した限界を爆破したいという彼の熱望は、ヘーゲルのしくじりを恥ずかしいと思う気持ちによって、もっと一般的にいえば、生に対しあまりに歴史的な意識をいだくのは不利だとの感覚によって、ときおりは鎮められる。ニーチェは、自己を創造したいと願う者はあまりにアポロ的になるわけにはゆかない、とわきまえている。とりわけ、彼には、可能性の全領野を真上から俯瞰しようとするカントの試みを倣ねることができないのだ。なぜなら、固定された、変わりえない「可能性の領野」という考えは、自らの努力次第でこの領野を拡大できるのだ——たんにあらかじめ定められた図式のなかで自らの存在が認められるだけではなく、この図式そのものを変えられるのだ――という考えと結合させるのは難しいからである。アイロニストの理論家は、自分は開かれたままの最後の可能性を現実化したのだと述べることと、自分はたんに新しい現実性だけでなく新しい可能性をも創造したのだと述べることとのディレンマに陥る。理論の要求からすれば前者を言わなくてはならないし、自己創造の要求からすれば後者を言わなくてはならないのだ。

ニーチェは、この二つの要求のあいだの緊張――自らを世界史的なものとみなそうとする試みが、ニーチェの天衣無縫なユーモア感覚に強いた重圧となって現われる緊張――について、混乱してはいるが有益な示唆を与えてくれる。一個の価値ある研究対象である。世界史的であろうとする野心はいまや、むしろ古臭くなってしまったと気づくことによって、完全に革新的であろうとする欲求に、緊張が負荷されているわけである。ハイデガーはユーモアを欠いているが、にもかかわらず、この緊張について私たちに最も多くを語ってくれる人物である。彼はヘーゲルやニーチェのどちらよりも、いましがた述べたディレンマについてはるかに自覚的で明確に意識していた。いやそれどころか、このディレンマに取り憑かれていた。このディレンマを解消することが、しだいに一九三〇年代の流れのなかで、ハイデガーの中心的な関心事となってゆくと言っても過言ではない。

二〇年代中葉のハイデガーは、どのようにしてアイロニストの理論家であるかという自らの問いを、きわめて無自覚に大いなるもの(「現存在」)へと投射することが依然として可能であった。人は自らを創造していないという事実と「責め」(深い「存在論的な」意味での)を同一視することによって、である。彼は告げる。「現存在そのものが責め・負い目をおう」と。なぜなら、現存在はたえず「良心の呼び声」によって追跡されるからである。この呼び声が、現存在はそれ自身の「不気味さ」によって「追跡される」ものであるということを思い起こさせる。ここでいう「不気味さ」とは、「日常的には覆い隠されているにしても、世界‐内‐存在の根本様式」なのである[9]。本来性とはこうした不気味さの認識にほかならない。それは自らが「投げ出され」ていること——過去に向かって「私はそう欲した」と言うことが(少なくともいまだ)できないこと——に気づく者によってのみ到達可能なのである。

ハイデガーにとって——初期と後期のどちらにおいても——人は何であるかといえば、それは、人が関与する実践、とりわけ使用する言語、終極の語彙にほかならない。なぜなら、このような語彙が、人が可能な企てとして受けとることのできるものを決定するからである。こうして、現存在《ダーザイン》には責め・負い目があると述べることは、現存在は誰か他の人の言語を語り、したがって自らつくったわけではけっしてない世界——まさにだからこそ、自らの故郷ではない〔自らにとって不気味な〕世界——に生きていると述べることにほかならない。現存在が責め・負い目をおうのは、その終極の語彙がただたんに現存在自身が投げ込まれた当の何ものか——成長する際に周囲にいた人びとによって、たまたま語られている言語——であるからだ。たいていの人は、このことについて負い目をいだかないだろうが、ヘーゲル、プルースト、ハイデガーが共有する特別の才能と野心をもった人であれば、負い目を実際に感じる。こうして、「ハイデガーは「現存在」ということで何を意味したのか?」という問いに対して簡潔明瞭に答えるとすれば、「彼自身のような人びと」——自分が自分自身の創造物ではないという考えに耐えることができない人びと——ということになる。このような人たちは、「私は一つの体系《システム》を創造しなければならない。さもなければ他人の奴隷になってしまう」というブレイクの絶叫の大事な点をただちに看て取っている。(10)あるいは、もっと精確にいうなら、そのような人たちは「本来的な現存在」——自らが現存在であることを、つまり、偶然にすぎないしかたで、自らが現にそこに在り、現にそのようなものであると語っていることを知っている現存在——である。

ハイデガーは『存在と時間』を著しているときに、自分が超越論的な企てを遂行していると真剣に考えていたようである。つまり、たんなる「存在的な」状態について可能性の「存在論的」条件の精確なリストを提示していると考えていたらしいのだ。彼は、知識人以外の者の通常の精神状態や生活設計は、目を見張るほどに異なる不安や企てをいだく、自分やブレイクのような人びとの能力に「根拠づけ」られているのだ、と純粋に信じていたようである(彼は私たちに真顔で語る。たとえば、右のように定義された「責め」は、例としてあげるなら借金をまだ払い戻していないがゆえに感ずる負い目の、可能性の条件である、と)。カントは、『純粋理性批判』が認めた人間の認識能力の制約を前提にしたうえで、当の書物がそこから書かれたとされる「超越論的立場」を想定することがどのようにして可能なのかを自問することはけっしてなかったようである。こうしたカントの場合とまったく同様に、この時期のハイデガーもまた、方法論的な自己言及の問題を探求することはけっしてない。自らが産出しようといそしんでいる「存在論」が、それ自身の結論を前提としたうえで、どのようにして可能なのかをけっして自問しないのだ。

このような初期の無自覚をあげつらっていても、私のねらいはハイデガーの初期の(内的に首尾一貫せず、慌ただしい筆致で書かれた、素晴らしく独創的な)書物を中傷することにあるのではない。要するにハイデガーは、自分自身の特異な精神状況を人間存在の何たるかの本質と取り違えた最初の哲学者ではなかったのだから(そのようなことをおこなった哲学者の最初のはっきりとした事例は、その作品がいまなお残っている最初の西洋哲学者、プラトンである)。むしろ、ここで私が指摘したいのは、ハイデガーが一九三〇年代を経るなかで、現存在、「存在論」「現象学」といった言葉を使わなくなり、いろいろな馴染み深い感情や状況の「可能性の条件」について語るのをやめたことには申し分のない理由があったということだ。まるで自らの主題を「すべての人間存在が本来、深いところで、そのようであるもの」の類であるかのように語るのをやめ、自分を本来悩ませていること、すなわち、特定の過去の哲学者に自分特有の仕方で私的におっている負い目、彼らの語彙が自分を虜にしているのではないかとの懸念、自己創造に成功することはけっしてないのではないかとの恐怖を、はっきりと語り出したのには、彼なりの申し分のない理由があった。

ハイデガーは(『存在と時間』では一顧だにしなかった)ニーチェに没頭するようになってから死にいたるまで、「どのようにして私はもう一人の形而上学者であることを、プラトンへのもう一つの注釈であることを回避できるか?」という問いに専心する。彼がこの問いに与えた最初の解答は、自ら書きたいと欲していた事柄の記述を「現象学的存在論」から「存在の歴史」へと移し変えることである。つまり、新しい「存在了解」を体現することによって自らと後続する世界の時代とを創造した人びと、そうした数ダースの思想家の歴史へと転換するのである。こうした思想家はすべて、ギリシアの〈現われ／実在〉の区別を何らかのかたちで引き合いに出していたという点で形而上学者であった。すなわち、彼らは皆自らを、すでに待ち受けている何か(真実在するもの)へとしだいに近づいてゆくものだと思い描いたのだ。ニーチェでさえ、(ハイデガーが主張するニーチェの取り扱い方のように)最終的な実在としての権力への意志の理論家とみなすならば、一人の形而上学者であった。——唯一残っているプラトンの転換を遂行したがゆえに、つまりプラトンが現われと同一視していたものに真実在の本質をすえるという仕方でプラトンを転倒したがゆえに、なおも「最後の形而上学者」ではあるのだが。[11]

ハイデガーは、過去を、とりわけニーチェをこのように再記述することによって——プラトン主義が自ら転倒し権力への意志へと行き着いた場所として、西洋を再記述することによって——自らを新種の思想家として描くことができた。形而上学者とアイロニストのどちらにもなりたいとは望まず、ただ両者の利点を結び合わせたいと望んだ。彼は生涯の大半を、「形而上学」という語に軽蔑的な意味を与えることに費やす。デリダがハイデガーから拾い上げて流行させ、本書で私が使ってきた意味を、「形而上学」という語に与えることに腐心したのだ。しかし同時にまた、多くの時間を、アイロニストがもつ審美主義的、プラグマティスト的な度量の広さ《オープン・マインデドネス》を軽蔑することに費やしもした。彼の考えでは、アイロニストとは、偉大な形而上学者がもつ高尚な真剣さ——存在との特別の関係——

を欠いた、おしゃべりなディレッタントである。彼はシュヴァルツヴァルトの頑迷な田舎者《レッド・ネック》として、ドイツ北部のコスモポリタン的な教養人《マンダリン》に対し根深い嫌悪感を向けた。哲学者としては、アイロニスト的知識人——その多くはユダヤ人——の台頭を、自らのいう「世界像の時代」がもたらす退化の徴候であるとみなした。彼の考えでは、二〇世紀のアイロニスト的文化、プルーストとフロイトが中心人物の位置を占めるハイ・カルチャーは、たんにポスト形而上学のニヒリズムがいだく没〈思考〉的な自己満足にすぎない。だから、彼は形而上学者でもなく審美主義者でもないあり方を見つけたいと望んだ。一方で、（プルーストとフロイトのように）形而上学をただたんに消し去るのではなく、むしろ形而上学はヨーロッパの命運を決する真の運命だとみなしたかった。しかし同時に、形而上学は、したがってヨーロッパはすでに終わったと主張したかった。なぜなら——プラトンはすでに完璧に転倒されてしまった以上——形而上学はその可能性を汲み尽くしてしまったからである。

　ハイデガーにとって、この課題は、どのようにして終極の語彙の内部で動きながら、何とかして同時にこうした語彙を「括弧にいれる」かという課題として提示された。——つまり、どのようにして形而上学の終極性が有する真剣さを保ちながら、形而上学にそれ自身の偶然性を表現させるか、という課題である。彼はたえず自らを掘り崩すと同時に、たえず自らを真剣に受けとめる語彙を構築したいと望んだ。ヘーゲルとニーチェの歴史主義的パースペクティヴァリズムはこうした問題と同じ方向にむかったが、ヘーゲルはこの方向からそれてしまう。絶対知はすぐそこまで来ているかのように、言語とは主観と客観との終極の合一によって代替可能なくてもかまわない「媒体」であるかのように語ることによって、道から外れたのだ。一方ニーチェにしても、彼は彼で、超人はどのような語彙もたずに何とかうまくやってゆくと示唆して、私たちを欺いた。ニーチェは曖昧に示唆する。ツァラトゥストラの寓話のなかの、獅子(これはこれで駱駝の生まれ変わり)の生まれ変わりである幼な子は、何らかの特定の言語を話すことにともなう不利を一切こうむらずに、思考にともなう一切の利点をともかく手に入れるだろう、と。

ハイデガーは、誉れ高いことに、当の問題をかわさなかった。せっぱ詰まったからといって、非言語的な言表不可能性の方を選んで唯名論を放棄したりはしない。そうではなく、アイロニストの時代にあって哲学が何でありうるかについて、大胆で法外な示唆をおこなう。私の考えでは、『存在と時間』に、〈転回〉の前後にいだいていた彼の野心を記述する一文がある。「哲学の究極の仕事は、現存在が自らを表わす最も基本的な言葉の力を擁護して、こうした言葉が常識によってわけもわからないほどに平板化され、……疑似問題の源泉としてはたらくということにならないようにすることにある」(*Being and Time*, p. 262〔『存在と時間』(上)、四五六頁〕)。

ハイデガーがあげる「最も基本的な言葉」に属する第一の候補は、『存在と時間』を著す際に新たな用法をわりあてた、現存在《ダーザイン》、気遣い《ゾルゲ》、情態性《ベフィントリッヒカイト》といった言葉であった。彼は〈転回〉を経るさなかで、『存在と時間』という書物が、そこにあるジャーゴンやその超越論的な自負が引き金となり、キルケゴール・ニーチェ的な嘲笑の格好の標的になってしまうということにだんだんと気づいてゆく(と私は想像する)。こうした理解を進めながら、第二の候補を掲げる。すなわち、偉大な先人が使った象徴的な言葉——ノエイン、フュシス、ズプスタンシアといった言葉である。偉大な形而上学者たちは皆、そう思われているのとは違って、現存在の有限性の理解を表現しようとしていたということを示そうとするハイデガー自身のもくろみにかなうように、第二の候補となる言葉は再定義された。[12]第一の候補に属する言葉と第二の候補に属する言葉のどちらにも、アイロニーが組み込まれていた。——こうした言葉はすべて、終極の語彙なしではうまくはたらきえないが、同時にどの語彙も終極のものでありつづけることはないということを意識している本来的な現存在の自己了解を、つまり現存在それ自身の「メタ - 安定性」の了解を表現するものであるとされている。「現存在」は、いわば、ハイデガーがアイロニストに与えた名前である。だが後期になると、この言葉は「ヨーロッパ」や「西洋」に取って代わられる。——「ヨーロッパ」や「西洋」とは、存在がアイロニーにとって、アイロニズムにつれて行き着く運命を最後まで演じきった場所の人格的な形象にほかならない。後期ハイデガーにとって、アイロニズムについて語るとは、ヨーロッパの物語の最後から二番目の段階について語ることである。その段階とは、つまり、ハイデガーのすぐ前にあり、彼自身ニーチェをその象徴とした段階——どのような事柄であっても、再コンテクスト化、再記述すれば、善くも悪くも、面白くも退屈にも見えさせることができるのだと、知識人が(そして、しだいに他の人たちも皆)理解するようになるにつれ、「世界が像になってゆく」段階のことである。[13]

私の読みにしたがえば、ハイデガーのいう「最も基本的な言葉」はどれも皆、アイロニストの理論家が置かれた窮地——ニーチェとヘーゲルは感じとったものの振り切ってしまったが、ハイデガーはきわめて真剣に受けとめた緊張——を表現するのにうってつけの言葉である。そうした言葉はすべて、理論的であると同時にアイロニーを保つことの困難を端的に集約するものと考えられている。こうして、ハイデガーが自分以外の人たちの——「ヨーロッパの」——窮地について書いていると主張しているときには、自分自身について、自らの置かれた窮地について書いていることになる。初期ハイデガーを後期ハイデガーにつなぐものがあるとすれば、それは、自らが本来的でありつづけることを可能とするような語彙を見つけだそうという希望である。——自分をより高き力につなぎ留め、〔トゥキュディデスのいう〕永遠の財産(*ktēma eis aiei*)を獲得し、〔有限な〕時間から永遠へと逃避しようとするどのような試みをも打ち砕く語彙を発見しようという希望だ。彼が欲する言葉は「平板化され」えず、あたかもそれが「正しい」終極の語彙に属するものであるかのように使うこともできないものである。彼は自らを費消し、たえず自らを一新してゆく語彙を欲する。——真の本質の再現でなく、より高き力に触れる方法でなく、権力の道具や目的の手段でもなく、現存在が有する自己創造の責任を回避する試みでもない、ということを自ら明らかにするような言葉だ。彼が欲する言葉は、いわば、彼にかわって仕事をするものなのである。——彼が感ずる緊張を自らに引き受けることによって、その緊張から彼を解放するのだ。こうしてハイデガーは、反ヴィトゲンシュタイン的であるばかりではなく、反ロック的でもある言語観を採用せざるをえない。つまり、「アダムの」言語についての思弁が一七世紀になって次第に消失していってからは、ずっと馴染みのないままの言語観である。ハイデガーにとって、哲学的真理はひとえに、音素の選択そのもの、言葉の音・響きそのものにかかっているのである。[14]

この言語観をハイデガーの企ての背理法として受け取るのはたやすい。しかし、ハイデガーが自らに立てた問題の困難をみるなら、その企ての魅力を看て取ることができよう。すなわち、どのようにして、自らは理論作業をおこなわずに、過去の一切の理論を凌ぎ、配置し、脇に片づけるかという問題である。彼自身のジャーゴンでいうと、これはすべての存在者が共有しているものについて語ることなしに、存在について語るという問題であるといえよう(すべての存在者が共有しているものについての語りこそ、ハイデガーの定義からすれば、形而上学の本質である)。ハイデガー自身の称するところによれば、非理論的なジャーゴンが他の人たちの明白に理論的なジャーゴンとそれほどまでに異なるかどうかという問題は、彼にとって、どのようにして「言葉の本質を傷つけることなく、その本質に触れる」か、という問題として現われる。[15] もっと具体的にいえば、それはどのようにして形而上学の「合図・目配せや振舞・身振・動作」[*Winke und Gebärden*]を、その「記号と暗号」[*Zeichen und Chiffren*]から区別しておくかという問題である。たとえば、どのようにしたら「存在の家」(ハイデガーによる言葉の記述の一つ)という言い回しが、「私たちがそれを手がかりにして勝手なことを想い浮かべてもよいようなかりそめのたんなる比喩」として受け取られないで済むか、という問題である。[16] こうした問題に対する解決の手だてはたった一つしかない。すなわち、ハイデガーの言葉をどのようなコンテクストにも置いてはならない。その言葉をゲームで使う動かすことのできるコマとして、道具として、ハイデガー自身が出したものとは別の問いにとって重要な意義をもつものとして扱ってはならない。つまり、あまりにも愛するがゆえにとうてい「文芸批評」の対象としては扱うことのできない叙情詩——暗唱することはあっても、(傷つけるのを恐れるため)他のことに関連づけられない叙情詩——に認める特権を、彼の言葉に与えよ。

こうした嘆願は、音素、音・響きが重要である場合だけに意味をなす。なぜなら、それが重大でないとしたら、私たちは意の向くままに、ハイデガーの言葉を——彼が自分のために展開した終極の語彙の断片を——彼以外の人が加わることのできる言語ゲームの点棒として扱うことができようから。〈存在の家 *Haus des Seins*〉といった用語でさえ、ソシュールやヴィトゲンシュタインによって馴染みとなったコンテクスト主義的な仕方で扱い、この用語そのものにとっては外からやってきた目標のために多かれ少なかれ有用な道具とすることもできよう。しかし、もしそのようなことをすれば、ゆくゆくは、「当のゲームをおこなうことのどこが重要な点なのか?」と「何のためにこの終極の語彙は有用なのか?」という問いへと突き返されるだろう。この二つの問いに対して得られる答えは、ニーチェが与えたものしかないように思われる。すなわち、〔第一の問いに対しては〕私たちの権力を増大させるということであり、〔第二の問いに対しては〕そのおかげで、私たちはあらかじめ欲しいと決めていたものを手にすることができるということである。(17)

ハイデガーの考えでは、こうした真理と権力の同一視を避けようというのであれば——本書が提唱する類のヒューマニズムとプラグマティズムを、すなわち形而上学が最終的に行き着く最も堕落したニヒリズムであるとハイデガーが受けとめる思考形態を避けようというのであれば——私たちは終極の語彙はたんに目的に対する手段にとどまらず、それどころか、存在の家であると言わなくてはならない。だが、こうした主張・要求を掲げるからこそ、ハイデガーは、音素の実際の使われ方ばかりか、音素そのものを重大な事柄にすることによって、哲学言語を詩にしなくてはならなくなるのだ。

　ヴィトゲンシュタインの言語観やプラグマティストの真理観に向かって提起される現代の異論の多くは、物理学は他の言説に対して特権的な位置を占めると論ずる「実在論《リアリスト》」哲学者(たとえば、ウィルフリッド・セラーズ、バーナード・ウィリアムズ)によるものである。ハイデガーにとっては、こうなると、事態はまさに悪い方向にむかってしまう。彼の見方では、プラグマティズムとヴィトゲンシュタインと物理学が有している値打ちは互いに似たり寄ったりである。ハイデガーは、物理学ではなくむしろ詩こそが、言語ゲームによる言語の説明を不適切なものとして示すのだ、と考える。彼が言い換え不可能なことの例として挙げているものの一つ、すなわち、ゲーテの一節「山の頂に静けさがある」の「ある *ist*」という言葉の到来を考えてみよう[18]。この「ある *ist*」を何らかの目標を達成するための手段として解釈しようとするのは、どこか不都合があるように思われる。もちろん、そのように解釈されもしよう。そして、ハイデガーはなぜそうであってはならないのかの論拠を何ら提示していない。しかし彼は、「そのような解釈にはどこか不都合があるように思われるのだとすると、どこか不都合があるならば、言語はどのようなものでなくてはならないのだろうか？」という問いへの考察に私たちを向かわせたがっているのだ。彼の答えは、或る「基本的な言葉」——彼のいう「常識的な了解」による利用から離れて、それとは別に「力《フォース》」をもっている言葉——がなくてはならないだろう、というものである。常識的な了解は、言語ゲーム論がとらえるものである。しかし、力は、「存在の家」という考えのおかげではじめてとらえることができるとされるのだ。どんな言葉も力をもたないとしたら、その力を保持しようとする試みとしての哲学に対する欲求はまったくないことになるだろう。

ハイデガーが「哲学の究極の仕事」という文言でいおうとすることをこのように説明すると、明らかにつぎのような問いが浮上する。「どういうわけで、ハイデガーは或る言葉がただちに、基本的な言葉だとわかってしまうのだろうか？　たんに使われるのではなく、力をもつ言葉だと？」。彼以外の私たちと同じように、有限であり、時と場に拘束されるのだとしたら、どういうわけで、彼は耳にしただけで基本的な言葉を認識することができると主張しながら、形而上学者に逆戻りしないでいられるのだろうか。私たちは、公刊された数少ない(とはいえ、明らかに、数多く書いている)詩の一つの詩行から、彼の解答に対する手がかりを得ることができる。「存在の詩——人間——は、まだ始まったばかりだ」。彼の考えでは、人間——いやむしろヨーロッパ人——は、その生涯を費やして、或る終極の語彙から別の終極の語彙へと移り行く者である。だから、もし基本的な言葉を拾い上げたいのであれば、「ヨーロッパ」と呼ばれる登場人物について教養小説《ビルドウングス・ロマン》を書き、ヨーロッパの生における決定的に重要な過渡期の一つひとつにスポットライトを当てるよう努めればよい。ここでハイデガーは、批評家であれば「英語詩」を採りあげておこなうことを、「存在の詩」に対しておこなっていると考えてみよう。ブルームのようにきわめて野心的な批評家ならば、詩人からだけではなく、詩やそのなかの詩行からも正典を解釈し、まさにどの詩のどの節が後続の詩人に選択肢を切り拓いたか、あるいは消し去ったかを特定しようとするだろう。英語詩の「最も基本的な」詩行は、英国における二〇世紀の詩人が占める歴史的な位置を決定する。すなわち、その詩行こそ、詩人が使う道具ではなく、彼が住む家である。こうした批評家は、英語詩がどのようにしていま現在のようになったかについて教養小説を書くのである。ハイデガーが書いているのは、彼が使う文言でいえば、「存在はいま何であるか」に関する教養小説である。[19] 彼は、ヨーロッパをいま現にある地点に到達させるのに決定的であった哲学者や言葉を特定しようとする。私たちに与えたいと望んでいるのは終極の語彙の系譜学である。この系譜学は、私たちが廻り道せずに一通り通過しなくてはならない理論家たち(ヘラクレイトス、アリストテレス、デカルトなど)についての話を語ることによって、なぜ私たち自身である終極の語彙を目下のところ使っているのかを示そうとする。しかし、論ずべき人物と切り取ってくるべき基本的な言葉の選択の規準は、哲学者や言葉が、それ以外の何か——たとえば存在——に依拠した権威であるということではない。そうした哲学者や言葉は、私たち——私たち二〇世紀のアイロニスト——以外の何かをけっして明らかにするのではない。そうしたものが私たちをつくったからこそ、このほかならぬ私たちを明らかにするのである。「現存在が自らを現わす、最も基本的な言葉」は、そうした言葉の方が物事それ自体のありかたにより近いという意味で、「最も基本的」なのではない。そうではなく、私たちにより近いという意味でのみ、「最も基本的」なのである。

ハイデガーについての話を要約するならば、つぎのように言うことができよう。ハイデガーは、私たちに物語《ナラティヴ》を語るのではなく、連禱を唱える〔音の響きを繰り返し聴かせる〕ことで、ニーチェにみられるアイロニーから形而上学への逆戻り、権力への欲求に対する最終的な屈服を回避したいと希望した、と。彼は、どのように自らの物語を終えるかというヘーゲルとニーチェがかかえた問題をあますところなく理解し、そして——人生の終わりに近づくと——自分は彼ら二人が陥った罠を避けたつもりになった。存在の歴史という自らの物語を、たんに棄て去ることのできる梯子として、私たちの注意をもっぱら「基本的な言葉」に向けさせるための工夫として扱うことによって、こうした罠を逃れたと自負した。私たちを現にあるようにさせた言葉を、私たちに聴かせる手助けをしたかったのだ。彼は最終的に決断を下した。何か——たとえば、「西洋の存在論」や私たち自身——を克服するためではなく、〈放下 *Gelassenheit*〉のために、権力を追求しない能力、克服したいと願わない能力のために、私たちはそうした言葉を聴くべきである、と。(20)

このように記述されたハイデガーの試みと、先に記述したプルーストの試みとの類比はきわめて明瞭である。プルーストは、一切の可能な権威を〔自分の裁判官としてではなく〕自分と同類の苦難する者として描き直すことによって、権威という概念から権威を抜き去ろうと腐心した。この努力は、形而上学者の言葉を道具として利用するのではなく、その言葉の響きをただたんに聴きとろうとするハイデガーの試みに対応する。ハイデガーが〈追想する思考〉(*andenkendes Denken*)——呼び戻す思考——としておこなっていることの記述は、プルーストとの類比をさらに容易にする。彼もプルーストも、もし想起が私たちを創造したものを回復しうるのだとしたら、この回復ということ自体が人が現にある者になることに等しいと考えたのだ。

このように類比すると、何がこの類比に関してまずいことなのか、プルーストが成功したその場所でハイデガーは失敗したとなぜ私は考えるのかを、つぎに説明することができる。プルーストが成功したのは、彼が公共的な野心をもたなかったからである——彼には、「ゲルマント」という名の響きが語り手以外の者にとって何ごとかを意味すると信じる理由はない。もしこれと同じ名が今日の多くの人にとって実際に響くものがあるとすれば、それはたんに、プルーストの小説を読むことが、たまたま、その人たちにとって、ゲルマントの丘陵の散歩がマルセルにとってそうであったのと同じものになったからにすぎない——それは、その人たちが自らの自己創造の企てに成功するのであれば、再記述し、他の経験と嚙み合わせなくてはならない経験である。しかしハイデガーは、近代ヨーロッパのすべての人に響く言葉を(いや、響くべき言葉を)自分は知っていると考えた。たまたま数多くの哲学書を読んだ人びとの運命にとどまらず、西洋の公共の運命にも重要な関わりのある言葉を知っている、と考えたのだ。彼には、自分にとってあまりに多くのことを意味した言葉——「アリストテレス」、「フュシス」、「パルメニデス」、「ノエイン」、「デカルト」、ズプスタンシアといった言葉——は、たんに「ゲルマント」「コムブレ」「ジルベール」といったものと等価な彼自身の私的な言葉にすぎないとは信ずることができない。

しかし、実際には、それ以外の何ものでもなかったのだ。ハイデガーは(自然科学を除けば)同時代のなかでも最も偉大な理論的な想像力の持ち主であった。彼は自らが試みた崇高に達したのだ。しかし、このことは、彼による言葉の結びつけ方・連想方法を共有しない人びとにとって、彼がまったく無用になることを妨げるものではない。彼は、そうしたことを共有する私のような人びとにとっては、範例的で、巨人のような、忘れがたい人物である。ハイデガーを読むことは、私たち自身の自己創造の企てに成功するために、何とか折り合いをつけて受け容れ、再記述し、その他の経験と嚙み合わせなくてはならない経験の一つとなっている。しかし、ハイデガーには、一般に通用する公共的な有用性はない。アイロニストの理論は、没歴史的な力とつながろうとするプラトンやカントのような形而上学者の試みをいまだかつて読んだことがない者、あるいは読んだとしてもただ興じていた者にとっては、中身のない脅迫に対する馬鹿げた過度の反応であるようにみえる。そのような人は、ナミュールの要塞の模型を組み立てようとしたトビー伯父さんの試みと同じく、ハイデガーの〈追想する思考〉も差し迫った必要のあるものとは考えないだろう。

ハイデガーにとって、マルセルが繰り返し語る思い出は、特別の位置を占めた。ハイデガーは、書物に関する自分の知識をもってすれば、現代のヨーロッパ人すべてにとってそれと同じ位置を占める言葉を拾い上げることが可能だ、と考えた。だが、彼にはできなかった。基本的な言葉のそのようなリストなど、普遍的な連禱など存在しないのだ。ハイデガーがいう「基本的」の意味での、基本的な言葉の基本性は、私的で特異な事柄である。ハイデガーが読んだ書物のリストは、その他の数多くの書物に関する数多くの他のリストと同様、ヨーロッパやその運命にとっては中心的なものではない。そして、「ヨーロッパの運命」といった概念は、いずれにせよ、なくてもかまわない。なぜなら、この種の歴史主義者のドラマトゥルギーは、可死性《モータリティ》という思想を、より大いなるものとつながり《アフィリエーション》、それを受肉・体現する《インカーネーション》という思想によって払いのけようとする、もう一つの試みにすぎないからだ[21]。

ハイデガーは、言語が目的に対する手段でないときに言語はいったい何でありうるのかを示すのは詩だと述べた点ではきわめて正しかった。しかし、普遍的な詩——哲学と詩それぞれの最善の特徴面を結び合わせるもの、形而上学とアイロニズムの双方を超えた位置にあるもの——がありうると考えた点では、まったく誤っていた。音素は実際に重要だが、一つの音素できわめて多くの人に長いあいだ重要でありつづけるものはない。「人間」とは「存在の詩」であるというハイデガーの定義は、理論を詩たらしめることで理論を救出しようとする、壮大ではあるが、成功する見込みのない試みであった。しかし、一般に人間にしても、とくにヨーロッパにしても、運命は有していないし、どちらも、詩がその作者に対してもつ位置関係を、人間より大きな形象《フィギュア》に対してとってもいない。アイロニストの理論も、近代ヨーロッパの偉大な文芸の伝統の一つにすぎない——アイロニストの理論によって例証される成果の偉大さという点では近代小説に匹敵するものだが、政治、社会的な希望、人間の連帯にとってはまったくといってよいほど重要性をもたないものだ。

ニーチェとハイデガーが自らにとっての個人的な正典をたゆまず誉め称え、彼らにとって多くを意味する些細な事柄から離れないでいるとき、二人はプルーストと肩を並べるほど気高い。この二人は、私たちが旧い自己に関する教養小説を書くことで新しい自己を創造しようと自ら試みる際に、実例として、素材として、私たちのような者に利用可能な人物である。しかし、二人のどちらかが近代社会、ヨーロッパの運命、現代の政治について見解を述べようとすると、そのとたんに、よくて気のぬけたものになるか、下手をするとサディスティックになってしまう。すでに死んだ偉大な形而上学者の名と言葉を個人的な連禱の欠かせない構成要素として使うことで、自分自身の条件を超越しようとした哲学教授としてハイデガーを読む場合には、彼はこのうえなく共感できる人物である。しかし、私たちの公共的な生についての哲学者として、二〇世紀のテクノロジーと政治に関する注釈者としてみたとき、彼は憤慨に充ち満ちており、狭量で、意地が悪く、病的なまでに執拗である。――そして、ときおり見られる最悪の場合には(ユダヤ人を大学から追放した後に、ヒトラーを賞賛したことに見られるように)、残酷ですらある。

この主張は、前章の末尾で示唆したことの繰り返しである。すなわち、アイロニーは公共的にはほとんど何の使いものにもならないし、アイロニストの理論というものは、正確には語義矛盾ではないにしても、少なくとも形而上学理論とは同じ〔理論という〕用語で判断することがおよそ不可能なまでに異なっている、ということである。形而上学は、自己発見と政治的な効用は統一されうるのだと示すことで、私たちの私的な生と公共的な生とをひとまとめにしようと期待した。形而上学は、私的な部分と公共的な部分とに分かれることのないような終極の語彙を提供しようと期待し、小さな私的なところでは美しくあり、同時に大きな公共的なところでは崇高でありたいと望んだ。アイロニストの理論は自ずと、これと同じ綜合を体系によってではなく物語によって達成しようと試みることになった。しかしその試みは見込みのないものであった。

プラトンやマルクスのような形而上学者の考えでは、いったん哲学理論が私たちを現われから実在へと導いたなら、私たちは同胞の人間存在にとって有用であるような、より望ましい立場にいることになると示すことが可能である。この二人はどちらも公／私の分裂、自己への義務と他者への義務との区別は克服されうると期待した。マルクス主義がその後に展開した一切の知識人の運動にとって羨望の的となったのは、マルクス主義こそが、自己創造と社会的責任、世俗的なヒロイズムとキリスト教的な愛、観照する者の冷静沈着《デイタッチメント》と革命家の熱情とをどのように綜合するかを、一時示してくれているように思われたからである。

私がアイロニストの文化についておこなった説明に従えば、こうした対立は生においては結合されうるが、理論のうえでは綜合されえない。私たちはマルクス主義の後継ぎを、つまり、慎ましさと崇高さを融合させる理論を探し求めるのをやめるべきである。アイロニストは自分の終極の語彙のうちにある私／公の分裂に甘んじるべきである。つまり、自分の終極の語彙に関する疑念を解消することは、他人を苦痛と辱めから救おうとする試みとは何の特別の関係もない、という事実に満足すべきである。自分にとって大切な些細なもの――たとえそのような些細なものが哲学書であっても――を結び合わせ再記述するのは、自分以上の大いなる何か、「ヨーロッパ」や「歴史」といった何かについての理解には帰着しないだろう。私たちは自己創造と政治を結合させようとするのをやめるべきである。とくに私たちがリベラルであるならば。リベラル・アイロニストが用いる終極の語彙のうちで、公共的な活動に関わる部分は、そうした終極の語彙の他の部分を包摂することも、そうした他の部分へと包摂されることもけっしてないだろう。私は第八章で主張する。自己創造の言説がどれほど洗練されようとも、リベラルの政治言説はそのまま(そしてオーウェルが考えたように)理論をもたず《アンセオレティカル》に率直な思考を保ちつづけた方がうまくゆくであろう、と。

注

(1) アイロニストの理論作業のモットーは老ハイデガーによって出されている。彼は一九六二年の講義「時間と存在」で、つぎのように締め括っている。「形而上学に対する考慮は、形而上学を超克しようとする目論見のうちでもいまだに支配している。それゆえに、超克ということを捨て去って、形而上学それ自身に委ねることが必要である」(*On Time and Being*, trans. Joan Stambaugh [New York : Harper & Row, 1972], p. 24〔辻村公一/ハルトムート・ブフナー訳「時と有」、『思索の事柄へ』(筑摩書房、一九七三年)、四八頁〕)。ハイデガーは、やがてデリダの作品のうちで現実化される可能性を鮮明に自覚している。すなわち、ハイデガーは自分自身がニーチェを扱ったのと同じように、取り去られねばならないもう一つの(最後の)梯子の段として扱われるという可能性である。こうした自覚の例として、彼の作品がヘーゲルのそれと連続しているという「フランスの」考えを拒絶し、「ハイデガーの哲学」というようなものの存在を彼が否定したことを見よ("Summary of a Seminar," ibid., p. 48〔「講演「時と有」についてのセミナーの記録」、同前、九二頁〕)。また、合図・目配せや振舞・身振・動作(*Winke und Gebärden*)を指した言葉が概念として、つまりそれ自身以外の何かを把握するための道具(記号や暗号 *Zeichen und Chiffren*)として解釈される危険について述べた、「言葉についての対話より――ある日本の人と問いかけるある人との間で交わされた」の一節を見よ(*On the Way to Language*, trans. Peter Hertz〔New York : Harper & Row, 1971〕, pp. 24-27〔亀山健吉・グロース訳「言葉についての対話より」、『ハイデガー全集12 言葉への途上』(創文社、一九九六年)、一三四―一四〇頁〕)。

(2) Alexander Nehamas, *Nietzsche : Life as Literature*, p. 188.

(3) Bernard Yack, *The Longing for Total Revolution.* とくに第三部を見よ。

(4) *Remembrance of Things Past*, trans. Charles Scott-Moncrief(New York : Random House, 1934), vol. 1, pp. 571, 576.〔井上究一郎訳『失われた時を求めて 3 第二篇 花咲く乙女たちのかげにII』(ちくま文庫、一九九二年)、一一五、一二四頁〕

(5) Nietzsche, *Human, All Too Human*, 2.〔池尾健一訳『人間的、あまりに人間的I』(ちくま文庫、一九九四年)、二〕

(6) 『哲学史講義』は『精神現象学』が始まるところで終わる。すなわち、ヘーゲルによるフィヒテとシェリングの止揚(Aufhebung)と、精神はいまや自らを絶対的なものであると知るのだから、「その目標に到達した」との主張とでもって終わる。

(7) Kierkegaard, *Concluding Unscientific Postscript*〔『哲学的断片への結びとしての非学問的あとがき』〕, trans. David Swenson and Walter Lowrie(Princeton, N.J.: Princeton University Press, 1968), p. 558 での、ウォルター・ロウリィが付けた注で(該当頁が指示されないまま)引用されている、キルケゴールの『日記』。

(8) もちろん、登場人物がたんに着飾った一般性にすぎない、トマス・マンの『ファウスト博士』のような小説もある。小説という形式はそれだけでは偶然性の認識の保険にはなりえない。この認識を回避するのをほんの少し難しくするだけだ。

(9) 「現存在は現存在であるかぎり、すでに負い目あるものである」については、*Sein und Zeit*, 15th ed. (Tübingen : Max Nieweyer, 1979), p. 285 を、「不気味さは、日常的には覆い隠さているけれども、世界-内-存在の根本的様相である」という主張については p. 277 を、「良心の呼び声」(後期ハイデガーでは存在の声として再び現われる)については p. 274 を見よ。MacQuarrie and Robinson の翻訳(*Being and Time* [New York : Harper & Row, 1962])での該当箇所は、それぞれ、p. 331, 322, 319〔細谷貞雄訳『存在と時間』(下)(ちくま学芸文庫、一九九四年)、一三三、一一六、一〇九—一一〇頁〕。『存在と時間』のこれらの節についての好論として、John Richardson, *Existential Epistemology* (Oxford : Oxford University Press, 1986), pp. 128–135 を見よ。リチャードソンはこう述べる(p. 132)。「まったき自己創造の不可能性、私たちはけっして「私たち自身の原因」ではありえないという意味こそ、ハイデガーが「責め」と呼ぶもののうちにある第一の空無さ[Nichtigkeit——私たちを責めあるものたらしめる欠如を表わす語]である」。

(10) *Jerusalem*, plate 10, line 20. つづく文にはこうある。「私は理性をはたらかしも比較もしない。私の仕事は創造することだ」。

(11) ハーバーマスは「現象学的存在論」から「存在の歴史」への転回をハイデガーがナチに関与した結果であると受けとっている。『近代の哲学的ディスクルス』(*The Philosophical Discourse of Modernity*)で、こう述べる。「ハイデガーが後期において、時間性を介して考察された根源性の哲学へと向かう進路をとることになった事情は、ナチスの運動と同一化していたことを抜きにしては考えられないように思われる。この同一化は一時的なものであったには違いないが、一九三五年になってもなお、この運動の内的真理と偉大さを証明しようとしていたのである」(p. 155〔三島憲一他訳『近代の哲学的ディスクルスⅠ』(岩波書店、一九九〇年)、二七一頁〕)。その後、彼は述べる。ハイデガーがナチスの運動の性質に関し自ら目を閉ざしていたことについて自責の念をもとうとしたのも、「存在論の見地にまで高められ、崇高な意味を与えられた歴史にもとづいて」のことであり、「こうして、存在の歴史の構想は生まれた」と(p. 159〔同前、二七八頁〕)。しかし、ハイデガーが三〇年代後半から四〇年代にかけて存在の歴史について語った話の大部分は、『現象学の根本問題』に関する一九二七年の講義においてすでに原型が出されており、もし『存在と時間』が完結していたら、おそらくその第二部となっていただろう。たとえナチスが権力を掌握しなかったとしても、そして、ハイデガーがヒトラーの腹心になることをけっして夢見ていなかったとしても、それでも〈転回〉はおこなわれたのではないか、と思う。

存在の歴史を特徴づける側面のうち、一九二〇年代には現われていない重要な点は、存在の歴史はニーチェとともに「その可能性を汲み尽くす」と主張していることである。したがって、私の感触では、「存在論の見地にまで高められ、崇高な意味を与えられた歴史」の決定的に重要な細部が決められたのは、「ナチスの制服を身につけて、どのようにして歴史に向かおうか」とハイデガーが自問した日ではなく、「歴史は私をニーチェのもう一人の弟子にすぎないとみなすだろうか」と自問した日であったように思う。ハイデガーにはナチズムへの加担に対する言い訳を見つける必要があり、自らが語ろうとする話のうちに〈まったく説得力に欠ける〉自己弁明を織り込んだと指摘している点では、ハーバーマスはたしかに正しい。しかし私の見るかぎり、言い訳するための手持ちの素材がもっと少なかったとしても、ともかくもハイデガーは存在の歴史という物語を書き上げたであろう。

ハイデガーの思想と彼のナチズムとの関係という一般的な問題に関していうと、二〇世紀の最も独創的な思索家はたまたまかなり底意地の悪い人物であった、ということ以外にもっと言うべきことが残されているとは、私には確信をもって言うことができない。彼は自分の野心のために同僚のユダヤ人を裏切ることができ、自分のしたことを何とか忘れようと策を練ったような男である。しかし、第二章で提起した、中心なき自己という見方を堅持するならば、知性に関わる徳と道徳的な徳との関係、そして一著作家の書物とその生の他の部分との関係は偶然的なものだと考える構えをもつことになるだろう。

(12) ハイデガーがめったに見せないような気軽さで残念そうにしながら「強引で偏狭なハイデガー的解釈法」(*Introduction to Metaphysics*, trans. Ralph Mannheim [New Haven, Conn.: Yale University Press, 1959], p. 176〔川原栄峰訳『形而上学入門』(平凡社ライブラリー、一九九四年)、二八七頁〕)と呼んだものを実に適用すると、それはかならず、検証の対象としたテクストを著した偉大な哲学者(または詩人)は『存在と時間』を先取りしているという理解に辿り着く。そうしたテクストは必ず、「存在」と「現存在」は絡み合っており、存在とは遠く隔たった無限なものなのではなく、「現存在が存在しているかぎりでのみ存在が《与えられている》」という重要な論点を打ち出しているというわけである(*Sein und Zeit*, p. 212〔細谷貞雄訳『存在と時間』(上)(ちくま学芸文庫、一九九四年)、四四二頁〕を見よ。「それにしても、現存在が——すなわち、存在了解の存在的可能性が——存在しているかぎりでのみ、存在が《与えられている》」。*Introduction to Metaphysics*, p. 139〔前掲『形而上学入門』二二八頁〕と比較せよ。そこでは、このことは、パルメニデスの断片八の要だと言われている)。

一方で、ハイデガーが言いたいのは、自分とパルメニデス(思索者の作品を誤って解釈し陳腐化するエピゴーネンと対置された、思索者のクラブの正会員)は同じ方向にそって作業をしていたということである。「存在についての問いがいかに必然的に現存在の根拠づけを含みこんでいるかということが、すでに西洋哲学の始まりにおいて、はっきり看て取れる」(*Introduction to Metaphysics*, p. 174〔同前、二八五頁〕)。他方で彼は、存在そのものはパルメニデス以来、存在忘却の進展の結果、変化してしまっているということも言いたいのである。彼はこの二つの主張を結びつけるという困難をかかえている。

(13) "The Age of the World Picture," in *The Question Concerning Technology and Other Essays*, trans. William Lovitt (New York : Harper & Row, 1977). とりわけ p. 129〔茅野芳男訳「世界像の時代」、『ハイデガー全集第5巻 杣径』(創文社、一九八八年)、とくに一一〇頁〕を見よ。「したがって世界像は、本質的に了解されるなら、世界についての或る像を指すのではなく、像として認識され把握された世界を指す。全体としての存在するものはいまや、表象し作成する人間によって立てられている限り、はじめて存在するものであり、またその限りにおいてのみ存在するものである」。私がおこなっているように、存在については忘却し、存在者だけが存在すると考えるならば、この「ヒューマニスト的」見地——ハイデガー自身は軽蔑した見地——こそが、ハイデガーによる「言葉は人を話す」との主張や、「詩的なもの」こそが「世界を開示する」との賛美ということで理解されるものの内実となるだろう。本書の最初の三つの章、とくに第三章における「詩人」の賛美は、ハイデガーが『世界像の時代』という論攷で打ち出す「像としての世界」という考えを詳しく展開する試みである。しかし、私はデリダと同じく、ハイデガーを逆立ちさせ——彼が嫌悪するものを慶び——たい。

(14) この点は、ハイデガーが聴覚性の優位を主張する際に最も明瞭に現われる。——この主張をデリダは重要視する。そして、「書かれたもの《エクリチュール》の優位」を主張することで、ハイデガーを転倒する。だが、書かれた言葉の形に留意する仕方は、ハイデガーが語られた言葉の音に留意した際のものと同じである。たとえば、「言語の本性」に関するハイデガーの論攷を見よ。この論攷にはつぎのような一節がある。「語《ことば》が唇の花と呼ばれ、咲き匂う華と名づけられているのですが、それならば、われわれは語の音声がこの地上で花開くのを聴くのでしょうか。聴くとすれば、いったいどこからでしょうか。それは言《こと》の働きからです。そして、この言において、世界が立ち現われてくるという事態が生じてきます。音声が出るというのは鳴り響くことの中から響いてくるのであり、この鳴り響くことは、開かれたものに対して開かれていて、世界を事物において立ち現われさせる、呼びかけつつ結集させることから響いてくるものであります」(*On the Way to Language*, p. 101〔亀山健吉訳「言葉の本質」(一九五七/五八年)、『ハイデガー全集第12巻 言葉への途上』(創文社、一九九六年)、二五三頁〕)。

ハイデガーが「ドイツ語とギリシア語は二つの哲学言語である」と述べ、ギリシア語は「言語が語るものそのものとなっている唯一の言語である」と述べるとき、彼は哲学は詩がそうだと言われるのと同じ意味で翻訳不可能である——音こそが重要なのだ——と言っているのだと考える。彼がこのように考えていないのだとしたら、ギリシアの初源の言葉を引き合いに出しながら際限なくおこなわれる言葉遊びは、意味をなさない(たとえば、*Early Greek Thinking*, trans. David Krell and Frank Capuzzi〔New York: Harper & Row, 1975〕, p. 36〔「アナクシマンドロスの箴言」、前掲『ハイデガー全集第5巻 杣径』三八八—三八九頁〕での、〔古ドイツ語の〕「見守り・注意」(war)、「保護」(Wahr)、「保護する」(wahren)という語をめぐる議論を見よ)。というのも、ハイデガーは語源学の問題に関心をもっていないし、誤った語源詮索を売り物にしているとの非難を切って捨てるからである。関心があったのは響き・共鳴だけである。こうした響き・共鳴を生んだり、生まなかったりという因果的な歴史は、取るに足らない。

ハイデガーは思想が「詩にされる」のを欲し、「厳密にいえば、語るのは言語である。言葉の訴えを聴き取ることによって、言葉に応答するとき、そのときにはじめて、人は語る」ということを私たちに気づかせようと望む(*Poetry, Language, Thinking*, trans. Albert Hofstadter〔New York: Harper & Row, 1971〕,

p. 216)。しかし、詩人と思索者の関係について蒙を啓くようなことはけっして語らない。——たとえば、なぜソフォクレスとヘルダーリンは詩人とされ、パルメニデスと自分は哲学者とされるのかについて一言も語らないのだ。ヘルダーリンへの羨望がいたるところで息づいているのはわかるが、彼と競い合おうとはしない。「私たちはヘルダーリンが詩をとおして述べているのと同じことを考えているのである」と述べたとたんに、いっさいを撤回する不可解な一節を挿入せざるをえないと感じてしまうのである。たとえば、つぎのように述べる一節。「詩と思索は、それぞれの本性の違いにおいて違いを保っているかぎりにおいて、この二つは出会い、一つになる」(ibid., p. 218)。

ハイデガーは自分が「挫折した詩人」だと考えられたくはなかったし、ニーチェを学会のジャーゴンに翻訳する教授だと考えられたくもなかった。しかし、彼が戦後に書いたものを読むと、「挫折した詩人」という描写がぱっと頭に思い浮かぶし、『存在と時間』の或る節を読むと、ニーチェを学会向けに翻訳する教授先生という描写が頭をよぎる。

(15) *On the Way to Language*, p. 22.〔前掲『ハイデガー全集第12巻 言葉への途上』一三一頁〕

(16) Ibid., p. 26.〔同右、一三八頁〕

(17) ハイデガーの考えでは、こうした言語観は、プラトンが「意味」と「意味の感覚的な媒体」とを区別してから、避けがたいものになった。こうした不可避の事態は、彼がプラトンからニーチェにいたる進行——現われと実在の区別が〈君の権力と私の権力〉の区別へと溶解するという宿命——のうちに見ている、より大きな避けがたい事態の一部をなしている。

(18) *Introduction to Metaphysics*, p. 90.〔前掲『形而上学入門』一五一頁〕

(19) 大事な違いは、ブルームのような批評家は自分が解釈・構築する人物・形象からは区別されているままであるが、一方ハイデガーはそうした形象と融合する傾向にある、ということである。

(20) 本章の注(1)で引用した『時間と存在』にある一節を見よ。

(21) Alan Megill, *Prophets of Extremity* (Berkeley : University of California Press, 1985), p. 346.「歴史における危機という概念は、それが破壊しようと手がけるもの——連続的な過程としての歴史、大文字の歴史という考え——を前提する」。メギル自身がハイデガーの「審美主義」と呼ぶものについておこなう批判は、歴史的な崇高を手にいれようとするハイデガーの試みへの私の批判にほぼ等しい。メギルの定義では、「審美主義」とは「啓蒙やポスト啓蒙の見方ではおおかた芸術の領野に押し込められてきた、精神高揚の形態、忘我を再び呼び起こすことを、思想と私たちの生のうちに取り戻そうとする試み」である(p. 342)。この意味での「審美主義」からすれば、本書(とりわけ第三章でおこなったリベラル・ユートピアの素描)における私の努力は、そうした審美主義の営みを政治にもたらしてはならず、私たちの私的な生のうちにとどめておくべきだ、と示唆していることになる。

第六章　アイロニストの理論から私的な引喩へ——デリダ

ハイデガーに対するデリダは、ニーチェに対するハイデガーと同じ関係にある。いずれもその最も聡明な読者であり、その最も手厳しい批評家であり、それぞれをその先駆者としている。先駆者とは、最も多くを学び、また乗り越えるべき最たる人物のことである。デリダも、ハイデガーが取り憑かれた問題を、つまりいかにアイロニーと理論化することとを結びつけるかという問題を考えつづけている。とはいえ、デリダにはハイデガーの失敗を見届けているという利点がある。ちょうど、ニーチェやハイデガーがヘーゲルの失敗を見届けたという利点をもっていたように。

デリダはハイデガーから音の響きが大切だということを学んでいる。デリダは、しかし、ハイデガーの連禱《リタニー》めいた言葉はハイデガーだけのものであり、存在のそれでもなければヨーロッパのそれでもないということをよく心得ている。デリダの問題は、彼が「差延」という論文の末尾で述べているように、「〔たとえ存在の名であっても〕唯一無二の名といったものは存在しない」こと、もっと一般的に言えば、「ノスタルジアを欠いては、すなわち、純粋に母なるあるいは父なる言葉、思想の失われた母国についての神話の外部には[1]」、いかなる明確な連禱的言い回しもないということを考えることにある。デリダは、何か大いなるもの——「ヨーロッパ」あるいは「存在の呼び声」あるいは「人間＝世人」といったもの――に自らを同一化する誘惑を断ち切るすべを見いだそうとしている。彼がハイデガーの『ヒューマニズム書簡』への応答のなかで語っているように、ハイデガーの「われわれ」の用法は、「形而上学に刻印されて」いる「終末‐目的論的な状況」から生まれたものである。(2)「現前者の現前性」を思考するハイデガーの難点は、「この思考は、自らの脱構築する言語活動を――ある深い、単なる決断によっては免れえないような必然性にしたがって――ただメタファー化するだけだ」ということにある。(3) ハイデガーの「追想する思考」は、ノスタルジアであるか、さもなくば無である。そして、失われた言語という神話、その力を復元する必要のある「原言語」という神話は、私たちのものではない力が或る言葉を他の言葉に対して特権的なものとする、或る終極の語彙は他のそれに比べて超歴史的で非偶然的な何かのより近くにある、と信じようとする試みの一つにすぎない。(4)

ハイデガーの仕事と同じように、デリダの仕事も、より専門性の強い初期の仕事と、著述がよりエクセントリックで、個人的・独創的なものになる後期の仕事に分けることができる。すでに触れたように、ハイデガーは、『存在と時間』において、カント的な革袋にニーチェ的な酒を注いだ。ハイデガーは、馴染みの経験の「可能性の条件」を探るというドイツの標準的な学問的プロジェクトのコンテクストのなかで、ニーチェ的な事柄を語る。デリダの初期の作品もまたそのようなプロジェクトとして読むことができるだろう。それは、ハイデガーが欲したのと同じ種類の事柄をハイデガーよりも徹底的に探求するというプロジェクト、つまり、先行するあらゆる理論――すべての形而上学、形而上学の基盤を掘り崩そうとする先行のあらゆる試み（ハイデガーのそれを含む）――の可能性の条件を表わす言葉を探るというプロジェクトである。このように読めば、ハイデガーがニーチェの基盤を掘り崩そうとしたように、デリダはハイデガーの基盤を掘り崩そうとしている、と言うことができる。とはいえ、デリダのプロジェクトは、彼もまた、形而上学を「超える」ことを可能にする言葉、私たちから独立した力をもち、形而上学そのものの偶然性を示す言葉を探ろうとしている点では、ハイデガーのプロジェクトに連なっている。

デリダを賞賛する者の多くは、わけてもロドルフ・ガシェは、こうした仕方でデリダの初期の作品を読んでいる。しかしながら、ガシェは、『弔鐘』(一九七四年)や『絵画における真理』(一九七八年)以後のデリダの作品については論じない。彼は、「何がより哲学的で、何が文学的にみてより遊戯的とみなされるべきかという微妙な問い」は措くと述べることで、その本を書き起こしている。[5] ガシェはさらに、デリダの初期の作品を、「存在を超えるシステム」、私たちをハイデガーの背後にあるいはその下に導いてゆく、「下部構造」(たとえば、差延、空間化、反復可能性といった)のシステムとして明確にする試みとして再構成することへと議論を進めてゆく。[6] 彼は、デリダがつぎのことを「論証した」と考えている。

存在を超える一切の存在の「根源」は、一般化された、というよりもむしろ一般的なエクリチュールである。その本質的な非真理と非現前は、その同一性における現前およびその現前における同一性の可能性と不可能性の根本的に決定不可能な条件なのである。存在および存在性の「根

源」は、デリダにとっては、さまざまな下部構造や決定不可能なものの存在を超えたシステムあるいは連鎖なのである。(7)

デリダの初期の作品にこうした読み方を促す要素が数多くあることは確かだし、私は、初期のデリダが意図した事柄についてのガシェの描き方が精確であるかどうかという問いをここで取り上げようとは思わない。しかし、この読み方に明らかな問題があることもまた確かである。つまり、「基盤を掘り崩す」あるいは「可能性の条件」といった観念がおそろしく形而上学的に響くという問題である。言い換えれば、ガシェの読み方は、そうしたプロジェクトをなしとげうるための何らかの定まった語彙が存在することを前提とし、彼が「省察の哲学者」と名付ける人びとは皆「可能性の条件」を探ることがどのようなことかをわきまえており、誰が誰の基盤を掘り崩すことに成功したのかを語ることができるということを前提としているように思える。(8)

「哲学的な言説の可能性の条件」の探求をめぐるガシェの記述は、つぎの点を示唆している。何がそうした条件であるかを理解し、それをいかに探求するかを知ることは、ガシェのいう「哲学の通常規則」に従う事柄だということである。(9) しかし、そのような規則を参照することが先にハイデガーを論じた際に触れたつぎの問題を棚上げにできるということだとすれば、それは不可解である。可能性の領域は新しい語彙が発明されるたびに拡張されるものであり、したがって、「可能性の条件」を発見するということは、そうした諸々の発見に先立ってそれらすべてを予見することを私たちに要求することになる、という問題である。私たちは意のままに用いることのできるメタ語彙――今後、誰が語るどのような事柄をもそこに「位置づける」ことのできる「論理空間」を与えてくれる語彙――を手にしているという〔ガシェのような〕考えは、ヘーゲル以後のアイロニストたちが私たちをそれから目覚めさせようとしてきた「現前性」の夢想のもう一つのあり方にすぎないように思える。

初期のデリダが超越論的なプロジェクトによって魅了されていたかどうか――ガシェは魅了されていたとするが――は別として、私は、そうした基盤を体系的に掘り崩すプロジェクトが私的なジョークに転じたものとしてデリダの後期の著作を読むことを示唆したいと思う。ハイデガー的な「われわれ」をいかに避けるか、より一般的にいえば、ハイデガーが彼自身よりも大きいものにつながり、それを体現しようとすることによって陥った罠をいかに避けるかという問題に対してデリダが最後にとった解決策は、私の見方では、ガシェが軽蔑をこめて「粗削りで私的な気取った著作」という言葉で指すものにある。(10) 後期のデリダは哲学的な思考を私事化し、それによって、アイロニズムと理論化とのあいだの緊張を取り去る。後期のデリダは、理論――彼の先駆者を固定化し、全体化して見ようとする試み――を端的に放棄する。それは、そうした先駆者をファンタジー化するため、彼らと戯れるため、彼らがもたらす言葉の結びつき＝連想を自由に作動させるためである。そうしたファンタジーには何らモラルはないし、それを公共的(教育的あるいは政治的)に用いることもできない。にもかかわらず、デリダの読者にとっては、そうしたファンタジーは範例的なものでもありうる。それらは、私たちがなしうるかもしれない事柄、だがこれまでめったになされた例のない事柄を示唆してくれるのである。

このように何かをファンタジーに転じることは、私の考えでは、アイロニスト的な理論化が最後にもたらす所産である。私的なファンタジーに頼ることは、そうした理論化が逢着する自己言及的な問題、自らの先駆者からいかに――自らが先駆者をその廉で非難した当のことをすることなく――距離をとるかという問題に対する唯一の解決である。それゆえ私は、デリダの重要な意義は、彼が私的なものと公共的なものとを結びつけようとする試みをあきらめる勇気をもっていること、私的な自律の探求と公共的な共鳴や効用を目指す試みとを結びつけようとするのをやめたことにあると考える。彼は崇高なものを私事化する。それは、公共的なものはけっして美的なもの以上のものではありえないことを、彼の先駆者が陥った運命に学んだからにほかならない。

ハイデガーにおいては、崇高なものの探求は「力」をもつ言葉の探求であり、言語ゲーム上の役割によって与えられるたんなる交換価値をもつ言葉の探求ではなかった。ハイデガーが直面したディレンマは、そうした（「力」のある）言葉を剔出し、その成果を公にするや否や、そうした言葉もすぐさま多くの人びとによって広く演じられるハイデガー的な言語ゲームの一部となってしまい、そしてそれによって、「合図・目配せ《ヴィンケ》」は「記号《ツァイヒェン》」となり、思考することは形而上学に陥るというものである。彼が公共の場に現われるや否や、彼の「原言語」は有用なものとなる（たとえば、「哲学的な諸問題」――「現前の問題」「技術の問題」等々――を指す名称になる）ことによってまさにその力を失う。デリダがハイデガーの例から学んだのはつぎのことである。つまり、問題は、「言語の本性に、それを損なうことなしに触れること」にではなく、むしろ、自らの著作が先駆者のそれと共約不可能になるほどの、異なったスタイルを創りだすことにある。彼は、「存在」や「人間」に本性がないように「言語」にも本性がないこと、言語を「原言語」に切り詰める試みは虚しいことを学んだのである。

したがって、後期のデリダは、〔言語を〕縮減する代わりに増殖させる。彼は、ハイデガーとともに、つねに「同じことを語り」「思考にとって唯一の事柄でありつづける……この存在の到来を幾度も繰り返し言語にもちきたらすこと」を望む代わりに[11]、同じことを二度と口にしないように努める。ハイデガーの場合なら、論考の主題とされているものが何であれ、読者は、存在者から存在を区別する必要、存在を想起する必要、存在に感謝を捧げる必要に立ち戻らされることになるが、後期デリダの場合には、つぎに何が来るのかは読者にはわからない。デリダは、「単純なものの荘厳」にではなく、むしろ、縺れ合ったものの猥雑さに関心があるのである。彼は、純粋さにも言表不可能なものにも関心はない。デリダを哲学的な伝統に結びつけているのは、過去の哲学者たちが彼の最も精彩に富むファンタジーの主題だということに尽きる。

『郵便葉書――ソクラテスからフロイトへ、そしてその彼方へ』〔一九八〇年〕の前半部、つまり「送る言葉」(“Envois”)というタイトルをもつ部分は、デリダの最良のものと私が考えているものが何かを最もよく示しているテクストである。「送る言葉」は、読みやすく、また生き生きとした動きがあるという点で『弔鐘』とは異なる。そうした特徴は、「送る言葉」の形式、それが一連の恋文からなるというところから来ている。この形式は、デリダが描いたこの作品の私性《プライヴァシー》を際立たせている。恋文ほど私的なものはない。恋文ほど一般的な観念が意味をなさず、不適切なものはない。情事や恋文においては、一切は、〔恋人たちが〕分かちもつ言葉の私的な結びつき＝連想にかかっている。たとえば、「送る言葉」の手紙の書き手である「旅廻りのセールスマン」[12]が、「ぼくたちがあのベッドを買った日（デパートでの厄介なクレジットの手続きとミシン目の入った値札、そしてぼくたちのあいだに起こったあのものすごいシーンの一つ）」[13]を思いだすときのように。この作品の手紙文は、その毒のほとんどを現実生活の出来事や人間たちを参照することから得ている。ヒースロー空港に降りたってオックスフォードで講義し、ケネディ空港に降りたってイェールで教え、スケートボードの事故から回復し、大洋をはさんで電話をかける（「きみが笑うと大西洋の潮が退く」[14]）。

手紙が度重なるなかで、書き手は、オックスフォードでたまたま見つけた絵葉書についてのファンタジーを紡ぎだしていく。それは、二人の人物――一人には「プラトン」(plato) もう一人には「ソクラテス」(Socrates) という名が付されている――を描いた一三世紀の絵の複製である。書き手は、恋文をこの絵葉書の数知れないコピーの裏面に認め、そうすることで、ソクラテスとプラトンの関係について際限のないファンタジーを編んでゆく。ソクラテスとプラトンという対は、他の多くの対に重ね合わされてゆく。フロイトとハイデガー、デリダの二人の祖父、ハイデガーと存在、存在者と存在、主観と客観、Sとp、書き手自身と彼の「愛しい恋人」である「きみ」、さらには「フィド」とフィドにも[15]。手紙文そのものと同じように、彼の描くファンタジーも、私的にエロティックなものと公共的で哲学的なものとが入り交じったものである。それは、特異なオブセッションと、たんなる私的なものから逃れようとする範型的な試み――一般性を探求する形而上学――についての省察とを混じり合わせる。

ソクラテスについての通常の像は、ハンサムな若い貴族に大問題についての長い対話を書くよう促している見目のよくない小さな平民というものである。おそらく、誰かある〔昔の〕複写生が絵に描かれている人物につける名前を取り違えたせいだろうが、この絵葉書では、「プラトン」は、立派な装いを纏った大きな「ソクラテス」の背後に立ち、彼に何かうるさく指示している、粗末な身なりの醜い小男ということになっている。一方の「ソクラテス」は、机に向かって座り、忙しげに書き物をしている。どういう訳かは判然としないが、ソクラテスの背中と彼が腰掛けている椅子のあいだから何か大きなもの（スケートボードにちょっと似ている）――デリダがすぐさまできるだけ卑猥に解釈する何か――が突きでている。

さしあたって、ぼくとしてはこう言おう。ソクラテスの後ろで勃起しているプラトン、彼の陰茎の尋常ならざる不

遜さがぼくには見える。際限のない、均斉を欠いた一物がまるで一個のイデアのようにマシュー・パリスの頭上を越え、複写生用の椅子を貫き、やがてソクラテスの右脚の下に――まだ熱をたもったまま――ゆったりとすべりこんでいる様が見える。それは、ファロスの束、いくつもの尖端、ペン、指、爪、紙搔き、そして書き物机――これらすべて同じ方向にむけて自らを差しだしているものの動きと調和し、あるいはそれとシンフォニーをなしている。(16)

デリダは、ここから、あの手この手で、哲学者たちに影響を与えようとする。ダミーとして役立つ架空の哲学者を創作し、哲学者を逆立ちさせ、哲学者を後ろから貫き、哲学者に新しい観念を産みださせるべく彼らをはらませ、といったあらゆる手だてを尽くす。言葉の結びつき＝連想がしだいに群れをなすようになる、最後には、三つの名前が頻繁に登場するようになる。フロイト(性的な倒錯と宛名の誤りに関心を集中した)、ハイデガー(弁証法的な倒錯と読み違いに関心を集中した)、そしてフィド(これについては後述する)という名前である。

デリダが「送る言葉」で私たちに与えるものの一例を示すものとして、特権的な終極の語彙、一般的な観念への形而上学的な熱望と子どもをもうけること(『テアイテトス』のなかでソクラテスが「産婆」と「不妊者」について語ったことがそこに反響している)への熱望をデリダが同一視していることを考察してみよう。手紙の初めの方で、語り手は「愛しい恋人」に、「ぼくたちを駄目にしたのは、きみが一般性を求めたからだ、その一般性をぼくは子どもと呼ぶ」と語っている。(17)形而上学者たちが後代に手渡そうと望む普遍的な公共的真理（もしくは特権的な記述、もしくは唯一無二の名）と同じように、子どもは死や有限性を逃れる一つの仕方だと伝統的には考えられてきた。しかし、子どもや後につづく世代の哲学者たちは、父殺しや母殺しをおこないがちである。デリダが「少なくとも死がぼくたちだけから訪れるよう力をかして欲しい。一般性に身を委ねてはならない」と書きとめるのは、そのためである。[18] それだけでなく、子どもや哲学者の親が誰かを言い当てるのも困難である。子どもというテーマを手紙に導入した後で、デリダはこう書いている。「二人のペテン師たち［プラトンとソクラテス］のプログラムも、自分だけで、彼らだけで子どもをもうけることだ」。

しかし、これにすぐにつづけて、デリダはつぎのように述べている。

> 子どもなんか知ったことか。ぼくたちは互いにその話しかしてこなかったことになってしまうのか。子ども、子ども、子ども、と。ぼくたちのあいだの不可能なメッセージ。子どもというのは互いに「送る」ことができっこないしろものだ。それは署名、手紙、そして象徴でさえないだろうし、そうあってはならないはずだ。著作、それは、もうそれについて聞くのをやめるためにひとが送りだす死産の赤ん坊だ――というのもまさに、子どもというのは他の何にもまして自分だけのいうことを聞きたがるものだからだ。とにかく、これが二人の老人が語っていることだ。[19]

デリダの見方によれば、何ものも「自分だけで」語ることはけっしてない。なぜなら、何ものも、形而上学者が探し求める始源性——相関するもののない絶対的な性格——をもたないからである。にもかかわらず、私たちは、そのように〔「自分だけで」〕語る何かを生みだすことを願わずにはいられない。もし「唯一無二の名」「原言語」「可能性の無条件の条件」があるとしたら、デリダにとってそれは悲劇でしかない。「というのも、オックスフォードの絵葉書が一つの読み方、唯一の真の読み方で読まれる日がもし来るとしたら、その日で歴史は終わるだろう。違ったふうに言えば、ぼくたちの愛は散文になってしまうことだろう[20]」。デリダは後期になって初期の超越論的なものによる誘惑を断ち切ったという私の考えがもし正しいとすれば、「絵葉書以外のものを公表すること、彼らに向かって語りかけることをぼくはけっして自分に許さない[21]」という主張を、「ぼくはきみに子どもを送りはしない、送るのは絵葉書だけだ。公共的な一般のものを送りはしない、ただ私的な特異なものだけを送る[22]」という意味にとることができるだろう。

「送る言葉」の信じられないほど豊かな——現代の著作家のなかではほんの少数の者のみがなしとげ、現今の哲学教授は誰も達成していないほど豊かな——テクスチャーは、赤ん坊についての感情と本についての感情とのあいだの競い合いによって上手く例証することができる。それは、デリダにおける他のほとんどもの——たとえば、『グラマトロジーについて』における(限りない)テクストと(限りある)本との対比——に連なる類のなぞらえ方である。それは、いまや、愛そのもののための愛と、子どもをつくるための愛との対比として現われている。絵葉書以外の何ものも書かない者は、自らの本をどのように終わらせるかというヘーゲルの問題も、下部構造の探求において底の岩盤まで達したかどうかを知ろうとするガシェの問題も思い煩う必要はない。しかし彼はまたいかなる「結果」も「結論」も生みだしはしないだろう。「送る言葉」を読み終えたうえで、そこから取りだす（愛しげに、手のひらで掬い、両手で抱くようにして）ことのできるようなこれといった「結論＝要点」は何もない。

このように公共的な作品を私的な作品に、本を子どもに、書くことをセックスに、思考することを愛に、ヘーゲル的な絶対知への欲求を子ども〔をつくること〕への欲求に帰す姿勢は(23)、デリダがフロイトとハイデガーを並べる場合にもつづいている。

ここでぼくはフロイトとハイデガーをぼくのなかで結び合わせる。「偉大な時代」の二つの偉大な亡霊のように。この二人はなおも存命の祖父たちだ。彼らは互いを知らなかったが、ぼくによれば一個のカップルだ。実際まさしくそのために、彼らは特異な時間錯誤を形づくっている。彼らは互いの本を読むことも、手紙をやりとりすることもなかったが、互いに結びついている。この事情についてはぼくは何度もきみに語ったはずだ。ぼくが『〔フロイトの〕遺産』(*Le legs*)で描いてみたいのはまさにこの像なのだ。つまり、互いに視線を交えることもなく、互いに一言たりとも言葉を交わさないが、同じことを語る二人の思想家の像。彼らは同じ方向をむいている(24)。

ハイデガーとフロイト——存在の専門家と汚れた小さな秘密を見抜く者——が語る、この「同じ」

ことは何だろうか。この二人が語る同じことはたくさんあると解釈することもできる。したがって、おそらくつぎの問いに置き換えた方がいいだろう。「ほかでもなくこのカップルがプラトンとソクラテスのカップルに始まる偉大な時代の終わりを画すると、なぜデリダは考えるのか」と。私が思いつくかぎり最もましな答えは、ハイデガーとフロイトの両者は、音素や書記素つまり言葉の音や形に意義を認めようとしたということだ。ジョークの無意識の源泉についてフロイトが与えた説明やハイデガーの(ほとんどの場合捏造された)語源の説明を見ると、私たちは、「あの偉大な時代」の著作のほとんどが本質的ではないと見なしたものに注意を惹かれる。つまり、人びとが自分の言いたいことを伝えようとする際に用いる、マークや音声の「物質的」「偶有的」な特性がそれである。この答えがまったく的外れではないとすれば、デリダが、後期の作品において、語呂合わせ、音にしたときの響き、字面の遊び《ジョーク》を頻繁に用いることは、「絵葉書だけを送る」ことを心に決めた者なら当然するだろうと予期できることである。というのも、本をどのように締めくくるか、自己言及的な批判——そうしているという理由で他者を批判した当の事柄を自らおこなってしまうこと——をいかに逃れるかといった問題にはまらないための唯一の途は、自らの著述の重心をそうした「物質的」特徴に移すこと、これまでは周辺的とみなされてきた事柄に移すことだからである。こうした言葉の結びつき＝連想は、私的であるほかない。というのも、それらが公共的になるとすれば、辞書や百科事典の仲間入りをすることになってしまうからである。[25]

　こうして私たちには別のカップル、「フィド」‐フィドが与えられる。このカップルは、フロイト‐

ハイデガーのカップルと同じくらいの頻度で「送る言葉」に登場する。「フィド」は犬のフィドの名前であり、「「フィド」」はこの名前をもつ犬の名前である(引用符をつけると新しい名前――新しい犬ではない――をつけることができるということに注意しよう)。オックスフォードの哲学者たち(たとえばP・H・ノーウェル＝スミスやギルバート・ライル)は、「あらゆる言葉は名前だ」という観念に「意味の「フィド」－フィド理論」という名前をつけた。この理論はしばしば(とくにオースティンによって)プラトンと結びつけられてきた。この理論は、ソシュールやヴィトゲンシュタインと結びつく別様の見方、すなわち、ある語は、たんにそれ(何であれ)が指示するものと結びつくことによって意味をもつのではなく、他の語の使用に対するその語の使用の関係によって意味をもつという見方と対比される(あなたは、ある場面で、誰かがフィドを指さして「あれがフィドだ」と言うのを見聞きすることによって、「フィド」の使用を学ぶことはできるかもしれない。しかし、「よい」の使用を、その観念をぼんやりと想起し、そうした記憶にその「よい」という語を貼り付けることによって学びはしないし、また、あなた自身の際立った特徴を「私」という語に貼り付けることによって「私」の使用を学ぶということもない)。

「フィド」－フィドが「送る言葉」に登場する第二の場面は、膨大な数の絵葉書に追伸を書くところである。その追って書きは、「ぞっとする祖父たちの不完全な組み合わせ……プラトン／ソクラテスのカップル、分割できるものと分割できないもの、彼らの限りのない分割、時の果てまで彼らを私たちに結びつける契約」についてのものである。そこでデリダはつぎのように述べている。

これが「フィド」‐フィド問題だ(きみはライルやラッセルたちを知っているよね)。ぼくが、ぼくの犬を呼んでいるのかそれとも犬がもつ名前について言及しているのか、ぼくが彼の名前を使用しているのかそれとも彼の名前をただ挙げているのかを知るという問題だ。ぼくはこのような理論化の仕事に深く敬意を払う、オックスフォード大学の連中にはしばしばそれ以上に。つまり、彼らの並々ならぬそして必須の緻密さに対して、彼らの落ち着き払った創意の才に対してと同じくらいに。精神分析的にいえば、彼らはつねに引用符の規則に確信をもちつづけることだろう。[26]

「フィド」とフィドの差異は、ラッセルによる語に「言及する」こと(たとえば、この〔Fido という〕語は四つの文字からなると言うために)と、語を「使用する」こと(たとえば犬を呼ぶために)との区別を例証するために引き合いにだされる。この区別によって、私たちは、「フィド」の「本質的」な意味や使用やはたらきと、この名称の「偶有的」な特性(たとえば、マークや音声の点で、この語は、ラテン語の動詞 fidere、忠節(fidelity)、ダドリー・ドゥーライトの忠実な犬である「フェイスフル・ドッグ」のような文学に登場するキャラクターたち等々を思い起こさせる)とを区別することができる。[27]「送る言葉」の数年前、ジョン・サールは、「引用符の規則に確信をもち」つつ、デリダがオースティンの作品を論じる際にこうした区別を無視してしまっているという批判を提起した。[28]デリダは、そうした区別それ自体の有用性と射程についての疑念を提起することでこれに応じたが、この疑念は、サールの不満にとっては腹立たしいほど無縁のものだった。というのも、サールは、つぎのように述べているからである。「もしあなたがオースティンの言語ゲームの規則に従うなら、彼の動機と意図を尊重するなら、あなたのオースティン批判は成り立たない。他方で、もしあなたが好き勝手にあらゆることをオースティンに読み込むなら、彼を精神分析的な仕方で扱うなら、たとえば、あなたは彼を批判していると主張することはできない。あなたは、彼をただあなた自身のファンタジーの一つの形象として使用しているにすぎず、オースティンのプロジェクトとはいささかの関係もない言葉の結びつき＝連想を自由に操っているにすぎない」。

デリダは、サールへの応答において[29]、このディレンマを几帳面な仕方でかわしている。しかし、彼はなぜ、このディレンマの後者の方を採らなかったのだろうか。サールに対する彼の応答は、オースティンに対するもとの批判に倍加するほど、ファンタジーに富み、言葉の結びつき＝連想が自由なものになってもいいはずなのに、なぜ誠実さと真面目さの真摯な言明に充ちているのだろうか。おそらく、「「送る言葉」は哲学的と見なされるべきか、それとも文学的、遊戯的なものと見なされるべきか」というガシェのような問いにデリダがなぜ抵抗するのかを説明するその同じ理由が、そのことを説明するだろう。デリダは、ファンタジーと論証、哲学と文学、真面目なエクリチュールと遊びのあるエクリチュールを区別する言語ゲーム――「偉大な時代」の言語ゲーム――のなかで、ただ一つの動き方だけをするのを欲していないと私は思う。デリダは、誰か他の人の終極の語彙からなる規則には従おうとしないわけである。

デリダがそうした規則を拒むのは、「非合理的」であるからでも「ファンタジーに耽っている」からでもない。オースティンやサールが何を言いたいかがわからないほど愚かだからでもない。彼は、自分自身の言語ゲームを創りだすことによって自ら自身を創造しようとしているのである。ソクラテスのもう一人の子どもを産むこと、プラトンのもう一つの注釈であることを避けようとしているのである。彼は、合理的‐非合理的という区別をまさに横断するようなゲームを始めようとしているのである。しかし、デリダは、一人の哲学教授としては、そうすることである困難をかかえている。[30] プルーストに、彼の小説を社会史として読んだらいいのか、それとも性的なオブセッションの研究として読んだらいいのかと尋ねたり、あるいはイェイツに、月の満ち欠けについてのつくり話を本気で信じているのかどうかと尋ねたとしたら、それは酷としか言いようがないだろう。しかし、哲学者は、この種の問いにまともに答えるべきであると伝統的には思われている。もしあなたが小説家や詩人と自認するのであれば、「創造的な芸術家」を包む不可思議な雰囲気を身に纏うことによって、多くの不作法な糾問を無視することができるだろう。しかし、哲学教授の場合は話が違う。彼はもっと厳格な素材からできており、外の空気に容赦なく曝されるべきものだと考えられているのである。

どのような特定の専門分野にもかかわりのない、したがって、これまで知られているどのような規則にも従わないと思われている著作家のまわりには、右に述べた雰囲気が漂っている。[31] デリダの目的はプルーストやイェイツが目指したのと同じ〔私的〕自律であると考えることによって、彼をそうした雰囲気で包み込んだ方がよいと私は主張してきた。そうする利点はつぎのことにある。私たちは、デリダのエクリチュールを誰か他の人が設定した線に沿って裁断するのを避けることができ、そうする代わりに、ゆったりとくつろいでそれを楽しむことができる。つまり、デリダのエクリチュールがどのような励ましや範例を私たちに与えてくれるか、それが私たち自身による自律の試みにとって意味のあるものであるかどうかをゆっくり眺めることができる、という利点である。もしプラトンやハイデガーの影響をこれまで受けたことがないというのであれば、こうした利点はあまり役に立たないだろう。だが、プラトンやハイデガーの影響をこうむっているとすれば、それは決定的なものになるかもしれない。哲学をかじったことがほとんどなければ「送る言葉」から得るものはないだろう。しかし数少ない特定の読者にとっては、それはたいへん貴重な本になるかもしれない。

この示唆を受け容れることは、ガシェやカラーのようにデリダは何事かを論証した、あるいは誰か(たとえばオースティン)を論駁したと語る試みを断念することである。それはまた、デリダは、対立する概念対(たとえば、形相‐質料、現前‐不在、一‐多、主‐奴、フランス人‐アメリカ人、フィドー‐「フィド」)のうち「より高次の」ものがいかに「自ら自身を脱構築する」かを「厳格に」示す「脱構築的方法」を展開したという考えを放棄することを意味する。概念は何も殺さない。概念はそれ自身をも殺さない。概念を殺すのは人びとである。もしヘーゲルが弁証法的な転倒を操作するのに実際大いに苦労したとすれば、彼は、〔そうした概念の転倒を〕生みだしたのではなくただ観察したというふりをしただけということになる。「現前は不在の特殊な一例にすぎない」とか「使用は言及の特殊な一例にすぎない」といった特殊な効果を生みだすには、たいへんな労力を要するはずである。(32)

創意さえあれば、このようにコンテクストを置き換えることは難なくおこなうことができる。しかし、そこには方法というものはない――方法が規則を参照することによって教えることのできる手続きを意味するのだとすれば。[33] 脱構築は、近年の哲学の発見によって可能となった新しい方法ではない。一般にはコンテクストを置き換えること、特殊には階層秩序を転倒をすることはすでに長らくおこなわれてきた事柄である。ソクラテスはホメロスを別のコンテクストに移し換えた。アウグスティヌスは異教徒の徳性のコンテクストを置き換え、それを目を見張るような悪徳に転換したが、やがてニーチェがその階層秩序を再び転倒した。ヘーゲルはソクラテスとアウグスティヌス双方のコンテクストを置き換え、両者を等しくすでに止揚された先駆者にした。プルーストは彼が出会ったあらゆる人のコンテクストを(幾度も繰り返し)別のものに置き換えた。そしてデリダは、ヘーゲル、オースティン、サール、彼が読むあらゆる人のコンテクストを(幾度も繰り返し)移し換えるのである。

しかしながら、デリダがコンテクストを置き換えるとなぜあれほど衝撃的に異なったものとして響くのだろうか――それが何度も繰り返されてきた弁証法的な転倒に変わりないとしたら。それは、ほかでもなく、デリダが言葉の「偶有的」で物質的な特徴を活用しているからである。ヘーゲルは、「矛盾」の関係はただ諸々の陳述のあいだにのみ妥当し、諸々の概念のあいだには妥当しないという規則に従うことをたしかに拒んだが、言葉の音や形にはいささかの重きも置くことはできないという規則にはなおも固執した。[34] そうした一切の規則に対するデリダの態度はこうである。つまり、他の人びとと論じようと思うならばもちろん規則は不可欠だが、哲学者には他の人びとと論じる以外にすることがある。[35] そうした規則は論証的な言説を可能にするけれども、デリダが答えようとしているのは「私たちがもし規則を無視したとしたらどういうことになるだろうか」という問いである。彼の答えは、『弔鐘』や「送る言葉」に見いだされるような類の散文を書くとき、自己言及的な仕方で示されている。デリダが書くものは、そこで用いられている言葉の特徴が「象徴的なもの」か「物質的なもの」かに注意を向けるようにと求められても、一行一行がそのいずれであるかを読者がけっして語ることができないような類の散文なのである。『弔鐘』や「送る言葉」を読むとき、読者は「これは何かを指示するものとして、それともマークとして読むべきだろうか」という問いへの興味をたちどころに失うからである。この種のテクストを読む目的にとっては、使用 - 言及の区別は読者の注意を乱すものにすぎない。[36]

そうした仕方で書くことの利点とは何だろうか。何らかの結論へといたる論議を求めるのであれば、それはまったく役に立たない。すでに述べたように、デリダのテクストを読む経験から引きだされるべき命題的なものは何もない。その点では、後期ハイデガーの著作の場合とまったく同じである。とすれば、「哲学的」尺度というよりもむしろ「文学的」尺度をもって判断すべきなのだろうか。否である。というのも、ヘーゲルの『精神現象学』、プルーストの『失われた時を求めて』、ジェイムズ・ジョイスの『フィネガンズ・ウェイク』がそうであるように、何であれ私たちがあらかじめ手にしうる尺度は存在しないからである。書物やエクリチュールの種類が独創的なもの、予期できないものであればあるほど、私たちが尺度を手にしうる望みは薄くなるのであり、それに何らかのジャンルを割り振る試みもますます的外れになる。私たちは、そうした書物やエクリチュールが有用かどうかをまず見届ける必要がある。もし有用だとしたら、そうした書物やエクリチュールを容れるところまであれこれのジャンルの境界を拡げてゆくだけの余裕が得られるだろうし、新たに創出されたものを優れたエクリチュールとして判断するような尺度をもうけるだけの余裕もあるだろう。私たちが現在手にしているジャンルや尺度が可能性の領野を覆い尽くしていると考えるのは、形而上学者だけである。アイロニストは引きつづきその領野を切り拓こうとするのである。

にもかかわらず、人はなぜ「送る言葉」は「哲学」だと言いたくなるのだろうか。この作品にはおよそ哲学理論と呼びうるような要素は何も提示されていないにもかかわらず。哲学を読む習慣のある人だけがそれを楽しむことができる、というのが、まあその一つの理由だろう。それでは、この作品は、その主張や話題の一部として哲学を含んでいるという言い方はできるだろうか。精確には無理である。この作品は、その主張や話題に哲学者——特定の哲学者——を含んでいると言うならば、その方がまだましである。デリダの叙述が先に進むにつれ、彼はますますプラトンやハイデガーの教義を相手にするのではなく、彼ら自身を相手にするようになる[37]。ヘーゲルからハイデガーにいたるアイロニスト的な理論化が形而上学的な理論化を相手にしたものだったとすれば、デリダの初期の著作はアイロニスト的な理論化を相手にしたものだった。ヘーゲルからハイデガーにいたる著作がよりいっそうの形而上学に転化する危険性を宿していたのに対して、初期のデリダの著作は、形而上学ではないとしても、少なくともよりいっそうの理論化に転化する危険性はもっていた。この危険性を、彼の後期の著作は免れている。それは一つには、後期の著作は理論化する人物たちについてのものだからである。第五章の冒頭で素描した対比に戻って言えば、デリダはしだいにニーチェから離れますますプルーストに似てくるわけである。彼は、崇高で言表不可能なものへの関心を次第に失い、彼が思い起こす事柄を美的に、ファンタジーを活用して配置し直すことにいそしむようになるのである。

私は第五章でつぎのように述べた。プルーストは、一般的な観念に対してではなく、彼が子どもの頃に見知っていた人びと(たとえば彼の祖母)や、その後たまたま出会った人びと(たとえばシャルル・アース、グレフュル夫人、ロベール・ド・モンテスキュー)に対して反応した、と。これとの類比で言えば、デリダが反応したのは、哲学教授たちがそのひざの上で可愛がられた祖父や乳母たち(たとえば、プラトンとソクラテス、ヴィンデルバントとヴィラモヴィッツ)、また彼がキャリアを積んでゆくなかで衝突したことのある人びと(たとえば、オースティン、マシュー・パリス、サール、ライル、フィド)である[38]。私はまたこうも述べた。プルーストの勝利は、彼が出会ったことのある権威ある人物たちが彼に当てはめるどのような描き方(あるいはそうした人物たちが自分に当てはめるだろうと彼が想像する描き方)からも逃れるものを書いたことだ、と。つまり、プルーストは新しい種類の本を書いたのだ。『失われた時を求めて』のようなものはそれまで誰にも思いもよらないものだった。もちろんいまでは、私たちは皆そうしたものを心に描くことができるが。少なくとも、教養小説《ビルドゥングス・ロマン》を書く気がある人なら誰でもプルーストにある程度触れている必要がある。英語で叙情詩を書こうと思う人なら誰でもキーツに接している必要があるのとちょうど同じように。

要約しよう。デリダは、「送る言葉」において、それまで誰にも思いもよらなかった本を書いた。これが私の主張である。デリダは、プルーストが彼自身の生涯の物語に対しておこなったことを、哲学の歴史に対しておこなった。デリダは、あらゆる権威ある人物たちを、そして彼らがデリダに与えていると想像しうるあらゆる記述を互いに競わせた。その結果、デリダの作品に対しては「権威」という観念そのものが当てはまらなくなった。デリダは、プルーストが自律をなしとげたのと同じ仕方で自律を達成した。これまで小説や哲学論攷を評価するのに用いられてきたどのような概念図式も、『失われた時を求めて』や「送る言葉」には相応しくない。デリダは、プルーストが感傷的なノスタルジアを避けたのと同じ仕方で、ハイデガー的なノスタルジアを避けた。つまり、記憶が呼び戻すあらゆるものを絶えず違ったコンテクストに置き入れることによって。デリダもプルーストも可能性の領野を押し拡げてきたのである。

注

（1） Jacques Derrida, *Margins of Philosophy* (Chicago : University of Chicago Press, 1982), p. 27.
（2） Ibid., p. 123.
（3） Ibid., p. 131.
（4） 第五章における私のハイデガー批判のほとんどは、デリダ、とりわけ「人間の目的＝終末」〔高橋允昭訳『現代思想』一九七九年九月臨時増刊号〕と「差延」を援用したものである。デリダに負っている私のハイデガー読解に対するたいへん鋭い特徴づけと批判については、つぎを参照。John D. Caputo, "The Thought of Being and the Conversation of Mankind: The Case of Heidegger and Rorty," *Review of Metaphysics* 36(1983): 661-685. カプートは、デリダと同様、私が「否定的な意味での存在論の歴史の解体に関心をいだいており」、存在論の歴史が「肯定的な意味」をもつという観念は「ハイデガーの最後の幻想」(p. 676)だと考えていると述べているが、それは正しい。しかし私の、あるいはデリダの見方は、「私たちは命題的な言説を超えることはできない」(pp. 677-678)ということを確証しようとしているとする点で、彼は誤っている。私が(私の見るかぎりではデリダも)斥けたいと思っていることは、ただ、非命題的(詩的、世界‐開示的)であろうとしながら同時に何か始源的なもの――カプートが「すべての言語からそこから発せられる沈黙」と呼ぶもの(p. 675)――に引き渡されていると主張する試みだけである。私が第一章で描いた唯名論《ノミナリズム》(デリダも共有していると思われる唯名論)は、カプートのつぎのようなハイデガー的主張を私たちが斥けることを求める。すなわち、「言語とは人間の目的のために案出された諸々の語からなるシステムではなく、諸々の物を誕生させる出来事である」という主張を。この主張は、因果的な条件とカントが夢見た不可知の超越論的な「可能性の条件」とを混同しているように思われる。第一章の冒頭で述べたように、私たち唯名論者《ノミナリスト》は、ロマン主義からドイツ観念論の最後の痕跡を払拭しようと望んでいる。そしてこれから述べるように、このことは、非命題的なものへの論証的な訴求を取り除くことを意味する。これは、デリダ、デイヴィドソン、ブルームが、詩人は存在の賜物の受動的な受け手ではなく、むしろ独創的であるという見方を私たちに与えることによって、まさしく私たちがそうするのを助けてくれるところのものである。対照的に、カプートが述べるように、ハイデガーにとっては「本物の語り手は……物そのものに引き渡されており、物に服し、物が自らのうちで言葉になるようにする」(p. 674)。こうした〈他なる偉大なもの〉と結びつこうとする願望こそまさにデリダがハイデガーにおいて最も疑念をいだく当のものであり、彼がそういう疑いをもつのは正しいと私は思う。カプートの論考に対する優れた応答として、Lyell Asher, "Heidegger, Rorty and the Possibility of Being" in *Ethics/Aesthetics: Postmodern Positions*, ed. Robert Merrill (Washington, D.C.: Maisonneuve Press, 1988) を見よ。

(5) Rodolphe Gasché, *The Tain of the Mirror: Derrida and the Philosophy of Reflection* (Cambridge, Mass.: Harvard University Press, 1986), p. 4.

(6) ガシェは、「差延」は「言葉でもなければ概念でもない」というデリダの主張を生真面目に受け取り、これをデリダが下部構造を指し示すために用いていると彼が考える他のすべての用語にも当てはめてゆく。私は、"Deconstruction and Circumvention," *Critical Inquiry* 11 (1983): 1–23〔*EHO* に再録〕においてこの主張を批判した。ここでは、デリダは、ハイデガーと同じように、「差延」を二重の仕方で用いようとしている、つまり、デリダは、彼が流布させる語がそもそも一般に流布しうる類のものではないとすることによって、言表不可能なものを言語化する。後期ハイデガーと同じように、初期のデリダには、時として言葉の魔術に向かってゆくところがある。それは、使用されることによって凡庸なもの、形而上学的なものになりえない言葉、一般に流布した後にもその「不安定性」をともかく失わないような言葉を見いだそうと望むからである。つぎのように述べるとき、ガシェはこうした言葉の魔術のことを念頭においているように思われる。「さらに言うなら、下部構造は本質ではない。というのも、それは、現前するもしくは不在のどのようなカテゴリーにも依存していないからである。……それは、いかなる安定した特性も、いかなる自律性も、いかなる理想的な同一性ももたず、したがってそれは実体や基体ではないのである。その「本質」はいかなる本質ももたないところにある。しかも、その下部構造にはある普遍性が付与されているのである」。このようにデリダの言葉に不満を述べることは、一種の虚勢でしかないように私には思える。つまりガシェは、こうした不可能な属性の結びつきをもちうるような言葉がもしあったとしたら素晴らしいだろうと——いかにしてそうした結びつきが可能であると考えられるかの理由を説明することなく——ただ言っているにすぎないのだ。前期のデリダに比して後期のデリダが優れている点は、彼が言葉の魔術に頼るのをやめ、その代わりにある書き方に依拠する点、新しい造語を発明するのではなくむしろあるスタイルを創造することに拠っている点にあるように思われる。

（7） Gasché, *The Tain of the Mirror*, p. 177.

（8） 私はガシェの本を、"Is Derrida a Transcendental Philosopher?," in *The Yale Journal of Criticism*〔*EHO* に再録〕である程度詳細に論じた。また、デリダは「遊戯的」とそれとも「真面目」と見なされるべきかという問いについての、クリストファー・ノリスと私のつぎの本におけるやりとりも参照して欲しい。*Redrawing the Lines: Analytic Philosophy, Deconstruction and Literary Theory*, ed. Reed Dasenbrock (Minneapolis: University of Minnesota Press)。ノリスが寄せた論考——"Philosophy as *Not* Just a 'Kind of Writing': Derrida and the Claim of Reason"——は、私の "Philosophy as a Kind of Writing: An Essay on Derrida"——私の *Consequences of Pragmatism* (Minneapolis: University of Minnesota Press, 1982)〔室井尚ほか訳『哲学の脱構築——プラグマティズムの帰結』御茶の水書房、一九八五年〕に所収——に対する応答を含んでいる。私が掲載した論文——"Two Sences of 'Logocentrism: A Reply to Norris"〔*EHO* に再録〕——は、デリダはいわゆる脱構築的な文芸批評に哲学的な基礎づけを与えているという主張に反論し、デリダの見通しや戦略は、ポール・ド・マン、すなわちそうした類の批評の基調を設定した作品の著者の見通しや戦略とは劇的に異なるものであることを併せて論じたものである。

(9) Gasché, *The Tain of the Mirror*, p. 122.

(10) Ibid., p. 123.

(11) Heidegger, "Letter on Humanism," in *Basic Writings*, ed. David Krell (New York : Harper & Row, 1977), p. 241.〔渡邊二郎訳『「ヒューマニズム」について』ちくま学芸文庫、一九九七年、一四三頁〕

(12) 「ぼくはきみに旅廻りのセールスマンの手紙を書いている。きみに笑い声や歌が届くようにと願いながら。ただそれだけ(ただそれだけが何だというのか?・)が送れない。それに涙も。心底から言えば、ぼくは送ることのできないもの、どうやっても発送できないものだけに興味があるのだ」(*The Post Card from Socrates to Freud and Beyond*, trans. Alan Bass〔Chicago : University of Chicago Press, 1987〕, p. 14). 原書は、*La Carte Postale de Socrate á Freud et au delá* (Paris : Aubier-Flammarion, 1980), p. 19〔豊崎光一部分訳「おくることば」、『海』一九八一年三月号、二八六頁〕(これ以後英訳と原書の頁数を記すことにするが、英訳の頁数を先にしてある)。

(13) Ibid., p. 34/40.

(14) しかしながら、すべての手紙が同一の人物によって書かれたのかどうか、すべての手紙が同一人物に宛てたものかどうか、当の「愛しい恋人」(恋人たち)が男性か女性か、実在しているか架空の人物か、具体的か抽象的か、作者(あるいはきみ、この本の読者)と同一であるか異なっているか等々について、デリダは私たちの推測するままに任せている。p. 5/9 でデリダはつぎのように述べている。「署名する人や名宛人が、一つひとつの送る言葉についてつねに明白に、必然的に同一であるとはかぎりません。署名する人が送り手と、名宛人が受け取る人と、名宛人が読者(たとえばあなた)等々と見迷う余地なく同一であるなどということにはなりません――あなたはこのすべての可能性を経験することでしょうし、折に触れてそのことを戸惑いながらもじつにまざまざと感じるときもあるでしょう」、と。

(15) ″S″と″P″――それぞれ「主語」と「述語」を指す――は、分析哲学の作品にしばしば見受けられる略号である。(しかし当の絵葉書では、「プラトン」は小文字の″p″、「ソクラテス」は大文字の″S″で書かれており、デリダは全体を通じて″p″を大文字にしていない)。私たちデリダの賞賛者は、「送る言葉」におけるS‐pの関係と『弔鐘』におけるS‐aの関係(「絶対知」とラカンの「小さなa」などこの類のものすべて)について小賢しく何か書いてみたい誘惑にもかられる。しかし、そうした誘惑には抗わなければならない。『郵便葉書』に誰が見ても申し分のない注釈を付けることを望む人などいない。『フィネガンズ・ウェイク』、ローレンス・スターンの『トリストラム・シャンディ』、『失われた時を求めて』にそうした注釈を付けようとする者などいないように。この種の本の作者に対して読者がとる関係は、自分自身だけの注釈を夢見ることができるよう放っておいてもらうということにほぼ尽きる。

(16) Ibid., p. 18/22-23.〔前掲「おくることば」、二八八頁〕「パリス」は、絵葉書の絵に描かれている占いの本の著者、マシュー・パリスを指している。デリダの念頭にあるシーンの猥褻さは、プラトンがソクラテスに帰す純潔さ(ソクラテスはアルキビアデスと、おそらくプラトン自身とも性的に交わることを拒んだ)と対比されている。

(17) P. 23/28.〔同右、二九二頁〕

(18) P. 118/130.

(19) P. 25/29-30.〔前掲「おくることば」、二九三―二九四頁〕この一節を前章で引いたハイデガーの「時間と存在」の末尾と比べてほしい。「形而上学に対する考慮は、形而上学を超克しようとする目論見のうちでもいまだに支配している。それゆえ、超克ということを棄て去って、形而上学それ自身に委ねることが必要である」〔第五章、注(1)参照〕。ハイデガーはつぎのように言っていると想像してみよう。「形而上学など知ったことか。それだけは私が論じっこない唯一のしろものだ」と。

(20) P. 115/127.

(21) P. 13/17. 私はこの「彼ら」をプラトンとソクラテスにとっている。

(22) しかし、デリダが、何か一般的な命題的な言明をおこなうことが宿す自己言及的なパラドクスに絶えず深い関心を払っていることはp. 238/255によって例証される。「ぼくがその絵葉書を気に入っているかどうか、好きか嫌いかは彼らにはけっしてわからないだろう」。

(23) P. 39/44-45を見よ。「生きているか死んでいるかは知らないが、子どもはなおもファンタジーの最も美しく、最も生き生きとしたものでありつづけている。それは、絶対知と同じくらい途方もないものだ」。

(24) P. 191/206.『遺産』(*Le legs*)への参照は、『郵便葉書』の後半部に含まれているエッセイの一つであ「フロイトの遺産〔脚〕＝遺したものたち」("Legs de Freud")に対するものである。このエッセイで、デリダはり、とくにフロイトの子どもたち(とりわけゾフィーとエルンスト)について論じている。表題は英語とフランス語の語呂合わせになっており、しかもフロイトの本とフロイトの子どもとの区別も曖昧になっている。「偉大な時代」への参照は、「偉大な時代(そのテクノロジーは紙、ペン、封筒、個々の主体たる名宛人等によって特徴づけられる)は、ソクラテスに始まりフロイトとハイデガーへといたる」(ibid.)に対するものである。それは、デリダの初期のジャーゴンを使えば、「本」(初めはテクストと対置され、後には絵葉書と対置される)の時代である。それはまた、ハイデガーが「西洋の形而上学」のそれと同一視する時代である。つまり、フッサールが「時代」と呼んだものの探求——脱‐コンテクスト化することによって本質を把握する——を軸とする「ロゴス中心的な」時代である。「同じことを述べよ」は、ハイデガーがこの言い回しを用いることに対するアイロニカルな言及である。プラトンとソクラテスの絵葉書においては、二人は同じ方向をむいており、彼らの視線が交わることはない。祖父たちについては、p. 61/68と比べてほしい。そこで、デリダは（絵葉書の）ソクラテスを「若く、［プラトンの第二］書簡で言われているように、プラトンよりも若く、ハンサムで、背の高い彼の大きな息子、彼の祖父か彼の大きな孫息子、彼の孫息子」として描いている。デリダはこのくだりでつぎのように語っている。「それはS.［プラトンの対話編の主人公すなわちソクラテス］である」。それは、プラトンが書いた「あらゆるものを書いた人物である」。この主張は、「プラトンの夢」は「ソクラテスをして書かせること、彼が書きたいと思うものをソクラテスに書かせ、彼の最後の命令、彼の遺言をソクラテスに書かせること……そうすることによって、ソクラテスと彼の父になること、それゆえ彼自身の祖父になること」（p. 52/59）だった。この参照はまた第二書簡においてプラトンがつぎのように語るくだりにもかかわっている。「プラトンの書物なるものは何一つ存在しないし、また将来も存在しないでしょう。そして今日プラトンの作と呼ばれているものは、理想化され若返らされたソクラテスのものにほかなりません」（『プラトン全集第14巻　書簡集』岩波書店、一九七五年、八二頁）。

この（厳しく切り詰めた）脚注の長さは、「おくることば」を知らない人に私がその「テクスチャーの豊かさ」と呼んでいるものを示唆するかもしれない。その豊かさの一部は、音やマークの「たんなる結びつき＝連想」をまともにとることによって可能となる。「おくることば」のどこからでも五、六行ほどの文章を取りだせば、これと同じくらい長い脚注が書けるはずだ。

(25)　たとえば、「ヘーゲル」と「ヘーゲリアン」、ヘーゲルと精神の結びつきは公共的なものである。他方、デリダによる「ヘーゲル」〔エゲル〕と「鷲」〔エゲル〕の語呂合わせは私的である。

(26)　P. 98/108.

(27) P. 243/260–261を見よ。「おおそうだよ、フィド。ぼくは犬としてのきみには忠節を保っている。どうして「ライル」は、この名前を選んだんだろうね。その名前、たとえばフィドという名前を呼べば応えるのを犬というからだろうか。犬は忠実さの形象で、他の誰よりも上手くその名前に応える——とりわけそれがフィドの場合は——からだろうか。……ライルはなぜ犬の名前にフィドを選んだんだろう。ぼくは、ピエールとこのことを突っ込んで話し合ったばかりだ。ピエールは「この実例を従順なものにするためにでしょう」とぼくに耳打ちする」。この一節では使用‐言及の区別が無視されていることに注意しよう。また、そのすぐ近くにあるアングロ‐サクソンの哲学者たちについての一節にも眼を留めてみよう。「だが、同じ方面から彼らの怒りが山のように寄せてくるのを眺めるときが来るだろう。彼らの抵抗は異口同音なのだ。「そして引用符——引用符は犬たちにはつけないものだ！〔les guillemets, c'est pas pour les chiens !〕、そして理論、そして意味、そして参照、そして言語」、真っ平だ、真っ平だ」。

(28) Searle, "Reiterating the Differences : A Reply to Derrida," *Glyph* 1 (1977) : 198–208を見よ。

(29) Derrida, "Limited Inc," *Glyph* 2 (1977) : 162–254.〔高橋哲哉・増田一夫訳「有限責任会社」、『現代思想』一九八八年五月臨時増刊号〕。

(30) 私は、デリダを才能豊かな純文学者《ベレトリスト》ではなかったかと見立てている。つまり、詩と小説から出発し哲学に転じたが、哲学を教えることでは身を立てることができなかった人物として。彼にとってその専門の同僚といるときほど辛い時はほとんどなかっただろう。

(31) ジョナサン・カラーが、「専門分野という観念は書くことがそこで終わってしまうかもしれない探求の観念である」(*On Deconstruction* [Ithaca, N.Y. : Cornell University Press, 1982], p. 90〔富山太佳夫・折島正司訳『ディコンストラクションⅠ』岩波書店、一九九八年、一四〇頁〕)。緩やかな諸目的を増殖させることをもって自らを任ずる著作家は、専門分野に仕えることはないが、このことは、彼が訓練を積んでいないということを意味するわけではない。私的な規律はカラーのいう「公共的な」意味での規律ではないが、にもかかわらず、それは、困難で厳しい多くの作業をともなうこともあるのだ。

(32) 最後に挙げた例はカラーのものである。彼はこう述べている。「デリダは、使用/言及の区別はつまるところ真面目/不真面目、パロール/エクリチュールと同じ種類の階層秩序だと主張する点で、まったく正しい。たしかに、これらすべてが反復可能性の性格を寄生的だとか派生的だとみることによって、言語をコントロールしようという試みになっている。脱構築的に読むことは、そうした階層秩序は転倒されねばならないこと、使用は言及の特殊な一例にほかならないことを証明してみせるだろう」(*On Deconstruction*, p. 120n〔同右、二六八頁〕)。

(33) 私たちは、性的な想像界、ブルジョワ・イデオロギー、テクストにおける七つのタイプの両義性〔隠喩・直喩・換喩・提喩・アイロニー・擬人化・誇張法〕を見抜くのを学ぶのと同じ仕方で、「テクストを脱構築する」術を学ぶのである。それは、自転車に乗ったりフルートを吹いたりする術を学ぶのと似ている。そのこつを上手くつかむ者もいれば、いつまでたってもとてもぎこちない者もいる。しかし、「テクストを脱構築する」ことは、たとえば、言語の本性についての「哲学的な発見」によって先に促されたり、妨げられるものではない。それはちょうど、自転車に乗ることがエネルギーの本性についての発見によって左右されたりはしないのと同じことである。

(34) 『精神現象学』は、その時代にあっては、実際衝撃的なほど自律的であった。つまり、ヘーゲルが死せる偉大な哲学者になる以前の時代においては。ヘーゲルもまた賞賛者(たとえばエンゲルスやレーニン)をもったのである。彼らは、ちょうどカラーたちがデリダは「方法」を発見したと信じるように、ヘーゲルは

「方法」を発見したと信じたのだ。

(35) サールに対するデリダのもう一つの応答を考慮に入れよう。「ええ。この[使用と言及の]問題系を支配する規則に逆らっては何も言えない。この法則の問題、唯一無二の名の法則の問題を、引用符と呼ばれるあの対にかかわるものとして問わないかぎり。ぼくは(彼らに、そして愛しいきみに)こう言いたい。これが動いているぼくの身体だ。ぼくを愛して欲しい。ぼくがきみに差しだす死体を解剖して欲しい。この紙のベッドに横たわったぼくの髪をかき分け、頭のてっぺんからつま先まで探って、引用符をより分けて欲しい。きみがもしぼくを十分に愛しているなら、きみはぼくにある報せを送ってくれるだろう。きみはぼくが安らかに眠れるよう葬ってくれるだろう。きみはぼくを忘れるだろう。ぼくとぼくの名前を」(p. 99/109)。

(36) p. 186/201を見よ。「ぼくがその名前を使うとき、それは、ソクラテスが私であることを言うためなのか、それとも「ソクラテス」は七つの文字をもっていることを言うためなのか、きみにはわからないし、彼らにもわからないでしょう。これが、なぜ人は翻訳することがけっしてできないかの理由なのだ」。

(37) 「マルティン[ハイデガー]は、アルジェリアから来た年老いたユダヤ人の顔つきをもっている」(p. 189/204)。「ジヴェールもまた。マルティンがフライブルクからぼくたちに送った一番お気に入りの絵葉書……」(p. 67/75)。

(38) フィドは精確には人物でもないし、精確には犬でも名前でもない。「おくることば」の末尾になってもなお、読者はフィドにはまずまずの馴染み以上のものを感じないだろう。たとえば、p. 129/141を見よ。「ぼくたちの友だちに話を戻そう。フィドとフィドは突然とても陽気《ゲイ》に見える[parait]。一週間前からね」。あるいはまた、p. 113/124を見よ。「その間ずっと、他の物、他の言葉たちのなかで、他の手で、ぼくたちの同封された友人[notre ami ci-joint]を撫でつづける。ぼくは「フィド」とフィドのことを言っているのだ」(複数形が予期される場面で単数形が使用されるのは、おそらくデリダが伝統的な区別をぼやかそうとしているからである)。あるいはまた、p. 41/47を見よ。「ぼくは我に返って、あれら[ソクラテスとプラトンを描いた絵葉書]の山を整理し、テーブルの上に二つに束ねた。今朝は彼らは忠実な二匹の犬、フィドとフィド、二人の変装した子ども、二人の疲れきった漕ぎ手だ」。あるいはまた、p. 178/193を見よ。「たとえば(ぼくはつぎのことをきみに念を押すために言っている。彼らは、ぼくたちが二人だ、それはきみとぼくだ、ぼくたちは法的にも性的にも同定可能だと、いつか目を覚ますまでは信じつづけるだろうということを)ぼくたちの言葉では、ぼく、フィドは性別を欠いている[manque]」。最後にp. 113/125を見よ。「フィドが言うとおり、この手の話題はもう真っ平だ」。

第Ⅲ部　残酷さと連帯

第七章　カスビームの床屋——残酷さを論じるナボコフ

第Ⅱ部をつうじて展開してきた公／私の区別からすると、私たちは自らが自律的になるのに手助けとなる書物と、自らがいっそう残酷でなくなるのに手助けとなる書物とを区別しなくてはならない、ということが示される。第一の種類の書物は「盲目の刻印」にとって重要であり、特異なファンタジーを生みだす特異な偶然性にかかわっている。自律的であろうと試みる者が——あの盲目の刻印をたどり、（ニーチェの言葉でいえば）現にある自分になろうと望みながら——一生をかけてつくり直しつづけるのは、まさにこうしたファンタジーである。第二の種類の書物は私たちと他者との関係にとって重要であり、私たち自身の行為が他者に与える影響に注意を促すことにかかわる。リベラルの希望に深くかかわり、そして私的なアイロニーをこのリベラルの希望とどう和解させるかという問題にかかわるのは、まさにこうした書物である。

読むことによって私たちがより残酷でなくなる書物は、おおまかにいって、二つに分けられる。一つには、社会慣行や社会制度が他者にどのような影響を与えるかを見るのに役立つ書物。二つには、私たちがもつ私的な特異性が他者にどのような影響を与えるかを見るのに役立つ書物。第一の書物に属するものの典型例としては、奴隷、貧困、偏見を扱う書物があげられる。そこには、F・エンゲルスの『イギリスにおける労働者階級の状態』、スキャンダルを暴くジャーナリストや政府の委員会による報告、さらにはH・B・ストーの『アンクル・トムの小屋』、V・ユゴーの『レ・ミゼラブル』、Th・ドライサーの『シスター・キャリー』、R・ホールの『孤独の泉』、R・ライトの『ブラック・ボーイ』も含まれよう。このような書物を読むことで、私たちが当たり前のものとして疑っていない社会慣行がどれほど私たちを残酷にしてきたか、を看て取ることができるようになる。

第二の種類の書物——本章とつづく章で論ずるもの——は、特定の人びとが特定の他の人びとに対してどのように残酷であるかにかかわる。ときには、心理学を扱う論攷もこうした機能を果たすが、この種のもので最も有用な書物は、ある種の人たちが別種の人たちの苦痛に目を閉ざしているさまをまざまざと見せてくれる作品である。たとえば、私たちは、自分がジョージ・エリオットの『ミドルマーチ』の登場人物カソーボン氏や、チャールズ・ディケンズの『荒涼館』の登場人物ジェリビー夫人と同じ身の上だと考えることによって、自分が何をやってきたのかに気を留めるようになるだろう。とくに、このような書物を読めば、自律的であろうと試み、特定の種類の完成《パーフェクション》をなしとげようと私的に取り憑かれてしまうと、自らが〔他者に〕与えている苦痛や屈辱を忘れてしまいかねない、ということがわかる。こうした書物こそが、自己への義務と他者への義務との葛藤軋轢をドラマとして見せてくれるのだ。

社会あるいは個人がもたらす残酷さの回避に深くかかわる書物は、多くの場合——「道徳的な教訓《モラル・メッセージ》」をともなった書物として——むしろ「芸術的」であることをねらいとする書物と対置される。〈道徳的なもの〉と〈美的なもの〉を対比し、道徳の方を優先する者はたいてい、人間であれば必ず本質としてそなえている能力——良心——と、必ずそなえているとはかぎらない特殊な能力——美的審美眼——とを区別する。これと同じ対比をおこないながら「芸術」の方に肩をもつ者も、多くの場合、同じような区別をおこなう。しかし、「芸術」に肩入れする者についていうと、自己の中心に位置すると想定されているのは、自律的であろうとするアイロニストの欲求、他の人びととは何の関係もない完成を手にしたいという欲求にほかならない。道徳を優先する態度が「他者のために生きる」者を賛美するのと同じく、このニーチェ的な態度は「芸術家」という人物像を賛美する。つまり、人間社会が目指すのは万人一般の幸福ではなく、特別の才能を与えられた者——自律に相応しい者——が自らの目標をなしとげる機会を提供することであると、このニーチェ的な態度は想定する。

　第二章であげた自己であることの見方に従うなら、「良心」と「審美眼」のどちらも、特定の対象をもつ「能力」というより、むしろ特異な信念と欲求の束として扱うことができる。そうすると、〈道徳的なもの〉と〈美的なもの〉との対比を持ちだしても、私たちにはほとんど使い途がないことになろう(1)。こうした区別は伝統的には「道徳家」と「美的な審美眼の持ち主」によって利用されてきたのだが、これは私が〈自律性への深い関連〉と〈残酷さへの深い関連〉とのあいだに引こうとしている区別を曖昧にするだけである。自己というものは、伝統的には、真なる信念を目指す認知的探求、正しい行為を目指す道徳的探求、そして美(もしくは「感情の適切な表現」)を目指す美的探求「の三つの部分」に分割されたものとして描かれてきたのだが、こうした自己像はアイロニーにも自律性の追求にも活動の余地を与えないに等しい[2]。

　この伝統的な描き方を放棄すれば、「この本は真理を目指しているのか、それとも美を目指しているのか？　正しい行動を促すことをねらっているのか、それとも快楽を得ようとしているのか？」などと問うのはやめて、「この本はどんな目的に役立つのか？」と問うだろう。まず最初に目的をできるだけおおまかに分類するとしたら、二つの区別にもとづいておこなわれるだろう。第一のものは、馴染みがあり一般に広く利用されている終極の語彙の枠内でいま現在述べることのできる目的と、新しい終極の語彙をつくりあげようという目的との区別である。この区別を適用すれば、さまざまな書物は、その成否が馴染みの尺度《クライテリオン》に従って判断可能なものと、そうした判断のできないものとに分類される。後者の組には、あらゆる書物のうちのほんのごく一部だけが含まれるが、同時に、最も重要なもの——結局のところ最大の違いをもたらすもの——も含まれる。

　第二の区別に従うと、この後者の組は、新しい私的な終極の語彙をつくりあげることをねらう書物と、新しい公共的な終極の語彙をつくりあげることをねらう書物とに分類される。前者の語彙は、「私はどのような存在になろうか？」「私は何になれるか？」「私は何であったか？」といった問いに答えるために使われる。〔これに対し〕後者の語彙は「どのような人びとのどのようなことに私は留意する必要があるか？」といった問いに答えるために利用される。第四章で「リベラルなアイロニスト」と呼んだ人物は、このような私的な語彙と公共的な語彙の双方をともに必要としている。こうした人たちのなかでも数少ない人たち——私的な完成が他者のために生きるというプロジェクトと合致するようなキリスト教徒（など）――にとっては、いま言った二つの問いは一つにまとまる。たいていのリベラルなアイロニストにとっては、この二つの問いが一つにまとまることはない。

もしかりにリベラルなアイロニストが、書物を評価するにあたって〈道徳的なもの〉と〈美的なもの〉というごく標準的な区別を再構築することになったとしたら、行為をまったく新たに刺戟する書物（これまで言及されたありとあらゆる書物を含む）と、たんに気晴らしとなるだけの書物とを区別することになろう。前者の書物からは、自らの生・生き方を（重要な点もしくは些細な点に関して）変えなければならないということが（ときには直截に、ときにはそれとなく）示される。〔これに対して〕後者の書物がこうした問いを提起することはない。この類の書物はたしかに読者を一つの世界に誘うが、そこには〔自分の生き方に対する〕何の挑戦もない[3]。〈道徳的なもの〉と〈美的なもの〉との区別が流行すると、その不運な帰結の一つとして、自律性の探求と、気晴らしや快楽の必要との混同が生ずる。アイロニストではない者や、アイロニストであるとはどういうことかを理解しない者――自分が使っている終極の語彙についてまったく疑いを差しはさまない者――は、こうした混同を容易におこなってしまう。こうした人びと――つまり形而上学者――は、自らが使用する終極の語彙によってはっきりと言い表わされる目的に何の手段も提供しない書物は（不道徳でもなく無用でもないとしても）私的なプロジェクトだけに相応しいものだ、と想定している。しかし、こうした人びとがありありと描くことのできる私的なプロジェクトというものがあるとすれば、それは快楽の追求だけにかぎられる。このような人びとの想定では、快楽をもたらす書物は真面目な哲学作品とはなりえないし、「道徳的な教訓」を伝えることもできない。彼らがフィクションにかかわる作品と道徳にかかわる作品とのあいだに見いだしうるつながりは、もっぱら「インスピレーションにもとづく」ものにかぎられる。このような作品によってこそ、自らの義務に気づき、そうした義務の遂行を鼓舞されるというのだ。リベラルな形而上学者はこのようにアイロニーというものをまったく理解していない以上、彼らにつぎのことを納得させることは困難である。すなわち、自らの引喩・当てこすりをしっかりと把握する少数の読者層には快楽を与えるが、リベラルな希望に何のかかわりももたない著作家――例としてはニーチェやデリダ――が、それにもかかわらず、哲学的思考の向きを変えることができる素晴らしい人物であるということを、である。さらに、リベラルな形而上学者に対しては――私たちが社会的な不正義を犯す危険を警告するのではなく――〈自律の探求にひそむ残酷さの傾向〉に警告を発することによって、残酷さの回避につながる書物がもつ価値を納得させることも困難である。

本章とつづく章で議論に採りあげるのは、後者のような〈残酷さの回避につながる〉書物である。ウラジーミル・ナボコフとジョージ・オーウェルはそれぞれ異なった才能をもち、それぞれの自己イメージもまったく異なっていた。しかし、これから論ずるように、彼らが達成したものはほとんど同じものであるといってよい。どちらもリベラルなアイロニストの知識人に向かって、残酷さに駆られてしまう危険に対する警告を発している。私的なアイロニーとリベラルな希望にはらまれる緊張をドラマとして見せているのだ。

ナボコフは、つぎの一節で、私が設定したい区別を曖昧にすることに手を貸した。

……『ロリータ』は、いかなる教訓《モラル》もひきずってはいない。私にとって、文学作品は、直截に美的歓喜《エステティック・ブリス》とでも呼ぶべきものを与えるかぎりにおいてのみ存在する。その歓喜とは、芸術（つまり好奇心《キュオリオシティ》、感じやすさ《テンダネス》、優しさ《カインドネス》、恍惚《エクスタシー》）が規範となるような別の存在状態《アザー・ステイツ・オヴ・ビーイング》と、何らかの形で、どこかで結びついた存在感だ。そのような作品はそれほど多くはない。あとはすべて、時とともに色褪せる屑《トピカル・トラッシュ》か、さもなければ、人によっては思想小説と名づける類のもので、後者もまたその大半は、代々大切に受けつがれる大きな石膏のかたまりのような際物的なガラクタにすぎず、やがて時がくれば、誰かがハンマーを振りあげてバルザックやゴーリキーやマンなどに痛烈な一撃を加えることになるだろう。[4]

オーウェルは、彼にしてはきわめて珍しく大言壮語に堕した「芸術とプロパガンダの最前線」のなかで、ナボコフが嫌った当のものを書いている。その際、彼もまた「私が設定する」同じ区別を曖昧にしている。

君は自分の死因となる病気に対し純粋に美的な関心をいだくことはできない。君の喉元をかっ切ろうとしている男について冷静に感じることもできない。ファシズムと社会主義が互いに闘っている世界では、思考する者は誰であれ、どちらか一方の陣営につかなくてはならなかった。……文学、そして詩までもがパンフレットとごちゃ混ぜにされたここ一〇年あまりの時代は、文芸批評に偉大な貢献をした。なぜなら、この時代は純粋な美という幻想を破壊したからだ。……この時代は芸術のための芸術の正体を暴露したのだ。[5]

この一節は、ナボコフが正確にとらえていたように、互いに何の関係もない二つの間違った問いを混同している。一つの問いは、いつ私的なプロジェクトを切りあげ公共的な危険に抗すべきか、と問うものだ。この問いは的を外している。というのも、誰もこの問いに対して、一般的な仕方で十分に解答することはけっしてできないだろうから。とはいえ、おそらくオーウェルとナボコフは、ある特殊な事例に関しては見解の一致をみただろう。すなわち、どちらも結局はその思いはかなわなかったにせよ、ナチス打倒のためにつくられた軍隊に入隊しようとはしたのだ。もう一つの問いは、「芸術は芸術のためにあるのか?」である。この問いは初めの問いと同じように間違っている。この問いは、「美的歓喜は本質的な善か?」と問うているのか、それとも「美的歓喜は作家たるもの《ザ・ライター》に相応しい目的か?」と問うているのか、そのどちらなのかが曖昧だからだ。この問いが最初の意味でとられるなら、答えは単純明快にイエスである。しかし、この問いをそれほど単純ではない第二の意味でとるとしても、私たちはこの問いを斥けなくてはならない。「作家たるもの」などというものは存在しないし、書物を著す者ならば誰もが同一のねらいをもつべきであるとか、同一の規準ではかられるべきであるなどと信ずる理由も存在しないからだ。

「作家たるもののねらい」や「文学の本質」をめぐる問いをきっぱりと斥け、あわせて、文芸批評はこのようなぎこちない論題を真剣に受けとめる必要があるという考えもきっぱりと斥けるならば、私がデューイとハイデガーを和解させようとしたのと同じ方法で、オーウェルとナボコフを和解させることができよう。著作家のなかには、私的な完成の追求が申し分なく理にかなった目標となっている者もいる。たとえば、プラトン、ハイデガー、プルースト、ナボコフといった、ある種の才能を分かち合っている著作家たちがそうである。〔これに対し〕人間の自由への奉仕が申し分なく理にかなった目標となっている著作家もいる。たとえば、ディケンズ、ミル、デューイ、ハーバーマス、ロールズといった、〔先の著作家たちとは〕別の才能を分かち合っている人びとがそうである。「文学」「芸術」「著作活動」と呼ばれる人為的なものを仕立て上げることによって、こうしたさまざまな異なった目標追求をただ一つの物差しで測ろうとしても無駄だし、さまざまな目標追求を綜合しようとしても無駄である。「著作活動のねらいそのもの」などと呼ばれるものがないのと同様、「理論活動のねらいそのもの」と呼ばれるものなどもない。不幸なことに、オーウェルもナボコフも、自分たちと異なる才能や利害関心をもった人びとを破門・除名しようとする試みに巻き込まれてしまったのだ。このため、この二人の男のあいだにみられる数多くの類似性が曖昧にされてきてしまった。この類似性は、「芸術と道徳」「文体《スタイル》と内容《サブスタンス》」などという紛い物で陳腐な二項対立を使っておこなわれる哲学上の口論によって不明瞭にされてよいはずがない。

本章と次章で力説したい重要な類似性は、ナボコフとオーウェルのどちらの書物も第Ⅱ部で論じ扱った著作家――プルースト、ニーチェ、ハイデガー、デリダ――のものとは異なっているということにある。異なっているというのは、自己創造ではなく残酷さが、ナボコフとオーウェルの中心的な論題になっているからである。ナボコフもオーウェルも政治的にはリベラルであった。政治的なリベラルという語で、(ニーチェやハイデガーを含まないまでも)プルーストやデリダまでは含むような拡大された広い意味でいわれるならば、そうである。彼らはおおまかにいって政治的な信条を共にし、同一の政治的な事件に対し同一の反応をした。しかしながら、さらに重要なことに、彼らはジュディス・シュクラーが設けるリベラルの尺度を満たした。すなわち、残酷さこそ私たちがおこなう最悪のことだと信ずる者なのだ。(6) ナボコフは残酷さについて内側から書き著す。そのおかげで、私たちは、美的歓喜の追求が残酷さを生みだす様子をみることができる。オーウェルは、おおかたの場合、残酷さを外側から、つまり犠牲者の観点から書き著す。そのため、ナボコフが「時とともに色褪せる屑」と呼んだ書物、将来の苦難を減ずるのに役立ち人間の自由に資する類の書物を創作した。しかし第八章で論ずるように、オーウェルは、最後の著作の末尾では、オブライエンを描きながら、ナボコフとまさに同じことをなしとげる。すなわち、私たちに残酷さの内側に潜り込ませ、芸術と拷問とのあいだのかすかに感じとれるつながりをはっきりと言い表わしたのだ。

以下でナボコフの読解を試みよう。この読解は彼の三つの特色、すなわち審美主義、残酷さへの関心、不死性への信念をつなぎあわせるものだ。ナボコフは書いている、「狂人が自らを神であると信ずるがごとく、われらは自らが不死ならざる者・人間であることを信ずる」と。(7)

ナボコフが自ら真剣に受けとめている著者を取り扱うとき、その審美主義はいったいどのようなものになっているかを見るために、ディケンズの『荒涼館』を扱う講義を考察してみよう。ある箇所で、彼はジョー少年の死を描く章から長い引用をおこなう。この章の締め括り《コーダ》は、「死んだのであります、陛下。死んだのであります、閣下ならびに紳士諸賢」という一節で始まり、「われらの周囲では、かくのごとくにして毎日、人は死んでゆくのであります」という一節で結ばれている。これこそ、ディケンズのなかでの公共的な行為《パブリック・アクション》への呼びかけといってよいものだ。しかし、ナボコフは私たちに、「これは文体にかかわる教訓であって、共感を寄せよ《パティシペイティヴ・エモーション》との教訓ではない」と述べる。(8)

もしナボコフが「〔共感を寄せよとの教訓〕ではない」と言わず、「〔共感を寄せよとの教訓〕であるだけではなく」と言っていたとしたら、同意しない者は一人としていなかっただろう、ということに注意しよう。「ではない」と述べることで、彼はほかならぬ「美的歓喜」に関心をいだく者としての立場を維持している。つまり、「文学の社会学的ないし政治学的影響に関する研究というのは、主に気質のせいか教育のゆえか、文学の美的戦慄に無縁な人びとのために、あの肩甲骨のあいだでそっと秘密を告げる慄きを感じられない人びとのために、どうしても発明されなければならなかったものである」(*LL*, 64/八六)と、考える者でありつづけている。信じがたいことだが、ディケンズと同時代の英国の社会理論家によるどの著作集よりも、ディケンズの小説の方が社会改革を促すいっそう力強い起動力となっているという事実に対し、ディケンズ自身は何の関心ももっていなかった、いや少なくとも関心をもつべきではなかった、とナボコフは言い張らずにはいられないのである。

なぜナボコフは、ハウスマンのいう慄きというものと、感情の共有――ナボコフ自身の父がそうだったように、不正な法律を廃止するため世論をかきたてるよう、リベラルな政治家を駆り立てる、この感情の共有――とのあいだには両立不可能な点があり、正反対の関係がみられるのだ、と主張するのか。なぜ彼は、この二つのことは競合しない別個のよきもの《グッズ》であると述べるだけにとどめないのか。「背筋のあのささやかな戦慄こそ、人類が純粋芸術や純粋科学を進化させながら手にしえた最高の感動の形であることに、間違いはない」(*LL*, 64／八六)と述べる点では、ナボコフはきわめて正しい。この文言は「純粋」という用語がもつ重要な意味を詳細に述べているにすぎない。しかし、この文言それ自体は〝ひとりの子ども――私たちが家族や種族や階級といったつながりをまったくもたない子ども――の避けられたはずの死を眼の前にして恥じ入り憤りながら身震いする能力こそ、人類が近代の社会・政治制度を進化させながら手にしえた最高の感動の形である〟と述べることとまったく両立可能であるように思われる。

ナボコフは、社会改革が私たちの注意を喚起する際に求めるものと、「純粋芸術や純粋科学」が求めるものとは同じではないという自らの想定を擁護しようなどとはしない。彼は、ディケンズほどの才能に恵まれた人びとならば、ときには同じ一つの書物のなかでまったく別のことをおこなうことができたのではないか、と考える理由も提示しない。『荒涼館』が喚起した感情の共有がイングランドの法律の改正を促し、そして、ディケンズの世紀に特有の身の毛もよだつ恐怖が新しい恐怖に取って代わられたはるか後になっても、肩甲骨のあいだで感じられる慄きをたゆまず惹き起こしつづけるような著作として『荒涼館』は書かれている以上、この感動の共有は、同時にまたディケンズを不死のものたらしめるものでもある、ということを認める方がはるかに容易であったろう。にもかかわらず、ナボコフは、後者の達成――共感を寄せることによってではなく文体によって生み出された効果――こそが重大な事柄のすべてである、と繰り返し主張する。(9) 彼は、重要性を測るために自らが使っている物差しがどのようなものであるかをけっして明らかにしないし、なぜ私たちはただ一つの物差しを固持すべきなのかの理由も明確にしない。苦難の除去よりも「純粋芸術や純粋科学」の方が重大であるということは、およそ自明ではない。ましてや、私たちが何とかして〔苦難の除去と「純粋芸術や純粋科学」という〕この二つを超える高みに立ちながら、中立的な立場からそれぞれの主張の権利請求に決着をつけることができるかのようにみなして、二つのどちらがより重大であるかを問うことには何らかの有用な意味がある、ということも自明ではない。

　哲学者が私たちの道徳感情《モラル・センティメンツ》を、道徳のディレンマを解決するための規則へと無理矢理押し込めようとする試みについていえば、私はナボコフが一般的な観念にいだく懸念を共有する。しかし、このような規則を見つけだすことができないという事実から得られる教訓《レッスン》は、つぎのようなものであると受けとめている。すなわち、私たちは「作家たるものの課題」「究極的に重大な事柄」「最高の感情」などについて疑似‐形而上学的なスタイルで語るのをやめ、「人間の生」「芸術」「道徳」といったような青白い幽霊が住みつく抽象のレヴェルで作業するのをやめ、適当なところ《ミドル・レインジ》にとどまるべきだ、という教訓である。どの作品が特定のどの目的に役立つのかという問いをどこまでも堅持すべきなのだ。だから、私は〔ディケンズを仲立ちにして〕オーウェルとナボコフを和解させる第一段階として力説したい。オーウェルはディケンズと重要な目標(身震いするような憤りを惹き起こし、反感と恥の念を喚び起こすこと)を共有し、ナボコフもまた別の重要な目標(慄き、美的歓喜を惹き起こすこと)を共有しているのだ、と。

しかし、ナボコフは和解させられるのを望まない。彼が望むのは、ディケンズと自分自身が選ばれた者の一員とみなされることだ。この選ばれた者からは、オーウェル――そして、ナボコフが軽蔑する者たち、バルザック、スタンダール、ゾラ、ゴーリキー、マン、フォークナー、マルローといった人たち――は永久に排除されるというのだ。ナボコフのモティーフを理解する重要な鍵は、なぜディケンズを実際に自分流のやり方で読むのかを説明する、つぎの一節から手に入れることができよう。

> 明々白々なことであるが、作り話の語り手や教師より、魔法使《エンチャンター》いの方が私には面白い。ディケンズの場合、そういう態度で臨むことこそ、ディケンズを改革家や三文小説や感傷的な愚作や大げさなたわごとを越えて、生かしつづける唯一の道であるように思える。かくして、ディケンズは永遠に孤巓に立って燦然と輝いている。その山の正確な高さも、輪郭も累層も、霧を抜けてそこに達する山道の案内も、私たちはよく知っている。彼が偉大なのは、その心に描くイメージにお

いてなのである。（*LL*, 65／八七―八八）

ここでいわれる霧は、ディケンズが『荒涼館』の冒頭の章で描いたものである。ナボコフが述べるように、ディケンズはロンドンの霧を使って、月並み《スタンダード》の比喩に新たな生命を与えようとする。大法官庁での事の成り行きから立ちのぼる法律の瘴気《リーガル・マイアズマ》を表わすのだ。ナボコフは私たちに、大法官庁全体がもたらす悪に対するディケンズの攻撃を――さらに一般的にいえば、ナボコフが身震いしながら引用符をつけて呼んでいる「善」と「悪」との葛藤を――『荒涼館』のたんに「骨と皮《スケルトン》」をなすにすぎないものとして扱うように望んでいる。彼は、ディケンズはこうした骨と皮を「目ざわりにあからさまに」語るには「あまりにも芸術家」であった、と賞賛する。ディケンズのような能力をもたない著作家、つまり「時とともに色褪せる屑」を書く人たちは、どうしたら作品の「道徳的な」骨と皮に血肉を与えることができるのかを知らない。こうして、いま述べた二つのメタファーをともに用いれば、このようにどっさりと山積みされた骨と皮――たとえば、オーウェルやマンの小説――は文学の濃霧が立ちこめる沼地の小高い丘を形づくるにすぎない。はっきりした想像力に富む表現を欠いているために、文体にかかわる教訓ではなく、共感を寄せよとの教訓しか与えることのできない著作家は、不死性を獲得できない。

たったいま引用した一節について二つの点が留意されるべきである。第一点は、ナボコフがディケンズについて書いているのは、教室の学生のためでもなければ、教養ある公衆のためでもなく、ただひたすらにディケンズのためだということである。例をあげよう。ナボコフは、エドマンド・ウィルソンの『傷と弓』におけるディケンズの論じ方は「優秀」ではあるが、ディケンズの「社会学的側面」は「興味を惹くものでも重要なものでもない」と述べる。その際に彼が指摘するのは、ウィルソンが優秀な仕方でおこなう文芸批評がつくりあげているのは、大法官庁の弁護士のなかでも特別に優秀なメンバーがつくりあげているのと同種の特別に濃い霧だ、ということである(10)。彼は、霧から突き出た山頂を指さし、そこにいたる山道の案内を追ってゆくことによって、ディケンズをウィルソンのような人たちから救い、歴史上の時間と死を免れない偶然とがもたらす忍び寄る瘴気から救いあげているのである。

　留意すべき第二の点は、ナボコフがディケンズの不死性に関心をいだいたのは、ナボコフ自身が死後もながらえ、あの世で両親と再会できるかどうかという問いに、生涯にわたり懸命にかかわりつづけた当然の結果だ、ということである。このような永生、再会が、『断頭台への招待』の最終行に、小説の山場として登場する。永生と再会は、ジョン・シェイドの詩編「青白い炎」や、『ロリータ』の壮大な結びの文章のトピックでもある。

　それから、C・Q［クレア・キルティ］を哀れむ必要はない。彼かH・H［ハンバート・ハンバート］のいずれかが死ななければならなかったのだ。運命はH・Hの方が少なくとも二、三カ月は余計に生き延びて後世の人の心におまえを生きつづけさせることを望んだのだ。私はいま、野牛《オークロス》や天使たち、永続的な絵具の秘密、予言的なソネット、つまり芸術という避難所について考える。ロリータよ、私がおまえと永遠の生を共にすることができるとすれば、ただ一つ、これしかないのだ。(307／四六七)

他の数多くの文章とならび、この最後の一節で、ナボコフは「文学的な」意味での——自分の書物が永遠に読まれつづけるならば、自分自身が不死となるという意味での——不死性について語っている。しかし、別のところでは、とくに自叙伝では、通常の神学的で形而上学的な意味での不死性を話題にしている。つまり、死後を生き延び、そうして時間を超えた世界のなかで愛しい故人に再びまみえることができる機会について語るのだ。(11) 彼は自らの死の恐怖について率直に述べる(SM, 80／八三)。

何度も何度も繰り返し、私はこの人生の前後に拡がっている、個人的なものの入り込む余地のない闇のなかに、何か個人的なものがかすかにでも見えはしないかと精神を奮い立たせる努力を重ねてきた。この闇は時間の壁のために生まれているのだ、その壁がこぶしをふり回してあがく私を時間の存在しない自由な世界から隔てているのだ、というのが、顔をけばけばしく塗りたてた野蛮人と私が喜んで共有している信念なのである。(14／一〇)

何度も何度も繰り返し、ナボコフは、不死性へのまったく時流にそぐわない関心を、どちらかといえば世間の慣習にそった文学上の不死性と結びつけようと努力を重ねた。慄きを生みだし、美的な歓喜をつくりだし、そして、自分やジョイスやディケンズは芸術家だが、オーウェルやマンはそうではないという意味での芸術家たりうることと、時間から自らを解放し、別の存在状態へと参入することとのあいだに何らかのつながりを見いだしたかったのだ。彼は、作品の不死性と当の作品を創造する人物とのあいだには——乱暴にいえば、美学と形而上学とのあいだには——つながりがある、と確信している。しかし、驚くにはあたらないが、彼はそのつながりが何であるかをけっして述べることはできない。

この勇敢で、立派で、はなから運命の定まった努力の最もよい実例をあげるなら、それは、ナボコフがその性分からいって不似合いであるにもかかわらず、一般的な観念を仲立ちにしながら書き著そうとした数少ない試みとなろう。「文学芸術と常識」と題するエッセイが、そうした試みの一つである。そこで彼はハイデガーと同じように、一般的な観念へのおおまかな異議申し立てをおこなう。ハイデガーとナボコフは、常識とは思考の欠如と低俗さについての自己欺瞞的な弁明にほかならないとする点で意見を同じくする。両者とも同じように、ユニークで特異なアイロニーを擁護する。二人とも、人がもつべき信念は一般に広く共有された前提をもとに擁護可能でなければならない、というプラトン主義的で民主的な要求を斥ける。ナボコフは、そのエッセイのテーマを、自らが「一般的なものに対する細部《ディーテイル》の優位」(*LL*, 373/四七二)と呼ぶものにすえる。彼のテーゼはこうだ。「些細なこと《トライフルズ》を不思議に思う、この能力——危険がさし迫っていようとおかまいなしの——これらの精神の傍科白《わきぜりふ》、人生という本のこれらの脚注、これこそ意識の最高の形式であり、われわれが世界はいいものだと納得するのは、まさに常識やその論理とかくも違った子どものような心の純な状態においてなのである」(*LL*, 374／四七二)。

ここでは、「純粋芸術や純粋科学」は結局のところ、こうした慄きを与える些細なことに行き着くのだということが、たんに言われているだけでも、同語反復的に言われているのでもない。こうした慄きは「最高の意識形態」にほかならないと述べられているのだ。この主張については、道徳的な解釈と形而上学的な解釈のどちらも成立可能である。つまり、〔一方の道徳的解釈では〕慄きこそが手に入れようと努める最高の価値あるものだということを意味しうる。あるいは〔他方の形而上学的解釈では〕、プラトンが言おうとしたこと、すなわちこの意識形態は私たちを時間に制約されないものに触れさせ、絶えざる変化のなかから脱け出させ、時間と偶然の彼方の領域へといたらせるのだから、より高次の意識形態なのだ、ということも意味しうる。先の主張をもっぱら道徳的な意味でとるなら、これこそナボコフのような人びとが手に入れようと努力するものに違いなく、別の才能をもつ人びと——脳の配線状態が慄きを生み出すのには適していないが、たとえば身震いするほどの道徳的な憤りを喚起することには長けている人びと——なら、自らの完成のかたちを手にしようと努力するのがもっともだ、と応えても十分納得がゆくだろう。しかし、ナボコフは道徳的な主張に対して形而上学的な主張による裏打ちをほどこし、道徳的な主張を絶対化することを望んだ。プラトンが腕のほどをみせた概念の一般化作業ではなく、彼自身が得意とする特異な想像力に富む表現こそが、不死性の扉を開くと言いたかったのだ。数学ではなく芸術こそが、時間の壁を突き抜け、偶然性の彼方にある世界へといいたりつく、と。

繰り返していうと、この「文学芸術と常識」というエッセイの難点は、ナボコフが文学的な意味での不死性と人間個人の不死性を一緒にしていることにある。前者の不死性だけが問題になっている場合、なるほどプラトンは間違っていたのであって、ナボコフ、ハイデガー、デリダは正しいことになる。(12) もし将来世代に憶えておいてもらいたいと思うなら、数学ではなく詩をやればよい。自分の書いた本が深く型押しされた革の表紙でうやうやしく覆われるのではなく、実際に読まれるのを望むなら、真理ではなく慄きを喚起させるようにつとめるがよい。常識と呼ばれるもの――一般に広く受け容れられた真理――は、まさしくハイデガーやナボコフが考えていたように、死んだメタファーの集積である。さまざまな真理とは、感覚を喚起する――慄きを与える――能力が繰り返し行使され長いあいだ使われてゆくなかで剝がれ落ちていった後に、いまだに残りつづけている骨と皮にほかならない。蝶の羽から鱗粉が擦り落とされてしまえば、その後で得られるのは透け透け《トランスパレンシィ》の羽であって、美しい《ビューティ》羽ではない。感覚に訴える内容を一切もたない形式的な構造である。いったんメタファーから新鮮味が失われると、単純で、字義通りの、透明な言葉が得られる。特定の人物によるのではなく、「常識」や「理性」や「直観」、つまり明晰かつ判明であるため、それを通してまっすぐにものを見ることが可能になる概念にもとづくとみなされる言葉が得られるというわけだ。こうして、ユークリッドやニュートンやJ・S・ミルの場合と同様、自分が使うメタファーが社会的に有用で、字義通りに解釈されるようになったら、その人は抽象物として賞賛され、個としては忘れ去られるだろう。名前にはなるが、人物ではなくなるだろう。カトゥルス〔Catullus (84?–54? B.C.)：ローマの叙情詩人〕、ボードレール、デリダ、ナボコフの場合のように、自分の作品が慄きを(慄きさえ、もしくは慄きをも)もたらすなら、一個の名前以上のものとして生き残るチャンスを手にするだろう。ウォルター・S・ランドーやジョン・ダンのように、将来のイェイツが〔人生という〕旅路の果てで最後の正餐を共にしたいと希望する者のなかに含まれることになろう。

　しかしながら、いましがた述べたことはきわめて正しいけれども、それは文学上の不死が個人の人としての不死とつながりがあるとの示唆——時間の壁を超えて、晩餐の招待客を待ちながら、彼岸《アウト・ゼア》で現に存在するだろうとの主張——とは何の関連もない。カントが指摘し、ナボコフが悲しげに認めたように、何をもちだそうとも、こうした主張に説得性を与えることはできない。待つこととは、人がおこなうと想像可能な他の物事と同じように、時間のかかるものなのだ。[13] しかし、もし〔個人の不死という〕形而上学的な主張を斥けるとしても、ナボコフが掲げるもう一つの主張は依然として真剣に受けとめる必要がある。すなわち、「われわれが世界はいいものだと納得するのは」「この子どものような心の純な状態においてなのである」という主張である。

　ナボコフの考えでは、「よさ《グッドネス》」は不合理なほど具体的なものであって、知性ではなく想像力によってこそつかまえられるべきものである。彼は、プラトンが引いた分割線を転倒し、ヌース(*nous*)ではなくエイカシア(*eikasia*)が道徳的知識をはたらかす能力となる、とする。[14] 彼は述べる。

常識の見地からすれば、そう、たとえば食べ物の「善《グッドネス》」は「悪《バッドネス》」と同じく抽象的なものにすぎない。いずれも正常な判断によっては手に触れうる全き対象物として知覚しえない性質のものである。しかし、泳ぎを習ったり、ボールをカーブさせることを覚えたりするのと同じような、必要な精神のひねりを演じれば、「善」は丸くてクリームのように滑らかで、美しく光り輝いたもの、私たちをいたわり慰めてくれた暖かい裸の腕が清潔なエプロンのなかに包んでいる何かみたいなものであることがわかるだろう。(*LL*, 375／四七四)

彼は、同じエッセイのなかで、善とは「現実的で具体的な」ものであるという概念を、自分と同じ才能を分かちもつ「何千という数の」他者たちとの連帯感に結びつけている。

……人間の善良さ《グッドネス》に対する非合理的な信念が……たんに理想主義的な哲学のぐらつく土台にとどまらず、それ以上のものになる……。それはがっしりと中身がつまった、虹色に輝く《イリデセント》真実となる。つまり、人間の善良さが彼の世界の手に触れうる確実な中心の部分になるということだが、そういう世界は一見したところでは、新聞の編集者や頭のいい悲観主義者たちがいう現代世界と同じものだとはとうてい見えないかもしれない。彼らは控え目にいっても、警察国家や共産主義という名のものがこの地球を五〇〇平方マイルの恐怖と愚かしさと鉄条網の世界に変えようとしているときに、善の優越性を賞賛するのは非論理的だというだろう。……しかし、私がこれこそ精神の故郷と広告している極度に、そしてこゆるぎもしない非論理の世界にあって、戦争の神々が非現実的なのは、なにも彼らが現実の空間において読書用の灯火の現実感や万年筆の実体感から都合よく遠く隔たっているがためではない、私には(大仰に聞こえるだろうが)静かに持続するこの美しく愛すべき世界を侵害するような、そのような事態を想像することができないからなのだ。反対に私にとてもよく想像できるのは、仲間の夢想家たち、そのうちの何千という数の人びとはいまなお地上をさすらっているのだが、彼らはどんなに暗く気が遠くなるような肉体的危険、苦痛、瓦礫、死の時がつづこうとも、同じ非合理的かつ聖なる価値規準に固執しつづけるということである。(*LL*, 373/四七一)

私は、右に引用した二つの文章は心理学的にみて重要な論点を提起していると解釈する。人間存在にはたらきかけて利他主義と歓び《ジョイ》を結合させることができる唯一のもの、英雄的な行動か、すばらしい弁論かのどちらかを可能にさせる唯一のもの。それは、このうえなく特異な個々の記憶がきっかけとなってきわめて特定の仕方で連想されるものの連鎖だ、という論点である。(15) フロイトも同じ論点を出したが、フロイトという人物はナボコフのルサンチマンの対象であった。それはまさしくハイデガーがニーチェに取り憑かれながら、同時に強烈にルサンチマンをいだいていたのと変わらない。どちらの場合にも、自分の最高傑作をことごとく書きおおせているかもしれない先駆者に向けられたルサンチマンであった。先ほどの心理学上のテーゼによって、ヒューム、フロイト、ナボコフは結びつけられる、と同時に、この三者はプラトンやカントからははっきりと区別される。しかし、このテーゼは「善良さ・よさ」の「本性」に関する形而上学的な主張でもないし、「善良さ・よさ」についての「知識」に関する認識論的な主張でもない。イメージによって駆り立てられたり、感化されたりするのは、世界を知ることとは同じではない。私たちは、そのようなイメージの生起や、行動に対する効果を説明するために、このイメージの住み処である時間そのものを超えた世界を仮定《ポストレイト》する必要はない。

だが、もしナボコフが自らのゆるぎない反プラトン主義的な二つの主張——文学上の不死の性質に関する主張と、道徳の動機づけの性質に関する主張——から何らかの形而上学をどうにか絞り出すことができさえしていたら、自らの才能の利用法を事物の本性なるものにつなぎとめることができただろう。そうして初めて、彼は自らの特殊な才能が自分を認識論的に特権的な位置にすえるものだとみなすことができただろう。この特権的な位置に立てば、顔をけばけばしく塗りたてた野蛮人が信じており、シンシナトゥス・C.〔『断頭台への招待』の登場人物〕がついには悟ったように、時間と因果性はたんに大衆向けの作り事にすぎないという秘密に気づきえただろう。こうした〈事物の本性なるものへのつなぎとめ〉をおこなうことができて初めて、彼は、社会改革へのディケンズの関心は偉大な芸術家のちょっとした欠点にすぎないとの主張や、オーウェルのような時とともに色褪せる著作家は人間の自由に対する貢献に関して何の感謝にも値しないとの提案を擁護しうるようになるだろう。

時間と因果性は作り事であったと自ら確信できるようになるのを期待して、ナボコフが収集した一般的な観念のコレクションは、プラトン的な無時間論《アテンポラリズム》と反プラトン主義的な感覚論との一貫性のない奇妙な混合物である。それは、古臭い形而上学にもとづく慰めものを、ベルクソンやハイデガーに共通してみられる最新の反形而上学的な論争に結びつけようとする試みである。アイロニストの理論家が一般的な観念という考えそのものを攻撃するために構築する一般的な観念の体系と同じように、それは、スタンリー・フィッシュが「自らを消費する人工物」と呼ぶものにほかならない。にもかかわらず、このような毀れやすく釣り合いのとれない発明品には、ドグマとアイロニーが巧妙に結合されていて、ジョン・シェイドの「青白い炎」という詩編の場合と同様、イリデセンス〔光の変化や見る角度で、虹のように色が変わる現象〕が見られる。この詩編〔「私は窓ガラスに映った偽りの青空に／殺された連雀の影だった」〕と同様、ナボコフの体系《システム》も、時間の壁にぶつかって粉々に砕け散る直前に、あの連雀の影となる。

なぜナボコフはこうした発明品を欲したのか。なぜこのように余計なことをして自ら危険な目にあってしまったのか。私の考えでは、それには二つの理由がある。そのどちらにしても、死の恐怖とはまったく関係がない。最初の、そして最も重要な理由は、特大の憐憫感《センス・オヴ・ピティ》である。ナボコフは歓びを得ることについて常軌を逸するほど大きな力量をもち、苦難や残酷さの存在とは共約不可能と思われるほど大きな歓喜を経験する特異な能力をもっているため、苦難の現実《リアリティ》を甘んじて受け容れることなどできなかった。ナボコフが他者を憐れむ力量の大きさは、プルーストが自らを憐れむ力量——自己創造の試みに、驚くほどふんだんに充てることのできる力量に匹敵する。ナボコフにとって快楽はもともと身にそなわっていた。彼には自己憐憫をいだく機会も、自己創造する必要もない。プルーストの小説とナボコフの小説群との違いは、一方は〔変容を描く〕教養小説であるのに対し、もう一方は子ども時代にいだいた同じ一つの信念がいっそうの熱意をもって確かなものとなり、強固になってゆく事態だ、ということである。ナボコフは、自責の念にかられる喪失をこうむったことも、自らを軽蔑し、自己不信に陥り、自己疑念をいだくこともけっしてなかったようだ。彼は自律を手に入れるために激しくもがき、自らの魂という鍛冶場で良心を鍛錬し、自前の終極の語彙を探し求める必要はなかった。彼は両親にとっても自らにとっても英雄、きわめて幸運な男であった。言葉を虹のように色を変えるパターンへとアレンジして、たえず驚きや喜びを感じることができるような具合に脳の配線状態がたまたまできあがっていた、ということがなければ、彼は自己満足したうんざりするような人物にすぎなかったであろう。

しかし、こうした歓喜を手にする度量の裏面には、強烈な苦痛はほんの少し思い浮かべてみただけでも耐えることができない、という事態がある。ナボコフがいだく憐れみがあまりに強烈であったため、その小説は、彼を賞賛する人たちのあいだでも、最も強い反撥を惹き起こした。『ベンドシニスター』のことだ。この小説では、アダム・クルグの書類入れが革命政府の経験浅い官僚により誤ってファイルされてしまったために、彼の八歳の息子が狂人たちによって拷問にかけられて殺される。ナボコフはクルグの苦痛を描写しようとしない。そればかりではなく、それほどまでに大きな苦痛という現実を黙認することも拒否する。こうして彼は、『断頭台への招待』の場合と同じように、この英雄を別の「存在領域」へと翻訳する。初期の小説『断頭台への招待』では、シンシナトゥスは自分の首が斧でぶった切られるとすぐに立ち上がり、断頭台が取り壊され、見物人が解散するのを見廻し、「その声から判断すると、自分に似かよった人びとが立っている方向へと進んで行った」(『断頭台への招待』三八二―三八三)。『ベンドシニスター』では、ナボコフは、「作者たる私の扮装による、人間の姿をとった神の侵入」によって生じたことが実現されてしまうことから、クルグを救い出す。[16] ナボコフの言葉によると、彼は「アダムに深い憐れみを感じて、斜めに射す青白い光線にそってそっと彼に近づき――即座に彼を狂わせ、そのかわり、少なくとも必然的な運命がもたらす無意味な苦悩からは、彼を救ってやった」という(193-194/二七五)。クルグの作者が歩み入るのは、「優しさと明るさと美からなるもう一つの世界へと通じる、彼[クルグ]の世界における裂け目」(8/二九二)である。ナボコフが不死についての一般的な観念をいじくり回し、クルグの世界にあるのと同じような裂け目が自らや私たちの世界にもあると考えたのは、シンシナトゥスやクルグを救ったのと同じ憐れみのもう一つの表現であった。

しかし、考慮しなくてはならない第二の理由がある。すなわち、ナボコフは社会的な希望を語るのを自らにけっして許さなかったように思われるということである。彼は有名なリベラルな政治家の息子であり、この父はナボコフが二二歳のときに殺害された。ナボコフの父のサークル――そのメンバーには、たとえばH・G・ウェルズなどがおり、ナボコフは父が催した宴の席でウェルズに会っている――は、形而上学に費やす時間がなかった。彼らの希望は将来世代に託されていたからだ。彼らは、

第四章で論じたような、個人の不死への希望を将来世代への希望で置き換える営みの実例である。こうした将来世代に向かう希望こそ、ナボコフがいだいた痕跡がまったくみられないように思われるものである。ことによると、彼もかつては将来世代に希望をいだいてはいたが、父が殺害された結果、放棄したのかもしれない。あるいは、けっしていだかなかったのかもしれない。彼と父とのそれぞれの才能は(同じように偉大なものであったにせよ)正反対のものであり、あれほどまでに激しく愛した者を少しでも倣ようとしたら、自分を裏切ることになる、と早いうちから認めていたであろうから。理由がなんであれ、彼はつねに政治運動に対する一切の関心を拒絶した。『賜物』のフョードルは、一九二〇年代のベルリンの街頭を歩きながら、気づく。「家の窓からは、黒黄赤と、黒白赤と、赤一色の三種類の旗が突き出していた。それぞれの旗はそれぞれ別の意味をもっていた。しかも何よりも滑稽なことに、その意味が一人の人間にかき立てるのは、誇りか憎しみかのどちらかでしかないのだった」と。こうした旗に気を留めながら、ソヴィエト・ロシアについての想いへと誘われる。その想いは、フョードルが以下のように考えることで終わる。

> そう、全部を通過させよう。そしてこんなこと全部を忘れてしまおう――二〇〇年経っても、やはり同じように、失敗した野心家は、楽な生活を夢みる愚か者たちに向かって自分の欲求不満を思いきりぶちまけるにきまっているのだ(つまり、人間全部が孤独で、平等も権威者も存在しない、私の王国が実現しないならば、である。むろん、君たちが必要でないと言うのなら、私も別

に固執しないし、またいっこうにかまいもしないけれども[17]。

ナボコフは、平等もなければ権利もない国家をどのようにして生じさせるかについて何の考えももっていなかった――いったい誰がもつというのか？　しかし、彼はさらに同時に、制度化された残酷さがもはや存在しないような将来のために活動するなどという近代のリベラルの考えを放棄した。こうしてみると、彼は太古の昔に逆戻りしたも同然である。〔制度化された残酷さが存在しないという〕社会的な希望が非現実的であることは火を見るよりも明らかであるのだから、それはとうてい知識人の関心事にはなりえないとされた時代に退行してしまっているのだ。ナボコフの彼岸に関する形而上学などは、プラトンの同時代の作家によって書かれたようなものだ、『パイドン』を部分的には模倣し、部分的にはそれに反撥しながら書かれたものだ、と想像できよう。もちろん、ナボコフがプラトンの同時代人だといっても、恥を感ずることのできない世界を憧憬するプラトンの欲求を共有してはいない。ただし、〔他人の苦痛・苦難に対する〕憐れみを感じなくてもすむような世界を欲しはする。

しかしながら、小説家としてのナボコフの経歴が、フョードル・ゴドゥノーフ゠チェルディンツェフ、シンシナトゥス・C.、アダム・クルグという登場人物を創造することで頂点を極めていたのだとしたら、ナボコフはいま現在ほど読まれることはなかっただろう。たったいま言及した登場人物が知られているのも、それが他の二人の登場人物――ハンバート・ハンバートとチャールズ・キンボート

——を生みだした作者の手によって創造されたからにほかならない。この二人の人物は、残酷さに関するナボコフの書物を飾る中心人物である。残酷さといっても、レーニン、ヒトラー、ジェイコブ・グレイダス〔『青白い炎』の登場人物。何でも屋で殺し屋〕、パドゥク〔『ベンドシニスター』の登場人物。均等主義を旗印に国家を支配する総統〕に共通してみられる「残忍獰猛な道化芝居《ファルス》」ではなく、快楽を得ることのできる者が同時におこないうるような特殊な類の残酷さである。こうした〈残酷さを扱う〉書物は、感性豊かな人殺し、残酷な審美家、無慈悲な詩人——〈想像力に富む表現〉を自由自在に駆使できる人で、他の人間存在の生活をスクリーン上のイメージに変換することに満足しているが、同時に、こうした他の人びとが苦しんでいることをはなから気に留めていない者——が存在しうるという可能性についての省察である。ナボコフは自らが仕上げた不安定な哲学的な妥協策について実際に不安を覚え、人間の連帯という観点からの思考を拒否することについて、少なくともたまには疑念をいだいたに違いない。そのため、自分が間違っているという可能性をかえりみざるをえなくなる。ナボコフは実際に誠実な男であったが、そのように誠実な彼は、自分に対する最も手厳しい批評家が結局のところ正しいかもしれないという可能性を探るために、自らの最高作を書いたのだ。

彼の批評家が示唆したことに従えば、ナボコフは本当はハロルド・スキムポールである。『荒涼館』の魅力的な審美家、スキムポールは、ジョーの死を惹き起こす。これは、ナボコフによって「贋の子どもがほんとうの子どもを裏切る」(*LL*, 91／一二二)と見事に描かれている行動だ。スキムポールは、子どもと詩人には特権があるのだと要求する。彼は、自分以外の人たちがどれほど苦しんでいようとも、その人たちの生活は詩なのだと考えている。[18] スキムポールは、自分が五ポンドを受け取って、ジョーの居所をタルキングホーンの調査員に漏らしたことを、一続きの愉快な状況[19]、心地よい一編の小さな詩だと見ている。つまり、彼にとっては、ジョン・シェイドが「ある種の連鎖《リンク》や米食い鳥的紐帯《ボーボーリンク》、ゲームのなかのある種の相関的パターン」と呼んでいるものにすぎないのだ。スキムポールは、「金銭」や「責任」といった概念を理解などしていないと主張することで、慈善や他人の苦難を気にかけながら生きてゆくことから免れようとするのだ。[20]

ナボコフの自叙伝から明らかなのは、もし本当に彼をひどく滅入らせるようなことがあるとしたら、それはたった一つ、自分は残酷なのではないか、もしくは残酷であったのではないかとの恐れである、ということだ。もっとはっきりというなら、まさに恐れていたのは自分が接したことのある人びとの苦難に気づいていなかった、ということである(SM, 86-87／九二)。自分が思いもしないような仕方で学友や女性家庭教師に与えたかもしれない苦痛を思い出すと、それがナボコフをひどく傷つける。自分は結局のところスキムポールなのではないかと考えただけでも、ひどく震えあがったに違いない。残酷さに対する恐怖の強さは、『青白い炎』をナボコフその人自身のおよそ二つの側面として読むべきだということを示しているように私には思われる。一方の側には、ジョン・シェイドがいる。彼はナボコフがそなえる私的な徳性と、ジャーンディスのような人物が、怪物のような友人であり贋の子どもであるキンボートに対してみせる忍耐力とを結び合わせている。他方の側にはキンボート自身がいる。彼の中核をなす特質は、自分以外の人たちの、とくにシェイドの苦難に気づくことができないという点にあるが、彼はシェイド自身よりははるかに優れた作家なのである。

ナボコフの偉大な創造物は偏執狂《オブセッシヴズ》である。キンボートにしても、ハンバート・ハンバートにしても、〔『アーダ』の〕ヴァン・ヴィーンにしても、その創り手が最高の状態にあるときのできばえに匹敵するほどの著作活動をおこなうのだが、彼らのことを、ナボコフ自身はひどく嫌っている――ディケンズがスキムポールを嫌っているのと変わらないほど憎悪している。ナボコフが述べたように、ハンバートは「どうにかして「人の心をつかむ」仕方で立ち現われようとする、虚栄心が強く、残酷な悪党」である(SO, 94)。どうにかしてそうするのは、ハンバートがナボコフに匹敵するほどにうまく著述できるからである。キンボートもハンバートも、自分自身のオブセッションをあらわす表現に影響を与えたり、そうした表現を与える一切の物事に対してこのうえなく敏感であるのと同時に、自分以外の人たちに影響を与えることにはまったく興味関心をいだかない。こうした登場人物は、ナボコフにとって最大の憂慮の対象である特定の形の残酷さ――興味関心《インキュオリオシティ》の欠如――を、いまだかつてなかったほどにドラマ化している。

こうした残酷な無関心を示す例を小説から取り出す前に、私がたったいまおこなった主張を支持する別の証拠をあげてみよう。本章のはじめに引用した「美的歓喜」に関する一節のなかの「芸術」という用語を、ナボコフが慌ただしく括弧でくくって定義していたことを思い出そう。最も広く読まれるマニフェストになると気づいていたものに関する、最もよく論じられる文章となるだろうと彼自身が知っていた文章、つまり「『ナボコフ』へのあとがき」を書くときに、芸術を、「好奇心《キュオリオシティ》、感じやすさ、優しさ、恍惚」の四つすべてがそろって存在することと同一視している。そして、「好奇心」が最初に来ることに注意しよう。(21)

私が思うに、ナボコフは説得性に欠けるその場かぎりの道徳哲学を、この括弧でくくった言葉のなかに押し込めようとしている。それはまさしく、彼が形而上学的な不死性を「別の存在状態」という文言のなかに押し込めようとし、この文言を使って「美的歓喜」を定義しているのと同じである。好奇心と感じやすさが芸術家の印であり、その両者が恍惚感と切り離しえないものであるとすると――それらが存在しないところでは一切の歓喜がありえないだろう――結局のところ、美的なものと道徳的なものとのあいだには何の区別も存在しない。リベラルな審美家がかかえるディレンマは解消される。よく行為するためには、芸術家が得意とするものをおこないさえすればよい。すなわち、自分以外のたいていの人たちが気に留めない物事に注目し、他人が当然のことだとみなし疑いを差しはさまないものに好奇心をいだき、刻一刻と変化する現象の基底に潜む形式構造だけではなく、その現象の虹のような変化そのものに目を留めればよいのだ。好奇心をもち感性豊《センシティヴ》かな芸術家は、ありとあらゆることにつねに気を留める唯一の人間なのだから、彼こそが道徳のパラダイムになる。

繰り返していうと、この見解は逆立ちしたプラトン主義である。プラトンは、善を知るとは善をおこなうことだとする点では正しかったが、述べた理由についてはまったく誤っていた。プラトンの考えでは「善を知る」とは一般的な観念をとらえることにかかわるが、実際に善を知るとは、他の人びとにとって何が重大なことであるか、彼らがいだく善のイメージがどんなものであるかを感じとることにほかならない。すなわち、彼らが善を丸くてクリームのように滑らかで、光り輝いたものと考えるか、それともプリズムの形をして、宝石のようで、キラキラ輝くものと考えるかに気を留めることなのだ。感じやすく《テンダー》好奇心の強い芸術家であれば、シェイドと同じように、したがってスキムポールやキンボートとは違って、自分自身のファンタジーだけではなく、他の人たちのファンタジーのために時間をあてるだろう。彼はオブセッションに取り憑かれていない詩人であろう。だが、それにもかかわらず、彼がつくる詩は恍惚をもたらしうるだろう(22)。

しかし、ナボコフは、恍惚と感じやすさは切り離すことができるばかりではなく、互いに排除しがちでもある――オブセッションに憑かれていないたいていの詩人は、シェイドと同様、二流である――ということを十分すぎるほど知っていた。これこそ、ナボコフの小説を読むことで私たちが手にすることのできる「道徳的な」知識であり、この知識にとっては、彼の審美主義的なレトリックは重要でない。彼は、自律の追求が連帯感と齟齬をきたすということもきわめて十分に知っている。彼に括弧つきの道徳哲学というものがあるとしたら、それはハンバートが言うように、「詩人はけっして殺さぬ」(『ロリータ』一三三)ということが真である場合だけに、確かなものとなろう。しかし、もちろん、ハンバートは実際に殺人をおこなう――そして、キンボートと同様、ナボコフ自身に匹敵するほどの、すぐれた著作家、偉大な芸術家であって、虹のように変化する恍惚を創造することができるのだ。ナボコフは、芸術を切り離しがたく一つにまとめあげる四つの特質というものを好む。しかし、彼は不快な事実に直面しなくてはならない。作家は〔他人の〕苦難に留意しなくても、自分が〔作品の〕

素材として扱っている生活を送るその当人に好奇心をいだかなくても、恍惚を手に入れ、創造することができる、という事実に。彼は詩人ならざる人たち、つまりパドゥクやグレイダスのような一般化にいそしみ好奇心をもたない野蛮人たちが生みだした、世界中の一切の悪——感じやすさや優しさに欠けるあらゆること——を見たいと思う。(23) しかし彼は、事がそのように運ばないのを知っている。(24) ナボコフは、芸術家の才能が道徳的な徳として十分なものであることを切に願う。しかし同時に、自律的な芸術家がたまたま偶然に特定のものにいだく好奇心と、父の政治的なプロジェクト——感じやすさと優しさが人間の規範である世界の創出——とには、何の結びつきも存在しないということを知っている。こうして彼は、恍惚を感じながら残酷であり、〔他人の苦難を〕察知しながら動じない登場人物、選り好みの好奇心しかいだくことのない詩人、オブセッションに取り憑かれ無情であると同時に敏感でもある人を創造する。(25) 人は同時に二つを手に入れることができない——恍惚と優しさの綜合は存在しない——ということ、彼が最も恐れているのはこのことである。

この恐怖を詳細に描くのが、ナボコフの精華たる二つの小説である。(26) どちらの小説にも顕著なのは、二人の中心的な登場人物——ハンバートとキンボート——がまったくの独創性の所産だということである。天才でもあるスキムポール——「詩」という言葉についてあれこれ論じるだけではなく、実際に詩とは何かを知っている者——とはどういう人物なのかを尋ねることなど、それまでは誰にも思いつかなかったのだ。この特殊な天才‐怪物《ジーニアス・モンスター》——〔他人に対する〕好奇心をいだかない怪物——こそ、人間の可能性にかかわる私たちの知識にナボコフがもたらした貢献である。自分は偏った自画像を描い

ているのではないかと恐れる者だけが、こうした特殊な貢献をおこなうことができたのではないか、と思う。(27)

『ロリータ』の「あとがき」から別のもう一節を引用することで、二つの小説をこのように解釈するための別の証拠を提示してみよう。ナボコフは、「この小説の中枢神経……この作品を構成する秘密のポイント、識閾下の座標」(315／四七六)のリストに入れるべきものをあげている。彼の説明によると、こうした秘密のポイントの一つに、「カスビームの床屋(この人物をひねり出すのに私は一ヵ月も苦労した)」がある。(28)この床屋はたった一文のなかに登場する。

カスビームで髪を刈らせた床屋は、ひどい年寄りで、まったくの下手くそで、この老人は野球選手になった息子の話をくどくどしゃべりつづけ、破裂するような声を出すたびに私の首に唾を飛ばし、ときおり私の肩にかけた掛布で眼鏡を拭き、そうかと思うと、ふるえる手で鋏を動かす作業を中断して、色褪せた新聞の切り抜きを持ち出したりしたが、私は彼の話をぼんやり聞きながしたので、大昔の灰色にくすんだ化粧水の壜のあいだに立てかけた写真を、彼が指さすままに見たとき、髭を生やしたその若い野球選手が、もう三〇年も前に死んだのを知って、ぎょっとした。(211／三一九)

この一文は、ハンバートには好奇心がなく――自分自身のオブセッションに関連のないことに対して無頓着で——そのため、ナボコフが定義する「芸術」が規範となる存在状態を手に入れることができないということを圧縮して示す。こうした欠落は、この本の前の部分で描かれた欠落に対応する。すなわち、ハンバートが、自分に結婚を申し入れたシャーロットの手紙を記憶をたよりに書き写し、「ロリータが四歳のときに二歳で死んだという弟に関する部分や、その子が生きていたら私がどんなにかその子をかわいがっただろうといったような、そのときつい飛ばし読みしてしまった感傷的な文章」(68／一〇四)も含めて、元の手紙の少なくとも半分は削除した、と言い添える際に生じている欠落である。

ここで引いた一節は、本のなかでロリータの死んだ弟について触れられているたった二つの箇所の一つである。もう一つの箇所では、シャーロットがロリータ——ハンバートの唯一の関心事——についてはほとんど口にしないばかりか、現に生きている娘よりも死んだ息子についてばかり語っていることにハンバートが不満を述べている(80／一二一—一二二)。ハンバートは、ロリータ自身が自分のいる前では自分に出会う前にどのように生きてきたかをけっして口にしないことを悲しむ。しかし、彼はロリータが女友だちに話しかけているのを漏れ聞き、その内容も耳にしてしまう。「死ぬときに一番いやなのは完全にひとりぼっちだってことだわ」(282／四二九)。これを聞いたハンバートは、自分を振り返る。「愛するロリータの気持が、すこしもわかっていなかったことを痛感し」「彼女のなかには、そうしたつまらない子どもじみた決まり文句のかげに、庭園が、薄暗がりが、城門が——汚らしいボロをまとい、何とも哀れな格好に身を震わせる私など断じて立ち入ることを許されない、おぼろにかすんだ、すばらしい領域があるのだ」と。

ハンバートは、自分にはいまだかつて思いつかなかった可能性についてこのように深く考えつづけながら、ロリータが友人のひとりには「でっぷりとふとった血色のいい優しい父親と、ぽちゃぽちゃふとった幼い弟と、生まれたばかりの妹と、家庭と、二匹の愛嬌のいい犬がいるのに、自分には誰ひとりいない」ということに気づいたときの状況を思い起こす(285／四三二)。二つを結びつけるのは——ロリータが死を口にしたことと、彼女にはかつてぽちゃぽちゃふとった幼い弟がいたがいまは死んでいるという事実を結びつけるのは——読者の手に委ねられている。このことと、さらにもう一つの事実、すなわちハンバート自身はそのような結びつけをおこなわないということこそ、ナボコフが自らの理想的な読者——彼が「数多くの小さなナボコフたち」と呼ぶ人びと——に気づいて欲しいと期待している事柄である。しかし、悲しそうに、しかも見下しながら、自分の読者の多くは力不足だと気づきながら、彼が「あとがき」で語るのは、私たちがそれと気づかずに読み過ごしてしまったことである。

〔ナボコフから〕このように言われることが、読者にどのような影響を及ぼすかを考えてみよう。ただし、読者といっても、こう言われてはじめて——『ベンドシニスター』のなかの中心的な出来事にしても、ジョン・シェイドの詩「青白い炎」の場合にしても——ひとりの子どもの死が究極の苦痛を示すナボコフの規準例だったことを思い起こす読者のことである。こうした読者には、ナボコフが自らそうだったかもしれないと思ったのと同じように、自分もまた、あの一ヵ月つづく判決や、あの髭をはやした死んだ息子に対して無頓着であったのだということが徐々に思い知らされてくる。読者は、突然、自分が偽善的ではないとしても、残酷なまでに無関心であることを明らかにされる。自分の同類を、自分の兄弟をハンバートやキンボートのうちに認める。すると、『ロリータ』は突如として実際に「教訓《モラル》の色彩」を帯びはじめる。(29) しかし、ここでの道徳的なものとは、少女に手を出すな、ということではなく、自分がおこなっていることに気を留め、とりわけ人びとが言っていることに気を留めよ、ということである。というのも、人びとは苦しんでいることをあなたに告げようとしているということが明らかになるだろうし、実際きわめて多くの場合明らかになるからである。あなたが、(ハンバートのように)自分の私的な類の性的歓喜の増進や、(最初に読んだときには例の床屋についての文章を読み落とした『ロリータ』の読者のように)自分の私的な美的歓喜の増進に心を奪われているかぎり、人びとはさらにいっそう苦しみを感ずることになるだろう。

『ロリータ』から『青白い炎』に目を転じてみると、シェイドにはナボコフ自身の感じやすさ、優しさ、好奇心のすべてが授けられているのに対し、キンボートは恍惚だけを得ようとしているとみることができよう。自分の娘の死について書いたシェイドの詩は、『青白い炎』の小説としてのできばえに匹敵するほどの詩ではけっしてない。というのも、この小説の残りの部分をなすキンボートによる注釈があってはじめて、シェイドが示せなかったものが私たちに明らかにされるからである——この注釈によって、いまわのきわにある年配の男がかかえる日常的な苦難を包み込むようにして、ゼンブラ——ハンバート・ハンバートのいう「地獄の炎の色をした空をもつ楽園」(30) がちらちらとほの見えてくる。キンボートは信じられぬほど自己に没頭する人物である。自分が(夢のなかの場合を除いて)冷酷きわまりないものであると知っているのだが、シェイドよりはるかに想像力に富む男である。精神病者《サイコティクス》は、やはり、私たちよりもはるかに想像力に富むものである。ナボコフは、ハンバートとキンボートという姿に託して、二人の反社会的な行為者《ソシオパス》をなんとか創造しようとした。この反社会的な行為者は、現実生活上のたいていの精神病者と違って、自分たち自身の症歴をなんとか書こうとし、その際に、自分たちの歴史が通常の耳にはどのように聞こえるかを精確に知っているのである。

キンボートは、少年や名誉に対する自分の欲求にともかくかかわることならば何にでも、実にきわめて強い好奇心をいだく。その他のことには、うんざりし、いらいらしている。彼が怒っているのは、シェイドが「ゼンブラの名誉」、キンボートの陽気な手先やみすぼらしい妻についてではなく、シェイド自らの娘の死や、自身の結婚の歓びについてあえて書いたことについてである。にもかかわらず、キンボートの注釈がなかったとしたら、シェイドの詩はたんに物思いに沈んだものになっただろう。詩と注釈の対比が強調されてこそ、この詩そのものが忘れられないものになる。キンボートが他人への気遣いを排除しなくては得られない恍惚を、情け容赦なく追求しているからこそ、シェイドがもつ感じやすさと優しさが明瞭に浮かび上がる。私たちがある人の歓喜や苦難に気を留める見込みが増すのは、別の人が驚くほど無関心であることを知って、注意がそこに向けられる場合だろう。小作農の悲惨が貴族の衒示的消費《コンスピキュアス・コンサンプション》によって、黒人のあばら屋が白人のスイミング・プールによって際立たせられるのと同じように、シェイドの娘の死はシェイド自身の記憶のなかでよりも、キンボートが簡単に忘れてしまうことによって、はっきりと明瞭に浮き彫りにされてくる。ヘーゲルの考えは理に適っていたのだ。すなわち、テーゼは、まったく新たな輝けるアンチ・テーゼという反省、青白い炎をつかむのでないかぎり、わずかばかりの時間が過ぎ去れば、私たちの関心から逃れ去るだろう、というわけだ。

ナボコフ自身の賞賛の仕方を用いて大事な点をいうと、キンボートはシェイドよりも残酷であるがゆえに、冷たく、乾いている――しかも、よりすぐれた作家である。シェイドの詩文は、彼自身の告白によれば、氷点下で書かれている。彼は詩のなかで、文芸批評家のあいだでの自分の評判はつねにロバート・フロストの後ろの「じめじめ湿った一本の足跡」である、と述べている。キンボートはある一節を著者の関心に十分に照らして注釈し、つぎのように述べてナボコフを代弁する。「詩の強勢パターンにおいて調子の高いところは低く、低いところは高くなっている。その結果、完璧な結晶化が起こる度合いは、生ぬるい平易さのそれを超えたときである」[31](136/三〇六)。

キンボートは、シェイドがここで手に入れようとしているものを理解している。なぜなら、シェイドとキンボートは、たったひとりの創作家の二つの側面というに相応しく、多くを共有しているからである。シェイドもこれを理解している。キンボートは、いかに残酷であるにしても、物理的に粗暴であるほどまで下品ではなく、シェイドにとっては、そのことがとても重要である(145/三一二―三一三)。シェイドは、実際に物理的な危害をもたらす者に対してはそれが誰であれ容赦しはしないだろうが、「〔大罪のうちの三つ、すなわち〕高慢、色欲、怠惰なくして、詩は絶対に生まれなかったかもしれない」(150／三一六)という認識をもっているため、キンボートのオブセッションを大目にみている。彼はキンボートを、身体が滅びる前に精神が病んでしまった、スウィフトやボードレールのような芸術家仲間とみなしている(111／二八八)。二人の男は僭主と愚者——ピエール男爵、グレイダス、パドゥクのような——に関して同一の見解をいだいている。彼らの考えでは、こうした人たちの野蛮さは、根っからの品のなさ《ヴァルガリティ》に由来する。この品のなさは、特定の蝶、言葉、人びとではなく、一般的な観念にオブセッションをいだくことにもとづいているというのである。

しかし、キンボートは一般的な観念の危険に(一般的な仕方ではあるが)気づいている。だが、彼個人は最悪の一般的な観念を手にしている。それに対し、シェイドは本当にそうした一般的な観念をすべてなんとか否認しようとしている。(32) キンボートがいだいている最悪の概念の一つは審美主義、すなわち「文学上のテクニック」や「詩的才能」と呼ばれるものが存在するという信念である。個人としての詩人の生涯につきまとう一切の偶然性から自由自在に動く実践的な能力が存在する、というのである。こういうわけで、彼は、不死性を獲得するためには、優れた詩人をみつけ、この詩人に自分のことをすべて語り、あとは自分が不朽の詩文という形で栄光を誉め称えられるのを待ちさえすればよい、と考えるのである。彼は、シェイドが「ゼンブラの栄光を自分の詩の栄光のなかに同化」(144／三一一)させることを期待する。言語はどういうわけか著者から切り離すことができ、文学上のテクニックは死すべき偶然性から独立に作動する神のような力、とりわけよさとは何かについての著者がいだく偶然の考えから独立にはたらく力である、という考えが、語の悪い意味での「審美主義」の根っこである。そして、この意味では、美的なものは内容や生活ではなく、形式や言語にかかわる事柄だ、ということになる。まさにこうした言葉の意味で、ナボコフという小説家は審美家であることに何の関心ももっていなかった。たとえ、ナボコフという理論家が自分自身の実践を他の仕方ではうまく説明できなかったとしても。

ナボコフはこうした意味での審美主義者として読まれることが多かった。言語はそれ自身で作用するという、ロラン・バルト的な、理解に苦しむ見解にもとづいて作品がつくられ、作品そのものがこうした見解を具体化する、とりわけそうした者として読まれてきた。理論家であり一般的な観念を駆使する者としてのナボコフはこうした読解を促すが、この読み方に従うと、ナボコフの最も優れた実践『ロリータ』と『青白い炎』[33]によって具体的に素描されていると私が考える重要な点が蔑ろにされてしまう。すなわち、美的に役立つのは〝私たちは自分たちにどのようにかかわるべきなのか、もしくは他人に対して何をなすべきなのか〟についての理解・感覚に有意義に関連することだけだ、という点である。

この重要な論点を支持しながら、バルトやその仲間のテクスト主義者に同意して、小説や戯曲や詩の重要な点は人間の感情や状況を「正確に」再現することなのではない、と考えることもできよう。文字芸術、つまり言葉を規準に合わせずに予測不可能な仕方で利用する芸術は、実際、再現の正確さ、寸分の狂いなさということによっては評価できない、と。というのも、このような正確さ、寸分の狂いなさは慣習への一致という問題にかかわるのであって、優れたものを書くということの核心は、まさに堅い外皮となって覆う慣習を突き破ることにほかならないからだ。文学上のメリットは広く利用された終極の語彙を強化することにかかわるのではないし、私たちがつねにわきまえてはきたが十分に表現することのできなかったことをどれほどうまく説明できるかにかかわるものでもない。しかし、だからといって文学言語が日常言語に、とりわけ日常の道徳言語に寄生するものであり、今後もつねにそうならざるをえないという事実がごまかされてよいわけではない。さらにいえば、文学上の関心は今後もつねに道徳的な関心に寄生するだろう。とりわけ、記憶すべき登場人物を創りだすとなれば、どのように行為すべきかについて読者に示唆を与えざるをえない。(34)

私のナボコフの読み方を、つぎのように述べて要約することができよう。彼は、「作家たるもの」の果たすべき機能についての一般的な観念、つまりこの機能を自分自身の特別の才能や特別な死の恐怖に結びつける一般的な観念を巧みに使うことによって、父のプロジェクトへの背信《インフィデリティ》という論難から自己弁護しようと努めた。こうして彼は特別なエリートに関する私的な神話を創造するようになる。このエリートは想像力に富む表現に長け、けっして殺さず、その人生は感じやすさと恍惚の綜合である。そして、文学上の不死ばかりか文字どおりの意味での不死を獲得することのできそうな芸術家であって、父とは違い、公共の福祉《ジェネラル・ウェルフェア》を得るための一般的な手段に関する一般的な観念に何の信も置いていない。彼がディケンズを無益にも包み込もうとしたのは、まさにこの私的な神話であり、そして、人間を苦しみから救うために何をしてきたのかを問い質されるとき、あるいはそう自問するときに必ず頼りにしたのも、この神話であった。しかし、ナボコフは同時にまた、自分の才能、そして広くいえば芸術の才能は憐れみや優しさとは何の特別の結びつきももたず、そうした才能は「世界を創造する[35]」こともできない、と申し分ないほど十分に知っていた。彼はジョン・シェイドと同じように、こうした芸術の才能を使ってできるのは、自分とこの世界——シェイドの娘やジョー少年のような醜く無能な子どもたちが軽蔑されて死んで逝く、この世界——との関係を整えることだけだ、と知っていた。ナボコフの最高傑作にあたる二つの小説は、彼自身が一般的な観念を信ずることができないということを実際に見せるものなのである。

注

(1) とくに、私たちは、芸術家は慣習道徳の敵たらざるをえない、とは想定しないつもりだ。ニーチェは「芸術」と「美的なもの」をつなぐカント的な連想からきっぱりと手を切ることができなかった。このため、彼はリベラルなアイロニズムの可能性に目を閉ざす。バーナード・ショーについても、ときおりそのような事情がみられる。

(2) こうしたカント－ヴェーバー的な自律した三領域の描像は、ハーバーマスの作品——とくに『コミュニケイション的行為の理論』(*The Theory of Communicative Action*, trans. Thomas McCarthy (Boston: Beacon Press, 1987〔未来社、一九八五—八七年〕)と『近代の哲学的ディスクルス』(*The Philosophical Discourse of Modernity*〔岩波書店、一九九〇年〕)にとって中心的な位置を占めている。私の考えでは、ハーバーマスが三つの「専門家文化」——大ざっぱにいえば、科学、法学、文芸批評——が別個独立に自律していることがリベラルな社会の目標(たとえば、リベラルな社会を自称ルイセンコ〔1898–1976：ソ連の農学者・遺伝学者。近代遺伝学をブルジョア科学として否定し、政治的に弾圧した〕やジダーノフ〔1896–1948：スターリン時代に多くの知識人を抑圧した党官僚〕から守る際など)に役立ってきた点を強調しているのは正しい。

(3) 明らかに、刺戟を与えるものと緊張を和らげるものとの境界線が区分けする書物の分類は、人によって異なる。人が異なれば生きる人生も異なるし、取り組みを迫られていると感ずる状況も異なる。そして、どのような企図にもとづいて休暇を必要とするかも異なる。だから、図書館に入り、こうした区別を念頭に置いて書棚の書物を並べ替えようとするなら、その試みはいつでも私たちの特殊な関心にしたがって相対的なものとなるだろう。しかしそれでも、明らかなのは、こうした試みが通常、ファノンの『地に呪われた者』とワーズワースの『序曲《プレリュード》』を、フロイトの『精神分析入門』と『ミドルマーチ』を、『ヘンリー・アダムズの教育』と『リア王』を、『道徳の系譜』と新約聖書を、ハイデガーの『ヒューマニズム書簡』とボードレールの詩編を、それぞれ別の書棚に整理することはない、ということである。だから、刺戟を与えるものと緊張を和らげるものとの区別は、伝統的におこなわれてきた、認知的なものと非認知的なもの、道徳的なものと美的なもの、「文学的な」ものと非文学的なもの、という境界線とは対応しない。それは形式やジャンルに関するごく標準的な区別にも合致しない。

にもかかわらず、この区別は、たいていの人びとにとって、たったいまあげたすべての書物を、以下のような書物から区別するものだろう。ビアボームの『ズレイカ・ドブソン』、アガサ・クリスティーの『オリエント急行殺人事件』、T・S・エリオットの『ポッサムおじさんの猫とつきあう法』、ランシマンの『十字軍の歴史』、テニソンの『王の田園詩』、サン＝シモンの『回想録』、イアン・フレミングの『サンダーボール』、Th・B・マコーリーの『エッセイ集』、P・G・ウッドハウスの『続けろ、ジーヴズ!』、ハーレクィン・ロマンスの小説群、トマス・ブラウン卿の『壺葬論』、お手軽なポルノグラフィー作品である。このような書物はそれぞれ読む者のファンタジーとぴったりと嚙み合うが、こうしたファンタジーやその持ち主にはどこかおかしなところがあるということを示唆するものではない。

(4) Nabokov, "On a book entitled Lolita," in *Lolita* (Harmondsworth : Penguin, 1980), p. 313.〔大久保康雄訳『ロリータ』(新潮文庫、一九八〇年)、四七四頁〕本書からの引用が明らかである場合には、以下の言及は頁数を括弧で囲んでおくことにする〔訳書での頁数は原著頁数を表わす数字の後に、/を付して漢数字で記す。他の著作に関しても同様〕。

(5) George Orwell, *The Collected Essays, Journalism and Letters of George Orwell* (Harmondsworth : Penguin, 1968), vol. 2, p. 152.

(6) Judith Shklar, *Ordinary Vices*, pp. 43-44, および第一章のさまざまな箇所を見よ。

(7) "Comme un fou se croit Dieu, nous nous croyons mortels" という一節は、『断頭台への招待』(*Invitation to a Beheading*〔富士川義之訳「断頭台への招待」、『世界の文学8 ナボコフ』(集英社、一九七七年)所収〕に掲げられたエピグラフである。ナボコフはこの一文を、「私が発明した、メランコリーに悩み、浪費家で、賢く、ウィットに富み、魅惑的で、まったくもって人を愉快にさせる、ピエール・ドラランド」によるものとしている。

(8) Vladimir Nabokov, *Lectures on Literature*, ed. Fredson Bowers (New York : Harcourt Brace Jovanovich, 1980), p. 94.〔野島秀勝訳『ヨーロッパ文学講義』(TBSブリタニカ、一九八二年)、一二五―一二六頁〕以下では、本書からの引用は( )内に*LL*と記しておこなう。

(9) 彼は、芸術家は社会的な災厄《イーヴル》・悪に注意を向けたり、それを変えようと努力したりすべきではない、と述べる気にならないわけではない。しかし、彼はそのようなことをしようとする実際の試みに関しては吝嗇である。しかも多くの場合その理由は、乱暴きわまりないほど見当違いのものである。彼が『荒涼館』に登場する子どもたちにつながりがあるのは、一八五〇年代の社会環境というよりは、もっと早い時代であり、その時代の世相なのである」(64／八七)と述べているのは、不正確であるばかりか、まったく要領をえない。同じように見当違いなことに、彼によれば、ライセスター卿とデッドロック嬢を扱う章は「貴族階級の弾劾」とみなされたうえで、「われわれの作者がもっていた貴族に関する知識も観念もきわめて貧弱で粗雑なものにすぎない以上、全然面白くもなければ、重要でもない」(64-65／八七)ものとして斥けられてしまうのである。

(10) ナボコフは、『傷と弓』を読んだとき、ウィルソンの一般的戦略——作家のオブセッションとその生い立ちを比較的初期の傷にまで遡り跡づけてゆく戦略——は、きわめて容易に自らの、つまりナボコフ自身という実例に適用されてしまうかに気づいたに違いない。彼は、このような適用をすでにウィルソン自身が思いついていたことに気づいて憤激したに違いない。同時に、ウィルソンによるハウスマンの疑似‐フロイト的解釈に苛立ったのではないか、と思う。ナボコフが慄きを口にするのは、ハウスマンの『詩の名称と本質』(ネルソン・グッドマンが美的経験に関する「慄き‐没入」理論と呼ぶものについて、英語で書かれた最も有名なマニフェスト)から影響を受けていたからであることは間違いない。トリニティの学部生時代には、ハウスマンの詩をこよなく愛した。もっとも、後になって、『シュロプシァの若者』を「若い男たちと死についてのちっぽけな詩集」だとつれなく言ってのけることになるが。

(11) Vladimir Nabokov, *Speak, Memory: An Autobiography Revisited* (New York: Pyramid, 1968).〔大津栄一郎訳『ナボコフ自伝 記憶よ、語れ』(晶文社、一九七九年)〕本書からの引用は( )内に *SM* と記し

ておこなう。

(12) プラトン以来、私たちが学んできたのは、一般的な観念は実践的な目的のための道具だということである。ここで目的というのは、時がたつにつれて忘れられてゆくが、特定のイメージは目的が忘れられた後にも残りつづける、そうした目的のことである。今日私たちは、道徳上の理念、社会制度、人間存在のそれぞれのあり方において、ホメロスが想像したよりも、優れたことをおこなうことができる。ナボコフが言うように、「〔ホモ・〕アメリカス〔アメリカ的人間〕と〔ホモ・〕ホメリカス〔ホメロス的人間〕との想像上の戦闘のなかで、前者は人類の賞を勝ち取る」。しかし、ホメロスが描いたイメージが存続するからこそ、ホメロスは生き残る。アキレスの倫理(「つねに他人を出し抜け」)を採り入れる少年はただうんざりするようなガキ大将にすぎないが、いまでも、ホメロスの使う罵詈雑言のいくつかは、おとなしめの級友を戦慄させる。シェイクスピアがローマの戯曲という形で社会政治上の見解を伝えたいと望んだかどうかは、誰にもわからない。あるいは、誰もそれほど気にはしない。しかし、ジョン・シェイド〔『青白い炎』の登場人物〕が、『ハムレット』のなかでも「あなたは美文調を特に評価しておられますね?」とチャールズ・キンボートが促したのに対し、「そうだよ、チャールズ君、私はそれを舌に乗せてころがしてみるんだ、グレートデーンに汚された芝草の一劃でころがって遊んでいる楽しげな雑種犬みたいにね」〔富士川義之訳『青白い炎』、『筑摩世界文学大系81 ボルヘス ナボコフ』(筑摩書房、一九八四年)、二七九頁〕と応えるときに、彼は私たち反プラトン主義者全員の代弁をしている。サビーニの農場に隠遁するかどうかという問題は古びてしまっていても、私たちは、ある一節を美文調であると描くときにはいつでもホラティウス〔65–8 B.C.:ローマの詩人・風刺作家〕に向かって跪くのである。プラトン自身は、一般的な観念については概して誤っていたけれども、最初の白人魔術師として生き残りつづけるだろう。彼は、デリダが西洋の「白人神話学」と呼ぶメタファーの網の目となってゆく最初の一本目の糸を紡いだ魔法使い《エンチャンター》なのである。プラトンが賞賛した数学が爆弾作成者の手にする道具となり、彼が洗練し純化しようと望んだ道徳的な直観がどちらかといえば原始文化の首尾一貫しない諺にすぎないことが暴露されてしまったはるか後になっても、彼自身の特有な炎はいまでもくすぶりつづけ、その特別な太陽はいまでも燦然と輝いている。ホワイトヘッドが「客観的な不死性」と呼ぶものに関していえば、過去の偉大な人物は、ナボコフがディケンズについて言ったように、実際、「想像力に富む表現をする点で偉大」なのだ。

(13) ナボコフはカントと同様に、スウェーデンボリのような思弁はけっして何にも行き着かないという事実に甘んじて従う。「私は何度となく過去を遡っていった——遡るにつれて、思考は絶望的に先細りになった。そして行きついた先で秘密の出口を探した——そのたびに時間の牢獄は球状で出口がない球だということを思い知らされたが」(*SM*, 14／一〇)。

(14) ナボコフは、一種の逆立ちしたプラトニズムをねらうベルグソンの試みや、とりわけ『道徳と宗教の二源泉』に影響を受けていた可能性がある。Nabokov, *Strong Opinions* (London: Weidenfeld & Nicolson, 1974), pp. 42, 290を見よ。以下では( )のなかに*SO*と記して引用する。

(15) この意味で、しかもこの意味にかぎられるが、ナボコフが「誰もがイメージで考えるのであって、言葉で考えるのではない」(*SO*, 14)と述べているのは正しい。私だったら、〝もし言語を使えなければ、外的事物・対象についても内的イメージについても意識できない〟と主張したいところだ。しかし、こうしたセラーズ的な「心理学的唯名論者」のテーゼは〝人びとを個体化し、彼らに特有のおもむきや別個独特な神経細胞を与えるのは、さまざまな命題的態度《プロポジショナル・アティテュード》ではなく、終局の語彙に含まれる言葉(たいていの人に生ずる、「よい」という言葉を含む)と特定の状況とのさまざまな結びつき・連想《アソシエーション》にほかならない〟という主張に同意することと両立可能である。脳細胞の配線状態が特別なナボコフのような人の場合には、これは、そうした特定の状況についての極端に鮮明な、詳細にわたるイメージとの結びつき・連想を意味する。しかし、もちろん、ナボコフが、自分のような特別の直観能力《エイデテイック・ファカルティ》をもたない人びとは単純で下品な生をおくるのだと主張するなら、それは行き過ぎである。イメージの豊富さをともなわないが、豊かで興味深い心のあり方は数多く存在するのだ(例として音楽。ナボコフは、イェイツと同じように、しかし自分の父や息子とは違って、この音楽に対してはまるっきりといってよいほど鈍感だった)。

(16) Vladimir Nabokov, *Bend Sinister* (Harmondsworth : Penguin, 1974), p. 11.〔加藤光也訳『ベンドシニスター』(サンリオ文庫、一九八六年)、二九六頁〕以下では頁数を( )のなかに入れて引用する。

(17) Vladimir Nabokov, *The Gift* (Harmondsworth, Penguin, 1963), p. 370.〔大津栄一郎訳『賜物』(白水社、一九六七年)、四〇一頁〕

(18) Charles Dickens, *Bleak House* (New York : Signet, 1964), pp. 445, 529.〔青木雄造・小池滋訳『荒涼館 2』(ちくま文庫、一九八九年)、四〇九―四一一頁、同訳『荒涼館 3』一三二―一三三頁〕

(19) *LL*, p. 90〔一一九―一二〇頁〕での、この行に関するナボコフの議論を見よ。

(20) エドマンド・ウィルソンは、友人ナボコフがおこなっていることについて、このような見解をいだくことがあった。ウィルソンはときおり自らを、忍耐強く寛大なパトロン、ジョン・ジャーンディスの役に、魅力的で、道徳を解さないスキムポールとしてのナボコフとは正反対の人物の役に擬していた。

(21) こうした芸術の定義の背景は興味深いものだ。ナボコフはおよそ何かを忘れてしまうということがけっしてなかったように思われる以上、「君が青年時代に吸い込んだボルシェヴィキの新鮮味のないプロパガンダ」というウィルソンに対する皮肉は、ウィルソンが八年前に述べた同じような皮肉への当てこすりだったといってよいだろう(*The Nabokov-Wilson Letters*, ed. Simon Karlinksy [New York: Harper, 1979], p. 304; December 13, 1956)。一九四八年に、ウィルソンはナボコフにあててこう書いていた。「君が一方で蝶をその習慣という観点からなんとか研究しようとし、他方で人間存在について文章を書きながら、社会や環境にかかわる問題を一切考慮しないでいることが可能なのだと言い張っているのはどういうことなのか、いまだにぼくにはまったくわからない。ぼくが結論として達したのはこうだ。君はたんに青年時代に〝世紀末の芸術のための芸術を!〟というスローガンを採り入れながら、それを十分に吟味することはけっしてなかったのだ、と。じきにぼくの本『三人の思索家』を送るつもりだ。それを手がかりにすれば、君はこうした問題を解決するだろう」(ibid., p. 211; November 15, 1948)。ナボコフはすぐに返事を書いた。ウィルソンのお気に入りの二人の作家、フォークナーとマルローを「大衆的な二流の作家」とこきおろしたのちに、こう述べる。「「芸術のための芸術」は、「芸術」という用語が定義されていないかぎり、何も意味しない。まずは君がどう定義するかをぼくに教えてくれたまえ、そうしたらぼくらは話をすることができる」(ibid., p. 214; November 21, 1948)。ウィルソンはこの挑戦に応じなかったが、ナボコフは、私が論じてきた一節で応じたのである。

(22) ナボコフが芸術の特徴としてあげているリストと、ボードレールがシテール(歓楽の島)の規範であると告げるもの、つまり「秩序、美、官能的な贅沢と静けさ」とを対比せよ。この規範はナボコフが幼年時代をすごした田舎屋敷での規範でもあった。その屋敷は、ナボコフの言によれば、「きわめて率直にいえば、むしろぞっとするような国」(*SM*, 85-86/九〇)の中央に位置する島であった。ナボコフの定義は「芸術のための芸術」というスローガンや、芸術と道徳の関係に対して新たな展開をもたらす。ボードレールによるシテールの規範の記述は、おそらく官能的な享楽以外には、他の人間存在に対する関係について一言も言及していない。しかし、ナボコフの定義にはそのような言及がある。

(23) ナボコフがこのリストにレーニンを含めていてもおかしくない。しかし、彼はそうしなかった。自分とレーニンのどちらかがパドゥクやグレイダスと合わせもつ共通性よりも、自分とレーニン自身が合わせもつ共通性のほうが大きいのではないか、と考えていたに違いないから。私が思うに、レーニンはナボコフの意識の背景のなかで、恐ろしいオブライエンのような人物としてつきまとっている。パドゥクの残酷さと、ナボコフ自身の脳に不愉快なほど酷似したものとを兼ね備えるがゆえに世界支配をたくらむ男として、である。ナボコフの表向きの立場は、「レーニンの人生と、例えばジェイムズ・ジョイスの人生とのあいだの違いは、一握りの砂利と一個の青いダイアモンドとの違いに匹敵します。もっとも、どちらの男もスイスに亡命し、大量の言葉を書きましたが」(*SO*, 118–119) というものである。しかし、彼は本当のところ、そんなふうに考える気にはなれなかったのではないか。

(24) 彼は、「詩人は、けっして殺さぬ」と述べる点でハンバートは間違っているということだけではなく、キンボートのように、「人を殺す者はつねに自分の犠牲者よりも劣っている」(*Pale Fire*, p. 157〔前掲『青白い炎』三二一頁〕)と述べるのは見当外れであるということも知っている。というのも、「劣っていること」はここでは何も意味しない——それは紋切り型《マシーン・メイド》の一般的な観念の一つにすぎないからだ。どのような観点からみて人を殺す者は自分の犠牲者よりも劣っているか、どのような観点からみて、たとえば、ハンバートはキルティよりも劣っているか、オブライエンはウィンストンよりも劣っているか、を明細に述べることがもしできたとしたら、有用なことを言うことになろう。しかし、私たちに言えるのはただ、彼らが道徳的に劣っているということだけにすぎない。——そして、もしそれが言いたいことであるとしたら、「汝、殺すなかれ」と言って、それでお仕舞いにした方がましだろう。一般的な観念についてナボコフが指摘する重要な点は、具体的な細部が置き去りにされてしまったならば、一切はたちまちすっかり不鮮明になり、結局は何も言われなかったに等しい、ということである。

(25) ハンバートとキンボートをこれほど興味深い人間にしているのは、彼らは予想できるような仕方で人びとに反応することはめったにないけれども、他人を気に留めていないわけではないからである。彼らは選り好みの好奇心ではあるにしても、きわめて強い好奇心をもっているだけではない。彼ら自身の心は、他人の生のうちに、「ゲームのなかでもつれ合ったパターン」を、ある図柄《モティーフ》を見出す。そうしたパターンが実際にあるかどうかという問いは、芸術家は人間の感情を「本当に再現する」かどうかという問いと同じくらいに不適切なものだ。芸術家がいったん自分の作品を仕上げたならば、慣習的な道徳の言説が歓喜や苦難にかかわる同じような物語のうちに見いだすパターンと同程度に、その作品は「そこに」存在する。キンボートがシェイドの詩の行間にゼンブラの物語を読み込むとき、彼は「何かをでっちあげている」のでもないし、「不正確に再現している」のでもない。ある刺戟に反応し、新しい刺戟を創造しているのだ。

キンボートが、たとえまったく誤った理由にもとづいてではあるにしても、シェイドの詩をかなり気にしていることに目を留めるのが大切である。彼はその詩について真剣に考えている。もちろん、彼の考えはシェイドのものとはまったく別の方向に向かっているけれど。このことが、ひねくれた《パヴァース》自己中心的《エゴセントリック》な注釈――ブルームのいう「力強い・強引な読解《ストロング・リーディング》」――がそれでも一個の注釈であるという重要な論点の実例になっている。ハイデガーのカント解釈がそれでも一個のカント解釈であるのと同様に、キンボートのような者がシェイドの娘の自死に対して見せる反応は、私たちが考慮に入れなくてはならないものである。それは私たちが興味関心をもつべき何かなのである。私たちがジョン・シェイドの反応(『青白い炎』という著作として現われた)や、シビル・シェイドの反応(死に関するダンの説教「神聖ソネット十」の「死よ驕るなかれ、おまえを力強く恐ろしいと呼ぶ者もいるが、そうではないのだから」」と、アンドルー・マーヴェルの「仔鹿の死を悼むニンフ」〔「そして、私の悲痛もおかまいなしに、仔鹿を私に残したが、彼の命を奪ってしまった」〕のフランス語訳となって現われた）に興味関心をもつべきであるのと変わらない（Nabokov, *Pale Fire*〔New York : Berkeley, 1968〕, pp. 33, 161-162〔前掲『青白い炎』二二七、三二三―三二四頁〕を見よ）。人は、耐えられない恍惚、望みなき憧れ、激しい苦痛にできるだけうまく反応する。そして、いったん私たちが行為の領域から著述の領域に向かうと、ある反応が「適切」であったかどうかを問うのは、誰にとっても助けにならない。というのも、適切さとは、あらかじめ決められた馴染みのパターンのなかで、ある場所を占めることにかかわる事柄だからだ。ナボコフが芸術に欠かせないと考えた興味関心・好奇心は、そのようなパターンにけっして甘んじないということにある。

(26) 注を使って、なぜ私が『ロリータ』と『青白い炎』をナボコフの最高傑作だと考えるかについて少し述べておこう。私が力説しているのは、この二つの小説は、ナボコフの初期の小説『賜物』と同じテーマをめぐって展開していると考えるべきだということである。つまり、芸術の才能に恵まれた者が直面する、感じやすさと恍惚のどちらを選ぶべきかということ、芸術の才能ある者がいだく好奇心は特定のものを選り好むものでしかありえないという必然性、この点をめぐって展開しているのだ。けれども、この後期の二つの小説とくらべると、『賜物』は教訓的《ディダクティク》なもので、いくつかの一般的な観念を例証するものとなっている。ナボコフが職業上たどった軌跡は、ハイデガーの場合と同じように、教訓的になることを回避しようとする試みによって形づくられた。つまり、通常の使い方によって光沢が曇らされ、ほとんど透けて見えるようなものに貶められてしまった言葉の使い方を回避しようとする試みによって形成されたのだ。ナボコフはつぎのように述べて、自分の最初の小説『メアリー』を批判した。「ぼくがあの陳列箱のなかに蒐めた亡命者群像は、当時の人びとの眼には透明の存在だったので、誰しもそれらの背後にあるレッテルを容易に見分けることができた」(*King, Queen, Knave* (Putnam), p. viii〔出淵博訳「キング、クィーンそしてジャック」、前掲『世界の文学8 ナボコフ』六頁〕)。ハイデガーは、自分が発明した言葉は一般に広く流布していって、「概念」のレヴェルに引き下げられてしまい、発明した言葉にとって外在的な何らかの目的を達成するためのたんなる手段になってゆく以上、自分のこれまでの作品は無意味なものになってしまうのではないか、いやすでにそうなっているのではないか、と訝った。このことと類比的に、ナボコフもまた、自らのかつての作品が、私がここで述べているような一般的な用語でもって分類されてしまうかなりの危険に曝されていることに気づいていると想像することができよう。こうした一般的な用語を用いてはじめて、私がおこなおうとつとめ、しかもナボコフが軽蔑の対象としていたこと――つまり、ナボコフを、オーウェルのようなまったく異なる才能と異なる目的をもった小説家との関係のうちに「置く」こと――がおこなえるのだ。ナボコフは、この種の通俗化をこうむることのないほどに分類不可能で、類似性と差異に関するよく知られた分類方法の外部に明確に位置するような言葉や書物をやがては案出したいという望みをハイデガーと共有した。しかし――ヘーゲルが私たちに教えたように――個人的な達成が意義をもつためには、こうした通俗化は免れえない。なぜなら、「意義《インポータンス》」ということは、まさに特殊なものを普遍的なものに含み込み、特異なものを社会的なものと綜合するためにどの程度の努力が払われるかによって決められるからである。こうした綜合をけたはずれに困難にするが、にもかかわらず不可能にはしないものこそ、もっとも重要な達成なのである。ハイデガーは中期に――彼が「存在の歴史」と呼ぶものを著した時期に――当初は〔特異なものと社会的なものとの〕綜合が最大の困難さをもつが、最終結果として透明性が得られるという絶妙のバランスを手に入れ、精華をきわめた。その後、最終期になると、私的なクローシェ編み、私的な共鳴、私的なオブセッションを追求するだけのたんに特異なものになった。ナボコフは中期に――『ロリータ』と『青白い炎』の時期に――同種の絶妙のバランスに達した。それ以降、『アーダ』〔一九六九年〕にはじまり『道化師たちを見よ！』〔一九七四年〕で終わる時期には、彼もただたんに特異なものになる。『アーダ』においてさえ、半ばは独り言である。ロバート・アルター (Robert Alter) が述べたように、『アーダ』は、『ロリータ』や『青白い炎』にみられる完璧なまでの入念な選択力と統制力を欠いた、目をくらませるが時には腹立たしい準傑作である (“*Ada*, or the Perils of Paradise,” in Peter Quennell, ed., *Vladimir Nabokov : A Tribute* [London : Weidenfeld, 1979], p. 104)。〔『ロリータ』と『青白い炎』という〕この二つの傑作には、初期の小説（『断頭台への招待』は例外だろうが）にはみられないきわめてナボコフ的な特異性と、それ以降のナボコフの小説にはみられない形式の完璧さがそなわっている。

(27) ハンバートの少女愛好《ニュムフォレプシー》とキンボートの同性愛《ホモセクシュアリティ》はとても説得性があり、興味を惹くもの――『荒涼館』の全員がスキムポールについて使う言葉を用いるなら、とても「魅力的《チャーミング》」なもの――にされており、読者の心に、ナボコフ自身は性についてどう考えたかという問いを惹き起こさずにはおかないほどである。〔だが〕私には、この二つはむしろナボコフならではの〔読者を引き込むための〕見せかけのつかみ《リーズ》に受けとれる。たしかに、この二人の怪物のうちにはナボコフ自身がいくぶんか宿っているが、それはとりたてて特定の種類の性とは何の関係もない。性的オブセッションはどちらかといえば一般的な現象のお手頃な例にすぎない。

(28) カスビームの町は、近くの丘の頂上から眺めた風景でもって描写される。しかも、そこで使われる用語は、クライマックスの瞬間、小説の結末直前で、ハンバートが〔この丘とは〕別の丘から、カスビームとは別の「玩具のように見える」町、つまり「遊び戯れる子どもたちの美しい調べ」が立ち登る町を見下ろすときに使われる用語を予想させるものでもある。そうしてハンバートは、「胸に突き刺さる絶望的な悲哀は、ロリータがそばにいないからではなく、その協和音のなかに彼女の声がまじっていないからだった」(306／四六五―四六六)ことに気づく。この瞬間が、以前ハンバートが「いまとなって、ようやくさとることのできた、あの〔言語を絶した〕、信じがたく、耐えがたい、おそらくは永久につづくと思われる恐怖」(167／二五三)と呼んだものを生みだす。ハンバートは、心臓病で死ぬ間際に自分の物語を書きながら、その恐怖をつぎのように描く。「しかし、悲しむべきことに、私は、いかなる魂の慰めを得ようと、いかに透し絵のような来世を約束されようと、ロリータにそそいだあのけがれた情欲だけは、どんなことをしても彼女に忘れさせることができないという簡単な人間的な事実を超越することはできなかった。ドロレス・ヘイズという北アメリカの一少女が、ある狂人によって子ども時代を奪われたとしても、そんなことは究極的にはいささかも問題にならないと証明されないかぎり――この心臓をもち、髭を生やし、腐敗物がごっそりつまった現在の私に、もしそれが証明されないかぎり(また、もしそれが証明されるなら、人生はまさにお笑い草だが)――私は自分の苦悩を、言語芸術という気の滅入るようなきわめて局部的効果しかない緩和剤によってまぎらす以外に方法はないわけだ。昔の詩人は言っている――死すべき者《モータルズ》の内部にある務め《デューティ》、それは／われら人間の美意識に課せられた税金だ」(281／四二七―四二八)。

　この昔の詩人はナボコフ自身である。私がここで示唆しているのは、彼は、詩人はこの務めに報いなければならないと望んだが、そのような確信がもてず、したがって人生がお笑い草ではないとの確信ももてなかった、ということである。「私は一ヵ月も苦労した」ということの意味が、ナボコフが床屋についての文章を書き直すのに一ヵ月かかったということなのか、あるいは、他人の子どもの死に気を留めなかったという思いが連想されて、彼が一ヵ月間書くことができなかったということなのか、他人(たぶん現実の床屋)の苦難と現実に出会ったことがもとになって、彼が一ヵ月間書くことができなかったということなのか、私には確たることは言えない。読者の判断に委ねようというのは、ナボコフらしい特徴である。

(29) ナボコフは、「あとがき」で「美的歓喜」と「芸術」の定義をする直前で、「私は教訓的《ディダクティク》な小説などというものは読みもしなければ書きもしないし、ジョン・レイがいくら主張しようと、『ロリータ』は、いかなる教訓《モラル》も帯びていない」と述べている。

(30) 実にひどい仕方なのだが、キンボートがつぎのように述べて、『青白い炎』の「前書き」を締めくくるとき、彼は絶対に正しい。「私の注釈を欠いたならば、シェイドのテクストは断じて人間的リアリティをもたない、ということを言わせていただきたい。なぜなら……(自伝的作品にしては内気すぎて口の重い)彼の詩のような作品における人間的リアリティは、その作者と環境、性向などなどのリアリティ、すなわち私の注釈のみが与えることのできるリアリティにまったく依拠しなければならないからである。こうした陳述の末尾に、わが親愛なる詩人はおそらく自分の名前を署名しなかったであろうが、良かれ悪しかれ、締め括りの言葉を記すのは注釈者にほかならないのだ」(前掲『青白い炎』一九九頁)。ナボコフはよく好んで、自分が何を言っているのかをわかっていない者の口を借りて真理を述べる。『ロリータ』の「はしがき」(「ジョン・レイ・ジュニア哲学博士」による)は、このことのもう一つの事例である。

(31) キンボートがつづけてフロストの「ある雪の夕べに森のそばで立ち止まる」を賞賛し、「すばらしい才能の持主であったにもかかわらず、ジョン・シェイドは彼の雪片をそんなふうに表現に定着させることなど絶対にできなかった」と述べるとき、彼がナボコフを代弁しているのかどうかは、私には自信がない。しかし、ナボコフがフロストを賞賛するためにキンボートに使わせている用語(「アメリカの少年なら誰もが暗唱している詩」)は疑わしいにもかかわらず、ナボコフは、自分がフロストのようにはうまく詩を書くことができないし、したがって、シェイドにもできないということをきわめて十分に知っていたのではないか。

そうであるとしても、ナボコフは結晶化というメタファーをよく好んだ。結晶は流動性とはまったく別のありかたであり、そこでは透明性は消失し、ときにはそのかわりに虹色のような変化が表われる。グレイダスが一般的な観念以外は何も把握することができないということは、彼が同質的で透明なガラス細工——旅先で値段を訊いた「すみれ色のガラスでできた小さな河馬の像」(*Pale Fire*, 169／三二九)や「小さな水晶製のキリン」(132／三〇三)など——以外にはどんなガラス細工も好きにはなれないということに対応している。キンボートはつぎのように述べて、マルクス主義が一つの国家宗教になる際に帯びる形態を物の見事に描写する。「現代ロシアにおける思想は、べた一色で現われる機械切断された角材だ。微妙な陰翳《ニュアンス》は追放され、壁で遮断され、ペテンがのさばり歩いている」。グレイダスが河馬の像や水晶製のキリンを見て賞賛したものは、それらがまるで生き写しであるかのような点——つまり、これらの動物を慣習にもとづいて透明に再現したものにとても近いこと——にあったと想定しても間違いないと思われる。

(32) こうした否認は『青白い炎』の一節に出てくる。そこでシェイドは魂の不死性、とりわけ死んだ娘の魂の不死性に対する関心を「浅薄なノンセンス」であるとして放棄する。自分が見つけたと思っていた不死性の証が誤植にもとづいたものであることを発見して、書く(II. 806-815)。

しかしすぐさま思いあたった、これこそが
真の核心であり、対位法的なテーマなのだということが。
まさにこれなのだ。テクストではなく織物《テクスチャー》なのだ。夢ではなく
あべこべの偶然の一致なのだ、

浅薄なノンセンスではなく、意味の織物なのだということが。
そうなのだ！　この世での私は
ある種の連鎖《リンク》や米食い鳥的紐帯《ボーボーリンク》を、ある種の
相関的パターンを、ゲームのなかに、〔すなわち
網状に張りめぐらされた職人芸的な芸術や、ゲームをする人たちが
見いだすのとほぼ同じ喜びのなかに〕見いだせるだけで十分だったのだ

シェイドは、芸術家が偶然性を、つまり何らかの秩序づける力の欠如（あるいは同じことになるが、まったくの計り知れなさ）を認知することは、宗教や道徳哲学がそのような力の本当の名称と本質を発見したのだと主張することよりも望ましいと決断する。これに対し、キンボートがシェイドに「合い言葉」を尋ね、「憐れみ《ピティ》」と応えてもらうと、一般的な観念（キンボートはこの一般的な観念を自分がグレイダスと共有していることに気づくことができない）への趣味判断が現われてくる。シェイドがこの合い言葉に神学的な裏打ちを与えるのを拒絶すると、キンボートは言う。「やっとあなたの言うことがわかりましたよ、ジョン。私たち一人ひとりの来世を立案しつかさどる、ある〈高次の知性《ハイアー・インテリジェンス》〉をいったん否認したなら、私たちは永遠にまで手を差し伸ばしている〈偶然《チャンス》〉という、言うに言われぬ恐ろしい観念を受け容れざるをえなくなる」。これこそまさに、いましがた引用したくだりでシェイドが受け容れていた観念にほかならない。その効果に関しては、ハンバートのいう「言語芸術《アーティキュレイト・アート》という気の滅入るようなきわめて局部的効果しかない緩和剤」によってしか和らげることができない観念である。

（33）　デイヴィド・ランプトンとエレン・パイファーはともに、このような読解をふんだんに引用し、利用し、

ナボコフの「道徳的な」側面を強調することから始めて、これまでの解釈の修正をはかる、すばらしいナボコフ論を書き上げている。私はこの二つのナボコフ論から、とりわけ『賜物』に関するランプトンの議論からきわめて多くのことを学んだ。Rampton, *Vladimir Nabokov : A Critical Study of the Novels* (Cambridge : Cambridge University Press, 1984)、および、Pifer, *Nabokov and the Novel* (Cambridge, Mass. : Harverd University Press, 1980) を見よ。

(34) ハンバートやキンボートを、シンシナトゥスやヴァン・ヴィーンほど現実味に欠けてはいないものにし、忘れられないようなものにするのは、かれらが巻き込まれている状況がそっくりそのまま信じることができ、まるで我がことのように思えるし、彼らがたんに自分自身のファンタジーや他の空想家(ピエール氏やアーダ)とではなく、まともな《セイン》人たちとやりとりをしているからである。シンシナトゥスはシェイドと同じくらいに思いやり《シンパセティク》があるし、ヴァンはハンバートと同じくらいにひどく嫌みな奴であるが、どちらも具体性に欠ける――したがって、道徳的な有用性に欠ける――ものでしかない。というのも、小説における登場人物が具体性をもつかどうかは、読者が、自分自身の生活から抜け出て、似ていると想像することのできる状況のうちに身を置き入れるかどうかが決め手となるからである。

(35) ナボコフは世界‐創造という考えを繰り返し利用する。このメタファーの欠点に関する説明については、デイヴィド・ブロムヴィック (David Bromwich) "Why Writers Do Not Create Their Own Worlds" (in *Romantic Argument* [Cambridge, Mass. : Harvard University Press, in press]) を見よ。このメタファーはカントにまで遡り、形式と内容というカントがおこなった、後に災厄をもたらす区別に寄生するものである。

第八章　ヨーロッパ最後の知識人
――残酷さを論じるオーウェル

ジョージ・オーウェルが書いた最後の二つの小説は、ナボコフが「時ともに色褪せる屑《トピカル・トラッシュ》」として思い描いていたものの好例である。というのも、この二つの小説の意義は、実践における大きな寄与を果たしたという点に求められるからである。もしオーウェルが『動物農場』(一九四五年)と『一九八四年』(一九四九年)を書かなかったとしたら、私たちは彼のエッセイを読み、それを賞賛することはなかっただろうし、彼の生涯を探ることもなかっただろう。また、道徳的な熟慮をめぐる彼の語彙を私たち自身の語彙に加えてみようという気にもならなかっただろう。『ロリータ』や『青白い炎』は、ハンバートやキンボートに自分をなぞらえるような天分に恵まれた、憑かれたような読者がいるかぎり、生き残ってゆくはずである。しかし、オーウェルの場合はそうではない。『一九八四年』についての最も早い時期に属するしかも最良の論評の一つを著したアーヴィング・ハウでさえ、オーウェルが「自ら自身の時代のために生きることに最たる意義を見いだす」著述家の一人であることを認めている。(1)

オーウェルの最も優れた小説が広範な読者に読み継がれてゆくとすれば、それは、私たちがオーウェル自身が描いたように二〇世紀の政治を描いてゆく場合だけだろう。それがどのくらい続くかは、私たちの政治的な未来がどのようなものになるかにかかっている。つまり、それは、私たちのことを振り返るのはどのような類の人びとなのか、来世紀の出来事が私たちのそれをどのように省みるものになるのか、ボルシェヴィキ革命、冷戦、アメリカが一時期握った覇権、ブラジルや中国のような国々が果たした役割がどのように描かれることになるのかといったことに依存している。オーウェルは、私たちの世紀を「人間の平等が技術的に可能になった」時代と考えた。しかし同時に、この時代には、

……あるケースでは、数百年間もの長いあいだ、ずっと放棄されてきた慣行――たとえば裁判抜きの投獄、戦時捕虜の奴隷的な酷使、公開処刑、自供を強制する拷問、人質の使役、全住民の強制移動など――が再び普通の出来事となったばかりか、自ら知識人であり進歩的だと考える人びとにより黙認され、擁護すらされたのだ。(2)

同時代のこうした描き方は、視野が狭い、あるいは先見の明に乏しいとみなされるようになる日が来るかもしれない。もしそういう時代が来るとしたら、オーウェルは彼がまったく理解し損ねていた悪を激しく糾弾しただけだと眺められるようになるだろう。私たちの子孫は、いま私たちがスウィフトを読むようにオーウェルを読むようになるだろう。つまり、人間の自由のために仕えたと一方で彼を讃えながらも、彼がおこなった政治的な趨勢の分類や、道徳的・政治的な熟慮のために彼が用いた

語彙を受け容れるという気持ちにはならないだろう。今日、左派のオーウェル批評家のなかには、私たちはすでにオーウェルを視野が狭く先見の明に乏しいとみなすことのできる立場にいると考える者もいる(たとえば、クリストファー・ノリスはそうである)。彼らは、オーウェルが注意を喚起した事柄は、すでに、それがきわめて違って見えるようなコンテクストに置き入れることができると考えているのである。ノリスとは違って、私たちはそうした別様のよりよいコンテクストをもっているとは思わない。オーウェルが最後の作品を著してから四〇年が経ったが、私の見るかぎり、私たちが向かうべき政治的なオルタナティヴをデザインするよりよい仕方を思いついた者はまだ誰もいない。共産主義の寡頭支配者に対するオーウェルの警告を、貪婪で愚かな保守主義者に対する彼のより早い時期の警告と結びつけるならば、私たちの置かれている政治状況——私たちの前にある危険と私たちの手元にあるオプション——についての彼の描写はなおも私たちが手にしているもののうちで最も有益なものの一つである。

ナボコフは、一時的なものに終わることが避けがたいこの種の有用性を目指すことは、「作家」と呼ばれる人物にとって本質的な天分の欠如やその浪費を表わすものにほかならないと考える。オーウェル自身は、「「作家」という」この神秘的な形象について、ナボコフの見方とまったく反対といっていい見解をもっていた。第七章で論じたように、私たちはそれぞれの見方を別個のものとして評価すべきである。相異なる著述家は相異なる事柄をなしとげようとする。プルーストは自律と美を欲した。ニーチェとハイデガーは自律と崇高を欲した。ナボコフは美と自己保存を欲した。オーウェルは苦しみをこうむっている人びとの役に立つことを欲した。彼らは皆、それに成功した。それぞれが、等しく素晴らしい成功をおさめたのである。

オーウェルが成功したのは、彼がまさしく時宜にかなった書物を著したからにほかならない。ある特定の歴史的な偶然性についての彼の描き方はリベラルな政治の未来にとって重要だ、ということを私たちは知っている。オーウェルは、イギリスとアメリカのリベラルな知識人の精神を覆う「ボルシェヴィキ・プロパガンダ」とナボコフが好んで呼んだものの力を打破した。オーウェルのおかげで、私たちはフランスにいる知識人よりも二〇年先んじることができた。フランスの知識人は、鉄のカーテンの向こう側はこちら側より必ずよいはずだ、という確信をリベラルな希望は要請すると考えるのをやめるのに、また、資本主義者に抗する連帯は共産主義体制の寡頭支配者がおこなっている事柄に眼をつむらねばならないという考えを放棄するのに、ソルジェニーツィンの『収容所群島』(一九七四年)を待たなければならなかったのである。ナボコフが私的な幸福の追求によって惹き起こされる規模の小さな残酷さの恒常的な可能性に対してその読者を敏感にしたとすれば、オーウェルは、ある特定の集団によって流布されてきた残酷さについての一連の理由づけ——眼を見張らせるほどの成功をおさめている犯罪者集団と結託した知識人が「人間の平等」というレトリックを用いること——に対してその読者の感覚を研ぎすましました。

オーウェルは、そうした理由づけに対して私たちを敏感にするという仕事、ソヴィエト連邦の描き直しを通じて第二次世界大戦後の政治状況を描き直すという仕事において、多大の実践的な貢献を果たした。アーヴィング・ハウが『動物農場』と『一九八四年』の最初の三分の二に見られる「懸命の時局性と懸命の優しさ」の結合と呼んだものがあれば、こうした限定的で、実践的な目標を達成するには十分であった。しかし、『一九八四年』の最後の三分の一についてはそれとは異なった印象が残る。それは、時事的なものではなく、記述的というよりもむしろ未来に関するものである。ウィンストンとジューリアがオブライエンのアパートを訪ねた後、『一九八四年』は、二〇世紀の全体主義国家についてではなく、オブライエンについての書物となる。『一九八四年』のこの部分は(オブライエンがその共著者である)『寡頭制集団主義の理論と実際』(*The Theory and Practise of Oligarchical Collectivism*)からの引用と、なぜウィンストンがすぐさま射殺されずに拷問を加えられねばならないかについてのオブライエンの説明(「拷問の目的は拷問である」)を展開の軸にするようになる。それはハウが「ポスト全体主義」と呼ぶもののヴィジョンである。(3) それは、世界にいま起こっている事柄についての警告ではもはやなく、いつの日か生じるかもしれない事柄を例示するあるキャラクターの創出なのである。オーウェルは、犯罪者からなる小集団が現代の国家を掌中に収め、現代のテクノロジーの助けを借りて、その地位に永らくとどまりつづけることができるということを示唆した最初の人物ではない。しかし、彼は、もしリベラルな理想が人間のありうべき未来にはいささかの関係ももたないことがひとたび明らかになったとしたら、そうした国家における知識人は自らのことをどのように考えるようになるだろうか、という問いを立てた最初の人物である。この問いに対する彼の答えこそが、オブライエンなのである。

さて、オーウェルが最後の二つの小説によってなしとげた二つの仕事、すなわち、ソヴィエト・ロシアの描き直しとオブライエンという形象の発明とを別個に論じてゆこう。オブライエンについては後で立ち戻るとして、まずは前者から始めることにしたい。オーウェルを賞賛する人びとは、しばしばつぎのように示唆する。つまり、オーウェルは、ある平明な真理、「二＋二＝四」に匹敵する明白さをもつ道徳的な真理を私たちに思い起こさせることによって、ソヴィエト・ロシアを描き直すという仕事を達成したのだ、と。しかし、彼らには、オーウェルがなしとげたもう一つの事柄によってしばしば心を掻き乱され、ハウの表現をかりれば、『一九八四年』の「黙示録的な絶望」を過小評価し、その代わりに「［オーウェルの］人間性と彼の「善良さ」を讃える」傾向がある。(4) これは、オーウェルが実際にはとりたてて傑出した著述家ではなく、芸術的な天分の欠落をその善良さで補っていたと示唆する傾向と並行している。ライオネル・トリリングのオーウェル評は、その一例である。「オーウェルの生まれながらの資質はおそらく並外れたものではない。彼の資質は、ごくありふれた穏健な精神の性質に根ざすものである。こうした性質はある種の道徳的な求心性として言い表わすことができるかもしれない。つまり、道徳的——そして政治的——な事実にかかわろうとする志向性として」。(5)

トリリングのこうした見方はオーウェル自身のうちにもその形跡を探ることができる。「なぜ私は書くか」というエッセイのなかの、引かれることが非常に多い末尾のくだりで、オーウェルはつぎのように記している。「自分のパーソナリティを消し去る努力を続けないかぎり、読むに堪える何物も書きえないということもまた本当なのである。よい散文とは、窓ガラスのようなものだ」。(6) この同じエッセイの前の方で、彼は、本を書く四つのありうべき動機の一つに「歴史的衝動」を挙げている。それは、「物事をあるがままの姿で見たい、本当の事実を見いだし後世の利用のためにたくわえておきたいという欲望」と定義されている(*CEJL*, I, 4〔一一一―一一二頁〕)。この一文は、オーウェルのエッセイにおけるこれに類似した他の文章とともに、『一九八四年』のつぎの一節と併せて読まれることが多い。

党は眼と耳で得た証拠を拒否するように命じた。それは党の窮極的な、最も基本的な命令であった。こぞって自分に反対する力の巨大なこと、党の知識人が討論で自分を簡単に論破できること、反対することはおろか理解さえできそうもない緻密な論理のことを思うだけでも気が滅入ってしまう。にもかかわらず、自分の方が正しいのだ！　党こそ間違っていて自分の方が正しいのである。この明白なこと、馬鹿げたことを、真実と共に守り通さなければならないのだ。自明の理は真理である。死守するのだ！　実体のある世界は厳として存在し、その法則は不変なものである。石は固く、水は濡れ、支えのない物体は地球の中心に向かって落下する。オブライエンに語りかけるようなつもりで、またもう一つの重要な原理を述べるような思いで、彼は書きとめたのであった。「自由とは二＋二＝四と言える自由だ。これが容認されるならば、その他のことはすべて容認される」。(p. 790〔一〇四頁〕)

こうした文章(併せてそれに類似した他の文章)(7)に注目する多くの解釈者はつぎのような結論に導かれてきた。つまり、オーウェルは、真理は「そこには」ない——真理と見なされうるものはあなたが用いる語彙の一つの関数にほかならない、真理と目されているものはあなたがいだくそれ以外の諸々の信念の一つの関数にすぎない——と人を説き伏せようとする、あらゆる小賢しい知識人に対して正面から抗するようにというメッセージを私たちにおくっているのだ、という結論である。要するに、オーウェルは、〔道徳的〕実在論の哲学者、コモン・センスを蔑視する文化的なアイロニストに対抗してそれを擁護する人物として読まれてきたわけである。(8)

こうした読み方によれば、オーウェルの思想における決定的に重要な対立項は、つくられた仮象とありのままの現実《リアリティ》とのあいだのごく標準的な形而上学的対立項になる。ありのままの現実は、不透明な悪しき散文によって、不必要に洗練された悪しき理論によって曇らされている。窓ガラスについた汚れが拭い去られるならば、あらゆる道徳的・政治的状況についての真実が明らかになるだろう。明瞭な道徳的事実をとらえ損なうのは、自分自身のパーソナリティ(わけてもルサンチマン、サディズム、権力への渇望)が眼を曇らせるのを自らに許す人たちだけになるだろう。人を拷問で苦しめるよりも優しく接することの方がよりよいということは、そうした明瞭な道徳的事実の一つである。明々白々な認識論的・形而上学的事実を逃れようとするのは、小賢しい哲学的な策略(たとえば真理の整合説や全体論的《ホーリスティック》な言語哲学——私が第一章で採用した装置)に長けた人びとだけだろう。真理は人間の心や言語から「独立した」ものであり、そして重力は、人間の思考の何らかのモードに依存する

「相対的な」ものではないということは、そうした事実に属する。

すでに挙げた理由から、私はいかなる明瞭な道徳的事実も世界の「そこに」在るとは思わないし、言語から独立したいかなる真理も、それに立脚して、拷問と優しさのどちらが他に優るものであるかを論じることのできるいかなる中立的な基盤も存在するとは思わない。そういうわけで、私はオーウェルの異なった読み方を提示してみたい。といっても、オーウェルを私流の哲学的な論議に従わせようと考えているわけではない。オーウェルは、ナボコフと同じように、そうした論議を好む人物ではないし、論拠を積み重ねて議論を構築するという力量ももってはいない。(9) そうではなく、私が主張したいと思うのは、オーウェルとナボコフ両者がおこなった事柄——読者がまだそれとして気づいていない残酷さや辱めの数々に対して彼／彼女たちを敏感にすること——は、仮象を剝ぎ取り実在《リアリティ》を顕わにする事柄として通常考えられていることではないという点である。彼らがおこなった事柄は、起こるかもしれないこと、あるいはすでに起こっていることを描き直すことだったと考えた方がより適切である。それは、実在と比べられる事柄ではなく、同じ出来事の別様の記述と比べられる事柄なのである。共産主義の寡頭支配者の場合についていえば、オーウェルとソルジェニーツィンがおこなったのは、私たちリベラル、すなわち私たちがなしうる最悪の事柄は残酷さだと考える者たちが、私たちの世紀の政治的な歴史を描くための、別様のコンテクスト、別様のパースペクティヴを提供することだった。

一九四〇年代後半のそうした歴史についてサルトルとオーウェルが提示した相異なる描き方のいず

れを選ぶかということは、現在の政治状況についてフレデリック・ジェイムソンとアーヴィング・ハウが差しだす相異なった記述のどちらを選ぶのかということと同様に、動かしがたい不愉快な事実と向き合うのか、それともそうした事実に向き合うのを拒むのかという問題ではない。それはまた、イデオロギーに盲目になるのか、あるいはそれをはっきり自覚するのかという問題でもない。それは、あるシナリオとそれと対照的なシナリオ、あるプロジェクトと別様のプロジェクト、ある記述と別様の再記述とのあいだで、どちらをとるかという問題なのである。

政治状況をめぐる私たちの心のあり方を変えるような再記述は、ガラス窓とは似ても似つかないものである。反対に、そうした再記述は、それにまさに相応しいときにまさに相応しい仕方で書くすべを心得ている、きわめて特異な才能をそなえた著述家のみがなしとげうる事柄なのである。彼が精彩を放っていたとき、オーウェルは明瞭な事実への透明性というレトリックを自ら放棄し、自らがその論敵——スターリンの擁護者——とまさに同じ類のことをしているということを自覚していた。たとえば、つぎの一節を見てみよう。

「想像力に富む」著述とは、いわば、正面攻撃では落とせない陣地に対する側面攻撃である。冷たく「知的」なもの以外の何かを表現しようとする作家は、言葉を第一義的な意味で用いるのではたいした成果をあげることができない。作家が所期の効果を挙げるのは、言葉を巧妙な婉曲的なやり方で用いることによってである。(*CEJL*, II, 19〔佐野晃訳「新しい言葉」、『オーウェル著作集』

Ⅱ、平凡社、一九七〇年、五頁〕)

『動物農場』でオーウェルが見せた巧妙なやり方とは、彼の世紀における政治の歴史を子どもにもわかる言葉で語り直すことを通じて、左派の政治的な議論に見られる信じられないほど複雑で洗練された性格を高尚で馬鹿げたものとして際立たせることであった。オーウェルの巧妙なやり方が効いたのは、スターリンとヒトラーの重要な違いを見いだそうとする努力、「社会主義」「資本主義」「ファシズム」といった言葉の助けを借りて近年の政治の歴史を分析しようとする努力が、すでに役立たずの実効性に乏しい試みになってしまっていたからである。トーマス・クーンの言葉を使えば、すでに数多くの変則性が堆積し、それだけ多くのつじつま合わせ《エピサイクル》を必要としていたため、すでに限界に達した構造はただ急所への鋭い一蹴り、時宜を得た正確な嘲りだけを待っていたわけである。『動物農場』が、リベラルたちの意見の方向を転じることができた理由はまさにここにある。『動物農場』にその力を与えたのは、それがもつ実在《リアリティ》への関係ではなく、近年の出来事についての一般に最も流布している別様の描き方に対する関係である。『動物農場』は、戦略的に置き入れられた梃子であり、〔実在を映しだす〕鏡ではなかった。

トリリングのような賞賛者にとっては、オーウェルは、明瞭な道徳的実在を新鮮に見せてくれる人物であった。アイザック・ドイッチャーのようなオーウェルと同時代のマルクス主義者、そしてノリスのような今日のマルクス主義者にとっては、オーウェルは、せいぜいのところ単純な精神の持ち主にすぎなかった。(10) しかし、私の見るかぎり、オーウェルの精神は透明でもなければ単純でもない。第二次世界大戦後の政治状況をどのように描くかはけっして自明なことではなかったし、いまでもそうである。というのも、何が有益な政治的記述であるかは「何をなすべきか?」という問いへの答えを示唆する語彙によって評価されるからである。それは、ちょうど有益な科学的記述が出来事を予見し、制御する力を増大させる語彙によって評価されるのと同じことである。オーウェルは、チェルヌイシェフスキーの問い「「何をなすべきか?」」にいかに答えるべきかについてどのようなヒントも与えてくれない。彼はただ、その問いに対していかに答えようとしてはならないか、どのような語彙を用いるのをやめるべきかを教えてくれるだけである。彼は、私たちがこれまで手にしている語彙は現在の政治状況にはほとんど有意味な関連性をもたないということを確信させてくれるが、かといって新しい語彙を与えてくれるわけではない。彼は私たちをただ出発点に送り返すだけである。そして私たちはまだそこにいる。私たちが人間の平等についていだく遠大で漠然とした希望を世界における現実の権力の分配状況と結びつけることに成功した者は、まだいない。資本主義者は貪婪で近視眼的であり、共産主義の寡頭支配者も(ゴルバチョフが私たちを驚かすようなことをしないかぎり)シニカルで頽廃している。彼らは、オーウェルがそう述べた姿のままでいる。世界には第三の勢力は登場していない。新保守主義者たちも、ポスト・マルクス主義の左翼たちも、ノスタルジアを演じること以上のことはまだなしえていない。私たちがオーウェルは視野が狭く先見の明に乏しいと彼のことを振り返ることができる可能性は、悲しいかな、まだ純粋に理論的なものにとどまっている。というのも、オーウェルが「人間の平等の技術的可能性」と呼んだものを現実化するためのもっともなシナリオを提示した者はまだ誰もいないからである。

第二次世界大戦前のリベラルはそうしたシナリオを手にしていると自認していた。オーウェル自身もそうしたシナリオをもっていると考えていた時期——一九三〇年代の一時期——がある。しかし、彼自身の予想が裏切られることが度重なり、彼の同世代がロシアの政治の道具である「マルクス主義理論」を使うことに夢中になっている在り様を認識し、さらに、ジェイムズ・バーナム〔James Burnham (1905-87)：あらゆる体制における管理主義の制覇を預言する『管理革命』(一九四一年)の著者〕のようなシニカルな預言者に対する嫌悪の念が昂ずることによって、彼は『動物農場』と『一九八四年』の最初の三分の二を書くよう促されることになった。この二つの本はその目的を達成したが、それは、私たちの眼を道徳的実在に向けさせたからではない。そうではなく、私たちはもはや旧来の政治的な観念に頼ることはできない、リベラルな目標に向かって出来事を操縦していくことに非常に有益ないかなる観念もいま私たちの手許にはない、ということを明らかにしてくれたからである。「マゾヒスティックな断念」や「シニカルな絶望」といったオーウェルに投げつけられる非難の言葉は、誰かが何らかの新しいシナリオを提示するまでは、まったく当たらないのである。

オーウェルは、しかしながら、私たちを出発点に連れ戻すというネガティヴな——必要で有益ではあるにしても——仕事以上の事柄をなしとげた。オーウェルがその仕事をしたのは、『一九八四年』の最後の三分の一、つまりオブライエンについて書かれた部分においてである。オーウェルはそこで、別様のシナリオ、誤った方向にいたるシナリオを素描してみせた。人間の平等を技術的に可能にするのと同一の発展方向が終わりなき隷属状態を可能にする、まったく申し分のないチャンスが存在することをオーウェルは私たちに確信させる。つまり、オーウェルはつぎの確信を与えてくれるわけである。そうしたシナリオを阻止する何かは真理や人間や歴史の本性のなかには存在しない、それは両大戦間期にリベラルが用いてきたシナリオを保証するような何かがそうした本性のなかには存在しないのと同じだ、という確信である。オーウェルは、ギリシア哲学、近代科学、ロマン主義的な詩作を可能にした知的な天分、詩的な天分をそなえた人びとが、いつの日か「真理省」に雇用されるかもしれないという確信を与えた。

私が提示する『一九八四年』の見方によれば、オーウェルはオブライエンに対するいかなる解答ももちあわせていないし、また、何らかの解答を与えることにいささかの関心もいだいてはいない。ニーチェと同じように、オブライエンは、「答えが与えられる」ということ、観念を交換するということ、共に推論するということ――そうしたすべての考え方を弱さの徴候と見なす。オーウェルは、オブライエンを弁証法における引き立て役にするために、つまりトラシュマコスの現代版として彼を発明したのではない。オーウェルは、台風や群からはぐれた象に警告を発するように、オブライエンに対する警告を発するために彼を発明したのである。オーウェルは、一つの哲学的な立場を提起しているのではなく、つぎの三つの問いに答えることによって、ある具体的な政治的可能性に真実味を与えようとしているのである。「やがてくる未来の知識人は自らをどのように描くだろうか」「彼らはどのように振る舞うだろうか」「彼らはその才能をどのように用いるだろうか」が、その三つの問いである。オーウェルは、オブライエンを気の狂った、正しい道から逸れた、誤った理論に心酔した、あるいは道徳的事実に盲目な人物であるとは見ていない。彼は、オブライエンを端的に危険なもの、しかも同時に可能なものとして見ているのである。ソヴィエトのプロパガンダを不合理なものと見せたことに加えて、オーウェルの果たした第二の大きな貢献は、オブライエンは実際に可能だということを私たちに確信させたことである。

『一九八四年』の最後の部分をこのような仕方で読むことがまったくのでたらめではないということを示す傍証として、オーウェルが一九四四年に書いたつぎのコラムを引くことができる。そのなかでオーウェルは、「全体主義がまだ成立していない国々においても、いまやたいへん広範なものとなっている非常に危険な虚偽」と自らが呼ぶものを分析している。

その虚偽とは、独裁的政府の下にあっても、内面は自由でありうると信ずることである。……その最も大きな誤りは、人間が自律的な個人であると思っていることである。専制政府の下で秘密の自由が享受できるなどと思うのは、ナンセンスである。なぜなら、人の思想はけっして完全にはその人自身のものではないからである。哲学者、作家、芸術家、あるいは科学者さえもが、励ましや読者だけでなく、他の人びとからの不断の刺激を必要としている。……言論の自由を取り去れば、創造能力は干上がってしまうのである。(*CEJL*, III, 133〔河合秀和訳「全体主義の下で内面の

自由があるか」、川端康雄編『象を撃つ――オーウェル評論集1』(平凡社ライブラリー、一九九五年)、二五一―二五二頁)

この文章は、私が先にウィンストンの日記から引いた一節――「自由とは二+二=四と言える自由だ。これが容認されるならば、他のすべてのことは容認される」と結ばれる一節――と、どう符合するだろうか。私が示唆したいのはつぎのことである。この二つの文章は、「二+二=四」が真理かどうか、ましてやこの真理が「主観的」であるか、もしくは「外的実在に対応する」かといったことはまったく問題ではないということを言おうとしていると考えることができる、という点である。問題の核心は、あなたがそれを信じているのであれば、危害をこうむることなしにそれを口にすることができる、という点にある。言い換えれば、重要なのは、あなたが真実だと思う事柄を他者に語ることができるということであり、何が真実かではない。私たちが自由を気遣うならば、真理はそれ自身を気遣うだろう。私たちが私たちの終極の語彙に十分にアイロニカルであれば、そしてあらゆる他者の終極の語彙に十分に関心《キュアリオシティ》をいだいているならば、私たちは道徳的実在に直接触れているかどうか、イデオロギーによって盲目になっていないかどうか、弱々しく「相対主義的」になっていないかどうかなどと思い煩う必要はないのである。

私は、内面的自由などというものは存在しない、「自律的個人」なるものなど存在しないというオーウェルの主張を、「リベラルな個人主義」に対して歴史主義者(マルクス主義者を含む)が提起した批判としてとりたいと思う。すなわち、道徳的な参照点として用いうる深い内面など私たち各人には存在せず、そのような共通の人間本性も、生来内在する人間の連帯も存在しない、という批判として。[11] 社会化によって彼/彼女たちのものとなったもの、つまり言葉を用いる能力、それによって他者と信念や欲求を交わす能力を取り去れば、人びとには何も残らない。オーウェルが「階級の区分を廃棄することはあなた自身の一部を廃棄することにほかならない」と語り、もし彼自身もいったん「階級《クラス・ラケット》の仲間内の外にでれば」、「同一の人間だとはほとんど認められなくなる」だろうと付言するとき、彼はこのことをあらためて確認しているのである。人間《パーソン》であるということは、ある特定の言葉を話すということである——特定の信念や欲求を特定の種類の人びとともに論じ合うことを可能にする言葉を。私たちが何によって社会化されるか、ネアンデルタール人か、古代中国人か、イートン校〔オーウェルの出身校〕か、サマーヒル学園〔A・S・ニールによって創設された、非強制的・非権威主義的な教育を旨とする学校〕か、それとも真理省か。それは、歴史的な偶然性にすぎない。というのも、私たちが他のあらゆる人間と共有している一切の事柄は、私たちがあらゆる動物と共有している事柄、すなわち苦痛を感じる能力をもっているということだけだからである。

この最後の点をめぐる一つの対応は、私たちの道徳的な語彙は人間だけでなく動物をも包含するように拡張されるべきだと語ることである。これよりもましなのは、第四章で示唆したように、人間の苦しみを動物のそれから分かつ何かを特定しようと試みることである。オブライエンが登場するのはまさしくこの場面である。オブライエンは、いったん社会化された——いかなる言語、いかなる文化によってであれ――人間存在は、他の動物が欠く或る能力をまさに共有しているということを思い起こさせる。あらゆる人間には或る特定の種類の苦痛を与えることができる。彼／彼女たちがそのなかで社会化されてきた(もしくは自分自身で形づくってきたことを誇りとしている)言語や信念の特定の構造が強制的に壊されることに、人間存在であれば誰しもが屈辱《ヒユミリエイション》を感じる。もっと特定していえば、「人間の心をバラバラに引き裂き、好むがままの新しい形にそれらをまたつなぎ合わせる」というオブライエンの望みをかなえることに、人間存在であれば使えるが、動物は役に立たない。

たんなる苦痛というよりも辱めを与えることをねらうサディズム――そのポイントが何かは、エレイン・スキャリーの『苦痛をこうむる身体――世界をつくることと世界を壊すこと』において詳細に展開されている。スキャリーの議論がいたる結論はこうである。他の誰かに対してあなたがなしうる最悪の事柄は、彼女に苦痛のあまり悲鳴をあげさせることではなく、たとえその苦悶が終わった後も彼女が立ち直れないような仕方でその苦しみを用いることである。それは、彼女に、後になって彼女が自分のおこなったことや考えたことに向き合うことができなくなるような事柄をおこなわせたり語らせる、そして可能であれば、そうした事柄を信じさせ欲望させ、考えさせるというアイディアである。そうすることによって、あなたは、スキャリーの言葉を借りれば、「彼女の世界を壊す」ことができる。つまり、彼女をそれまでそうあらしめていたものを描く言葉を、もはや彼女が用いるのを不可能にすることによって。

このポイントを、二+二=五をウィンストンに簡単に信じさせたオブライエンに適用してみたい。

まず、「ユーラシアの参謀と結託したラザーフォード」とは違い、オブライエン自身は「二＋二＝五」を信じていないということに注意しよう。ウィンストン自身にしても、彼がいったん破壊されたうえで外に放たれた後は、それを信じているわけではない。それは党の教義ではありえないし、現に党の教義でもない(オブライエンがその共著者である『寡頭制集団主義の理論と実際』という書物には、ある人が「大砲や飛行機を作る場合には」(*1984*, p. 858〔二五六頁〕)、二＋二＝四でなければならないと記されている)。ウィンストンをして二＋二＝五と信じさせることの肝心な点は、それによって彼を破壊するということにある。誰かをしていかなる理由もなしに何らかの信念を否認させることは、彼女が自己というものをもてないようにする最初のステップである。なぜなら、それによって彼女は、整合した信念や欲求の網の目を織ることができないようになるからである。それは、きわめて精確な意味で、彼女を不合理にする。つまり彼女は、自らがいだく他の諸々の信念と適合する信念に理由を与えることができなくなる。彼女は、実在《リアリティ》との接触を失ってしまうという意味で不合理になるのではない。そうではなく、もはや合理的な説明を自分に与えることができなくなる、自らを自らに対して正当化できなくなるという意味で不合理になるのである。

ウィンストンをして二＋二＝五と端的に信じさせることと、鼠たちが彼自身の顔ではなくジューリア〔ウィンストンの愛人〕の顔を囓って欲しいと端的に願わせることは、同一の「破壊的な」機能をもっている。しかし、後者のエピソードは、取り返しがつかない最終的な破壊だという点で、前者とは異なっている。ウィンストンは、彼がかつてただならぬ状況下で二＋二＝五になると信じたことがあるという信念については、それを彼の性格と彼の生についての整合的な物語に組み入れることができるかもしれない。一時的な不合理については、それをなんとか説明する物語を紡ぎだすことができるものである。しかし、「ジューリアを囓らせろ」という願望をひとたびもってしまったという信念については、何らかの物語を紡ぎだすことは不可能である。それこそ、オブライエンが絶好の局面――ウィンストンが自分がバラバラに砕け落ちるのを眺め、しかも同時に二度とそれを復元しえないことを覚《さと》らざるをえない局面――まで鼠をとっておいた理由にほかならない。

話の本筋に戻ろう。二十二＝五ではないということは問題の本質ではない。重要なのは、ウィンストンはそれを象徴的なものと考えており、しかもオブライエンがそのことを知っているということである。もし真理というものがあるとしたら、ウィンストンを打ち砕くものへの信念があるとしたら、彼にその真理を信じさせることがオブライエンの目的にはうまくかなったはずである。ジューリアが実際には(古物商を称するチャリントン氏のように)思想警察の古参メンバーであったとしよう。ジューリアは、ウィンストンを誘惑するようオブライエンに指示されていたとしよう。そしてオブライエンがこのことを――明らかに信憑性に欠ける彼自身の言葉以外に何の証拠もなく――ウィンストンに語ったとしよう。さらに、ジューリアへのウィンストンの愛は、彼をして二十二＝五だと信じさせることができたのと同じ拷問によって、ジューリアはずっと前からオブライエンの手先だったと彼に信じさせることができるようなものだったとしてみよう。結果は変わらないだろうし、オブライエンにとって重要なのは結果だけである。こうして真理と虚偽は消え去る。

オブライエンはこの上ない苦痛をウィンストンに惹き起こそうとした。そして、その目的にとって重要なのは、ウィンストンに自分がバラバラになったことを、自分がもはや言葉を用いることができず、一つの自己であることができないということを覚らざるをえないようにすることである。「私は誤ったことを信じていた」ということはできるけれども、「私はいま現在誤ったことを信じている」と自らに向かって語ることはできない。それゆえ、誤ったことを信じているその時点では、あるいはたんに誤ったことを信じていたという事実だけでは、誰も屈辱を味わわされることはない。しかし、人びとは、それこそ拷問を加える者たちの望むところだが、自らを振り返りつつ、自らにつぎのように語るという極めつけの屈辱を経験することはありうる。「いま私はこのことを信じ欲してしまったのだから、私がそうありたいと望んだもの、私がそうであると思っていたものに、私はもはやなりえない。私がこれまで自分自身について自らに語り聞かせてきた物語——誠実であり、忠実であり、真摯であるという私が自分自身について描いてきた像——は、もはや無意味である。もはや私はその意味を理解すべき自己をもってはいない。私が私自身を生きているものとして描くことのできるような世界はない。なぜなら、私自身についてまとまりのある物語を語ることができるいかなる語彙もないからだ」。ウィンストンにとって、彼が本気で口にすることのできなかった、そして〔それを口にしないかぎりで〕彼がなおも自らをまとめ直すことのできた一つの文とは、「ジューリアを嚙らせろ」だった。そして世界で最悪の物はたまたま鼠だったのである。しかし、おそらく私たちは皆、何らかの一文に対して、何らかの物に対して、〔ウィンストンと〕同じ関係にあるはずである。

誰かがもしそのような特別の文《キー・センテンス》やそのような特別の物《キー・シング》を見つけだせたとすれば、オブライエンが語るように、その人は私たちの心をバラバラに壊し、それを意のままにつなぎ合わせることができる。しかし、この儀式の目的は、バラバラに崩れ落ちる音であって、つなぎ合わされた結果ではない。重要なのは壊すことである。それに比べれば、新たにつなぎ合わせることは取るに足らぬ余計なことにすぎない。たとえば、ウィンストンがいったん偉大な兄弟《ビッグ・ブラザー》を愛するようになれば、偉大な兄弟が現実には愛しえないものだということはどうでもいいことになる。重要なのは、偉大な兄弟を愛するウィンストンと、ジューリアを愛し、ガラス製の文鎮を大事にし、ラザーフォードが無実だということを示す新聞の切り抜きの存在を思いだすことのできたウィンストンとのあいだには、そのあいだを行き来できる通路は存在しないということである。ウィンストンを破壊するポイントは、彼を党の観念に沿った路線へと導くことにはない。党内局《インナー・パーティ》がウィンストンに拷問を加えるのは、革命を恐れたからでもなく、誰かが偉大な兄弟を愛さないかもしれないという考えによって党内局が傷つけられたからでもない。ウィンストンの拷問がおこなわれたのは、彼に苦痛を惹き起こすため、そしてそれによって党内局のメンバー、とりわけオブライエンの快楽を増すためである。オブライエンがウィンストンを七年間にわたって徹底的に研究したただ一つの目的は、豊かで、複雑で、精妙な、そして見る者を魅了する精神の苦痛の光景――それはウィンストンによって早晩与えられる――を可能にすることである。この物〔ウィンストン〕をしばらくのあいだ生存させ「栗の木カフェ」に座らせておく唯一のポイントは、テレスクリーンから「生い茂る栗の木の下で、俺はお前を売り、お前は俺を売った」という歌声が聞こえるとき、この物がなおも苦しみを感じうるということにある。拷問とは人びとを服従させるためのものでもなく、人びとに虚偽を信じさせるためのものでもない。オブライエンがいうように、「拷問の目的は拷問である」。

全体主義が完成した後の文化に生きる、才能に恵まれた感性の鋭い知的な生き者にとって、「拷問の目的は拷問である」というこの文は、「芸術のための芸術」「真理のための真理」と類比されるものである。というのも、いまや拷問は、そうした人物が携わることのできる唯一可能な芸術の形式、唯一可能な知的訓練なのだから。この文は、『一九八四年』の核心をなすものである。しかし、それはまた、解釈者たちにとっては最も扱いにくい厄介な文でもある。解釈者の多くはつぎのように述べるジョン・ストレイチーに賛意を表わしてきた。

……ウィンストンとジューリアが、避けられないことだが、逮捕され、尋問と拷問が始まる瞬間から、この本の質は低下する……。身体に加えられる拷問という主題――明らかにオーウェルのもう一つのオブセッションではあるが――は、オーウェルに相応しい主題ではない。私たちのほとんどがそうであるように、オーウェルにも拷問をうけた経験はまったくない。この問題については、個人的な経験をもたない者は、それについてまったく何事も知らないといって差し支えないだろう。(12)

ストレイチーのいう最後の点については、かなり容易に答えることができるのではないかと思う。ストレイチーが見過ごしているのは、『一九八四年』の最後の三分の一がオブライエンについての物語であってウィンストンについての物語ではないということ、拷問を加えることについての話であって、拷問を加えられることについての話ではない、ということである。

このことが無視されるのは、オーウェルをウィンストンになぞらえようとするありがちな欲求のせいである。もし私たちがそうした心の動きに屈するならば、私が前に引用した文章――たとえばウィンストンが二+二=四を信ずる意義を強く主張する一節――がこの小説の中心となるだろう。その最後の三分の一は、理路から逸れた余計な尾ひれに過ぎなくなるだろう。私がこれまで強調してきた文章――党内局から眺めるといかに事態が異なって見えるかについてオブライエンが語るところ――は、オブライエンが占める弁証法的な位置づけについての背理法的な〔そうあってはならないという〕説明として読まれるか、もしくはレイモンド・ウィリアムズのように読まれることになるだろう。「拷問の目的は拷問である、権力の目的は権力である」という文章を、ウィリアムズは「権力への渇望は……あえて説明するまでもない自然本能である」(オーウェルがジェイムズ・バーナムの立場を描くために用いた表現〔「ジェイムズ・バーナムと管理革命」〕)ということを意味するものとして読む。

ウィリアムズは、オーウェルをウィンストンになぞらえるのはあまりにも安易すぎるということを認めているが、他方、オーウェルが自らをオブライエンになぞらえていることは、人生の間際にさしかかっての自己顕示《セルフ・ビトレイヤル》であると考える。ウィリアムズはつぎのようにコメントを加えている。

迫害や権力や拷問が「それ自身のために」おこなわれることがあること、それがしばしば起こりさえすることを否定する必要は必ずしもない。……必要なのは、権力と政策《ポリシー》＝方針とのあいだの一切の結びつきを解消することに抵抗しつづけることである。そうした連関の解消には抵抗しなければならない。というのはほかでもなく、そうした解消がおこなわれるならば、諸々の社会システムを区別する試みは無意味になるし、あれこれのシステムの善し悪しをはっきり識別しようとする探求も無意味になってしまうからである。(13)

権力への渇望は自然本能だということについて、もしバーナムが正しければ、社会民主主義がファシズムよりもよいかどうかについて、いかなる「事柄の真実」も、いかなる「客観的真理」も存在しなくなるだろう、とウィリアムズは考える。彼によれば、バーナムの立場は、「現実にいだかれているすべての政治的な信念や欲求を信頼できないものとしてしまう。なぜなら、そうした覆いの下にはあからさまな権力とそれへの欲望が必ず存在するということになるからである。……バーナムの立場にはまた探求と論議の解消、それゆえ真理の可能性の解消がある」。オーウェルは、彼の人生の最後にほんの短いあいだだが、そのような〔真理の〕可能性は存在しないという破滅的なものの見方に屈したとウィリアムズは考える。ストレイチーと同じように、この小説は最後のところで脱線していると彼は考えるわけである。

オーウェルがバーナムに加えた酷評の言葉――「権力崇拝は政治的な判断を曖昧にする。なぜなら、それは、ほとんど避けがたく、現在の趨勢がつづくだろうという信仰に帰着せざるをえないからである」――を引きながら、ウィリアムズはオーウェルについての彼の本をつぎのように結んでいる。

だが、つねに特権と権力の敵対者でありつづけたオーウェル自身が、このフィクションのなかでは、まさしくそうしたものに服する信念にコミットしている。世界はそのようなものにもなりうるという警告が、このフィクションの絶対性のなかで、そうした変化が避けられないことへの想像上の屈服に変わってしまっている。そして、その屈服について贅言を費やすことは、多くの人びと、すなわち、破壊的で〔人びとの苦難を〕無視する趨勢と闘っている人びと、なおも強固なそうした趨勢と闘いつづけている人びと、そして、人間の尊厳、自由、平和を心に描き、それらのためにはたらく強さを保ちつづけてきた人びと――そのなかにはオーウェル自身の生のすべての足跡も含まれる――に対して、ほとんど敬意を払わないことを意味する。(14)

「人間の尊厳、自由、平和を心に思い描く……強さ」を引き合いにだすウィリアムズの文章を読むと、私たちはまだ出発点にいるという先の主張に立ち戻ることになる。私は、私たちリベラルがいま「人間の尊厳、自由、平和」の未来を思い描くことができるとは思わない。すなわち、私たちは、いかにして現実にあるものを脱し、そうした未来に向かうのか、という物語を自分たちに語ることはできない。私たちは、現在のものよりも好ましいであろうさまざまな社会経済的な枠組みの像を描くことはできる。しかし、いかに現実の世界を脱してそういう理論的に可能な世界へと向かうかについて、いかなる明瞭な理解もあるわけではなく、そのためにはたらくべきものについて、いかなる明瞭なアイディアも手にしていない。私たちは、オーウェルが『一九八四年』によって提示した世界を出発点とせざるをえないのである。つまり、豊かで、自由で、民主的で、私欲を追求する貪婪な第一世界、盤石で無慈悲な党内局《インナー・パーティ》が支配する変化のない第二世界、そして飢えに苦しみ、人口が溢れ、希望の見えない第三世界からなる地球を私たちの出発点としなければならない。私たちリベラルは、「人間の平等の技術的可能性」を実現する方向に世界を変えてゆくための、妥当性をもったいかなる壮大なシナリオも手にしてはいない。私たちは、ナボコフの父や私たちの祖父たちが一九〇〇年の世界を変えようとしたときにもっていたシナリオと類比されるものを一切手にしてはいない。

いかにしてここを脱しそこに行くかについて思い描けないということは、道徳的な決意が欠けているせいでもなく、理論的な底の浅さや自己欺瞞、自己顕示のためでもない。それは、もっと堅い決意、より透明な文体、人間や真理や歴史についてのよりよい哲学的な説明によって治すことのできる何かではない。それは、ただ、物事がたまたまそうあるよりほかはなかった、ということを意味しているだけである。物事は、最初に眺めたときといささかの変わりなく悪しきものであることがわかる場合もままある。オーウェルは、政治状況のペシミスティックな記述——その後の四〇年の経験はそれをただ立証しただけである——を、私たちがはっきりと描くための手助けを与えてくれた。四〇年変化していないというこの悪い報せは、現代の政治的思考の前にある動かしがたい大きな事実、一切のリベラルなシナリオの前に立ち塞がる事実としてある。(15)

この本はもっと早めに終わったほうがよいものになっていたはずだというストレイチー－ウィリアムズ流の見方とは対照的に、私は、終わりなき拷問というこのファンタジー——未来は「長靴《ちょうか》が私たちの顔を踏みにじる」ものになるという示唆——は、『一九八四年』にとって本質的であると、そして「真理の可能性」についての問いは私たちの注意を本質的なものから逸らすものであると思う。ウィリアムズにつぎの三つの点で反論を加えながら、私自身の見方の輪郭を描いてみよう。

第一に、「政治的信念は本当は……」「人間本性は本当は……」「真理は本当は……」といった形をとるどのような大きな見方も——いかなる壮大な哲学的主張も——諸々の政治的な信念や欲求の信用を奪うことができるとは思わない。第三章で述べたように、人間や真理や歴史の本性についての哲学的な見方によって政治的リベラリズムを断念するということが心理的に可能であるとは思わない。そのような見方は、自らの道徳的なアイデンティティを仕上げたり、それを自覚する仕方にはなるけれども、そうしたアイデンティティを正当化する理由やそれを破壊しうる武器にはならない。たとえば、真理の整合説が真理の対応説よりも優れているということを確信させられたからといって、自らの政治を変えるというのはとても奇妙なことに違いない。第二に、そうしたいかなる見方も(ウィリアムズの表現を用いれば)探求、論議、そして真理の追求を「解消する」ことはできないし、ましてや食糧や愛を探し求めることを「解消する」ことはできない。そうした解消を惹き起こすことができるのは力だけであって哲学ではない。第三に、オブライエンをあたかもバーナム——何が「自然的」であるかについて大言壮語を吐く哲学者——であるかのように読むべきではない。オブライエンは、あらゆるものは権力への意志を隠しているなどと語りはしない。彼は、人間や権力や歴史の本性が私たちを長靴で永遠に踏みにじることを保証する、などと語りはしない。彼がいうのはむしろ、そういうことがまさにたまたま生じているということだけである。オブライエンは、事態がそうなってしまったのはたまたまのことであり、もはやシナリオを書き換えられないのもたまたまのことであると語っているにすぎない。未来がいかなる方向にむかおうとしているかは、まったくの偶然的な事柄、流れ星やヴィールスと同じくらい偶然的な事柄なのである。

このように読むことだけが、『一九八四年』について最も印象に残る箇所が、オブライエンが未来について説明したところ、つまり、この本の本当に恐ろしい部分だという事実に符合するように思える。もし私たちが、オブライエンを、壮大な一般的主張を述べる者としてではなく、経験にもとづく特定の予言をおこなう者としてとらえるならば、彼ははるかに私たちをぞっとさせる人物になる。人間の本性は生来仁愛に富むか、それとも生来サディスティックであるかについて、ヨーロッパの歴史に内在する弁証法について、人権について、客観的真理について、言語のもつ表象機能について、哲学的に洗練された数々の論争があるが、そうした論争はまったく害のないお話だということを私たちは皆、どこかで知っている。理論家たるオブライエンにはたしかに、バーナムやニーチェと同じように、正真正銘恐るべきところがある。しかし、オブライエン、この知識に溢れた、立派な地位にある、精神的に安定した、知性的で感性の鋭い党内局のメンバーは、たんなる警告以上の人物である。彼ほどぞっとさせる人物は、本のなかだけにしてほしいものである。オーウェルは、現実の場所で現実の人びとに起こっている事柄――なおも起こりつづけていることを私たちがいま知っている事柄――を巧みに思い起こさせ、そうした現実の事柄から推し量らせることによって、オブライエンは未来にありうる社会、リベラルな希望を現実化すべきチャンスがないという事実を知識人が受け容れてしまった社会に存在してもおかしくはないキャラクターだ、ということを私たちにうまく確信させる。

こうした示唆に対して私たちが試みる最初の防衛は、オブライエンを心理学的にありそうもない人物と見ることである。この見方によれば、拷問をおこなうのは、アイヒマン、グレイダスそしてパドゥクといった、感性の鈍い凡庸な人たちだけだということになる。オブライエンにそなわる、どのような光景にも冷静に対処する「奇妙に洗練された」態度をもつ人ならば誰も、オブライエンが語るような意図は端的にもちえない。オブライエンは、旺盛な関心をもった、鋭敏な知識人――つまり私たちに非常によく似た人物である。私たちのような種類の人間はそのような類の事柄はけっしておこなわない、と。

オーウェルは、H・G・ウェルズを評して「現代の世界を理解するにはあまりにもまともすぎる」と語ったとき、そうした最初の防衛の試みがいかにかわされるかを示している。このコンテクストでオーウェルがいおうとしているのは、彼が「ファシスト的なところ」と呼ぶもの――オーウェルによれば、キプリングやジャック・ロンドンにはそういうところがあったが、それは、ファシズムを理解しうるためには欠かせない気質なのである――をウェルズはもっていない、ということである。[16] オーウェルは、そうした気質をキプリングと共有していることを半ば意識的に誇っているのではないかと思う。オーウェルは、歴史が彼の望んだ方向――ウェルズがそう進まなければならないと考えた方向――には進まないということもありうる、ということを見通す想像力が自分にはあることを誇りにしているのではないかと思う。しかし、このことは、オーウェルが、いかなるときも、オブライエンを創造しているときですらも、歴史はそうした方向にむかわざるをえないと信じていたということを意味するわけではない。オーウェルのなかにある反理論的な気質――それを彼はナボコフと共有しているが、ナボコフやオーウェルがマルクス主義の理論を真剣に受けとめることができなかったのはそのせいである――が、物事はたいていはどちらの方向にも進みうるということ、未来にはどのような可能性もあるということを深く確信させたのである。

私たちは、オーウェルがウェルズを「あまりにもまともすぎる」と語ったことのポイントをつぎのような想像をしてみることによって理解できる。アントニヌス〔Antoninus Pius (86-161)〕の時代に生きる、一人の楽観的なローマの知識人がいる。彼は、アテナイにおける合理的な思考の始まりから彼自身の啓蒙された時代にいたる人間性の進展のプロセスの見取り図を描くことに熱中している。たまたま彼は、最近蒐集され、編纂されたキリスト教の聖書を一部手に入れる。彼は、「イエス」と呼ばれる、心理学的にみて妥当性を欠く、道徳的に堕落した人物に唖然とする――後にニーチェを唖然とさせたのと同じ理由によって。この人物に倣おうとする努力はローマ帝国よりも広い領域に浸透するかもしれない、そして「自らを啓蒙され、進歩的であると考える」人びとがその指導者になるかもしれないと想像力に富む彼の友人が口にすると、彼は信じられない気持ちになる。この友人が意見を述べるとき、彼はあまりにもまともすぎて、世界が進む方向がぐっと逸れてゆく可能性をとらえることができないのである。[17]

このアナロジーの要点はつぎのことにある。たとえば、互いの憐れみは政治的な結合の十分な基盤であるという観念、(オーウェルの挙げるリストを用いれば)「裁判抜きの投獄、戦時捕虜の奴隷的な酷使、公開処刑、自供を強制する拷問、人質の使役、全住民の強制移動」には看過しがたい悪があるという観念、富・才能・体力・性・人種の違いは公共の政策に影響すべきではないという観念——こうしたキリスト教と結びついてきた観念の複合は、オブライエンの寡頭制集団主義に結びついた諸観念と同じようにかつてはありそうもないファンタジーにすぎなかったということである。かつて、ウィリアム・ウィルバーフォース〔William Wilberforce (1759–1833)：イギリスの奴隷解放運動家〕や、ミル父子のような人びとは、空想家の病的な想像力を分別なしに〔現実へと〕投影した人だと一般の眼には映っていた。オーウェルのおかげで私たちが理解できるのは、ヨーロッパにおける支配権が、虐げられた者たちを憐れみ、人間の平等を夢見る人びとの手に渡ったのはたまたま生じたことであり、世界がそうした感受性や観念をまったくもたない人びとによって支配される羽目に陥る事態もたまたま起こりうるということである。繰り返せば、社会化はどのような形もとりうるのであり、社会化が誰によっておこなわれるかによっては、それは、しばしば誰が誰を最初に殺すかという問題にもなりうる。もし寡頭制集団主義が勝利をおさめるとしても、それは、人びとが根本的に悪である、本当の兄弟ではない、あるいは自然権を本当はもたないからではない。同じように、キリスト教と政治的リベラリズムが勝利するとしても、それは、(その勝利の度合いに応じて)人びとが根本的に善である、本当の兄弟である、あるいは本当に自然権をもっているからではない。歴史は、オブライエンのような人物が存在するのをつい最近まで妨げてきたのと同じ類の偶然の結果として、彼のような人を生みだし、彼らに力を授けるかもしれない。それは、J・S・ミルやオーウェル自身のような人を生みだし、彼らに力を授けたのと同じ類の偶然である。人間が動物によって八つ裂きにされるのを眺めて楽しむことがとんでもない誤りだとみなされるようになったのは、かつては、オブライエンの寡頭制集団主義と同じくらいありそうもない歴史的な偶然だったのである。オーウェルのおかげで私たちにわかるのは、ヨーロッパが仁愛の感受性や共通の人間性を讃え始めたのはたまたま起こった事柄だということ、そうした感受性、そうした道徳性を完全に欠落させた人びとによって世界が支配される羽目に陥ることもたまたま生じうるということである。

私の解釈では、自律的な個人といったものが存在することに対するオーウェルの否定は、時間の外にある何か、偶然の連鎖を阻止したり、それを最後に逆転するために頼ることのできるような、偶然よりも根本的な何かが存在するということに対する、より大きな否定の一部である。したがって、二十二=四を強く主張することの必要についてウィンストンが書きとめた日記の文章は、オブライエンをいかに阻止するかについてのオーウェルの見解ではなく、むしろ、事態が厳しいものとなったときに私たちが自分をいかに保つかについての記述として読める。私たちは他者に語りかけることによって自分を保つ、すなわち、他者の前でそれを口にだして語ることによって私たち自身のアイデンティティを確かめ直そうとする。その際、私たちが望むのは、私たちが自らの信念や欲求の網の目を整合したものに保ちつづけるのを助けてくれる何かを他者が語ってくれることである。ウィンストンが日記に、二+二=四と言える自由から「すべては生まれる」と書きとめたとき、彼は「オブライエンに語りかけている感じ」をもったという点に注意しよう。ウィンストンは、「オブライエンのために日記を書きとめているのだ——オブライエンに宛てて。誰もけっして読むことのない、しかしある特定の人間に宛てた、しかもその事実を踏まえたために独自のニュアンスをもつ終わりのない手紙なのだ」(*1984*, p. 790〔一〇三—一〇四頁〕)と、自分を描いている。また、ウィンストンが捕縛されたとき、オブライエンが自分は彼の味方ではないということをウィンストンは「ずっと前から知っていた」はずだと告げ、ウィンストンがそれを首肯していることにも注意しよう(p. 880〔三一〇頁〕)。

これよりも先の文章でウィンストンは、「以前にもましてオブライエンが自分の味方だという確信を深めていった」と述べているので、彼によるこの肯定を理解するのは難しい。この矛盾を抜けだすための最良の説明は、もっと後の文章、ウィンストンがとうとう二+二=五と端的に信じるようになったすぐ後で、オブライエンが彼につぎのように語りかけるところにある。

君は日記にこう書いたことを覚えているね。私が君にとって敵であろうと味方であろうとかまわぬ、少なくとも私は君を理解し、話のわかる人間なのだから、とね。君は間違っていなかった。私は君と話し合えて非常に楽しい。君の考え方は私を興奮させる。君がたまたま正気でないという一点を除けば、私のものの考え方とそっくりだ。(p. 892〔三三七頁〕)

この文章には、この小説が初めてオブライエンに触れた箇所が響いている。そこではウィンストンはつぎのように語っている。

……この男に強く惹きつけられるものを感じていた。ただたんにオブライエンの洗練された態度と、プロの拳闘選手みたいな体格との対照に好奇心をそそられたばかりではなかった。いや、むしろあるひそかな信念——あるいは信念というよりもたんなる希望にすぎないかもしれないが——オブライエンの政治的正統の立場は不完全なものではないだろうかという理由からだった。その表情には否応なしにそう書いてあるような気がした。さらにいえば、顔に書いてあるものは非正統的であったばかりでなく、ただ知的なものにすぎなかったかもしれない。(p. 757〔一八頁〕)

私たちは、最後に、それが信念というよりもむしろ希望であったこと、それが非正統的なものというよりもむしろ知的なものであったことを知ることになる。

この一節は、ウィンストンがオブライエンにいだく変わらぬ持続的な愛と同様、ウィンストンのマゾヒズム、つまり彼のサディズムの裏面を示しているにすぎないといいたい誘惑にも駆られる[18]。しかし、それでは彼の愛のあり方をあまりにも簡単に片づけてしまうことになるだろう。右の一節が思い起こさせるのはまさにつぎのことである。アイロニスト、すなわち、自ら自身の終極の語彙、自ら自身の道徳的なアイデンティティ、そしておそらくは自らの正気に疑いをいだく者は、他の人びとに語りかけることを必死に求めており、その必要は、人びとが性的な交わりにいだく必要と同じくらい切実なものだということである。アイロニストが他者に語りかけることを必要とするのは、他者と会話を交えることによってのみ、自らの疑いを制御し、自らのまとまりを維持し、自らの信念や欲求の網の目を整合したものに保ち、それにもとづいて行為することが可能となるからである。アイロニストはこうした疑いと必要をともにいだいている。というのも、アイロニストにとっては、理由はどうあれ、社会化は完全なものではないからである。アイロニストの言葉は彼の頭脳を経て発せられるものである――ダックスピークのように、よく仕込まれた咽頭部から直接発せられるものとは違って――がゆえに、彼は彼が受け継いできた終極の語彙にソクラテス的な疑いをもつ[19]。それゆえ、ソクラテスやプルーストのように、アイロニストはいつも、会話の相手とエロスを含んだ関係性のなかに入ってゆく。そうした関係性は、ゲルマント夫人に対するマルセルの当初の関係のように、マゾヒスティックなこともある。それは、シャルルーがマルセルに対してもとうと願った産婆術的な関係のようにサディスティックなこともある。しかし、そうした関係性がどのようなものかは、それが、自らが何について語っているかを理解するだけの知性をもった人との関係性であるという点に比べれば、さして重要ではない。より重要なのは、疑いがどのようなものであるかを自ら知っているがゆえに、相手がいかにそうした疑いをもちうるかを理解できる人、すなわちアイロニーに引き渡されている人との関係性であるということである。

　ウィンストンにとって、オブライエンはそういった役割を果たしている。しかし、私たちは、オブライエンをはたしてアイロニストと呼びうるだろうか。オーウェルは、オブライエンに、オーウェルの青年時代におけるイギリス知識人の典型的な特徴のすべてを与えている。実際、私には(証明はできないが)ちょっとした推測がある。つまり、オブライエンは、オーウェルの世代にとってのソクラテスに当たる重要な形象である、ジョージ・バーナード・ショーをモデルの一部にしているのではないかという推測である。しかし、歴史的な崇高に対するニーチェの趣味を分かちもつショーとは違って、オブライエンは、未来が最近の過去とよく似たものになるだろうということ――それは、形而上学的な必然性に従うからではなく、党が変化を阻止するのに必要なテクニックをあみだしたからである――を受け容れている。オブライエンは二重思考《ダブル・シンク》を身につけており、彼自身や党に対する疑いに悩まされることはない[20]。したがって、彼は私のいう意味でのアイロニストではない。それでも彼は、二重思考がまだ発明されていなかった時代に生きていたとしたら、彼をアイロニストにしたはずの天分はそなえている。オブライエンは、そうした天分を用いてなしうることをただおこなっているにすぎない。彼は、その天分を、彼がウィンストンとのあいだにもった類の関係性を形成するために用いる。

おそらくウィンストンは、オブライエンが探しだし、遠くから観察し、最後には拷問を楽しむために十分な知識をたくわえた、そうしたオブライエン自身と同じような心をもつ人びと——彼らはウィンストンの前に列をなしている——のなかの一人にすぎない。その一人ひとりと、オブライエンは、長く、親密で、密度の濃い関係性をもってきたわけである。それは、オブライエン自身と同じような天分をもつ心の、特別な、隠された、か弱い部分——彼やおそらく彼の省〔真理省〕の数少ない同僚だけがそれを発見し、痛めつけるすべを心得ている部分——をねじ曲げ、破壊する歓びを最後に得るためであった。この限定した意味で、私たちは、オブライエンをヨーロッパ最後のアイロニストであると考えることもできる。彼は、リベラルな希望が終わるときにアイロニーがとることのできる唯一の仕方でアイロニーを体現する人物なのである。

　オーウェルは、私たちの未来の支配者がオブライエンに近い人になるか、それともJ・S・ミルに近い人になるかは、バーナムやウィリアムズや形而上学者たちがおしなべてそう示唆するのとは違い、人間本性という深い事実には依存しない、と語っているように思える。というのも、オブライエンやハンバート・ハンバートが示して見せたように、知的な天分——知性、判断力、他への関心《キュアリオシティ》、想像力、美への趣味——は性的な本能と同じように可塑的で柔軟なものだからである。知的な天分は、人間の手と同じように、多種多様な形をとりうるものである。そのような天分をもたらす脳の配線の具合は、自己の核心といったもの——優しさを拷問よりも、もしくは拷問を優しさよりも優先する「自然の」自己なるもの——といささかの関係ももっていない。それは、四肢の筋肉や感度のこまやかな生殖器がそうしたものとまったく関係がないのと同じことである。来るべき私たちの指導者がどのようなものになるかは、人間の本性についての、人間の本性が真理や正義とどのような関係があるかについての、何らかの大きな必然的真理によって決定されるわけではなく、多くの小さな諸々の偶然的な事実の積み重ねによって決まるのである。

注

(1) ハウはつぎのようにつづけている。「そうした作家は、その時代を超えて生き残らないということもあろう。というのも、そうした作家を同時代の人にとってあれほど貴重な、あれほど惹きつけられるものにしている当のもの――懸命の時局性と懸命の優しさとが混じり合ったもの――は、最も偉大な芸術に資する性質ではないからである。しかし、将来シローネやオーウェルが私たちの時代の多くの人びとにとってそうであるほど重要だとは見なされないようになるとしても、それは私たちにはいささかも関係がない。私たちは彼らが私たちのためになしたことを知っているし、彼らよりもずっと偉大な作家を含め、他のどのような著述家もそうしたことをなしとげえなかったことを知っているのだから」("1984: History as Nightmare," in *Twentieth Century Interpretations of 1984*, ed. Samuel Hynes〔Englewood Cliffs, N.J.: Prentice-Hall, 1971〕, p. 53)。

(2) *The Penguin Complete Novels of George Orwell* (Harmondsworth: Penguin, 1983), p. 861.〔新庄哲夫訳『一九八四年』(ハヤカワ文庫、一九七二年)、二六四―二六五頁〕『一九八四年』についてはこの版を用い、引用の頁数は( )のなかに示すことにする。こうしたことは、ヨーロッパの外では――たとえばアフリカやアジアでは――一九世紀を通じてごくありふれた慣行であることに注意したい。しかし、オーウェルは、ヨーロッパについて語っている。私もこの本でそうしているように、オーウェルは意識的に地方的であり、彼が知っている特定の種類の人びととその道徳的状況について書いているのである。『一九八四年』の仮のタイトルは『ヨーロッパ最後の人間』(*The Last Man in Europe*)だった。

(3) ハウはつぎのように述べている。「『一九八四年』の世界は私たちが知っている全体主義ではなく、それが世界を制覇した後の全体主義だという点に留意することがきわめて重要である。厳密にいえば、オセアニアの社会はポスト全体主義とでも呼ぶべきものである」(p. 53)。

(4) 「オーウェルが達成したことを見くびろうとする欲望が知識人のあいだに頭を擡げてきた。イギリスにおいてはあからさまに、アメリカにおいてはより注意深く。それは、しばしば、オーウェルの人間性と「善良さ」を評価するという装いをとっている。彼らは、この本の黙示録的な絶望を前にして困惑し、それは誇張しすぎでユーモアを欠くきらいがあるのではないかと思い始める。彼らはさらに、それは死に臨んだ床でのヒステリーの色を帯びているのではなかとさえ思いをめぐらす。たしかに、この本を放りだせたら私たちは皆、もっと気が楽になるだろうということは否定できないが」(p. 24)。

(5) Trilling, "Orwell on the Future," in *Twentieth Century Interpretations of 1984*, ed. Hynes, p. 24.

(6) *The Collected Essays, Journalism and Letters of George Orwell*, I, 7.〔鶴見俊輔訳、川端康雄編『象を撃つ――オーウェル評論集1』(平凡社ライブラリー、一九九五年)、一二〇頁〕以後この本からの引用は( )内に *CEJL* として示す。

(7) たとえば *CEJL*, III, 119 を見よ。

(8) たとえば、サミュエル・ハインズは『一九八四年』の示す道徳を要約して、つぎのように述べている。

「ウィンストン・スミスの信念は二＋二＝四と同じくらい単純である。過去は固定され、愛は私的で、真理は変化を拒んでいる。すべての人びとがそれを共有している。彼らは人間の力に限界を画し、ある物事はけっして変化しえないということを証言する。問題は政治を超えている。それは、本質的な人間性という問題である」(Hynes, "Introduction" to *Twentieth Century Interpretations of 1984*, ed. Hynes, p. 19)。

(9) オーウェルが哲学を解しなかった点については、バーナード・クリック(Bernard Crick) *George Orwell : A Life* (Harmondsworth : Penguin, 1980), pp. 25, 305, 343, 506〔河合秀和訳『ジョージ・オーウェル――一つの生き方』岩波書店、一九八四年〕を見よ。また、*CEJL*, III, 98 を見よ。

(10) 後者の反応の例として、"The Mysticism of Cruelty," in *Twentieth Century Interpretations of 1984*, ed. Hynes におけるアイザック・ドイッチャーのオーウェルについての議論を見よ。「転向者」というレッテルについての後の用法、オーウェルが十分に哲学を知っていたかどうかについてのさらなる疑念については、ノリスの "Language, Truth and Ideology : Orwell and the Post-War Left," in *Inside the Myth*, ed. Christopher Norris (London, 1984) を見よ。

(11) あるいは、二＋二＝四という明晰かつ判明な観念を参照点として用いることさえできないと付言しておこう。もっとも、数学的な真理の「身分《ステイタス》」については哲学的な論争があるが、ここで立ち入る必要はない。

(12) John Strachey, "The Strangled Cry," in *Twentieth Century Interpretations of 1984*, ed. Hynes, pp. 58–59. 私はオーウェルがつぎのように書くとき、彼は期せずしてストレイチーに答えているのではないかと思う。「これまでファシズムについて最良の理解を示した人びとは、そのもとで苦しみをこうむった人か、もしくは自らのうちにファシスト的なところをもっている人である」(*CEJL*, II, 172)。彼の伝記作家たちは、オーウェルのもつサディズムの形跡について論評を加えている。とりわけ、Crick, *George Orwell*,

p. 275n また pp. 504, 572 を見よ。また，Daphne Patai, *The Orwell Mystique : A Study in Male Ideology* (Amherst : University of Massachusetts Press, 1984) を見よ。パタイは，サディズムはオーウェルの性格の核心にたいへん近いところにあると論じている。私は彼女の主張に説得力があるとは思わないが，彼女はたしかに多くの引用をその証明として挙げている。オーウェルはまた，他人のうちにあるサディズムを見抜くだけの眼ももっていた。ジョージ・バーナード・ショーのサディズムについての彼の批評を見られたい(*CEJL*, III, p. 222)。「オブライエン」という名前を選んだこと，そしてオブライエンの外見についての描き方(*1984*, p. 748〔前掲『一九八四年』一八頁〕)は，ショーに対する意識的なあるいは無意識の皮肉だったのかもしれない。

(13) Raymond Williams, *Orwell* (London : Fontana, 1984), pp. 124–125.

(14) Ibid., p. 126.

(15) 私は，ヨーロッパやアメリカの左翼は，理論的な洗練に避難することによって，この事実を逃れようとしてきたのではないと考えている。つまり，あたかも実践的なシナリオは不必要であるかのように振る舞い，知識人はさらにいっそう「ラディカルな」理論的語彙をもってあからさまな悪を批判するというただそれだけのことで，自らの政治的責任を果たすことができるかのように振る舞ってきたのではないかと思う。私の"Thugs and Theorists : A Reply to Bernstein," *Political Theory*, 1987, pp. 564–580 を見よ。

(16) *CEJL*, II, p. 172 を見よ。オーウェルがオブライエンという形象を創造するにあたって自ら自身のサディズムを用いたということは，私には，自己認識と自己克服の勝利を示しているように思われる。

(17) 第四章で示した用語法によれば，ウェルズと私が創造するローマ人は二人とも形而上学者である。つまり，彼らは，自らの終極の語彙を偶然的なものと見なすことができず，それゆえ，現実の本性のうちにある何かがそうした語彙を保持してくれるだろうと信じたがる気持ちに駆られる人たちである。

(18) ウィンストンのサディズムについては、*1984*, p. 751〔前掲『一九八四年』二三一頁〕を見よ。

(19) ダックスピークについては、*1984*, pp. 923, 775〔同右、四〇五、七一頁〕を見よ。また、拷問を受けたばかりのウィンストンについての記述を見よ。「彼はただいわれるがままに喋る口、そして自供書にサインする手でしかなくなった」(p. 882〔同前、三一五頁〕)。そして、これを、Scarry, *The Body in Pain*, pp. 49–51と対比してほしい。

(20) 私は、二重思考は意図的に導入されたある種の精神分裂症、つまり一つの身体に宿る信念と欲求の二つのシステムではないかと思う。この二つのシステムの一方は、ウィンストンに彼のいだく疑念について語りかけることができるが、もう一方はそうではない。オブライエンは、二重人格の人びとが必要に応じて一方から他の人格へと自らを交替できるような無意識的な仕方で、二つのシステムを行き来できる。この無意識的な二重人格のモデルをさらに踏み込んで論じたものとして、ドナルド・デイヴィドソンによるフロイトの取り扱い方(先に第二章で論じた)と、私の "Freud and Moral Reflection," in *The Pragmatist's Freud*, ed. Joseph Smith and William Kerrigan〔*EHO* に再録〕を見よ。

第九章　連　　帯

もしあなたがアウシュヴィッツへと列車が通じている時代のユダヤ人だったとすれば、非ユダヤ系の隣人に匿ってもらえる見込みは、ベルギーではなくデンマークかイタリアに住んでいる場合の方が高い。この違いは通常、デンマーク人やイタリア人の多くは、ベルギー人の多くが欠いていた人間の連帯の感覚を示したという仕方で描かれる。オーウェルが示した見通しは、そのような人間の連帯が――用意周到な計画によって意図的に――不可能なものとされた世界だった。

「人間の連帯」という言葉が意味しているものを伝統的な哲学のやり方で説明するなら、それは、私たち各人のうちには、他の人間存在のうちにも存在するそれと同一のものと共鳴する何か――私たちの本質的な人間性――がある、と述べることである。連帯という観念をこうした仕方で説明することは、コロシアムの観客たち、ハンバート、キンボート、オブライエン、アウシュヴィッツの親衛隊、そして、ユダヤの隣人たちがゲシュタポに引きたてられていくのを傍観するベルギー人は「非人間的」だ、と口にする私たちの習慣とも符合している。それは、こうした人びとは皆、まともな人間存在にとって本質的な構成要素を欠いているという観念である。

そのような構成要素があることを否定し、「自己の核心《コア・セルフ》」のような何かがあることを否定する――

第二章で私がそれを否定したように——哲学者たちは、いま述べた観念に訴えることはできない。私たちは偶然性を強調し、したがって「本質」「自然」「基礎づけ」といった観念に反対してきたが、そのことによって、何らかの行為や態度は自然に照らして「非人間的」だという観念を維持することはできなくなる。というのも、このように偶然性を強く主張することは、どのようなあり方がまともな人間存在とみなされるかは歴史的な環境によって相対的であり、それは、どのような態度が正常であり、どのような慣行が正義にかなっているか否かについての一時的な合意に依存する、ということを含意するからである。とはいえ、アウシュヴィッツのような時代には、つまり歴史が大きく揺れ動き、伝統的な制度や行動パターンが瓦解するときには、私たちは、歴史や制度を超えた何かを求めるものである。人間の連帯、互いに共通する人間性についての私たちの認識を除くとすれば、それ以外に何がありうるだろうか。

　本書でこれまで主張してきたのは、私たちは、歴史や制度を超えた何かを求めないようにしようということだった。本書の基本的な前提は、人びとが自らのいだく信念が、偶然の歴史的な環境よりも深い何かによって惹き起こされたものではないということをよく自覚している場合ですら、そうした信念はなおも人びとの行為を規制しうるし、そのために命を捧げるに値すると考えられることもありうるということである。第三章で描いたリベラルなユートピアの像は、「相対主義」という非難がその効力を失う社会、「歴史の背後にある何か」という考え方が理解不能になるが、にもかかわらず、人間の連帯の感覚が損なわれずになおも存続する社会のスケッチだった。第四章では、リベラル・アイロニストについて素描したが、私がリベラル・アイロニストと呼ぶのは、あらかじめ他者と共有する何らかの認識ゆえに人間の連帯の感覚をもつのではなく、他者の生の具体的な細部との想像上の同一化によってその感覚を得るような人物のことである。第五章・第六章で私が試みたのは、アイロニストの理論がいかに私事化されうるか、それが政治的なリベラリズムにとっての脅威となることがいかに阻止されうるかを示すことだった。そして、第七章・第八章で私が試みたのは、残酷さに対する嫌悪——残酷さは私たちがなしうる最悪の事柄だという感覚——が、ナボコフとオーウェルそれぞれにおいて、自己の偶然性の感覚および歴史の偶然性の感覚とどのように結びついていたかを示すことだった。

私は、この終章では、私たちは他のすべての人間存在との連帯の感覚をいだくべき道徳的な義務を負っているという主張について、もう少し一般的なことを述べようと思っている。まず、第三章でついでに言及した考え方、道徳的な義務を「われわれ - 意図」(we-intentions) によって分析したウィルフリッド・セラーズのそれから始めよう。セラーズの分析は、この領域における基本的な説明観念を「われわれの一員」という観念(1)——「われわれのような種類の人間」(商人や召使いと対比される)、「[ラディカルな]運動の仲間」、「われわれのようなギリシア人」(バルバロイと対比される)、「同胞たるカソリック」(プロテスタントやユダヤ教徒あるいは無神論者と対比される)といった言い回しにおいて訴えられる観念——に求めている。私は、「われわれ人間存在の一員」(動物、植物、機械と対比される)が、いまあげたいくつかの例がもつのと同じような力をもちうるということを否定したい。

私が主張するのは、「われわれ」の力は、それが、「彼ら」――同じように人間存在からなるが、この場合には誤っ《ロング》た種類の人間存在である――と対比されるという意味で、典型的に比較にもとづくものだということである。

まず、先に触れたデンマーク人やイタリア人のことを考えてみよう。彼らは、ユダヤの隣人たちについて、同じ人間存在の仲間であるがゆえに救われるに値するなどと語っただろうか。おそらくそういうことが時にはあったかもしれない。しかし、たいていの場合、理由を尋ねられたとしたら、確実にもっと幅の狭い言葉を用いて、なぜそのユダヤ人を匿うというリスクをおかしたのかを説明しただろう。たとえば、このユダヤ人は同じミラノ人仲間である、同じユトランド人仲間である、同じ組合や職業の仲間である、ボッセ〔イタリアのローン・ボウリング〕の遊び仲間である、同じように幼児をかかえる親である、と語るだろう。つぎに、ベルギー人たちについて考えてみよう。彼らが同じような状況下で、匿うというリスクを引き受けようとした特定の人びと、何らかの記述にしたがって、彼らが自らを実際に同一化した人びとはたしかにいたはずである。しかし、ユダヤ人は、そうした記述にはほとんどの場合当てはまらなかったわけである。なぜベルギー人にとって、彼らの仲間意識をかきたてる記述にユダヤ人が該当する頻度が相対的に低かったのかを説明する――なぜ「彼女はユダヤ人だ」が「私と同じように幼児の母親である」をしばしば圧倒したのかを説明する――詳細な歴史社会学的説明がおそらくはあるだろう。しかし、「非人間性」や「無慈悲な心」や「人間の連帯の感覚の欠如」は、そうした説明にはならない。このコンテクストでは、こういった言葉はただ身の震えるような嫌悪の気持ちを表わしているにすぎない。最後の例として、アメリカの大都市に住む若い黒人たちの生の、終わりの見えない希望喪失や悲惨に対して、現代アメリカのリベラルたちがとっている態度を考えてみよう。私たちははたして、こうした人びとは、私たちと同胞の人間存在であるがゆえに救われねばならないなどというだろうか。私たちは、彼/彼女たちを私たちと同胞のアメリカ人として描き、いやしくもアメリカ人たるものが希望なしに生きるのは許せないと強く主張することはあるだろうし、その方が、道徳的にも政治的にも、はるかに説得力があるだろう。いまあげてきた例の要点は、私たちの連帯の感覚が最も強くなるのは、連帯がその人たちに向けて表明される人びとが「われわれの一員」と考えられるときである、ということである。この場合の「われわれ」は、人類よりも小さく、それよりもローカルなものを意味する。これが、「彼女は人間存在であるから」が度量の大きい行為を説明するには、薄弱で説得力がない理由である。

キリスト教の観点からすれば、想像上の同一化がよりたやすい人びとを近しいものと感じるこの傾向は、嘆かわしいものであり、避けられるべき誘惑である。あらゆる人びとと、アウシュヴィッツや強制収容所の監視隊でさえ、罪深い同胞として処遇するのが、道徳的完成についてのキリスト教的な観念の一部をなしている。キリスト教徒にとって、同じ神の子である誰かに他の誰かよりも強い義務が感じられるかぎり、聖なる事柄はなしとげられたことにはならない。不公平な比較は原則的に避けられねばならない。世俗の倫理的な普遍主義は、キリスト教からこうした態度を引き継いでいる。カントにとっては、私たちが誰かに義務を感じるべきなのは、彼もしくは彼女が同じミラノ人仲間あるいは同じアメリカ人仲間であるからではなく、彼もしくは彼女が理性的な存在者だからである。カントは、最も厳格な雰囲気で語るときには、その人が知人、隣人あるいは同胞としての市民というよりも、端的に理性的な存在者と考えられないかぎり、他者への善きおこないは道徳的な行為とはみなされないとまで主張する。それは、たんに義務に従ってなされた行為にすぎず、なおも義務のためになされた行為ではないからである。しかし、かりにキリスト教的あるいはカント的な言葉を用いないとしても、同じニューヨーカー仲間に、マニラやダカールのスラムで同じように希望を失い実を結ばぬ生活に直面している人よりも、より大きな関心をいだくということには道徳的に疑わしい点がある、と感じられるかもしれない。

私が第Ⅰ部で提起した立場は、宗教的な形をとるのであれ世俗的な形をとるのであれ、こうした普遍主義的な態度とは相容れない。私の立場は、諸々の類似性と差異——それは、あなたと一匹の犬との違い、あなたと一体のアシモフのロボットとの違いにまで及ぶ——の拡がりのなかに「自然の」区分線、すなわち、理性的な存在者の終わりと非理性的な存在者の始まりとのあいだを画する、道徳的な義務の終わりと仁愛の始まりとのあいだを画する区分線がある、という考え方とは両立しない。私の立場が含意するのは、連帯という感情は必然的に、どのような類似性や非類似性が私たちにとって顕著なものとして感じられるかということにかかわっており、何が顕著なものとして感じられるかは、歴史的に偶然的な終極の語彙のはたらきに依存しているということである。

他方で、私の立場は、私たちがいだく「われわれ」の感覚を、これまで「彼ら」とみなされてきた人びとに拡張しようとする試みと相容れないものではない。リベラル――他の何にもまして残酷であることを恐れる者たち――に特徴的なこの主張は、私が第四章の最後に言及した歴史的な偶然性よりも深遠な何かにもとづくものではない。私たちにとっての歴史的な偶然性は、西洋の世俗的な民主的社会に典型的な道徳的・政治的な語彙の進展をもたらした偶然性である。そうした語彙がしだいに脱‐神学化され、脱‐哲学化されたものになるにつれ、「人間の連帯」が一つの強力なレトリックとして立ち現われてきたのである。私は、その力を減じようとは思わない。私はただ、「人間の連帯」を、これまでしばしばその「哲学的な前提」として考えられてきたものから引き離したいだけなのである。

私が提起する見方は、道徳的な進歩と称される事柄があること、しかもその進歩が現実により広範な人間の連帯へと向かっていることを肯定するものである。しかし、その連帯は、あらゆる人間存在のうちにある自己の核心、人間の本質を承認することではない。むしろ、連帯とは、伝統的な差異(種族、宗教、人種、習慣、その他の違い)を、苦痛や辱めという点での類似性と比較するならばさほど重要ではないとしだいに考えてゆく能力、私たちとはかなり違った人びとを「われわれ」の範囲のなかに包含されるものと考えてゆく能力である。これが、第四章でつぎのように述べた理由である。すなわち、哲学的あるいは宗教的な論考よりも、(たとえば小説やエスノグラフィによって)さまざまな苦痛や辱めをそれぞれの細部に立ち入って描くことの方が、道徳的な進歩のために近代の知識人が果たしてきた主な貢献である、と。

カントは、最良の動機づけに発してのことだが、そうした細部にわたる経験的記述が道徳的な進歩に占める重要性を道徳哲学者が理解しにくくなるような方向に、道徳哲学を差し向けた。カントは、同時代に実際に生じた種類の展開――民主的な制度とコスモポリタン的な政治意識の一層の進展――をさらに促そうとした。しかしながら、彼は、それを先に促す途すじは、苦痛への憐れみと残酷さへの悔悟を強調することではなく、むしろ、合理性と義務、とりわけ道徳的な義務を強調することであると考えた。彼は、「理性」すなわち人間性の共通の核心に払われる敬意を、「たんに経験的」ではない、他者への関心や歴史の偶然的な事情に依存しない唯一の動機づけとみなした。彼は、「理性的な敬意」と憐れみや仁愛といった感情とを対比し、後者を私たちが残酷ではないための、疑わしい、二次的な動機づけとして位置づけた。カントは「道徳性」を、苦痛や辱めを察知しそれと同一化する能力とは異なったものとしたのである。

ここ数十年、英米圏の道徳哲学者はカントに背を向けてきた。アネッテ・ベイアー、コーラ・ダイアモンド、フィリッパ・フット、サビーナ・ロヴィボンド、アラスディア・マッキンタイア、アイリス・マードック、J・B・シュニーウィンドといった哲学者たちは、道徳的な熟慮は、一般的でなるだけ「非経験的な」原則から演繹されるという形を必ずとらねばならないというカントの基本的な前提を疑問に付してきた。最近では、バーナード・ウィリアムズが、「道徳性」――大づかみにいえば、キリスト教からカントを経て私たちに引き渡されてきた、義務の観念を中心とする諸観念の複合――を「特有の制度」と呼び、それから距離をとろうとしている。[2]それは、私たちが何をすべきかを決めるに際して、義務を他の諸々の倫理的な熟慮と比較可能な要因と考えることを拒み、その代わりに、ウィリアムズの表現を用いれば、「義務を打ち破るのは義務だけである」ということを強く主張する制度のことである。(3) この見方によれば、道徳的なディレンマは、下位の競合する義務を凌駕する上位の義務を見いだすことによってのみ「合理的に」解消されうる。それは、シュニーウィンドが、彼のいう「古典的な第一原理」を探求するような種類の道徳哲学にとって基本的であると描く観念である。(4) ウィリアムズはこの特有の制度に対する自らの態度をつぎの一節に要約している。

実際、価値ある人間の生のほとんどすべては、道徳が私たちに提起する極端な選択肢の中間に位置している。道徳は、相反するものをいくつも組み合わせて、対比を鋭く描きだす。強制と理性、説得と理性的な確信、恥と罪、嫌悪と否認、たんなる拒絶と非難、という具合に。対比を強調するように仕向ける態度は、道徳の純粋さと呼ぶことができる。道徳の純粋さは、他の感情的な反応や社会的な影響から、ぜがひでも道徳意識を抽出しようとする。この純粋さは、共同体の逸脱したメンバーに対処する際に道徳が用いる手段ばかりでなく、その手段のよさをも隠蔽してしまう。道徳がそれを隠蔽してしまうとしても、驚くにはあたらない。なぜなら、手段のよさをよさとして判断しうるのは、道徳のシステムの外側から——このシステムに価値を付与できる立場から——にかぎられているが、他方で道徳システムそのものは閉じており、道徳性そのもの以外の価値を自ら自身に付与することを、まともではない誤解だと考えてしまうからである。(5)

「道徳システム」をまともではないものとしてとらえる見方の一つの好例は、本書の第I部で素描したつぎの見方である。すなわち、「理性」——私たちの道徳的な義務の源泉をなす能力——と呼ばれる中心的で、普遍的な人間の構成要素という観念は、なるほど近代の民主的な社会を創造するうえではたいへん有益であったけれども、第三章で述べたリベラルなユートピアをこれから実現してゆこうとするときには、この観念はなくてもかまわない、いやむしろこの観念は手放されるべきだという見方がそれである。私がこれまで主張してきたのは、デモクラシーはいまや自ら自身を構築するために用いてきた梯子のいくつかを外すことができる立場にいるということである。道徳的な純粋さに魅了される人びとにとっては、それこそまともではないと思われるだろうが、本書のもう一つの中心的な主張は、他者に対する責任は私たちの生の公共的な側面のみをなすにすぎないということである。この公共的な側面は、私たちの私的な感情、自己を創造しようとする私たちの私的な試みと競い合うものであり、そうした私的な動機づけに対して自動的に優先するものではない。ある与えられたケースにおいて、公共的な側面が優先されるかどうかは熟慮によって決まる問題であるが、その熟慮は、たいていの場合は「古典的な第一原理」に訴えることが優先順位を決める助けになるようなプロセスではない。道徳的な義務は、この見方によれば、他の多くの考慮と比較される次元におかれており、他の諸々の考慮に自動的に優先するような切り札ではない。

道徳的な義務を「われわれ《ウィー》‐意図《インテンションズ》」ととらえるセラーズの見方は、ウィリアムズによる「道徳的」と「倫理的」の区別、私自身による公共的と私的の区別の双方を確かなものとして支持してくれる。この区別は、一方である人がいだく連帯の感覚から生じる倫理的な考慮と、他方で、たとえば、特定の誰かへの愛着や自らを新たに創造しようとする特異な試みから生まれる倫理的な考慮との区別に合致するものである。というのも、セラーズは、中心的な自己という想定――「理性」は他の人間存在にも内在する構成要素に与えられた名称であり、その「理性」を認めることが人間の連帯を説明するという想定――を避ける仕方で、カントによる義務と仁愛の区別を構成し直しているからである。(6) そうした想定に代えて、セラーズは、連帯を発見されるものではなくつくられるもの、非歴史的な事実として認識されるものではなく、歴史の過程のなかで生みだされるものと見る視点を与えてくれる。彼は、「義務」を「間主体的な妥当性」と同一視するが、その妥当性が成り立つ主体たちの範囲を人類よりも狭いものとする。セラーズの説明によれば、「間主体的な妥当性」は、ミラノ人、ニューヨーカー、白人男性、アイロニストの知識人、搾取される労働者、あるいは他の何らかの――ハーバーマスのいう――「コミュニケーション共同体」のそれぞれのクラスのあらゆるメンバーに妥当する。私たちは、そうした何らかの集団にいだく連帯の感覚によって義務をもつことがある。というのも、私たちは、われわれ‐意図、すなわち「われわれは皆、欲している……」という形の文で表明する意図――それは、「私は欲している……」で始まる文によって表明される意図と対比される――をもつことができるが、それは、大きさの違いはあるとしても、何らかの集団へのメンバーシップをもっているからである。(7) セラーズの基本的な考え方は、道徳的義務と仁愛の違いは、対話者たちからなるある集団の現実的あるいは潜在的な間主体的な合意と、特異な(個人的あるいは集団的)感情との違いであるということである。そうした合意は、(ハーバーマスには失礼ながら)何らかの非歴史的な可能性の条件をもつわけではない。それはただ、特定の歴史的な環境がもたらす好運な所産にすぎないのである。

このことは、「神の子」「人間性」「理性的な存在者」といった抽象によって思考する試みは無益だ、ということを意味するわけではなく、セラーズもそう言おうとしているわけではない。「真理のための真理」や「芸術のための芸術」といった観念がそうであるように、そうした観念も多大の益をもたらしてきた。それは、曖昧だが人びとを鼓舞する虚焦点(*focus imaginarius* たとえば絶対的真理、純粋芸術、人間性それ自体)を提供することによって、政治的・文化的な変化への途を拓いてきた。哲学的な問題、そしてそうした問題が帯びる人工的な意味合いが生じるのは、私たちの手近にあるレトリックが「概念分析」に相応しい主題とみなされるようになるとき、虚焦点が精密な吟味に服するようになるとき、要するに、私たちが真理や芸術や人間性の「本性」を尋ね始めるときだけである。

ニーチェ以後そうなったように、この種の問いが人工的に響くようになってから、人間の連帯という観念は疑問に付されるようになってきた。一方で、私たちの道徳的な義務の感覚が偶然の歴史的な性格をもつことについてのニーチェの正しさを評価しながらも、他方で、人間の連帯という観念を維持してゆくためには、虚焦点は——(カントがそう考えたように)人間の精神に組み込まれた特性ではなく、むしろ一つの発明としては——有益だ、ということを理解する必要がある。「私たちは端的に、人間存在そのものに道徳的な義務を負う」というスローガンを受けとめる正しい仕方は、このスローガンを、「われわれ」という感覚をできるだけ拡張していくことを思い起こさせてくれる一つの方途とみなすことである。このスローガンが促すのは、過去におけるつぎのような一連の出来事によって設定された方向性をさらに先まで推し進めていくことである。つまり、「われわれ」に包含される者たちが、まず隣の洞穴に住む家族に拡がり、ついで川向こうの部族に、さらに山を越えた部族連合に、海を隔てた信仰をもたない者たちに(そして、おそらくは最後に、私たちの汚れ仕事をこれまでずっとやってきた下働きの人びとにまで)拡がってきたという出来事の連鎖である。これは、私たちがこの先も継続すべき過程である。私たちは、周辺化されてきた人びと——私たちがなおも直感的に「われわれ」というよりも「彼ら」と見なしている人びと——を視野にいれてゆくべきである。私たちは、私たちと彼らの類似性を察知するよう試みるべきである。先のスローガンの正しい解釈は、いま私たちがいだいているよりももっと広範にわたる連帯の感覚を創造するよう私たちを促すものとして、それを受けとることである。このスローガンの誤った解釈は、人間の連帯を私たちがそれを認識する前にすでに存在する何かとして認識することを迫るものとして、それを受けとることである。というのも、そのようにとると、「その連帯は本当のものか」という的外れで懐疑的な問いをかわせなくなるからである。その場合には、宗教と形而上学の終焉は、残酷ではなくあろうとする私たちの試みの終わりにほかならない、というニーチェの暗示をかわすことができなくなる。

　これに対して、先のスローガンを正しい仕方で読めば、できるだけ具体的で、歴史的に特定の意味を「われわれ」に与えることになるだろう。それは、たとえば、「われら二〇世紀のリベラルたち」

「よりコスモポリタン的な、より民主的な政治制度を創造してきた歴史的偶然性を引き継ぐわれら」といったものを意味するようになるだろう。これに対して、そのスローガンを誤った仕方で読むならば、「共通の人間性」や「天賦の人権」を民主的な政治のための「哲学的な基礎づけ」と考えることになろう。先のスローガンを正しい仕方で読めば、私たちは哲学を民主的な政治に仕えるものとしてとらえるようになるだろう。つまり、私たちが現代の諸問題にいだく直感的な反応と、私たちがこれまでそのもとで育ってきた一般的な原理とのあいだの「反照的均衡」とロールズが呼ぶものを達成しようとする試みとして、哲学をみなすようになるだろう。そのように解するならば、哲学は、諸々の新しい信念――たとえば、女性や黒人は白人男性が考えていたよりも多くをなしうるということ、所有は神聖ではないということ、性的な事柄はただ私的な関心にのみ属するということ――を評価するために、道徳的な考慮に際して用いられる語彙を編み直すテクニックの一つとなる。先のスローガンを誤った仕方で読めば、私たちは民主的な政治を哲学という法廷の管轄権に服するものと考えるようになるだろう。つまり、いくつかの豊かで好運な社会がようやく最近になって享受するようになった民主的な自由と相対的な社会的平等という価値よりも、より確実な何かについての知識を哲学者があたかももっていたかのように、あるいは少なくともそういう知識を哲学者が最善を尽くして獲得すべきであるかのように考えることになるだろう。

この本で私は、そうした法廷はありえないという前提から帰結するいくつかの事柄を明らかにしようとしてきた。私たちの生の公共的な側面については、自由という価値ほど疑いの余地のないものはない。他方、私たちの生の私的な側面には、たとえばつぎのような価値に匹敵する多くの価値が存在するはずである。つまり、特定の人に私たちがいだく愛や憎しみ、何らかの特異なプロジェクトを達成することに私たちがいだく必要と同じくらいたしかな価値が。私たちの生にこの二つの側面が存在するということは、(私たちはいくつかのコミュニティに属しうるという事実、したがって道徳的な義務と私的なコミットメントのあいだの葛藤だけでなく、複数の道徳的な義務のあいだでの葛藤をもちうるという事実と同様)ディレンマを惹き起こす。そうしたディレンマはつねに私たちにつきまとうものであり、哲学の法廷が発見、適用しうるような何らかのより上位にある一連の義務に訴えることによって解消されうるものではけっしてない。ある人格の、あるいはある文化の終極の語彙の正しさを証すものが何ら存在しないのとまったく同様に、何らかの葛藤が生じたときにその語彙をいかに再編するかを指令するような何かが、そうした終極の語彙のなかに含まれているわけではない。私たちがなしうるのはただ、私たちが手にしている終極の語彙をもって——それがいかに拡張されたり、修正されうるかについてのヒントに注意深く耳を傾けつづけながら——やってゆくことである。

このことが、第三章の冒頭で私がつぎのように述べた理由である。すなわち、第一章および第二章で提起した言語や自己についての見方を支持する唯一の論拠は、そうした見方は、私たちがとりうる他の見方よりもリベラル・デモクラシーの制度に整合するということである、と。リベラル・デモクラシーという制度の価値が——それに代わる制度をうち立てる実践的な提案によってではなく、何かより「根本的」なものの名のもとに——挑戦を受けるとき、何ら中立的な基盤は存在しない以上、そうした挑戦に真正面から応じることはできない。ニーチェやハイデガーが提起するこの種の挑戦に対して私たちがなしうる最善のことは、第五章で示したような間接的な応答をすることである。つまり、そうした人びとに自らのプロジェクト、崇高に達しようとする自らの試みを私事化するよう要請することである。そうした試みが私事化されるならば、彼ら自身のプロジェクトを政治とは有意味な関連をもたない、したがって、民主的な制度の進展によって促されてきた人間の連帯の感覚と両立するものとみなすことができるようになる。この私事化への要請は、彼らに、抜き差しならないディレンマを、残酷さや苦痛を回避しようとする願望に崇高を服させることによって解消するよう要請することと同じである。

私の見るかぎり、そうした要請を支持するものは存在しないし、そもそもそうした要請を支持する必要もない。残酷さこそが私たちのなしうる最悪の事柄だというリベラルの主張を擁護する、循環論に陥らない、いかなる中立的な途すじもない。かといって他方で、そうした主張は、ルサンチマンに駆られた奴隷的な態度を表わすにすぎないというニーチェの示唆、「最大多数の最大幸福」という観念は「形而上学」「存在忘却」のもう一つの端くれにすぎないというハイデガーの示唆を支持する中立的な途すじがあるわけでもない。私たちは、二〇世紀のリベラルたちにこの主張の妥当性を確信させた社会化の過程を過去に属するものとして回顧する立場にはないし、そうした過程をもたらした歴史的な偶然性よりも「本当の」あるいはより堅固な何かに訴えることもできない。私たちはいま私たちがいるところから出発する以外にない——このことが、私たちは私たちが同一化しているコミュニティの「われわれ‐意図」以外のいかなる義務のもとにもない、というセラーズの主張がもつ力の一部である。このエスノセントリズムの呪いは、「人類」あるいは「すべての理性的な存在者」といった最大限の集団をもちだせば解けるものではない。これまで主張してきたように、そのような集団に自らを同一化しうる人は誰もいない。その呪いを解くのはむしろ、それ自身を拡張し、さらに大きな、いっそう多様性に富むエトノスを創造するのに貢献する、「われわれ」(「われらリベラルたち」)のエスノセントリズムなのである。(8) ここでいう「われわれ」は、エスノセントリズムに疑いをいだくところまで到達した人びとからなる「われわれ」である。

要約しよう。私は、「人間性そのもの」との同一化としての人間の連帯と、民主的な諸国家に住まう者たちにこの数世紀を通じてしだいに浸透してきた自己懐疑としての人間の連帯とを区別したい。それは、他者の苦痛や辱めを察知する私たち自身の感性への疑い、現在の制度的な編成がそうした苦痛や辱めに適切に対応しえているかどうかへの疑いであり、それ以外の可能なオルタナティヴへの関心である。私には「人間性そのもの」との同一化は不可能であるように思える。それは、哲学者が発明したものであり、人間が神と一体になるという観念を世俗化しようとする危険な試みにすぎない。他方、後者の自己懐疑は、多くの人びとが二つの問い――「われわれが信じ欲していることをあなたは信じ欲しますか」という問いと、「苦しいのですね」("Are you suffering?")という問い――を区別することができるようになった、人間の歴史における最初のエポックを画する標識であるように思える。私自身の用語で言い換えれば、それは、あなたと私は同一の終極の語彙を共有しているかどうかという問いと、あなたは苦痛をこうむっているのかどうかという問いとを区別する能力である。こうした問いを区別することによって、公共的な問いと私的な問い、苦痛についての問いと〔個々の〕人間の生の核心についての問いを区別することが可能になり、リベラルの領域をアイロニストの領域から区別することが可能になる。そうした区別をおこなうことによって初めて、一人の人間が同時にリベラルでありかつアイロニストであることが可能になるのである。

注

（1） Wilfrid Sellars, *Science and Metaphysics*, p. 222 を見よ。「互いをわれわれの一員と考えることによって、そして、共通善を仁愛のもとに欲するのではなく、われわれの一員として、あるいは道徳的な見地から欲することによって、人びとが一つのコミュニティ、一個のわれわれを形づくることは、概念的な事実である」(私としては、クワイン的な理由から、右の引用の「……ことは、概念的な事実である」を括弧でくくりたい。とはいえ、セラーズとのこうしたメタ哲学的な違いはいまの話題にはまったく関係ない)。セラーズの本の第七章は、この主張の含む意味を詳述している。別のところで、セラーズは、「われわれ‐意図」をキリスト教のカリタスおよびジョサイア・ロイスのいう「忠誠」と同一視している。セラーズのメタ倫理学に対する有益な分析および批判として、W・デイヴィド・ソロモン (W. David Solomon) "Ethical Theory," in *The Synoptic Vision : Essays on the Philosophy of Wilfrid Sellars*, ed. C. F. Delaney et al. (Notre Dame, Ind. : University of Notre Dame Press, 1977) を見よ。

（2） ウィリアムズは *Ethics and the Limits of Philosophy*, p. 174〔森際康友・下川潔訳『生き方について哲

学は何が言えるか』〔産業図書、一九九三年〕、二九二頁〕においてつぎのように述べている。道徳性——「道徳的」と呼ばれるある特定の義務を中心とする観念のシステムとしての——は「哲学者の発明ではなく」、むしろ、「われわれのほとんどがとるものの見方、もしくは整合しないかもしれないが、そうしたものの見方の一部である」。ウィリアムズは「われわれ」という言葉によって「この本を読みそうな人びと」を指しているのではないかと思う。その点で彼はたいへん正確に「われわれ」を規定している。しかし、私の見るかぎり、それ〔道徳性〕は、地球上のこの部分を占めるわれわれのほとんどがとるものの見方の一部である。なぜなら、それは、われわれの神学者や哲学者のなかのある人びとが発明したものだからである。

（3） Williams, *Ethics and the Limits of Philosophy*, pp. 180, 187.〔同右、二九八、三〇九頁〕

（4） J. B. Schneewind, "Moral Knowledge and Moral Principles," in *Knowledge and Necessity*, ed. G. A. Vesey (London and New York: Macmillan, 1970) を見よ。このエッセイは *Revisions: Changing Perspectives in Moral Philosophy*, ed. Stanley Hauerwas and Alasdair MacIntyre (Notre Dame, Ind.: Notre Dame University Press, 1983) に再録されている。この本は、近年の道徳哲学の反カント的な傾向を示す多くの好例を含むアンソロジーである。とりわけ、マッキンタイアの序論的エッセイ "Moral Philosophy: What Next?" とともに、Iris Murdoch, "Against Dryness" および Annette Baier, "Secular Faith" を見よ。

（5） Williams, *Ethics and the Limits of Philosophy*, pp. 194–195.〔前掲『生き方について哲学は何が言えるか』三二一—三二二頁〕

（6） この「人間性の本質的な構成要素」を額面どおりの価値とみなしてきたため、道徳哲学者はソフィスト的な詭弁家に似たような相貌を呈する傾向がつづいてきている。それは、私たちが、いかなる実践をおこなうべきかをまず決めたうえで、その後に私たちの哲学者に「人間的」あるいは「合理的」ということの定義をそれに符合するように適用してくれることを期待するからである。たとえば、同胞たる人間を殺すべきではないが、軍人、死刑執行人、中絶医といった正式の職務にある場合はその例外だ、ということを私たちは知っている。とすると、私たちがその職務から殺害する人びと――侵略してくる独裁者の軍隊、連続殺人犯、胎児――は人間ではないということになるのだろうか。ある意味においては然りであり、ある意味においては否である。しかし、その関連する意味を定義することは、事態が生じた後になっておこなわれる、かなり細部に立ち入る形をとった仕事になる。私たちは、戦争の正義、死刑や中絶の正当性についてまず最初に議論を交わしたうえで、その後に、侵略者や殺人者や胎児の「身分」について思い悩むのである。その反対の順序で私たちがことを試みるならば、私たちの哲学者が人間性や合理性の条件について何ら満足のゆく説明も提供できず、もともとの実践的な問いをめぐる争点がそのまま残ることがわかるだろう。何をすべきかを決める際の助けとなるのは、もともとの問いの細部だけである(侵略者は何をおこなったのか、何をおこなおうとしているのか、誰が何ゆえに死刑を執行されるのか、誰がいつ中絶することを決めるのか)。大きな一般的原理は結果を辛抱強く待つものであり、結果が生じたときに、その結果に符合するよう、原理に含まれている重要な言葉が再定義されていくのである。

(7) セラーズ自身の関心は、「われわれ」が、人間存在あるいは合理的な存在者というクラスの下位にある何らかの集団(たとえば自らの部族)を指し示しうるという事実を肯定することにはない。彼の関心は、義務－仁愛の区別を自然主義的な(実際、物質主義的な)枠組みのなかで維持することにある。そして、この枠組みは、本体的な自我、歴史的に条件づけられていない欲望などとはまったく無関係のものである。そうした枠組みを描こうとする試みには私も明らかに関心をもっているが、ここでの主要な関心はそれに先立つ主張の方にある。私がいま意図していることに照らして本質的に重要なのはセラーズのつぎの考え方である。すなわち、「定言命法」や「道徳的義務」は、「われわれの一人によって意志される」事柄と等置しうるものであって、それはそのわれわれがたまたま誰であるかという問いからは独立しているという考え方である。

(8) 私はこの点を、"Solidarity or Objectivity?" in *Post-Analytic Philosophy*, ed. John Rajchman and Cornel West (New York: Columbia University Press, 1984)〔*ORT* に再録〕および"On Ethnocentrism: A Reply to Clifford Geertz," *Michigan Quarterly Review* 25 (1986)〔*ORT* に再録〕, pp. 525-534 において詳しく論じた。

訳者あとがき

本書は、Richard Rorty, *Contingency, Irony, and Solidarity* (Cambridge University Press, 1989) の全訳である。副題「リベラル・ユートピアの可能性」は、本書の序論から採ったものである。

リチャード・ローティは、一九三一年、ニューヨーク生まれ。シカゴ大学を卒業後、イェール大学大学院でPh. Dを取得。ウェルズリー大学、プリンストン大学、ヴァージニア大学の助教授、準教授、教授を経て、現在、スタンフォード大学の比較文学教授をつとめている。

近著『哲学と社会的希望』(*Philosophy and Social Hope*, 1999) に収められたローティの自伝的なエッセイ「トロツキーと野生の蘭」("Trotsky and the Wild Orchids," 1992) は、本書を読むうえでも参考になるので、手短に触れておきたい。ローティは、トロツキーの秘書を一時期匿ったこともある元アメリカ共産党員の両親のもとで育った。その影響もあって、一二歳には「人間としての肝心な点は社会的な不正義との闘いに人生を捧げることにある」という確信をもつようになる。だが他方で、同じ頃の彼は、ニュージャージー北西部の山に自生する蘭の花を見つけること——その「エロティシズム」に後ろめたさをおぼえながらも——に取り憑かれてもいた。その後ローティは一五歳でシカゴ大学に入学する。その頃の彼がいだいた抱負は「トロツキー」と「野生の蘭」、つまり、公共的な社会正義と私的なオブセッションとを何とかして和解させることだった。その抱負を、彼は「リアリティと正義を単一のヴィジョンのうちに包含する」（「リアリティ」は心惹かれる事柄に没頭すること、「正義」は強者からの弱者の解放を指す）というイェイツの言葉を用いて表現している。

当時のシカゴ大学は「安定した絶対的なもの」を探求しようとする雰囲気——それはデューイの「相対主義」を軽蔑する雰囲気でもあった——に充ちており、レオ・シュトラウスが学生を惹きつけていた。哲学を専攻することに決めたローティは、二〇歳の頃までプラトニズムの哲学のなかに「単一のヴィジョン」を探ろうと試みるが、その努力は実を結ばずに終わる。それは、「合理的な確実性」——循環論に陥らない正当化の可能性——に彼が疑いを感じるようになったからでもある。哲学的な真理の試金石を論理的な整合性に求めるという軌道修正にも満足することができないまま、彼はシカゴ大学を後にする。

ローティはその後の自分の行き方に大きな影響を与えた作品として、ヘーゲルの『精神現象学』とプルーストの『失われた時を求めて』の二冊を挙げている。『精神現象学』は、時代を超えた客観的な真理ではなく、「その時代を思想のうちにとらえる」ことで哲学は満足すべきことを彼に示唆し、『失われた時を求めて』は、彼にとってかつての「野生の蘭」の位置を占めた。「ヘーゲルとプルーストが共有する、還元不可能な時間性（irreducible temporality）への歓びに溢れたコミットメント、両者の作品に見られるとりわけ反プラトン主義的な要素」が素晴らしいものに思えた、と彼は振り返っている。大学卒業後ほぼ二〇年経った頃（一九七〇年頃）、ローティはデューイのプラグマティズムを再発見するとともに、デューイ、デリダ、ハイデガーのデカルト主義に対する批判に共鳴をおぼえ、これが『哲学と自然の鏡』の構想に向かう機縁となる。この本は大きな成功を収めたが、にもかかわらず、この書の内容は、ローティ自身にとっては「トロツキー」からも「野生の蘭」からも遠く隔たったものにとどまった。

その後、「トロツキー」と「野生の蘭」を単一の枠組みのなかに統合するという考えそれ自体が誤りであったという認識のもとにローティが執筆に向かったのが、「リアリティと正義を単一のヴィジョンのうちに包含しようとするプラトン的な試みをなんとかあきらめることができたとき、知的な生はどのようなものになるかについての書物」、つまり本書『偶然性・アイロニー・連帯』である。「他者に対する自らの道徳的責任」と「何であれ自らが心と魂と精神のすべてを挙げて愛する特異な物事や人物へのかかわり」とを結び合わせる必要はなく、むしろ両者を結びつけようとする誘惑を払いのけるべきである。本書は、積年の「トロツキー」/「野生の蘭」問題に自ら決着をつけた作品として位置づけられている。

本書のほかに、ローティがこれまで公刊した著書(単著に限定する)を挙げておく。

Philosophy and the Mirror of Nature (Princeton University Press, 1979).〔野家啓一・伊藤春樹・須藤訓任・野家伸也・柴田正良訳『哲学と自然の鏡』(産業図書、一九九三年)〕

Cosequences of Pragmatism (University of Minnesota Press, 1982).〔室井尚・吉岡洋・加藤哲弘・浜日出夫・庁茂訳『哲学の脱構築——プラグマティズムの帰結』(御茶の水書房、一九八五年)〕

Objectivity, Relativism, and Truth: Philosophical Papers 1 (Cambridge University Press, 1991).〔冨田

恭彦訳『連帯と自由の哲学――二元論の幻想を超えて』(岩波書店、一九八八年、この訳書は部分訳であり、冨田氏が編集したアンソロジーである)」。

Essays on Heidegger and Others: Philosophical Papers 2 (Cambridge University Press, 1991).

Truth and Progress: Philosophical Papers 3 (Cambridge University Press, 1998).

Achieving Our Country: Leftist Toughts in Twentieth-Century America (Harvard University Press, 1998).

Philosophy and Social Hope (Penguin Books, 1999).

すでによく知られているように、『哲学と自然の鏡』において、ローティは、人間を「自然の鏡」――実在を映しだすべき鏡――としてとらえ、絶対的な真理を探究しようとする哲学の伝統に根底から批判を加えた。人間の心＝「鏡」がそれを精確に再現＝表象すべき実在なるものは存在せず、人間の判断や行為に普遍的な指針を与えるような超歴史的な原理も存在しない。こうした「唯名論」(nominalism)、「歴史主義」(historicism)――誤解のないように付言すれば、これは、歴史が向かうべき目的《テロス》＝終末を設定するような歴史主義ではない――のスタンスは、本書では議論の前提とされている。本書のテーマは、歴史に制約されない真理や原理への接近という――彼が「形而上学的」と呼ぶ――衝動を放棄したときに、私たちは、自らの生をどのように描き直すことができるかという問いである。私たちが何かより大きなもの――大文字で表わされるような神・自然・真理・理性といったもの――

につながることによって自らの生を根拠づけ、正当化する欲望をあきらめたとき、個人の生あるいは他者との共生はどのように描き直されるだろうか。

この問いに本書が与えた答えは、私たちの生は、私的な部分と公共的な部分とにはっきりと分かれており、両者を一つにまとめあげるような理論や枠組みはない、というものである。私たちは、一方では、自己を創造しようとする私的なプロジェクトを追求しながら、同時に他方では、他の人間がこうむる苦しみ(suffering)をできるだけ少なくしようとする生を生きることができる。私たちの生は、私的な自己創造と公共的な連帯という異質な、併存する位相から成っている。自己創造の要求と連帯の要求はいずれも等しく妥当するものであり、いずれかが他方に対して優位を占めるわけではない。ローティが批判するのは、一方で、「共通の人間本性」なるものを想定し、私的なものと公共的なものを後者の優位のもとに統合しようとするプラトン哲学、キリスト教以来のアプローチであり、他方で、自らの私的な言語が公共的な生の命運を握るかのように考える、たとえばニーチェやハイデガーに見られる、傲慢である(他者から自らを引き離そうとする「崇高なもの」への希求はあくまでも私的次元にとどめられねばならない)。

本書は、私たちの生における私的なものと公共的なものとの分離・併存というこの主張を縦糸としている。ローティは、ニーチェ、ハイデガー、デリダ、プルースト、ナボコフ——私的な自己創造の範例を示す思想家や作家——や、J・S・ミル、ロールズ、ハーバーマス、オーウェル——公共的な正義の問題に取り組む思想家や作家——について、ときにはかなり踏み込んだ解釈を加えながら本書を編んでゆく。彼は、いつもながらの切れ味の鋭い解釈を提起しており、あらためて解説めいたものを付け加える必要はないだろう。ここでは、とくに彼の政治思想を理解するのに役立つと思われるいくつかの言葉に言及するにとどめたい。

まず、タイトルにも挙げられている「偶然性」(contingency)について。私たちの生は、私たちを超越する必然的な秩序のなかにではなく、歴史的な偶然性がもたらした特定の文化のなかにある。私たちの内面には、「人間本性」といった文化を超えた、普遍的核心はない。自己(self)は「信念と欲求の網《ネット》の目」であり、それは、そうした信念や欲求を描き、描き直す「語彙」のネットワークとしての文化のなかにある。文化や自己は「具体的な姿をとった語彙」(incarnated vocabularies)にほかならない。したがって、語彙の変化とともに文化や自己も変容を遂げてゆくことになるが、その変化には何ら必然性はない。或る語彙と他の語彙との争いを裁定することのできる規準(「メタ語彙」)は存在しないからである。ローティのいう「ポスト形而上学的な文化」とは、そうした規準が不在であることが受け容れられた文化であり、そこでは、真理を発見すること——正しく記述すること——ではなく、新たな語彙を創造すること——より魅力ある仕方で描き直すこと(redescription)——が競われることになる。文化の変容は、新旧の語彙の競い合いというゲームのなかで生じるわけである。

私たちは、自らにとって大切な信念や欲求を正当化するための一群の語彙をたずさえている。ローティはそうした語彙を「終極の語彙」(final vocabulary)と呼ぶが、それはそうした語彙を支持するためにそれ以外の語彙に訴えることはもはやできないからである。タイトルに挙げられた「アイロニー」(irony)は、自らが用いる「終極の語彙」に対する一つの態度を指している。アイロニカルであるとは、自らの「終極の語彙」に対して「ラディカルで継続的な疑い」をいだく態度、自らの語彙の偶然性・可謬性を自覚する態度を意味する。「アイロニスト」と自らの語彙に必然的な根拠を要求し、それゆえ他者の語彙に対する優位を求める「形而上学者」とが対比されるわけである。ローティの描く「アイロニスト」には二つの側面があると見てよいだろう。つまり、他者の語彙、他の文化の語彙に「興味関心」(curiosity)をいだく側面と、他者がすでに共有している語彙によって自己が描かれるのを拒み、「私的自律」(private autonomy)を達成しようとする――いわば自分だけの語彙を新たに創造しようとする――側面である。

「アイロニスト」は、私的な完成に没頭するあまり他者の生を無視し、さらには他者に対して自らが創造した語彙を押しつけるという危険な傾向を一方で秘めている。ローティが、本書で求めるのは、「アイロニスト」が同時に「リベラル」な態度を身につけることである。彼のいう「リベラル」とは、「残酷さ(cruelty)を私たちがなしうる最悪のことと考える」者である。この定義は、公権力が惹き起こす組織的な暴力を「最高の悪」とみなすジュディス・シュクラーの議論に依拠したものであるが、本書で注目したいのは、身体がこうむる物理的な苦痛に加えて、他者の心に傷を与える「辱め＝屈辱」(humiliation)が残酷さの一つとしてとらえられていることである。ローティ自身は明言していないが、自尊の侮辱、承認の毀損を惹き起こす文化的暴力(たとえばヘイト・スピーチなど)も、避けられるべき悪の範囲に含められていると見ることができるだろう。

公共的な生における希望は、回避しうる残酷さを避け、他者がこうむる苦しみを減らしてゆくことにある。このリベラリズムを特徴づけるのは、他者の生がどのような境遇にあるかに対する「興味関心」である(あるタイプのリベラリズムが主張するような「相互無関心性」ではない)。他者への興味関心、もっといえば、他者の苦難を察知する感性を育むのに貢献するのは、ローティによれば、哲学が語る抽象的な言語というよりもむしろ、たとえばディケンズやナボコフといった作家の小説、テレビで放映されるドキュメンタリーなど、他者の生のディテールを描きだす作品である。私たちの道徳意識は、他者が陥っている或る状態を不当なものとして描く一群の語彙にもとづいており、そうした語彙は歴史の偶然のなかで幸いにして獲得されてきたものである(したがって逆に、そうした語彙が歴史の偶然のなかで失われてゆく可能性も私たちは否定できない)。

人びとの「連帯」(solidarity)を可能にするのは、私たちの内部にある何かではなく、私たちが共有する語彙である。それは歴史に条件づけられたものであり、普遍的な人間の連帯を根拠づけるものではない。私たちにできるのは、或る事態を不当と描く語彙を共有する「われわれ」(we)をしだいに拡張してゆくことである。「われわれ」を一挙に「人類」にまで拡張することができないという意味で、「エスノセントリズム」(ethnocentrism)は私たちが跳び越えることのできない壁である、とローティは主張する。

本書が提起する「リベラル・ユートピア」は、人間が人間に与える苦しみを可能なかぎり避け、誰かが必要とする生の資源をより恵まれた者が奪うのを阻止し――ローティはリバーテリアンとは違い社会民主主義的な再分配政策を支持する――各人の自己創造に最大の余地を与える社会、各々が描く特異な「ファンタジー」を実現するチャンスが誰にも等しく与えられているような社会の像である。

いくつかのキー・ワードに沿って、この書の主張をざっと眺めてきた。その挑発的な語り方も多分に与って、本書は、『哲学と自然の鏡』にも劣らない反響を喚び起こしてきた。ローティに寄せられた反論の多くは、私的なものと公共的なものの分離・併存をめぐるものである。私的な生の位相から公共的な政治の要素を締めだすことは妥当か、一人の人間がまったく異質な二つの語彙――自己創造にかかわる語彙と正義にかかわる語彙――を維持しつづけることは可能か、もっぱら自己への配慮に専念する個人は見知らぬ他者が置かれている境遇への興味関心をはたしてまともにもちうるだろうか、といった異論がその主なものである。ローティもそうした反論のいくつかに応答を返している――たとえば、自分のいう私的なものは個人がその"solitude"においておこなう活動を指しており、フェミニズムのいうような家父長制が浸透した「個人的なもの」(the personal) の領域を指していない、公/私の分離の主張は、公共的な正義を実現することが同時に自らの私的なプロジェクトになるような人がいることを否定しない――が、その論争の詳細に立ち入ることはできない。ここでは、ローティが公共的なコミュニケーションをどのように描いているかという点に問題を絞ろう。

私たちの語彙が、共約可能な部分と共約不可能な部分に、論議 (argument) に馴染む部分とそうではない部分に分かれるという主張には異論はない。かりにすべての語彙が共約可能なものであるとすれば、それは、一人ひとりの生を「ほかならぬ」ものとする特異な語彙の喪失を、したがって、人びとの複数性(plurality)の喪失を意味するだろう。ローティの議論の問題は、彼が、公共的なコミュニケーションを共約可能な語彙にのみ関係づけ、そこにおよそ創造——新しい語彙の創出とそれによる政治文化の革新——の契機を見ていないという点にある。新しい語彙、革新的なメタファーの創造は、一部のアイロニストのみがなしうる事柄として描かれ、他方、それ以外の人びとには、アイロニストが創造した語彙を受け容れるか否かという受動的な役割だけが与えられる。既存の文化の「通常＝正常性」(normality)を攪乱し、それを変容させてゆく「変則性」(abnormality)は、本書では、他者との「会話」(conversation)——『哲学と自然の鏡』において提起された、合意への収斂を目指す論議型の「対話」(dialogue)と対比されるコミュニケーションのあり方——ではなく、もっぱらアイロニスト個人の「私的自律」のなかに位置づけられている、と言ってよいだろう。創造者と受容者のこうした二分法は、自己創造のいわば「他律」的な契機——他者の語る言葉を受容することによって創造が触発されるという局面——に十分に光を当てることができるだろうか。また、それは、これまでとは異なった描き方(re-description)が人びとの交わす会話の継続のなかで生じる事態(たとえばローティが半ば自明なものとみなしている「苦しみ」が再定義されてゆく事態)を上手くとらえることができるだろうか。私的なものと公共的なものとの分離を主張する際、ローティは、自己創造をラディカルなものとして私的に先鋭化する一方で、公共性のコミュニケーションを著しく平板なものとしているように思われる(公共性を論議型のコミュニケーションに一元化する必要＝必然性はないのにもかかわらず)。

ところで、ローティは、『われわれの国を仕上げる』(*Achieving Our Country*)などの近年の著作において、いわゆる「文化左翼」(cultural lefts)の言説に痛烈な批判を加え、ナショナルな関心を喚起することに精力を傾けている。文芸批評や「差異の政治」の潮流に棹さす「文化左翼」は、マイノリティのこうむる文化的な抑圧の問題に関心を奪われ、(マジョリティがいま現に直面している)不平等や経済的不安などの問題から眼を背け、その結果、財をどのように分配するかといった現実の争点についてはネオ・リベラリズム(「政治右翼」)に言説のヘゲモニーを譲ってしまっている、というのである。この主張にも問題がないわけではないが――文化的抑圧を問題化することは、少なくとも或る集団にとっては、経済的な不平等の是正を求め、政治的な自律(自己決定)を獲得することと不可分である――アカデミズム内部の関心の偏りを衝くという効果は果たしていると見ることもできる。より問題があると思われるのは、近年のローティには、「われわれ」を或る領域――はっきり言えばアメリカ合衆国――内部のメンバーシップに重ね合わせる強い傾向があるということである。

本書では、「われわれ」は文化への帰属によって定義されており(語彙の共有は必ずしも国境によっては制約されない)、しかも「エスノセントリズム」には「エスノセントリズムに疑いをいだくようになった人びとの」というアイロニカルな限定が付されていた。しかし、自らの立場の偶然性・可謬性を自覚するアイロニズムの要素を、「ナショナル・プライド」を充塡した「われわれ」の主張のなかに見ることはできるだろうか。「われわれ」の一員――たとえば「国内の労働者」――への関心の喚起は、「われわれ」の外にいる他者の生の境遇への注意深い関心とどのように関係するだろうか。

とりわけ本書が提起した「屈辱＝辱め」への感性――それは文化的な抑圧を察知する感性でもある――は、ナショナルな関心のもとでどのように維持されるだろうか。いずれにしても、『われわれの国を仕上げる』を本書のパースペクティヴから批判的に検討することは十分に可能である。

本書を取りあげた文献は数多いが、ここでは日本語で読むことのできる近年の文献のみを挙げておく。小野紀明『二十世紀の政治思想』(岩波書店、一九九六年)、リチャード・J・バーンスタイン「ローティのリベラル・ユートピア」(谷徹・谷優訳『手すりなき思考――現代思想の倫理‐政治的地平』産業図書、一九九七年)、渡辺幹雄『リチャード・ローティ――ポストモダンの魔術師』(春秋社、一九九九年)、須藤訓任「対立の転轍――ユートピアン＝ローティ」(『思想』九〇九号、二〇〇〇年三月)、浜野研三「トロツキーと野生の蘭?――ローティのポストモダニスト・ブルジョア・リベラリズムの問題点」(『思想』九〇九号)。

本書の表記について若干説明しておきたい。( )[ ]は原文のものであり、〔 〕は訳者が補ったものである。また、強調を表わすイタリックの箇所には傍点を付し、原文でとくに大文字が用いられている語句には《 》を付した。〈 〉や〝 〟は訳者が読みやすさを考慮して付け加えたものである。引用文ですでに翻訳のあるものについてはできるだけ参照した。ただし、本文の表現と統一を保つため訳文を適宜変更させていただいた。著者が注で参照を求めている著者自身の論文の多くは、本書の後公刊された著書に収録されている。それらについてはつぎの略号を用いた。

〔*ORT*〕*Objectivity, Relativism, and Truth*, 1991.
〔*EHO*〕*Essays on Heidegger and Others*, 1991.
〔*TaP*〕*Truth and Progress*, 1998.

翻訳にあたっては、訳者が分担して訳したうえで、全員ですべての訳文を検討するという形をとった(序論・一章・二章・三章を山岡、四章・五章・七章を大川、序文・六章・八章・九章を齋藤が担当した)。翻訳を進めるなかで、何人かの方から不明な点について貴重なご教示をいただいた。ご厚意にお礼を申し上げる。とくに守中高明さんは第六章の訳文を細かく検討のうえ、有益なご助言をくださった。記して感謝申し上げたい。もとより訳者としては、意味の通る、読みやすい文章を心がけたが、本書の内容は、哲学、文学など多くの領域にわたるものであり、訳者の力量が及ばなかったところもあるのではないかと惧れている。思わぬミスがあるかもしれない。読者の皆様からご指摘、ご教示をいただければ幸いである。

編集者の坂本政謙さんは、訳文検討や校正の段階で文章を念入りにチェックしていただくなど、終始、この翻訳の仕事を全面的にサポートしてくださった。あらためて、心からお礼を申し上げる。

二〇〇〇年九月

訳　者

偶然性・アイロニー・連帯
リチャード・ローティ

2000 年 10 月 26 日　第 1 刷発行
2024 年 1 月 25 日　第 17 刷発行

訳　者　齋藤純一《さいとうじゅんいち》　山岡龍一《やまおかりゅういち》　大川正彦《おおかわまさひこ》

発行者　坂本政謙

発行所　株式会社 岩波書店
〒101-8002 東京都千代田区一ツ橋 2-5-5

電話案内 03-5210-4000
https://www.iwanami.co.jp/

印刷・精興社　カバー・精興社　製本・松岳社

ISBN 978-4-00-000449-7　　Printed in Japan

人名索引

太字の数字は，その項目について詳しい言及のある章の頁数を示す．

ア行

315, 380, 381, 392
ウッドハウス，P.G. Wodehouse, P. G.　334
ウォルツァー，マイケル Walzer, Michael　146
エウクレイデス(ユークリッド) Euclid　308
エディントン，アーサー Eddington, Arthur　29
エピクロス Epicurus　54
エリオット，ジョージ Eliot, George　290
エリオット，T. S. Eliot, T. S.　166, 168, 334
エンゲルス，フリードリッヒ Engels, Friedrich　283, 289
オーウェル，ジョージ Orwell, George　93, 134, 165, 168, 169, 178, 182, 191, 294-298, 302, 303, 306, 312, 344, **351**, 395, 397
オークショット，マイケル Oakeshott, Michael　122, 124-127
オースティン，J. L. Austin, J. L.　265-270

カ 行

ガウス，レイモンド Geuss, Raymond　145
ガシェ，ロドルフ Gasché, Rodolphe　253-255, 269, 276-277
カストリアディス，コリュネリウス Castoriadis, Cornelius　137, 148
カトゥルス Catullus　309
カプート，ジョン D. Caputo, John D.　275, 276
カーモード，フランク Kermode, Frank　166
カラー，ジョナサン Culler, Jonathan　269, 282, 283
ガリレオ Galileo　19, 30, 31, 39, 43, 45, 106, 116, 147
カント，イマヌエル Kant, Immanuel　15, 16, 65, 66, 70, 71, 73-75, 100, 125, 130, 132, 147, 158, 159, 164, 171, 197, 199, 206, 215, 220, 223, 237, 275, 312, 333, 338, 342, 350, 399-402, 405, 406, 413
キーツ，ジョン Keats, John　88, 273
キプリング，ラドヤード Kipling, Rudyard　380
キルケゴール，セーレン Kierkegaard, Soren　3, 92, 158, 160, 165, 213, 218, 242
クーン，トマス Kuhn, Thomas　18, 19, 45, 61, 62, 90, 116, 117, 137, 361

グッドマン，ネルソン Goodman, Nelson 26, 45, 336
クラーク，T. J. Clarke, T. J. 169
クリスティー，アガサ Christie, Agatha 334
クリック，バーナード Crick, Bernard 391
クワイン，ウィラード・ヴァン・オーマン Quine, Willard Van Orman 412
クンデラ，ミラン Kundera, Milan 169
ゲーテ，ヨハン・ヴォルガング・フォン Goethe, Johann Wolfgang von 158
ゴーリキー，マクシム Gorki, Maxim 295, 302
コールリッジ，サミュエル テイラー Coleridge, Samuel Taylor 199, 200
ゴルバチョフ，ミハイル Gorbachev, Mikhail 362

サ 行

サール，ジョン Searle, John 51, 266-268, 270, 273, 284
サルトル，ジャン＝ポール Sartre, Jean-Paul 95, 136, 154, 203, 209, 359
サン＝シモン，公爵 Saint-Simon, Duc de 216, 334
サンデル，マイケル Sandel, Michael 101, 102, 110, 114, 143
シェイクスピア，ウィリアム Shakespeare, William 337
ジェイムズ，ウィリアム James, William 26, 80-83, 101
ジェイムズ，ヘンリー James, Henry 8
ジェイムソン，フレデリック Jameson, Fredric 360
ジェファーソン，トマス Jefferson, Thomas 18, 100
シェリー，パーシー・ビッシュ Shelley, Percy Bysshe 168
シェリング，フリードリヒ・ヴィルヘルム・ヨーゼフ・フォン Schelling, Friedrich Wilhelm Joseph von 242
ジダーノフ，A. A. Zhdanov, A. A. 334
シュクラー，ジュディス Shklar, Judith 5, 155, 195
シュニーウィンド，J. B. Schneewind, J. B. 93, 402, 403
シュライナー，オリーヴ Schreiner, Olive 7
シュンペーター，ヨーゼフ Schumpeter, Joseph 100-102, 108, 109, 130
ショー，ジョージ・バーナード

Shaw, George Bernard 333, 387, 392
ジョイス，ジェイムズ Joyce, James 271, 306, 341
シローネ，イグナティオ Silone, Ignazio 389
スウィフト，ジョナサン Swift, Jonathan 165, 352
スウェーデンボリ，エマヌエル Swedenborg, Emanuel 338
スキァリー，エレイン Scarry, Elaine 93, 195, 368
スキナー，クェンティン Skinner, Quentin 18
スターリン，イシオフ Stalin, Joseph 334, 360, 361
スタウト，ジェフリー Stout, Jeffrey 125
スターン，ローレンス Sterne, Laurence 279
スタンダール Stendhal 302
ストー, H.B. Stowe, H. B. 290
ストレイチー，ジョン Strachey, John 373-375, 378, 391
スノー，C. P. Snow, C. P. 183
セラーズ，ウィルフリッド Sellars, Wilfrid 26, 95, 126, 127, 132, 135, 148, 232, 397, 404-406, 411, 412, 414
ソクラテス Socrates 104, 257-261, 264, 265, 268, 270, 273, 279-281, 285, 386
ソシュール，フェルディナン・ド Saussure, Ferdinand de 231, 265
ソフォクレス Sophocles 248
ゾラ，エミール Zola, Emile 134, 302
ソルジェニーツィン，アレクサンドル Solzhenitsyn, Aleksandr 169, 354, 359
ソロモン，W. デイヴィド Solomon, W. David 412

タ 行

ダーウィン，チャールズ Darwin, Charles 37, 90, 158
ダイアモンド，コーラ Diamond, Cora 402
ダ・ヴィンチ，レオナルド da Vinci, Leonardo 66
ダン，ジョン Donne, John 309
チェルヌイシェフスキー Chernyshevskii, Nikolai Gavrilovich 362
デイヴィドソン，ドナルド Davidson, Donald ix, 25, 26, 28, 31-40, 42-45, 48-50, 61, 62, 77, 95, 98, 106-110, 116, 117, 144, 158, 393
ディケンズ，チャールズ Dick-

ens, Charles　7, 182, 290, 297, 299, 300-304, 306, 312, 320, 332, 338
テイラー，チャールズ Taylor, Charles　125, 146
デカルト，ルネ Descartes, Rene　234, 236
テニソン，A. Tennyson, A　334
デネット，ダニエル Dennett, Daniel　ix, 32, 35, 36, 50, 51
デューイ，ジョン Dewey, John　2, 3, 26, 100, 117, 122-124, 132, 138, 142, 179, 297
デリダ，ジャック Derrida, Jacques　ix, 26, 28, 47, 49, 90, 91, 95, 131, 136, 140, 164, 171, 172, 197, 225, 241, 246, **251**, 294, 298, 308, 309, 337
ドイッチャー，アイザック Deutscher, Isaac　361, 391
トゥキュディデス Thucydides　229
ド・マン，ポール de Man, Paul　91, 277
ドライサー，Th. Dreiser, Th.　169, 290
ドライデン，ジョン Dryden, John　18, 168
トラシュマコス Thrasymachos　67, 364
トリリング，ライオネル Trilling, Lionel　76, 77, 166, 356, 361
トロツキー，レオン Trotsky, Leon　168, 169,

ナ 行

ナボコフ，ウラジーミル Nabokov, Vladimir　ix, 3, 8, 89, 90, 93, 168, 169, 181, 182, 204, **289**, 351, 353, 354, 359, 377, 381, 397
ニーチェ，フリードリヒ Nietzsche, Friedrich　1-4, 26, 31, 38, 39, 43, 44, 48, 49, 57-65, 71, 73-76, 82, 83, 85-89, 91, 92, 98, 101, 130-134, 136, 137, 140, 141, 148, 164, 165, 168, 172, 175, 182, 194, 195, **197**, 251, 252, 253, 289, 291, 294, 298, 311, 333, 353, 364, 379, 381, 387, 406, 407, 410
ニュートン，アイザック Newton, Isaac　18, 22, 39, 90, 117, 119, 158, 308
ネーゲル，トマス Nagel, Thomas　51
ネハーマス，アレクサンダー Nehamas, Alexander　92, 194, 200, 201, 217, 218
ノーウェル＝スミス，P. H. Nowell-Smith, P. H.　265

ノリス，クリストファー Norris, Christopher 353, 361, 391

ハ 行

パース，C. S. Peirce, C. S. 140, 174, 195
バーナム，ジェイムズ Burnham, James 363, 374-376, 379
ハーバーマス，ユルゲン Habermas, Jürgen ix, 3, 4, 130-133, 135-142, 146-148, 171-174, 195, 196, 243, 244, 297, 333, 405, 406
バーリン，アイザイア Berlin, Isaiah 100-102, 104, 108, 114-117, 123, 130, 132, 143,
ハイデガー，マルティン Heidegger, Martin ix, 2-4, 26, 28, 47, 57, 71, 83, 90, 91, 95, 109, 110, 131, 136, 137, 140, 141, 156, 158, 164, 182, **197**, 251-253, 255-258, 260, 263-265, 269, 272, 274-276, 279, 280, 284, 297, 298, 306, 308, 311, 313, 342-344, 353, 410
ハイネ，ハインリヒ Heine, Heinrich 165
パイファー，エレン Pifer, Ellen 349
ハインズ，サミュエル Hynes, Samuel 390
ハウ，アーヴィング Howe, Irving 351, 355, 360, 390
ハウスマン，A. E. Housman, A. E. 300, 336
パウロ Paul 18, 39, 206
パタイ，ダフニ Patai, Daphne 392
ハッキング，イアン Hacking, Ian 41
パトナム，ヒラリー Putnam, Hilary 26, 45
バルザック，オノレ・ド Balzac, Honore de 216, 295, 302
バルト，ロラン Barthes, Roland 331
パルメニデス Parmenides 236, 245, 246
バンダ，ジュリアン Benda, Julien 177, 183
ビアボーム，マックス Beerbohm, Max 334
ヒトラー，アドルフ Hitler, Adolf 138, 318, 361
ヒューム，デイヴィド Hume, David 70, 312
ピュタゴラス Pythagoras 158
ファノン，フランツ Fanon, Franz 334
フィッシュ，スタンリー Fish, Stanley 125, 313

フィヒテ，ヨハン Fichte, Johann 242
フーコー，ミシェル Foucault, Michel ix, 2, 130-138, 145-147, 169, 171, 172
フォークナー，ウィリアム Faulkner, William 302, 340
フッサール，エドムント Husserl, Edmund 280
フット，フィリッパ Foot, Philippa 402
ブラウン，トマス Browne, Thomas 335
プラトン Plato 1, 42, 43, 57, 58, 60, 62, 67, 70, 71, 73-75, 89, 100, 130, 158-160, 164, 188, 197, 199, 206, 215, 218, 224-226, 237, 240, 248, 258, 259, 261, 265, 269, 272, 273, 279, 280, 281, 285, 297, 307, 312, 313, 317, 321, 337, 338
ブルーム，ハロルド Bloom, Harold 45, 48, 55, 56, 62, 64, 65, 73, 74, 85-88, 90, 91, 95, 114, 130, 166, 169, 248, 275
プルースト，マルセル Proust, Marcel 3, 65, 82, 83, 90, 94, 101, 136, 165, **197**, 268, 270, 271, 273, 274, 297, 298, 313, 314, 353, 386
ブルーメンベルク，ハンス Blumenberg, Hans 46-48, 195
ブレイク，ウィリアム Blake, William 18, 30, 165, 168, 223
フレミング，イアン Fleming, Ian 334
フロイト，ジグムント Freud, Sigmund ix, 18, 22, 48, 65-83, 87, 89, 91, 92, 94, 98, 100, 101, 104, 106, 129, 158, 165, 169, 226, 257, 258, 260, 263, 264, 280, 311, 312, 334, 336, 393
フロスト，ロバート Frost, Robert 347
フロム，エーリッヒ Fromm, Erich 72
ブロムヴィック，デイヴィド Bromwich, David 350
ヘーゲル，ゲオルク・ヴィルヘルム・フリードリヒ Hegel, Georg Wilhelm Friedrich 2, 15, 16, 21, 30, 31, 39, 44, 56, 57, 90-92, 116, 118, 123, 125, 126, 163-165, 168, 171, 172, 193, 194, 197, 205, 207, 208, 211-213, 216, 218-220, 226, 228, 235, 241, 242, 251, 255, 262, 263, 269-272, 281, 283, 329, 344
ベイアー，アネット Baier, An-

nette　93, 125, 402
ペイター，ウォルター Pater, Walter　166
ヘッセ，メアリー Hesse, Mary 38, 45, 109
ヘラクレイトス Heraclitus　234
ベルクソン，アンリ Bergson, Henri　313, 338
ベルサーニ，レオ Bersani, Leo 76
ヘルダーリン，フリードリヒ Holderlin, Friedrich　30, 248
ボードレール，シャルル Baudelaire, Charles　3, 158, 168, 181, 309, 334, 340
ホッブズ，トマス Hobbes, Thomas　67, 70
ホメロス Homer　270, 337
ホラティウス Horatius　337
ホール，R. Hall, R,　290
ホルクハイマー，マックス Horkheimer, Max　119-121
ホワイトヘッド，アルフレッド・ノース Whitehead, Alfred North　338

マ 行

マーヴェル，アンドルー Marvell, Andrew　343
マードック，アイリス Murdoch, Iris　402
マコーリー，Th.B. Macaulay, Th.B.　334
マシュー，パリス Matthew of Paris　273, 279
マッキンタイア，アラスディア MacIntyre, Alasdair　402, 413
マルクーゼ，ハーバート Marcuse, Herbert　72
マルクス，カール Marx, Karl 3, 4, 104, 115, 134, 145, 147, 168, 171, 206, 240, 381
マルロー，アンドレ Malraux, Andre　302, 340
マン，トマス Mann, Thomas 242, 295, 302, 303, 306
ミード，ジョージ・ハーバート Mead, George Herbert 135, 148
ミル，ジョン・スチュアート Mill, John Stuart　3, 100, 133, 168, 171, 175, 297, 308, 382, 383, 388
ミルトン，ジョン Milton, John 112, 158
メギル，アラン Megill, Allan 249
メンデル，グレゴール Mendel, Gregor　37
毛沢東 Mao Zedong　138

ヤ 行

ヤック，バーナード Yack, Bernard　135, 147
ユゴー，V. Hugo, Victor　290

ラ 行

ラーキン，フィリップ Larkin, Philip　53-58, 85, 88
ライト，リチャード Wright, Richard　7, 134, 290
ライル，ギルバート Ryle, Gilbert　32, 35, 36, 265, 273, 282
ラカン，ジャック Lacan, Jacques　279
ラクロ，ショデルロ・ド Laclos, Choderlos de　8
ラッセル，バートランド Russell, Bertrand　266
ランシマン Runciman　334
ランドー，ウォルター・サヴェッジ Landor, Walter Savage　309
ランプトン，デイヴィド Rampton, David　349, 350
リーヴィス，F. R. Leavis, F. R.　166
リーフ，フィリップ Rieff, Philip　76
リクール，ポール Ricoeur, Paul　121
リチャードソン，ジョン Richardson, John　243
ルイセンコ，T.D. Lysenko, T. D.　334
ルソー，ジャン＝ジャック Rousseau, Jean-Jacques　148
レーニン，V. I. Lenin, V. I.　283, 318, 341
ロイス，ジョサイア Royce, Josiah　412
ロヴィボンド，サビーナ Lovibond, Sabina　402
ロウリィ，ウォルター Lowrie, Walter　242
ロールズ，ジョン Rawls, John　ix, 3, 122, 123, 143, 194, 297, 408
ローレンス，D. H. Lawrence, D. H.　165
ロセッティ，ダンテ・ゲイブリエル Rossetti, Dante Gabriel　30, 44
ロック，ジョン Locke, John　116, 229
ロンドン，ジャック London, Jack　380

ワ 行

ワーズワース，ウィリアム Wordsworth, William　334